U0462868

BLUE BOOK

智 库 成 果 出 版 与 传 播 平 台

法治蓝皮书

BLUE BOOK OF RULE OF LAW

中国法院信息化发展报告 *No.8*
（2024）

REPORT ON INFORMATIZATION DEVELOPMENT OF CHINESE
COURTS No. 8 (2024)

主　编／田　禾
执行主编／吕艳滨

社会科学文献出版社
SOCIAL SCIENCES ACADEMIC PRESS（CHINA）

图书在版编目（CIP）数据

中国法院信息化发展报告 . No.8，2024 ∕ 田禾主编；
吕艳滨执行主编 . --北京：社会科学文献出版社，
2024.6
　（法治蓝皮书）
　ISBN 978-7-5228-3440-5

　Ⅰ.①中…　Ⅱ.①田…②吕…　Ⅲ.①法院-信息管
理-研究报告-中国-2024　Ⅳ.①D926.2

中国国家版本馆 CIP 数据核字（2024）第 066099 号

法治蓝皮书

中国法院信息化发展报告 No.8（2024）

主　　编／田　禾
执行主编／吕艳滨

出 版 人／冀祥德
组稿编辑／曹长香
责任编辑／郑凤云　单远举
责任印制／王京美

出　　　版／社会科学文献出版社（010）59367162
　　　　　　地址：北京市北三环中路甲 29 号院华龙大厦　邮编：100029
　　　　　　网址：www.ssap.com.cn
发　　　行／社会科学文献出版社（010）59367028
印　　　装／天津千鹤文化传播有限公司

规　　　格／开　本：787mm×1092mm　1/16
　　　　　　印　张：27　字　数：407 千字
版　　　次／2024 年 6 月第 1 版　2024 年 6 月第 1 次印刷
书　　　号／ISBN 978-7-5228-3440-5
定　　　价／139.00 元

读者服务电话：4008918866

法治蓝皮书·法院信息化
编委会

官方小程序　法治指数（lawindex）

撰　稿　人（按姓氏笔画排序）

马　涛	马　群	马雯珂	王　刚	王　征
王　静	王小梅	王会波	王祎茗	王晓明
王晗莉	尤　青	车宇婷	毛巨波	文　燕
叶向阳	田　禾	田　蕾	田桔光	宁建文
匡　华	成　杰	吕艳滨	朱新力	任　垚
任笑生	刘　博	刘志力	刘冠华	刘雪纯
刘雁鹏	孙广涛	孙富东	杜　珂	杜　前
李　丹	李　龙	李　叶	李　玥	李　郊
李　亮	李　斌	李双斐	李玉玲	李玉柱
李国新	李岫岩	李佳宁	李金铭	李怡桦
李降兵	李清刚	李鹏飞	杨　治	杨　琳
杨世民	杨冰洁	杨崇华	杨静雯	肖少杨
吴　翔	吴伟懿	吴红艳	吴顺华	吴海鹏
邱成府	邱腾涛	何　菲	何良彬	位梦涵
余　凤	沈晓鸣	张　伟	张　岚	张　凯
张　能	张　黎	张金旭	张晓伟	张斯曼
陆　诚	陆卫民	陈　诚	陈　朗	陈代芳
陈乐琪	陈伟仁	陈昌恒	陈高扬	林　遥
罗　莎	罗渝湘	周啸秋	郑　睿	郑淑森

郑毅超　郑毅强　赵　坤　赵　波　赵　婧
赵沛耿　赵卓君　胡文斌　柯　军　施晓玲
姚　俊　栗燕杰　夏建琦　徐　沛　徐　岩
徐　琳　徐　磊　徐尔旻　卿天星　郭　琦
郭　銮　涂冬山　黄　丹　黄　健　黄志红
梅　媚　龚　慧　龚文杰　商艳丽　梁月奎
彭　中　葛宇容　蒋　浩　韩元伟　覃晓伟
程少芬　曾铄钧　谢　博　楼常青　简龙湘
窦星星　蔡宁宁　谭佳豪　缪　丹　潘军锋
魏瑞华

技 术 支 持　小 i 机器人

主要编撰者简介

主　编　田　禾

中国社会科学院国家法治指数研究中心主任，法学研究所研究员，中国社会科学院大学法学院特聘教授。

主要研究领域：刑法学、司法制度。

执行主编　吕艳滨

中国社会科学院国家法治指数研究中心副主任，法学研究所法治国情调研室主任、研究员，中国社会科学院大学法学院行政法教研室主任、教授。

主要研究领域：行政法、信息法、司法制度。

摘　要

2023 年法院信息化稳中求进，各地各级法院坚持以习近平新时代中国特色社会主义思想为指导，深入学习贯彻习近平法治思想和习近平总书记关于网络强国的重要思想，在最高人民法院党组统一部署推动下，锐意进取、开拓创新，立足大数据分析、互联网、人工智能技术，融合法院管理、司法审判、判决执行等，在数智化法院建设、无纸化办案、审判提质增效、跨域协同司法、"一张网"建设及数据网络安全治理等方面形成信息化理论或实践成果，在维护司法公正、提升司法效能、优化司法服务等方面起到举足轻重的作用。推进信息化进程的同时，阶段性成果与阻碍因素并存，各地各级法院亦面临司法程序、技术应用、人员分配等问题。随着互联网基础设施建设不断完善、司法应用场景持续拓展，人民法院信息化应进一步推进各司法环节信息化，书写数字化时代司法领域的新篇章。

关键词： 法院信息化　司法协同　数字化平台建设　审判提质增效　无纸化办案

目 录 ⟲

Ⅰ 总报告

Ⅱ 专题报告

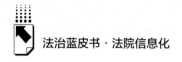
Ⅲ 法院数智化

Ⅳ 无纸化办案

Ⅴ 审判提质增效

VI 跨域协同司法

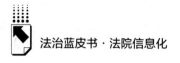

Ⅶ 全国法院"一张网"建设

Ⅷ 数据及网络安全治理

皮书数据库阅读使用指南

总 报 告

B.1

2023年中国法院信息化建设成效及2024年展望

中国社会科学院国家法治指数研究中心项目组*

摘　要：　2023年中国法院信息化建设稳中求进、守正创新，围绕"公正与效率"工作主题，紧跟司法工作理念和工作重心的转变，不断增强服务意识，努力推动构建围绕核心业务展开的现代化审执体制机制，以全国法院"一张网"建设为抓手，提升一体化应用能力和司法质效，在司法大数据支持下提升司法参与社会治理能力，从审判理念、审判机制、审判体系、审判管理等方面推进审判工作现代化，支撑和服务保障中国式现代化。中国法院信息化

*　项目组负责人：田禾，中国社会科学院国家法治指数研究中心主任、法学研究所研究员，中国社会科学院大学法学院特聘教授；吕艳滨，中国社会科学院法学研究所法治国情调研室主任、研究员，中国社会科学院大学法学院行政法教研室主任、教授。项目组成员：王小梅、王祎茗、车宇婷、刘雁鹏、李玥、栗燕杰等（按姓氏笔画排序）。执笔人：王祎茗，中国社会科学院法学研究所副研究员；田禾。本报告为中国社会科学院法学研究所"新时代法治指数研究方法创新与实践应用"创新工程项目成果。感谢江苏省高级人民法院、吉林省高级人民法院、辽宁省高级人民法院、山西省高级人民法院、广州市中级人民法院、杭州市中级人民法院、珠海市中级人民法院、杭州互联网法院等对法院信息化调研工作的大力支持！

建设有力支撑了中国特色社会主义司法制度改革。同时，目前中国法院信息化建设在系统集约性和稳定性、功能个性化、大数据质量和服务能力、技术先进性与安全性、制度保障等方面仍有提升空间。未来法院信息化建设应着力协调功能集约与个性化的关系，优化大数据质量，提升辅助治理能力，兼顾新技术应用与网络数据安全，健全制度保障，以先进的信息技术铺平中国特色社会主义司法文明发展道路，以审判工作现代化服务保障中国式现代化。

关键词： 法院信息化 数字法院 中国特色社会主义司法制度 中国式现代化

党的二十大报告强调，"在法治轨道上全面建设社会主义现代化国家"。2023 年是全面贯彻党的二十大精神开局之年。中国法院信息化建设稳中求进、守正创新，有力支撑了中国特色社会主义司法制度改革，以先进的信息技术铺平中国特色社会主义司法文明发展道路，以审判工作现代化服务保障中国式现代化。

2023 年 1 月 8 日，习近平总书记对政法工作作出重要指示，提出"奋力推进政法工作现代化""各级党委要加强对政法工作的领导，为推进政法工作现代化提供有力保障"的要求①，这也为 2023 年中国法院信息化建设指明了方向。审判工作现代化是政法工作现代化的重要一环，同时也是中国式现代化的重要法治保障。法院信息化为建设公正高效权威的社会主义司法制度提供技术支持，对落实依法治国基本方略和完成新时代新征程党的中心任务意义重大。

2023 年中国法院信息化建设围绕"公正与效率"主题，以服务大局和司法为民为出发点和落脚点，以审判理念现代化为先导，助推审判机制、审判体系、审判管理等领域改革的系统性发展。

---

① 习近平系列重要讲话数据库：http://jhsjk.people.cn/article/32602386，最后访问日期：2024 年 1 月 3 日。

一　2023年：法院信息化建设助推能动履职

能动履职是现代审判理念的重要方面。在习近平法治思想指引下，人民法院要分析新形势，解决新问题，不断回应人民群众对司法工作的新期待，在服务大局、积极履职、坚守法制、保障权益、提升质效、促进和谐等方面主动作为。2023年，法院信息化建设紧跟司法工作理念和工作重心的转变，为审判工作现代化转型提供重要支撑。

（一）以人民为中心的意识不断增强

中国司法始终坚持以人民为中心的发展理念。随着人民法院信息化建设的扎实推进，人工智能、5G网络、大数据、区块链等技术与法院业务深度融合，不断提升便民服务水平，给改革创新"赋能"、为公平正义"提速"。近年来，人民法院的服务意识不断增强，以人民群众的实际需求为导向，努力提供优质便捷的司法供给，这对人民法院信息化建设提出了更高要求。

各级法院在推动法院信息化建设过程中，积极探索落实以人民为中心的要求。吉林省延吉法院为解决人民群众日益增长的多元诉求和司法资源相对有限的矛盾，坚持以群众需求为导向，推动诉讼服务集约化、信息化管理。2022年延吉法院探索立案清单式管理模式，整合"诉讼+执行+办公窗口"统一管理，升级导诉台，实现案件查询、便民服务二合一。该院出台《延吉市人民法院关于加强法官与当事人沟通的9条意见》，通过诉讼服务中心公示法官联系方式，同时，为全院干警开通政务微信，方便当事人联系法官。为方便当事人，该院创立了"对话院长"平台，拓宽当事人反映问题渠道，还畅通12368热线，引导当事人使用人民法院在线服务等诉讼平台，提供多元纠纷解决和诉讼服务体系，让群众从指尖上就能感受到公平正义。2023年以来，延吉法院查询法官联系方式达689人次，网上立案申请438件。

"一件事"改革、"一网通办"是政务服务领域率先提出的便民服务举措。"一件事"是指通过对分散业务的梳理整合、办事流程再造和后台数据打通，将数个群众需分别办理的事项转变为一个窗口集中接办的"一件事"。"一网通办"指的是通过网络技术提供解决方案，打通线下窗口、移动终端、自助服务终端、政务服务大厅和政务服务网，实现跨层级、跨部门、跨地区业务协同办理的一体化智能政务服务体系。"一件事"改革是政府职能转变的创新，"一网通办"则是全面打造服务型政府的高级阶段，通过整合政府服务数据资源、统一网上办事标准、优化线上线下办事流程，对涉及多部门的服务事项做到集中受理，让群众"最多跑一次"甚至"一次都不用跑"。这种依托数字化改革为群众服务的理念为司法工作所借鉴。

为积极响应党中央海洋强国战略决策，顺应优化营商环境要求，宁波海事法院聚焦船舶执行中存在的查找难、监管难、处置难等问题，建设"船舶执行一件事"集成应用，以"1+4+5+N"为整体架构，辅以集约化办案模式、执行指挥中心及配套制度，成功打破法院与船舶管理部门、港口单位等的数据壁垒，实现了船舶查控、处置的线上办理及法律文书的线上送达，大幅提高执行效率，更加及时充分地实现胜诉当事人权益。

山东全省三级法院网络平台集成整合为山东法院电子诉讼服务网，打造以山东法院电子诉讼服务网、人民法院在线服务山东平台为主体，诉讼服务公众号、诉讼通、"爱山东"政务服务 App 等为补充的多位一体、一网通办在线诉讼服务新模式。山东法院电子诉讼服务网整合对接 12 个业务平台，为当事人提供网上引导、立案、缴费、阅卷、申诉信访、送达签收等诉讼全流程"一网通办"在线诉讼服务。

重庆"云上共享法庭"系疫情期间为解决当事人到庭诉讼难题而建，疫情之后依然存在诸多必要的应用场景。"云上共享法庭"用科技赋能庭审，以庭审管理一体化、规范化、标准化为目标，融合了 5G 切片网络技术和安全视频交换平台，是跨网、跨域的分布式法庭，便于身处不同地域的当事人就地就近参与庭审，可有效解决通过互联网移动设备参与庭审的当事人信息化设备运用能力不足、网络不稳定等弊端，保证了线上诉讼活动的安全性、规范性、严肃性。

复信时效直接影响群众对人民法院工作效率的体验。最高人民法院第五巡回法庭优化短信回复平台，先期将来信人联系方式导入复信系统，有信必复、秒复，让来信人第一时间掌握信件办理情况，通过末端服务升级倒逼前端审判执行环节质量提升。

近年来，各级法院众多司法信息化应用的研发上线是贯彻以人民为中心发展理念的具体体现，也是人民法院信息化建设践行司法为民理念的重要方面。

（二）构建围绕核心业务的现代化审执体制机制

人民法院信息化建设各项任务围绕司法工作核心业务展开，将科技动能精准注入审判执行各环节，在提升辅助办案水平的同时彰显干警主体地位，推动现代化审判体制机制建设。

为有效解决当前法院信息化建设中存在"不大好用、不够智能、不尽准确"的问题，最高人民法院倡导提出全国法院"一张网"建设方案，预期将深度融合诉讼服务、审判管理、人事管理等司法业务信息化支持能力，形成纵向到底、横向到边的全国法院一体化应用能力。

最高人民法院信息中心推进司法数据中台和数字法院大脑实体化建设，利用国家重点研发计划项目攻关形成的共性技术成果，推动数字法院大脑实现实体化、规模化应用，为司法工作各项业务提供服务支撑，为信息化转型升级奠定基础。数字法院大脑门户完成与司法大模型深入集成，具备为法院用户提供智能检索、智能交互和智能推荐能力。该门户已完成指数、政策法规、案例、资讯、公文等八大类数据资源的接入，集成33项通用计算器工具、36项可供法官直接使用的智能化服务以及26项提升业务系统智能化水平的能力，支持法院干警以交互问答方式进行法律政策检索、数据查询统计、辅助计算生成等场景应用，形成直接调用相关智能化服务的能力。司法数据中台基本架构确立，构建数据业务体系，实现数据业务能力沉淀，包括数据查询服务、统一指标服务、案件标签服务、数字模型服务、页面组件服务、统一数据接口服务、数据开发服务等七大模块；通过数据中台可实现对数据共享交换接口的注册、发布等实体管理，同时实现对应用系统共享交换

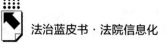

接口、智能化服务接口的逻辑管理。

人工智能引擎相关场景在法院信息化系统中落地应用。2023年，最高人民法院信息中心搭建起人工智能引擎平台、大模型通用能力和法律法规查询、公文生成及纠错、笔录精简等大模型应用场景；完成11项人工智能基础能力集成管理，在办案系统、统一工作桌面集成上线语音识别、离线转写、文本翻译、图文识别等4项工具能力；完成知识库统一框架和门户建设，实现不同厂商191项已有知识的100%集成和可视化。

基于海量司法大数据资源的知识自动生成机制不断巩固完善，司法知识服务平台又上线多个先进智能化服务能力，新增争议焦点、繁简分流等19项服务；在办案平台上线类案智能推送、卷宗智能编目、案件画像等9项智能化服务；根据全国法院业务需求，与16家高院业务系统对接图像数字化识别等23项智能化服务；通过智能化服务统一集成框架，在最高人民法院落地应用立案智能辅助、卷宗图像识别、当事人画像、案件画像等15项智能化服务，在河南高院试点上线规范量刑智能辅助、"四类案件"识别、人工智能大模型服务、离线语音转写等18项智能化服务能力。2023年管理知识点的数量达11.4亿项，数字法院大脑上线智能化服务61项，为全国法院提供卷宗分类编目、立案智能辅助、类案智能推送等一体化智能服务78亿次。

最高人民法院建设上线法答网、案例库，累计咨询量超25万人次，答疑量20余万人次，有效促进全国法院法律统一适用和专业知识积累共享。

最高人民法院信息中心依托司法数据中台和数字法院大脑，可将信息化运行数据、业务数据、管理数据等形成数据服务，通过数据智能推荐系统及时主动推送至院领导、法官、管理人员、办案辅助人员，提升了"数据找人"准确率；完成外部资讯类数据接入，丰富推荐数据内容；上线成效统计功能，具备平台用户统计、数据项订阅和访问成效统计等能力，支持用户从多个维度分析下钻探索。

2023年，中国法院执行信息化从贯彻落实全国法院"一张网"建设的总体工作目标出发，持续推进和完善"专网+互联网"全覆盖服务执行办案、服务执行管理、服务涉执当事人的执行信息化体系。在执行办案方面，继续优化网络查控系统，使之更加全面、深入贴合人民法院查控工作；上线限制出境管理系统，形成人民法院、国家移民管理局、全国出入境口岸协同配合的新格局，实现了对被执行人出境的联合管控。在执行管理方面，上线刑事涉财产执行案件监管系统，持续推进刑事涉财产执行工作规范化和实效化管理；不断推进全国法院对执行案款的自动化、智能化监管；上线执行款物管理系统，对全国法院被执行人的财产进行全流程、可视化动态监管；完善终本案件动态管理系统，使终本案件的监管不缺位、不断档；上线智慧执行大脑系统，以数字赋能支撑管理的总枢纽，支持执行指挥中心对执行业务的"人案事"进行多维度数字化大屏可视监管。在服务涉执当事人方面，上线执行110一体化管理系统，实现了热线对接、诉求登记、甄别分配、任务办理、进展公开的当事人重点关注事项闭环管理；上线一案一群在线沟通模块，打破时间、空间限制造成的沟通难约谈难等问题，让当事人互动更加高效、便捷；上线终本在线约谈模块，缩短事务性信息沟通时间，增强当事人的参与感和获得感。

2023年，信息化建设的地方创新同样围绕提升审判执行核心业务能力开展。浙江法院围绕增进区域协作、资源共享、法律统一适用等问题，通过同频共振、同向发力、同题共答等方式，将平台打造为长三角法院实时互联、业务协同和资源共享的重要载体，为跨省域联动执行、生态环境跨域保护、审判资源跨域调配、构建跨区域法官联席会议等提供数字服务平台支撑，为区域一体化发展提供了有力的司法保障和服务。江苏高院打造了网络司法拍卖辅助工作管理系统，利用大数据、机器学习等技术，对网络司法拍卖辅助工作进行全流程监管。通过该系统，法官可以实现对网拍的智能化分案，一键移送待处置案件，助力网拍专员均衡工作。同时，该系统还打通了法院与拍辅机构的沟通联系平台，实现了司法拍卖辅助工作的统一、精细管理。广州中院针对以往执行工作机制"包案到底"、效率低下等问题，开展执行案件分段集约改革，实现执行案件管理全局统一化、办理分段集约化，实现执行流程再造，并同步开发了模块化分段智执系统，实现执行业务分段办结，极大提高了执行办案效率。

人民法院信息化建设利用新科技、紧抓人民法院核心业务，助力审判工作现代化，也是在努力支撑和服务中国式现代化。

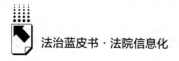

（三）提升审判管理一体化应用能力和司法质效

随着司法责任制改革走入"深水区"，为防止相关政策措施执行变形走样、审判权监督制约机制不健全、院庭长监督责任缺失等问题成为人民法院审判执行工作提质增效的掣肘，必须依靠信息化提升审判管理一体化应用能力和司法质效。为此，2023年最高人民法院高度重视审判执行态势分析研判，各级法院还针对性提出司法建议、工作意见，主动融入、促进国家和社会治理。

人民法院审判质量管理指标体系逐步形成，质量管理指标体系可视化页面已经上线。最高人民法院信息中心为各个业务部门提供有用好用的业务分窗，结合各业务部门建设业务需求和常态化数据提取需求，开展13个业务条线、26个业务部门的业务专窗建设工作。2023年初步建成刑事、环资、知产、巡回、执行等17个业务专窗，可支撑相关业务部门查看案件审判态势、案件特征、重点关注领域、案件突增突降情况、审判管理质量指标等数据。同时，为审判业务条线指导提供数据分析服务，为支撑知产庭、民一庭、行政庭、研究室、环资庭、审管办等部门，可向其提供涉婚姻家庭纠纷、民间借贷纠纷、知识产权类、环境资源类、执行类等数据服务。

司法审判数据是审判工作情况最直观的反映。最高人民法院信息中心对人民法院审判质量管理指标体系进行深度分析，按月提供审判大数据态势报告，形成审判质量管理指标研究清单。全国法院建立起司法审判数据分析研判会商机制，提供数据支撑与技术支持。各级法院信息化主管部门根据审管部门数据会商工作需要提供数据分析结果，并支持司法审判数据分析报告的撰写，协助业务部门进行分析研判与条线指导。

质效型运维管理体系是审判管理活动的有效科技支撑。最高人民法院适应两级协调要求的可视化质效型运维管理平台主体框架已基本完成，初步实现平台的"标准化""模块化""配置化""版本化"。2023年对最高人民法院应用系统、基础设施资源监控覆盖率达到100%，进一步强化了平台监控管理能力；全年完成12份全国法院信息化运行质效月度分析报告，并对299项运维工作实施闭环跟踪，聚焦重点问题逐步提升信息化运行质效分析能力。

全国法院统建应用系统运维服务中心于2023年6月成立，同时建立了全国法院统建应用系统统一运维工作机制，构建专网端、互联网端统一报修平台，基本解决全国法院统建应用系统报修难、问题解决慢的问题。目前工单解决及时率可达98%，并完成多维度工单统一汇总与智能化融合分析，实现工单问题反馈与运行质效有效闭环，进一步提升了信息化运维保障能力。

各地法院也推进科技与司法管理工作深度融合，积极打造精准规范的全域数字管理体系。辽宁法院建成全省统一的司法审判信息资源库，每5分钟自动更新并定期召开大数据分析研判会；研发审判执行质效管理平台；研发一体化审判管理平台，优化完善制约监督体系；研发执行廉政风险防控系统，强化执行全流程监督管理；在全国率先上线全省法院联网的"三个规定"记录报告平台，推动"三个规定"落地见效；对接公安、海关等其他部门，推进大数据监督模型建设；建设覆盖全省法院的机关办公平台、互联网综合业务平台、即时通信平台和内网门户网站，在全国法院率先实现通过办公平台与最高人民法院公文互通，公文审批、文件交互、新闻与通知发布、沟通联络、外出报备、考勤、用车、物品领用等各类事务全面实现网上办、掌上办，有效提升行政效率。

江苏省无锡市中级人民法院为严格案款监管，研发区块链案款管理系统，将申请人账号信息、执行款到账信息、执行款发放审批信息等数据全程上链，实现自动存证校验，确保执行款信息安全可追溯。运行流程节点短信签名系统，确保各审批节点操作均为责任人本人，排除账号冒用、混用风险。同时，开通自动提醒功能，将案款信息短信自动发送给申请执行人，由申请执行人实时监督。

《数据安全法》明确指出，要建立数据分类分级保护制度，对数据实行分类分级保护。最高人民法院发布了《人民法院数据分类分级指南》。天津市滨海新区人民法院梳理现有数据资产，明确数据分级对象，探索制定数据分类分级策略，在融合法院行业标准和地方标准基础上对数据分级开展实践

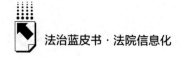

尝试，收效良好。

司法数据在内外网和各信息系统之间传输频繁，为充分保障网络和数据安全，陕西省宝鸡市中级人民法院推动网络安全由被动防御到主动防护、由局部建设到整体融合转变，建成了网络安全态势感知与威胁防控平台。该平台利用大数据技术，借助分布式计算和搜索引擎，分析获取实时网络流量和设备日志，快速精准定位已被病毒感染的终端和面临网络威胁的设备，可视化呈现网络安全风险，协助网络安全人员及时优化网络安全策略，积极主动采取安全防护措施。

以全国法院"一张网"建设为抓手，探索构建一体化办案办公平台，实现全国法院"一张网"应用模式，有助于规范办案办公，提高全国范围内统筹审判管理能力，也为下一步深化司法责任制改革提供技术支持。

（四）大数据支撑的司法参与社会治理能力显著提升

中国人口众多的国情决定了中国不能成为"诉讼大国"。经济社会发展造成的诉讼增长已经对司法体系形成较大压力，根本性解决"案多人少"矛盾迫在眉睫。诉源治理不仅能够缓解法院承受的案件压力，对于社会治理宏观任务和维系一方和谐稳定而言同样意义重大。

为深入贯彻习近平总书记关于"法治建设既要抓末端、治已病，更要抓前端，治未病"[①] 的重要指示精神，各级法院将调解工作置于党委政府大治理格局之中，以能动履职破解诉源治理难题，力争把非诉讼纠纷解决机制挺在前面。目前，调解资源优势互补、有机衔接、协调联动的工作格局已初步形成。据统计，2023 年以来人民法院平均每个工作日有6.5 万件纠纷在线调解[②]，当前平均每分钟有 95 件纠纷成功在线化解。基层法院和派出法庭依托人民法院调解平台，与辖区内司法行政部门、公

---

① 习近平系列重要讲话数据库：http：//jhsjk. people. cn/article/32038656，最后访问日期：2024 年 1 月 6 日。

② 搜狐网新闻频道：https：//www. sohu. com/a/727058182＿362042，最后访问日期：2024 年 1 月 6 日。

安部门、"矛调中心"等对接联动，实现案件早期分流，就地化解、诉调对接、风险预警、矛盾排查等工作有效开展，基层矛盾纠纷依法化解能力水平不断提升。2023年前三季度，"全国法院诉前调解纠纷1183.4万件，同比增长26.58%。其中，782.2万件成功调解在诉前，同比增长30.1%，诉前调解自动履行率为94.52%。人民法院调解平台'进乡村、进社区、进网格'工作深入推进，10.4万家基层治理单位与人民法庭进行在线对接，就地解决纠纷119万件。网上立案1085.6万件，同比增长24.26%。全国法院通过12368诉讼服务热线解决群众诉求1894.9万件，同比增长81.81%"①。2023年，退役军人事务部、住建部调解组织入驻人民法院调解平台，由此"总对总"在线诉调对接的部委机构达13家，数字法院总协同部门和行业达66个，超过12万个调解组织、41万名调解员入驻调解平台。

此外，构建数据共享对接链路，支持对跨部门矛盾纠纷进行统一编码、有序分流、全程跟踪。推进诉讼源、信访源一体治理，支持矛盾纠纷跨部门协同联动。提升诉讼服务能力，关键在于完善人民法院在线服务为总入口的系统设计。最高人民法院信息中心推进互联网端应用系统升级改造，拓展在线服务跨域诉讼服务功能；建设最高人民法院国际商事纠纷多元化解决平台，实现国际商事纠纷调解、仲裁、诉讼、中立评估等业务在线办理；依托在线服务完成跨域材料收转、跨域事项申请等诉讼服务功能模块研发；完成人民法院委托鉴定系统、人民法院调解平台、全国法院道路交通事故纠纷诉前调解平台及相关服务接口升级改造；初步形成纠纷调解、律师服务、电子送达等14类互联网统建应用功能整合方案；明晰"案件码"思路和应用场景，完成"案件码"生成、应用、管理等关键技术问题论证。

此外，通过数智赋能推动法治化营商环境建设是人民法院信息化服

---

① 最高人民法院：https://www.court.gov.cn/zixun/xiangqing/415692.html，最后访问日期：2024年1月6日。

务社会治理的新内容。成都高新区法院创建四川首个"智慧化全生命周期楼宇企业法律服务中心",推行集约化、智能化、标准化楼宇企业"云上普法空间"运行模式,融合"内部+外部"信息化建设及各类法律服务主体数智建设成果,打通"线上+线下"纠纷化解应用场景,为入驻中小微企业提供一站式法律公共服务,实现"小事不出楼宇,大事不出商圈",构筑新时代"枫桥经验"智慧化升级版,推动法治护航营商环境驶上"云端快速路"。

党的二十大报告提出,推进高水平对外开放。伴随国家开放水平的不断提升,涉外法治建设成为提升国家治理水平和治理能力的重要组成部分,也对司法工作提出了现实要求。法院信息化手段在保障国际商事交流正常秩序、高效化解国际商事纠纷方面大有可为。

在浙江高院指导下,杭州中院建设"数智国商"信息化项目,在杭州国际商事法庭成立时同步上线法庭中英文门户网站,现已基本建成集国际商事纠纷全流程在线诉讼、融合式多元解纷、数助决策司法服务对外开放新高地等功能于一体的"数智国商"系统,实现国际商事纠纷诉讼、仲裁、调解"三联通",持续为中外当事人提供"普惠均等、智能高效、一站式融解决"的数智司法服务。自2023年1月系统试运行以来,已有应由杭州国际商事法庭审理的30件国际商事纠纷一审案件通过"数智国商"系统搭载的网上立案通道立案。

为细化落实国务院印发的《中国(浙江)自由贸易试验区扩展区域方案》关于"支持杭州互联网法院健全完善诉讼、仲裁、调解等有机衔接、相互协调的国际商事多元纠纷化解机制"的要求,杭州互联网法院创新上线运行全国首个跨境贸易司法解纷平台。该平台集中受理杭州互联网法院管辖的跨境数字贸易、互联网知识产权等纠纷案件,通过一整套多元化、立体式的纠纷化解途径和体系,对接调解、仲裁等,比照APEC 21个成员经济体认可的《亚太经合组织跨境电商(B2B)在线争端解决合作框架》及《示范程序规则》,实现调解、仲裁、公证、诉讼等多种纠纷在线解决,为全球互联网治理贡献"杭州智慧"、输出"中国经验"。

因关乎经济社会发展方方面面，司法大数据的价值与日俱增。深入高质量地开发利用司法大数据是司法机关能动参与社会治理的有力抓手，对于推进社会治理体系和治理能力现代化意义深远。

在技术部门和审执业务部门配合下，司法大数据应用价值得以全面释放。依托中国司法大数据研究院专业技术力量，各业务部门加强合作，百余家法院、50余个科研院所联合参与司法大数据深度分析工作，完成报告142篇。以司法大数据分析报告订阅、"数助决策"作为第八届司法大数据专题研究的重要抓手，最高人民法院共面向973家法院提供司法指数报告7000余份，进入地方决策回路100余篇；面向上百家法院提供联合研究报告269份，为区域发展"预警"，为行业发展"纠偏"，初步形成具有地方特色的合作研究新机制。调解数据支持下的司法大数据应用推动"无讼"村（社区）创建，逐步开展探索实践。现有创新实践准确捕捉、分析类案多发高发、数量上升的原因并提出司法建议，推动相关部门改进自身管理。此外，该应用还通过典型案例公开教育警示引领社会法治意识发展与进步。

广东黄埔法院主动融入党委领导下的社会治理大格局，高度重视矛盾纠纷源头预防、前端化解工作。切实挖掘发挥海量司法大数据优势，从3万多件司法案件中抓取、提炼相关信息点，建立涵盖劳动争议、买卖合同、民间借贷、房屋租赁、机动车交通事故等不同模块的司法数据分析模型，绘制覆盖全区17个街镇矛盾纠纷的"法治地图"，打造实证分析平台。平台运行产生的分析报告为全区各街镇矛盾纠纷状况提供"全景视图"和"精准画像"，为党委政府决策提供参考，进一步推进市域社会治理体系和治理能力现代化。

参与社会治理是新时期能动履职的集中体现、是助力社会主义现代化的重要举措。发挥司法大数据社会发展"晴雨表"作用，是人民法院信息化的重要目标之一，不断优化的信息化应用推动目标更好地实现。

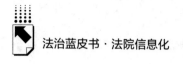

二 法院信息化建设面临的问题

（一）系统集约化程度仍需提升，系统稳定性有待改善

虽然近年来最高人民法院持续加强法院信息化顶层设计，但法院信息化系统繁多冗杂的现象尚未得到根本改善。多年来，从最高人民法院到基层法院即便一直致力于办案办公系统整合，也有"统一工作桌面"等多种举措出台，仍然有一些反映系统集约化程度较低的声音。法院干警处理不同工作项目仍要在多个系统中切换，而系统功能不能互通、数据共享不畅，导致工作效率受到较大影响。频繁切换操作系统难免出现失误，导致案件数据未能统一同源，对司法大数据的精准应用和案件精细管理造成较大影响。

随着系统功能不断加载，硬件设备和网络带宽均可能出现过载问题，功能上线越多越可能出现打开缓慢、不稳定、宕机等现象。在执行信息化系统中，"总对总"反馈不及时、不准确，在系统查询后有时还需要人工查询补充；"总对总"系统内仅能查询被执行人名下保险而不能实现冻结，致使执行干警消耗大量时间前往现场办理冻结，影响执行效率。

（二）统一规划标准重视共性，个性化需求满足程度待提高

一方面是统一性不足，另一方面却是个性化不足。现有法院信息化建设的基础架构是统一规划确定的，重视共性而易忽略个性，功能上往往很难精准匹配用户需求。这种供需不匹配现象体现在多个层面。

首先，不能匹配不同层级、地区法院的个性化需求。很多早期开发已臻成熟完善的基础性系统功能多数立足于满足中级以上法院监督管理工作，而以辅助基层法院办案为目标的设计应用数量很少。一些功能产生于地方创新实践，在当地收效良好而得以在全国统一推广，但在其他地方却出现了"水土不服"或因没有类似业务需求强行上马浪费资源的现象。

其次，不能匹配不同类型法院的专业需求。社会形势发展对司法审判工

作的专业化要求不断提高，传统综合性的法院建制和司法队伍难以满足审判专业细化的要求，这是设置专门法院的基本因素。专门法院包括军事法院和海事法院、知识产权法院、金融法院等，负责审理特定类型的案件，其审判工作本身专业化程度高，各具特点，对信息化支持的需求有别于普通法院。现有信息化系统很难兼顾专门法院的特殊需求，不能为其提供个性化的解决方案。

再次，不能匹配不同部门的业务需求。虽然法院内部审判、执行、司法管理等部门皆有各自的信息化系统辅助日常工作，但各部门的工作性质、法定程序和工作方式差异很大。2017年以来已设立76个专门审判机构，基于类似逻辑设计的系统与各部门工作的融合度不高，功能过剩闲置和缺漏的问题并存。在不同部门重复设置的功能增加了干警数据填报的工作负担，且易造成数据多头填报问题。各部门的真正需求往往又在高度近似的底层设计理念下被忽视，如审判阶段公告送达的案件，在执行系统中没有识别机制，在执行立案过程中，部分案件在审判阶段因被执行人下落不明公告送达，此类案件从立案到阅卷过程较长，等承办人阅卷后再行张贴公告，无形中拉长了执行用时，降低了执行办案效率。再如，立案、审理阶段有较为成熟的扫描与自动导入功能，但在执行阶段数据扫描自动导入功能、数据自动提取分析功能、财产措施到期自动提醒功能等的配置却都不尽如人意。还有执行阶段对拒不履行生效判决裁定罪、非法处置法院查封财产罪、妨害公务罪等常见刑事犯罪构成要件预警模块的设计远不如审理阶段的类案识别推送模块成熟。

最后，对分类用户适配性重视不足。法院信息化辅助审判执行工作，围绕审判执行核心要素展开设计是题中应有之义，但在功能开发征求意见阶段，研发人员同法院干警的交流因不同话语体系而存在隔阂。即使长期以来各级法院一直致力于培养既懂技术又懂业务的复合型人才，但效果未能及时显现。法院干警对信息化系统的熟练操作尚可通过培训来实现，当事人、律师和其他诉讼参与人几乎是不特定的系统操作者，却无法集中培训，因此对系统的可操作性和友好性要求更高，这部分用户的意见对提升系统适配性的

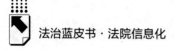

意义也更为重大。但对当事人和律师群体的意见征集几乎没有开展，用户需求重点侧重于法院干警，而忽视了作为诉讼活动重要参与者的当事人、律师和其他诉讼参与人。

（三）司法数据质量仍存短板，服务治理能力待提升

司法大数据分析系统的数据来源为案件管理系统，但案件管理系统自动识别填报智能化程度仍待提升，大量数据依赖人工填报且未建立与司法业务逻辑融合的深度纠错机制，难免出现节点内容未及时录入甚至录入错误，导致引入大数据分析系统的数据延迟或错误，造成源头基础数据污染。这一问题背后仍有更深层次的冲突。司法文书的撰写使用自然语言，如对裁判文书说理的高要求也使得其论证过程中自然不会仅使用机器能够识别的"法言法语"。以大数据为基础的司法人工智能技术成熟度仍需不断提升，识别准确率在不同系统中参差不齐，更进一步的"语义分析""语义理解"还未实现全面成熟应用。在现有技术条件下，完全取代人工填报且保证数据准确性的机制还很难建立。

数据互联互通是制约大数据产业整体发展的首要瓶颈。司法信息化系统与政务信息化系统的联通仍局限在一定事项范围内，如执行案件需要查询的一些重点部门数据尚未完全落实到位，对司法工作和政府工作皆存在制约影响。

鉴于司法大数据质量存在以上问题，再加上算法模型的设计难以有效突破专业壁垒，司法大数据产品服务社会治理的能力有待提升。席卷全球的数字治理模式为国家治理带来机遇与挑战。行业数据有效沉淀与开发影响大数据产业的原始资源构成，虽然近年来司法大数据为党政决策与社会治理提供了越来越丰富的成果，但与全面推动国家治理体系与治理能力现代化的目标要求还存在差距。

（四）新技术应用具有两面性，安全性问题制约发展

2023年被称为生成式人工智能的突破之年，GAI以其原创性能力全面超

越了传统 AI 数据处理和分析能力。一方面，司法工作对 AI 技术的需求一直旺盛，辅助审执业务的人工智能产品供不应求，根本原因还在于技术与业务无法深度融合。例如，人工智能自动化语音服务目前已有诸多应用场景顺畅运行，如政务网站、政务热线的智能问答服务已相对成熟，但法院网站、12368 诉讼服务热线的智能问答却未形成规模，因基础模型与学习能力缺陷，现有司法智能问答应用的辅助作用较为有限。另一方面，人工智能技术应用存在较大风险。OpenAI 推出 ChatGPT 之后，国内多家技术公司在极短时间内也推出类似产品，这些产品大部分锚定公共领域为其实现市场价值的主要领域。但这些"速成"技术的自主性和算法风险的可控性存疑，一旦出现失误就会对司法机关、政府的公信力和权威性造成不可挽回的负面影响。

人工智能安全性仅是人民法院信息化系统安全性问题的一个侧面，而网络信息安全问题已在多个方面制约了司法工作的发展。例如，裁判文书互联网公开就因信息安全问题而被迫采取了一定的防爬虫措施影响用户体验，从而引发争议。再如，一些法院自行研发的 App 极大便利了工作，但也因与数据安全要求不符而被迫关停。信息化系统的安全保障能力是决定其应用水平的核心要素与底线，缺乏有力的安全基石，一切功能都难以发挥应有的作用。

（五）信息化促进诉讼流程再造，但正当性制度支撑不足

人民法院信息化促进了诉讼流程再造，特别是网上诉讼推广以来，诉讼的基本流程已在不知不觉中发生很大变化，每一步骤的诉讼实操已与传统做法大不相同，隐含其间的实质性改变不容忽视。

客观存在的数字鸿沟加剧了参与诉讼活动能力的分化，作为辅助的信息技术可能形成了一道无形又实际存在的门槛，将一部分人挡在参与性上本应无差别对待的法律程序之外，这些人可能是当事人，可能是证人，可能是律师，也可能是法院干警。

对人民法院信息化主观态度的分歧也会激化工具理性与价值理性的紧张关系。法院信息化成果集中体现为司法效率的提升，强化了效率所代表的功

能之一端在评价体系中的重要性，然而，包括法院干警在内的诉讼活动参与者却未必主观上认同以效率为先的结论性表达。要素化分割的责任分配机制，以时间节点、期限数字化方式呈现的内部流程管理和考核制度，都在一定程度上淡化了法院干警的职业认同与价值归属感。对于诉讼参与人而言，效率仅是在信息化尚未到来时诉权难以得到及时满足情况下的阶段性要求，而法院信息化对效率的实现是诉讼参与人应得之权利，因为以当事人为主体的诉讼参与人群体的终极价值追求始终是公正。

技术所带来的诉讼流程变化已经呈现实质性改变诉讼程序与理论的趋势，然而目前只有在线诉讼、网上司法公开等方面的司法解释作为制度依据，诉讼法等法律并未对实质性问题的全面解决和制度安排的正当性作出系统性规定。

三 2024年人民法院信息化建设展望

（一）加速全国法院"一张网"和数字法院建设，协调好功能集约与个性化的关系

全国法院"一张网"建设瞄准了以往信息化建设缺乏统一规划、平台林立、系统繁杂的根源性缺陷，是源头解决当前信息化系统应用障碍的关键。各级法院信息化部门应在今后工作中集智攻关数字法院相关技术问题，加紧落实全国法院"一张网"建设要求，并以此为契机实现系统资源的全面优化与整合，以技术力量推动现代化审判执行体制机制创新发展。

以实现功能集约为目标的同时，切实以包括法院干警和各类诉讼参与人在内的全部用户的现实需求为导向，兼顾审判执行核心业务内部需求和群众对司法工作提出的外部需求，还应在统一架构内允许因时因地制宜的创新功能以模块化方式加载到系统中，满足用户的个性化需求。还要为技术更新迭代提供自发性机制，以对司法工作的专业性正确理解引导技术与业务的深度融合。

（二）优化大数据质量，增强司法辅助社会"数字治理"能力

应继续攻关自动抓取与填报技术的精准度，使语义识别、自然语言识别等先进技术在司法工作中有所作为，切实减轻干警事务性工作负担的同时提升司法大数据原始质量。通过技术手段建立起司法数据的整理、校验机制，对可能错误的数据进行标识与预警。以审判管理现代化为目标导向，形成全方位自主式精细化大数据分析服务，区分不同层级的法院与业务部门定制审判业务数据分析专门方案，为数据会商、条线指导、专题研究等提供全方位精细化大数据服务。随着技术的成熟应用，文书提取信息与案件结构化信息交叉比对将成为可能，量大而全的原始数据对司法大数据分析能力提出更高要求。法院系统内数据的互联互通仍需进一步消除障碍，与其他部门的数据共享也应进一步打通梗阻、提升质效，建立具备全局性的信息化建设府院联动机制，促进数据需求的相互了解与数据资源的合作开发，助力人民法院参与社会治理，推动以数字治理为核心的治理体系和治理能力现代化转型升级。

（三）妥善开发使用 AI 技术，提升安全保障能力永无止境

人民法院的工作迫切需要深化人工智能技术应用，法律检索、类案推送、卷宗预览辅助、文书自动生成、程序空转提醒、统一法律适用预警、文书规范性审查等方面的智能化服务水平还有很大提升空间。

对于生成式人工智能技术存在的网络数据甄别缺陷和决策不透明问题，应在司法应用过程中保持足够警惕，合理设置应用边界、完善数据质量评估机制、设计安全应急预案都应在人工智能技术相关功能上线之前完成。最为重要的是，要使用拥有核心技术自主知识产权、安全可控的通用大模型。

人工智能模型的训练需要大量的数据，司法数据确实包含大量敏感信息，如个人身份、健康记录、商业秘密等。如果这些数据进入大模型，一旦在互联网上被泄露甚至恶意使用，可能对当事人和社会造成重大危害。因

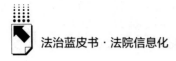

此，人工智能的司法应用更需要采取有效的数据加密、访问控制、隐私保护和安全存储等措施，确保个体信息权利和国家信息安全不被侵害。

（四）充分诠释流程变化，提升信息化诉讼程序制度位阶

人民法院信息化对司法工作带来的实质性改变需要上升为诉讼程序甚至更为深刻的法学理论议题加以充分讨论，只有经过这一过程，才能在当代公平正义语境下，对变化了的司法实践的正当性进行重述。线上诉讼、网上司法公开等领域的制度也应以更高位阶的法律条文消除现有制度间的冲突矛盾，以诉讼法为信息化时代的诉讼活动提供更为有力的制度保障。

专题报告

B.2
中国法院诉讼服务
信息化评估报告（2023）

中国社会科学院国家法治指数研究中心项目组*

摘　要： 2023年，各级法院着力发挥信息化的放大、叠加、优化和倍增效应，诉讼服务信息化深入推进，一网式多元解纷和诉讼服务信息化架构、多元化诉讼服务机制基本形成，从服务程序优化迈向服务权益兑现，从畅通纠纷渠道迈向实质纠纷化解，为多元化解纠纷、提升社会治理、服务营商环境优化提供新场景。针对诉讼服务信息化在专业性、贴合性、易用性等方面还有提升空间等问题，未来应依托信息化建设，为当事人、律师和社会各界提供优质高效的司法服务，更好服务大局，助力实现更高水

* 项目组负责人：田禾，中国社会科学院国家法治指数研究中心主任、法学研究所研究员，中国社会科学院大学法学院特聘教授；吕艳滨，中国社会科学院法学研究所法治国情调研室主任、研究员，中国社会科学院大学法学院行政法教研室主任、教授。项目组成员：王小梅、王祎茗、刘雁鹏、栗燕杰等（按姓氏笔画排序）。执笔人：栗燕杰，中国社会科学院法学研究所所副研究员；田禾。本报告系中国社会科学院法学研究所"新时代法治指数研究方法创新与实践应用"创新工程项目组成果。

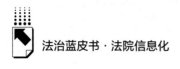

平的数字正义。

关键词： 诉讼服务信息化　多元解纷　社会治理

法治推进与现代科技的深度融合，是中国特色社会主义法治现代化的必由之路。在司法领域，诉讼服务信息化是司法活动与网络信息科技深度融合的重要载体，也是司法信息化应用的基本情形。至今，应用场景日渐丰富，交互方式更加友好，集约集成、在线融合、普惠均等的中国特色诉讼服务信息化建设基本完成，为企业群众提供要素式、多元化、低成本、高效率的司法服务，在满足各界司法需求方面做了很多实用性、突破性、创新性的工作，在多元解纷、服务社会治理、推进营商环境优化方面发挥重要作用。

一　诉讼服务信息化新进展

2023年，最高人民法院着力推进法治信息化工程建设和数字法院大脑建设，全国法院"一张网"体系全面铺开，建成由诉讼服务大厅、在线服务平台、"12368"诉讼服务热线等组成的融合化、立体化诉讼服务平台体系。其进展包括以下方面。

（一）重视程度不断提升

中共中央印发的《法治中国建设规划（2020~2025年）》提出，"全面建设集约高效、多元解纷、便民利民、智慧精准、开放互动、交融共享的现代化诉讼服务体系"。科技部将诉讼服务等法院业务领域作为人工智能赋能经济社会发展的重要示范应用场景，要求运用非结构化文本语义理解、裁判说理分析推理、风险智能识别等关键技术，加强庭审笔录自动生成、类案智能推送、全案由智能量裁辅助、裁判文书全自动生成、案件卷宗自适应巡查、自动化审判质效评价与监督等智能化场景的应用示范。

各级法院推进现代技术与诉讼服务深度融合，"互联网+诉讼服务"全面展开，诉讼服务一网通办、一地全办。自 2019 年初全国法院启动建设以来，2020 年建立主体框架，2021 年完成基本建成目标，2022 年全面建成多元纠纷解决和诉讼服务体系，2023 年以来诉讼服务体系化、信息化程度不断加深。最高人民法院以人民法院在线服务小程序为基础，升级建设人民法院在线服务平台，构建司法公开、诉讼服务、申诉信访三位一体的全国法院统一在线服务门户。各地方积极探索，借力数字化改革提升诉讼服务水平。浙江省、江苏省、吉林省、辽宁省等地实施全域数字法院建设，推动法院服务模式升级。

（二）核心应用迈向成熟高效

在信息基础设施建设取得长足进展后，如何发挥实效就是关键所在。各地法院诉讼服务中心进行数字化改造，集成诉讼引导、立案登记、释法答疑、信访接待、司法救助、调解速裁等功能；推出诉讼服务平台、人民法院在线服务小程序、律师服务平台、网上缴退费系统、在线调解平台，从以往的"长途跋涉"和"反复跑动"转变为现在的"指尖诉讼"与"最多跑一次"。

人民法院调解平台全面拓展。最高人民法院 2018 年上线人民法院调解平台，此后每年进行升级。到 2023 年底，平台纵向贯通四级法院内外网系统，横向与全国工商联、人民银行、证监会、司法部等单位调解平台互联互通，为当事人提供全流程在线调解服务。调解全程留痕，可查询、可追溯、可监管。一方面，"总对总"在线诉调对接资源进一步扩大。退役军人事务部、住建部的调解组织和人员入驻人民法院调解平台，"总对总"对接的部委、全国性行业协会达 13 家。平台将各单位分散在省、市、县、乡各层级的调解资源大幅集约集成，目前已有 10 万余家调解组织、41 万名调解员入驻，实现"一次对接、全国覆盖"，做到"一平台调解、全流程在线、要素式服务、一体化解纷"。2023 年，全国诉前调解纠纷 1747 万件，调解成功 1204 万件，40.3%诉至法院的民事行政纠纷通过调解方式解决在诉前①。另一方面，平台向基层有序延伸。2023 年，最高人民法院下发《关于进一步做深做实人民法院调解平台"进乡村、进社区、进网格"工作的通知》，明确 2023 年底前实现人民法庭或基层人民法院对接辖区 30% 以上的基层治理单位；2024 年 6 月底前对接率达到 50% 以上，并实现实质性运行。截至 2023 年底，已有近万个人民法庭和 12.76 万家基层治理单位入驻人民法院调解平台。

网上立案向二审延伸。最高人民法院在山东、河北、浙江第一批试点基础上，自 2023 年起有序推进民事、行政二审案件网上立案试点。全国 16 个试点地区全部开通在线入口并进入实质运行。截至 2023 年 8 月 31 日，试点地区共收到民事、行政二审网上立案申请 132382 件，立案周期平均时长较试点前缩短四分之三以上，最快可实现当天申请、当天立案②。

电子送达提效突出。电子送达对于破解送达难、降低送达成本并提升送达效率居功甚伟。近年来，各地积极深化电子送达应用，法律文书迈向"即时达、码上达、就近达、一次达"新阶段。例如，天津市从立案阶段加大对当事人选择电子送达的引导确认，全面推进各类诉讼文书的电子送达。天津市第一中级人民法院将法院 EMS 邮寄业务归口立案庭送达中心统一管理，送达专员使用送达系统进行送达。再如，广州市中级人民法院通过共享通信运营商、邮政公司、主流网购平台受送达人活跃手机号码和有效地址信息，创新短信弹屏送达、公证语音存证送达等方式。

（三）应用场景拓展更加丰富

网络渠道日渐畅通，诉讼服务"网来网去"成为主流；线上线下融合

---

① 《2023 年全国法院诉前调解成功案件 1204 万件》，中国法院网，https://www.chinacourt.org/article/detail/2024/01/id/7765835.shtml，最后访问日期：2024 年 2 月 20 日。

② 《最高法开展民事、行政二审网上立案试点成效明显 立案周期平均时长缩短四分之三》，《法治日报》2023 年 9 月 14 日，第 1 版。

更为顺畅，迈向一体融合发展。诉讼服务兼容性和包容性大为增强，更加尊重当事人的选择权。在线服务、现场服务、自助设备服务融合对接，更好匹配各类群体在不同环节的个性化偏好。

各类设备设施承担丰富服务事项。"24小时自助法院"如同金融机构的ATM机，不仅可为企业群众提供自助服务，也极大拓宽了法院提供服务的时间、渠道，优化了交互方式，将诉讼事项办理延伸至非工作时间，服务空间从法院诉讼服务大厅延伸至更接近企业群众的自助机，服务平台从现场面对面延伸至网络平台。四川的自助诉讼服务站普遍配备诉讼综合柜台、自助填单机、缴费打票机、一体查询机、风险评估机、文件流转柜等设备，提供联系法官、诉讼风险评估、诉前调解建议等功能。重庆、山东等地的车载法庭把诉讼服务"装上车"，以流动车辆推动诉讼服务触手可及，现场开庭、普法宣传、社情民意收集相结合，从被动立案、后端化解迈向主动服务、提前介入。"一车通办"打通服务群众的"最后一公里"。从"马背上的法庭"到"车载法庭"，智能服务与人工导引相结合，为群众提供面对面的上门服务，让司法审判和纠纷化解更加高效。

便民服务举措减少群众诉累。依托信息化应用，优化诉讼服务，进一步提升司法便民利民水平。比如，应用填写电子化为当事人减负。在法院现场手动填写文书，耗时较长且易出现错漏。吉林省长春市两级法院推出电子填写服务，可通过智能交互终端，直接读取身份信息；对于确需填写的内容，窗口人员当场询问实时操作录入，当事人只需电子签名确认，既减轻了人工填写负担，也提升了内容准确性。再如，通过引入自动翻译功能破解沟通障碍。新疆维吾尔自治区法院除在线立案、远程开庭等常规动作之外，还根据实际需求提供多语种快速互译功能，系统自动记录转写双方当事人陈述，既提高了翻译效率和准确性，也减轻了法院的重复性、事务性工作负担。

跨地域应用破解群众异地诉讼难。最高人民法院下发的《关于开展全面深化跨域诉讼服务改革试点的通知》在13个省（自治区、直辖市）率先试点，推动九大类 48 项诉讼事项异地可办。浙江省绍兴市两级法院在跨域立案基础上，建立管辖权匹配要素库，提供管辖权智能匹配推荐功能。福建省厦门市上线公积金云执行平台，公积金云执行平台嵌入法院办案系统，实现系统数据对接，并可接收全国其他地方法院委托的公积金查询业务，既解决了过去法官需要到现场办理公积金查询业务耗时费力的问题，也借助系统自动审查优势减轻了后台审核人员工作负担，使得异地查询、冻结更加便捷。

（四）受众广泛使用发挥实效

评判诉讼服务信息化的成效，当事人、律师等的使用率、应用体验是关键。近年来，诉讼服务信息化已从"筑巢引凤"的设施制度技术搭建阶段，迈向广泛应用、成效凸显的"固巢养凤"阶段。

律师群体应用广泛。2023 年，最高人民法院联合司法部、中华全国律师协会开展律师意见建议在线调研和应用推广，收集到 16 万条问题建议，梳理形成 11 个方面问题，为提升服务律师水平、保障律师执业权利提供支撑。律师服务平台应用上线运行至今，已有 50 万名律师注册，覆盖全国 77% 以上的执业律师，累计在线办理立案、阅卷等事项 1396.62 万件次，年均增幅 20.47% 以上。各级法院为律师提供排期避让提醒服务 178.53 万次，提供律师绿色通道"一码通"免安检服务 2234.63 万次。2023 年，律师在"掌上法庭"针对 110 万个案件与法官沟通 323.8 万条，法官有效回复 190.35 万次，律师满意率 97% 以上[①]。

一号通办覆盖群众诉求。最高人民法院注重发挥"12368"诉讼服务热线总客服作用。2023 年，"12368"诉讼服务热线累计接听来电 2495.96 万次，成为当事人和律师查询咨询、联系法官、办理诉讼事务的重要渠道。深圳市中级人民法院于 2022 年成立群众诉求服务处，以专门机构、专业人员、专项通道回应群众诉求。将"12368"热线升级为"一号通办"平台，覆盖

---

① 数据来自最高人民法院信息技术服务中心提供的内部总结材料。

通过来电、来信、来访、网络、媒体反映和相关机关转送的群众诉求，超过90%的群众诉求即时办结，其他转为工单形式闭环处置。

诉讼服务评价体系形成闭环。最高人民法院制定下发《人民法院诉讼服务满意度评价工作办法》，要求全国法院建立"厅网线"立体化满意度评价机制，上线人民法院诉讼服务满意度评价系统开展诉讼服务"好差评"，依托科技赋能实现法院全覆盖，线上线下全覆盖和诉讼服务事项全覆盖。人民群众可对诉讼服务大厅的环境设施、司法作风、系统操作、事项办理完成情况等进行评价并提出意见建议。

二 诉讼服务信息化的成效

在硬件、软件到位后，诉讼服务信息化的关键就转向如何用起来。针对企业和群众立案难、解纷难、诉讼难等问题，各地法院以人民为中心提升服务效能，推进诉讼服务流程再造，促进司法服务更精准、更贴心、更高效，实现前端诉讼服务、中端纠纷化解、后端执行有效对接，打破时间空间限制，司法便民为民触手可及。

（一）多元解纷效能显著跃升

"遇事找法"并不意味着遇事都要找法院。近年来，案多人少压力居高不下，诉讼的高成本、长耗时、高风险、后遗症多等缺失逐步暴露。智慧诉讼服务不仅为前端起诉立案提供便利，还在多元纠纷化解中大显身手，推动诉源治理和多元解纷效能跃升。

打造覆盖延伸基层的诉源治理网络。2023年9月，最高人民法院、司法部印发《关于充分发挥人民调解基础性作用　推进诉源治理的意见》，鼓励非诉讼纠纷化解中心（或矛盾纠纷调解中心）与人民法院诉讼服务中心实行直接对接，统一接收人民法院委派委托调解的案件，组织、协调、督促辖区内人民调解组织开展调解。各地法院推进司法服务进乡村、进社区、进网格，形成"线上+线下"多元立体化调解模式。人民法院调解平台建设诉源治理系统，具备风险预警、矛盾排查、纠纷化解、视频调解、在线联系法官、司法确认等功能。各地法院利用服务站点平台向基层延伸，通过乡镇街道、村居、园区层面的诉讼服务站点与人民法院在线服务平台等，将在线调解平台与人民调解、专业调解对接。在便利企业群众起诉的同时，把非诉机制挺在前面；对于调解不成功的案件，可直接通过平台、站点向法院申请立案，实现诉调无缝对接。

强化诉讼服务，提升司法便民利民水平。最高人民法院以数据融合为核心，全面整合调解、保全、鉴定、送达、破产等互联网应用，提升人民群众在司法活动中一次登录、一网通办、一网通查水平。各地纷纷贯彻施行，通过二维码为当事人提供各类在线服务，诉讼事项办理更加顺畅，体验更加友好。

（二）参与社会治理深入有效

党的二十大报告提出，在社会基层坚持和发展新时代"枫桥经验"，完善正确处理新形势下人民内部矛盾机制，要求"完善网格化管理、精细化服务、信息化支撑的基层治理平台，健全城乡社区治理体系，及时把矛盾纠纷化解在基层、化解在萌芽状态"。诉讼服务有参与社会治理的独特优势。2023年，最高人民法院与13家"总对总"合作单位建立季度会商机制，依托类型化纠纷调解大数据分析研判纠纷发展趋势，发掘源头治理短板弱项，从多元解纷迈向多元共治。

各地法院通过技术助力，依托在村居、社区、网络运营商网点等设立的诉讼服务站、e诉中心、共享法庭、审务工作点，解决了法院服务群众"最后一公里"、深度参与基层治理的问题。在浙江，信息化助力的共享法庭已成为诉讼服务的基层支点，推动司法服务普惠、可及、易得。共享法庭与县级社会治理中心、乡镇智治中心、村社网格平台对接。共享法庭除帮助法院化解纠纷之外，还具有调解指导、网上立案、在线诉讼、普法宣传、基层治理等功能。截至2023年6月底，浙江全省已建成共享法庭2.7万个，覆盖100%的镇街、98%以上的村（社区）。近两年来，共享法庭指导调解71.1

万件次，化解矛盾纠纷 54.7 万件次，纠纷就地化解率为 76.93%，普法宣传 16.38 万场 803 万余人次①。

（三）服务营商环境持续优化

助力优化营商环境，践行司法机关职责使命，各地法院在优化诉讼服务、便民利民等方面，进行了广泛探索。

聚焦企业需求优化服务。通过诉讼服务信息化，提升企业、投资者诉讼便利度，破解窗口接待、业务办理、在线应用等领域的"急难愁盼"问题，成为各地法院的共同选择。深圳前海合作区人民法院打造网上立案、电子送达、远程调解、线上庭审等全流程线上诉讼机制，并研发"金融云审""知产云审"系统，运用区块链、大数据等技术，与银行、知识产权保护中心等主体链接，打造金融和知识产权案件纠纷批量处理方案，实现诉讼服务和司法审判全面提速。河南省济源市人民法院为企业提供网上立案、跨域立案、在线鉴定和在线保全等诉讼服务，并实行企业送达地址默示承诺制。山东省诉讼通平台为企业提供标准化诉讼通道，提供一键批量立案、批量线上缴费、批量签收和案件信息查看等功能，大幅减轻企业诉累。

深耕专门平台建设。各地法院积极响应《知识产权强国建设纲要（2021~2035 年）》关于"积极推进跨区域知识产权远程诉讼平台建设"要求，加强专门平台建设。广州知识产权法院聚焦远程诉讼服务完善，打造集远程立案、委托调解、案件查询、远程答疑、远程接访、远程庭审、巡回审判于一体的广东知识产权纠纷调解中心，在联动解纷、诉前调解、诉中调解等各阶段持续发力。2023 年，广州知识产权法院诉前调解成功案件 3887 件，同比增长 33.99%；调撤案件 5415 件，同比增长 49.17%②。

---

① 《高高飘扬的旗帜　浸润人心的暖流——新时代"枫桥经验"在司法一线扎根生长的故事》，《光明日报》2023 年 7 月 1 日，第 5 版；《"诉源治理浙江模式"系列报道③——共享法庭：社会治理最末端的解纷之道》，《人民法院报》2023 年 8 月 19 日，第 4 版。

② 《广州知产法院发布 2023 年技术类案件审判工作情况及服务和保障科技创新十大典型案例》，广州知识产权法院门户网站，http://www.gipc.gov.cn/front/content.action? id = f6709c3e46cb497fb36fedfd0f37dc2d，最后访问日期：2024 年 2 月 20 日。

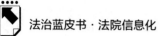

服务营商环境国际化。打造适应涉外、涉港澳的在线诉讼服务机制，与境外诉讼服务的协同对接，成为诉讼服务发展的新使命。最高人民法院建设的国际商事纠纷多元化解决平台，已实现国际商事纠纷调解、仲裁、诉讼、中立评估等业务办理；依托在线服务完成跨域材料收转、跨域事项申请等诉讼服务功能模块研发。《最高人民法院关于为广州南沙深化面向世界的粤港澳全面合作提供司法服务和保障的意见》（法发〔2023〕16号）提出，支持广州法院健全完善适应涉外、涉港澳案件特点的在线诉讼服务机制和平台，加强与港澳诉讼服务协同对接，为境内外当事人提供便捷、高效、优质的纠纷解决服务。深圳市中级人民法院与福田区政府牵头设立"深圳市涉外涉港澳商事一站式多元解纷中心"，可提供诉求受理、纠纷分类、纠纷处理以及咨询、评估、立案、保全、公证、在线司法确认等服务。

纳入地方立法轨道。各地法院通过诉讼服务及其信息化建设推进营商环境优化的做法，受到地方营商环境立法的关注，并被纳入法治轨道。例如，2023年出台的《南通市优化营商环境条例》第61条明确规定："人民法院应当加强一站式诉讼服务中心建设，完善综合诉讼服务平台，推进诉讼服务掌上办理，提高民商事案件诉讼服务全程线上办理水平。实现涉诉企业线上线下诉讼活动有机衔接、高效便捷，降低诉讼成本。"《湖北省优化营商环境条例》《无锡市优化营商环境条例》《资阳市优化营商环境条例》中也有类似规定。这些地方性法规的相关要求，有利于将诉讼服务信息化纳入法治轨道，推动其常态化、制度化发展。

三 问题与因应

目前，虽然诉讼服务信息化取得广泛成效，但在科技应用、理念落地、特殊群体关照等方面仍存在一些难题，导致发展后劲不足。未来，应当进一步优化顶层设计并发挥基层能动性，兼顾程序正当与实质正义实现，推动法院诉讼服务与公共法律服务协同发展，深化科技创新应用，实现技术和司法的无缝对接与深度融合。

（一）发展瓶颈

一则，现代科技应用存在瓶颈。当前，部分前沿技术的应用效果有待加强。一些应用未针对司法场景就当事人和律师需求进行针对性调整，所谓"大数据"在覆盖法律法规、司法解释、司法案例方面还存在残缺，"智能化"往往停留在基本法律规范的告知层面。同时，人脸识别认证等功能的深度应用，存在《个人信息保护法》《数据安全法》《民法典》等法律法规应用障碍。此类问题均需在法治轨道上得到正视并予以破解。

二则，应用实效受制于理念机制。司法理念和惯例会对技术应用效果产生巨大影响。一个典型例证是，虽然网上立案并无过多技术障碍，而特定类型纠纷遇到的立案难题并非网上立案、一键立案技术所可以解决。各类无纸化改革无论如何顺畅、安全，只要对纸质卷宗存档还有要求，就很难实现真正的绿色、节能目标，甚至由于线上线下并行管理带来浪费。

三则，特殊弱势群体考虑关照不够。诉讼服务的现有技术应用，对具有一定科技素养的中青年群体更为友好，但对老年人、残疾人、盲人、聋哑人、外国人等群体，仍存在信息获取、应用不便等方面障碍，导致此类群体未能充分享受诉讼服务信息化所带来的红利。

（二）因应之道

提升诉讼服务水平是司法为民理念的集中体现，诉讼服务质效是现代司法制度的重要组成部分和衡量尺度。今后，应当以人民为中心，以人民满意为目标，将人民司法的红色基因与现代科技思维有机结合，利用科技为服务赋能。诉讼服务信息化的初心，是通过技术应用，破解起诉难、立案难等难题，为企业群众提供高质量司法服务，为公平正义提速。对此，既不应本末倒置、喧宾夺主，过于突出技术导向而罔顾司法规律、司法需求，也不能因噎废食，因为出现的新情况新问题而开倒车。

第一，将优化顶层设计与发挥基层能动性相结合。经过多年发展，诉讼服务信息化已从"摸着石头过河"迈向"优化顶层设计"阶段。各地区各条线的系统平台在以往阶段难免叠床架屋，今后应进一步提升集约整合水平。对此，既要鼓励"摸着石头过河"发挥基层能动性，也要及时总结提炼，通过开门征求各方意见，不断凝聚共识，推进改良优化。

第二，以落实权益兑现与纠纷实质化解为核心目标。在广度上，人民群众的司法需求延伸到哪里，人民法院的诉讼服务就应当跟进到哪里；在深度上，应不断满足人民群众对诉讼服务专业性、精准性、可及性和易懂性的新需求、新期待，让人民群众用得上、用得起、用得好。诉讼服务的发展，不仅需要优化流程、精简材料和减少跑动，还应在其基础上推动合法权益及时保障、纠纷实质化解，破解程序空转、虚假诉讼等难题。

第三，推动诉讼服务与公共法律服务协同发展。发挥诉讼服务延伸的普法宣传、矛盾化解等功能，构建"共建共治共享"的社会治理格局。集约整合是诉讼信息化服务的重要发展方向。对此，既要整合平台内部功能，减少多头申请和反复审查，还应着力整合外部平台，特别是推动诉讼服务信息化与公共法律服务平台的协同、联动，推动诉讼服务与诉源治理、多元化解有机结合。公共法律服务作为由司法行政部门主导的服务样态，被定位为政府公共职能的重要组成部分和全面依法治国的基础性、服务性、保障性工作。中共中央印发的《法治中国建设规划（2020~2025年）》明确提出："加快公共法律服务实体平台、热线平台、网络平台有机融合，建设覆盖全业务、全时空的公共法律服务网络。"在信息化建设引领下，整合诉讼服务与公共法律服务，推进矛盾纠纷化解一体化，可谓正当其时。推动两者资源共享、优势互补、技术共用和程序协同、标准兼容，把触角延伸至纠纷产生、化解的全过程，进而将党委、政府和社会各方解纷资源有效整合，更好兼顾司法规律性与能动性，推进机制协同创新，为企业和群众提供便捷高效、智能精准的智慧服务。

第四，服务区域一体化发展和"走出去"战略。中国进一步改革开放离不开高水平的法治建设。其中，通过诉讼服务跨域发展，推动司法信息、典型案例、送达、数据资源共享，有利于构建与新时代经济发展相适应的司法服务体系。在此，应充分应用语音识别、实时翻译、语义识别等现代技术，为港澳台和外国人参与诉讼和纠纷化解提供便利，为司法服务"一带一路"倡议提供数字技术支撑。

第五，深化科技创新应用解决梗阻难题。应探索将司法的权威性、严肃性与服务的畅通性、便民性有机结合，帮助当事人解决诉讼及相关问题、困难。人工智能等领域非结构化文本语义理解、风险智能识别等方面技术应用发展如火如荼，但其在司法领域的落地还有较大空间。一则，应强化互联网思维，继续改进交互方式，优化诉讼服务样态。在给法官提供问答式法律政策检索、数据查询统计、辅助计算生成等应用探索中，向当事人、律师和普通社会公众提供此类服务。由此，当事人可通过诉讼服务信息化获得较高质量的法律咨询、服务和建议，强化企业合规，减少不必要的诉讼风险。二则，打造司法知识库，强化大模型支撑。最高人民法院已上线人民法院案例库，以"提升入库案例的检索精度、认可程度、参考力度和应用广度，最大限度发挥案例的实用效能"为目标①。人民法院案例库向社会开放使用，发挥其对广大企业、群众的守法指引功能。三则，依托技术深度应用破解难题。例如，应用科技降低沟通交流门槛，为老年人、残疾人、民族语言群体和外国人参与司法提供便利。还需加强实名认证、权限管理等机制的设置和完善，确保安全可控和风险最小化。

---

① 《最高人民法院相关部门负责人就征集人民法院案例库参考案例有关问题答记者问》，https：//www.court.gov.cn/zixun/xiangqing/421342.html，最后访问日期：2023 年 12 月 25 日。

B.3
中国法院执行信息化评估报告
（2023）

中国社会科学院国家法治指数研究中心项目组*

摘　要： 　2023 年是全面贯彻党的二十大精神开局之年，是中国法院"五五改革纲要"和首个人民法院执行工作五年纲要的收官之年，也是中央政法委确定 2035 年实现"切实解决执行难"目标任务的起步之年。在切实解决执行难的新征程中，信息化建设仍将继续发挥作用。信息化是切实解决执行难、实现执行现代化的必由之路，这是由执行案件的特点决定的，是纾解"案多人少"矛盾的现实需要，也是新信息技术蓬勃发展带来的时代机遇，更是巩固"基本解决执行难"成果、建立长效机制的必然选择。2023 年，为建立执行长效机制，构建执行难综合治理新格局，全国法院推动外源治理，健全执行信息化社会联动机制；强化内源治理，完善"立审执破"一体化机制；加强本源治理，以数字化推动执行模式变革。虽然有些地方法院的执行信息化发展突飞猛进，但个别地方信息化本身起步较晚，再叠加差异化的政策规定，导致全国发展不平衡，全国一体化执行体制尚未达成。未来，应夯实法院信息系统基础，谋求数字化引导下的执行现代化。

关键词： 　法院执行　切实解决执行难　信息化　数字执行　执破融合

---

* 项目组负责人：田禾，中国社会科学院国家法治指数研究中心主任、法学研究所研究员，中国社会科学院大学法学院特聘教授；吕艳滨，中国社会科学院法学研究所法治国情调研室主任、研究员，中国社会科学院大学法学院行政法教研室主任、教授。项目组成员：王祎茗、刘雁鹏、栗燕杰、马雯岍、李双斐、李怡桦、杜珂、曾铄钧、龚文杰、陈乐琪等。执笔人：王小梅，中国社会科学院法学研究所副研究员。本报告为中国社会科学院法学研究所"新时代法治指数研究方法创新与实践应用"创新工程项目组成果。

2023 年是全面贯彻党的二十大精神开局之年，亦是中国法院"五五改革纲要"和首个人民法院执行工作五年纲要的收官之年，还是中央政法委确定 2035 年实现"切实解决执行难"目标任务的起步之年。最高人民法院在其"五五改革纲要"中提出，"构建切实解决执行难长效制度体系"，并将《关于深化执行改革　健全解决执行难长效机制的意见》作为人民法院执行工作 2019 年至 2023 年工作纲要予以实施，提出"以信息化实现执行模式的现代化"。2023 年，中央政法工作会议提出"实现到 2035 年'切实解决执行难'的目标"，首次明确十八届四中全会提出的"切实解决执行难"目标的完成时间表，这是贯彻落实党的二十大关于全面依法治国最新部署的实际行动。

切实解决执行难，一是要建立执行长效机制，在推动执行权力规范运行的基础上，探索落实分级分类惩戒理念，充分发挥失信惩戒和守信激励两方面作用；二是要在全社会建立执行综合治理机制，构建前端自动履行、中端协同联动、末端有效衔接的现代化执行协同联动机制，从根本上解决协作配合难题。无论是建立执行长效机制还是综合治理机制，均离不开信息化的发力与加持，信息化是切实解决执行难、实现执行现代化的必由之路。

一　坚持信息化建设是切实解决执行难的必由之路

信息化在"基本解决执行难"中发挥了巨大作用，也完成了历史积累与沉淀，形成较为完整的执行信息化体系，实现了执行模式变革和执行生态重塑。在切实解决执行难过程中，信息化仍将继续发挥作用，是达到切实解决执行难目标的必由之路，这是由执行案件的特点决定的，是基于纾解"案多人少"矛盾的现实需要，也是新信息技术蓬勃发展带来的时代机遇，更是巩固"基本解决执行难"成果、建立长效机制的必然选择。

（一）执行案件的特点决定信息化是最佳选择

审判和执行是人民法院最为核心的两项业务，与审判相比，执行更具有适合信息化的天然优势，能够为信息化发挥作用提供更为充分和广阔的空间和场域。首先，审判侧重对公正的价值追求，相比之下，执行更强调效率，而信息化是提高效率最为有效的手段。其次，相较于审判，执行的事务性更强，涉及财产调查、控制、变现等各个环节，更适合采取信息化手段。最后，与审判主要局限于法院内部不同，执行涉及法院与其他行政机关、银行的配合，具有跨部门、跨行业的特点，须深化执行联动机制建设，进一步健全完善综合治理执行难工作大格局，也更需要以现代信息技术为支撑推进执行信息化建设。

（二）信息化是纾解执行"案多人少"矛盾的现实需要

近年来，对于不少法院而言，"案多人少"矛盾突出是不争的事实。虽然司法改革在深化人员结构调整和优化资源配置方面对一线办案人员有所倾斜，在一定程度上缓解了人案矛盾，但鉴于人财物资源总量的有限性，要解决人案矛盾，较为现实的路径是对现有资源进行深度挖掘和有效利用，提高单位产出效能。为此，须充分依赖和借助信息化，通过系统平台进行自动化办案和事项批量处理，取得数倍于人工的效率，纾解法院执行"案多人少"的现实矛盾。

（三）信息化是数字时代执行破难的历史机遇

随着新信息技术的蓬勃发展和国家大数据战略的确立，"切实解决执行难"迎来难得的历史机遇。党的十八大以来，国家确立了大数据战略，法院信息化建设进入黄金发展期。各级法院加大执行信息化投入力度，不断探索新的应用场景，逐步建成由全国统一的执行案件管理系统、网络查控系统、询价评估系统、网络司法拍卖系统、失信限消系统、执行指挥管理平台、执行信息公开网、移动执行平台、应急指挥调度系统等组成的相对完整的"1+8"执行信息化体系，促进法院执行模式变革与现代化转型。同时，全社会跨入信息化时代，各行各业的信息化发展，也有助于建立有效的执行难综合治理机制。

（四）信息化是建立执行长效机制的可靠路径

为破解执行难，中国开展了多轮专项行动，但执行难极易反弹回潮，究其原因是未建立执行长效机制。专项行动虽然对清理历史积案、集中整治某些类型案件有所裨益，但这种运动式执法未能对法院的执行工作产生革命性影响，也未留下太多有价值的制度机制。2016 年至 2018 年，全国法院开展了声势浩大的执行专项行动，并整合全社会力量取得了"基本解决执行难"的胜利。要巩固"基本解决执行难"成果，防止执行乱象反弹回潮，就必须建立执行长效机制。执行长效机制的建立，须紧紧围绕执行的"一性三化"，即强制性和规范化、信息化、阳光化，其中，信息化对实现规范执行、高效执行、阳光执行、廉洁执行起到催化剂作用。例如，建立执行办案平台，将执行案件全部纳入系统办理，能够有效提升执行办案规范性；应用网络执行查控系统，对被执行人的主要财产形式"一网打尽"，极大提高执行效率；推广网络司法拍卖，最大限度祛除权力寻租空间，以实现阳光执行和廉洁执行；借助联合信用惩戒系统，进一步整合社会力量实现执行合力；通过执行指挥管理平台、移动执行平台和应急指挥调度系统，在跨地域、跨层级法院间实现资源整合、警力调配，统一执行指挥调度。

二　综合治理：执行长效机制信息化路径探索

要建立切实解决执行难长效机制，须强化执行难综合治理，进一步深化执行的外源治理、内源治理和本源治理，建立社会共治大格局。无论是在全社会建立执行联动机制、加强社会信用体系建设，还是加强法院之间以及法院内部立审执破协同机制，抑或是充分发挥法院执行部门本身的能动性，都应充分发挥信息化的支撑和保障作用，建立现代化协同执行工作模式，达到对执行的多元综合治理效果。

全国法院通过信息化挖掘潜力、合理配置执行资源，不断提升执行质效，努力兑现人民群众胜诉权益。2023 年，全国法院执结执行案件 976 万件，同比增长 6.4%，执行案件的"案—件比"为 1∶1.25；全国法院执行到位金额同比增长 12%，结案平均用时 68.08 天，同比缩短 6.51 天①。

---

① 《让更多"纸上权益"变成"真金白银"——人民法院近年来扎实推动新时代执行工作高质量发展综述》，《人民法院报》2024 年 1 月 14 日，第 1 版。

（一）外源治理：健全执行信息化社会联动机制

外源治理是指法院与外部资源联动形成对执行难的外部治理机制，具体包括与金融、房地产管理、车辆管理、公安、税务等单位或组织就人财物进行联动查询、控制、处置以及与相关部门就失信被执行人进行联合信用惩戒。在外源治理过程中，信息化发挥了重要作用，通过打造系统平台，将财产查控和处置转移到线上，从而提高执行效率。2023 年，法院执行进一步融入社会治理，通过健全执行信息化联动机制，在全社会形成执行合力。

1. 健全执行查控体系

在中国法院执行信息化体系中，网络执行查控系统居于核心地位，是执行模式现代化变革的起始与标志，实现了法院与银行、证券等金融机构以及车辆、不动产管理部门的执行联动①。网络执行查控体系包括最高人民法院统筹建设的"总对总"网络执行查控系统和各地人民法院自建的"点对点"网络执行查控系统，在给执行模式带来重大变革的同时，某些情况下也存在查询结果不准确、不全面的问题，对于大量财产的控制、过户登记等，仍需要线下办理，影响执行效率。因此，不断健全和完善执行查控体系是一项长期任务。2023 年，无论是"总对总"还是"点对点"，网络执行查控系统都进行了优化升级和整合完善，查控的财产范围进一步扩大、自动化程度也有所提升。

一是查控的财产范围进一步拓展。最高人民法院与中央军委政治工作部、中央宣传部、公安部、司法部、国家移民管理局、中国民用航空局等 13 家单位深化合作，拓展 5 种查找被执行人手段，丰富 4 种财产查控形式，执行"工具箱"进一步充实。最高人民法院加强与自然资源部、中国人民银行、税务总局、国家知识产权局的信息共享，拓展查控范围或深度；对查

---

① 中国社会科学院国家法治指数研究中心：《中国法院"智慧执行"五年评估报告（2018～2022）》，《中国法院信息化发展报告 No. 7（2023）》，社会科学文献出版社，2023。

控系统查询、冻结、扣划进行一体化改造，缩短执行查询周期，提升执行效率。

二是越来越多的法院实现不动产线上查控。受制于各地不动产登记的完成情况不同，不动产信息线上查控是弱项，各地发展也不平衡。评估发现，2023 年越来越多的地方法院尝试完善不动产线上查控功能，如河南省平顶山中院、南阳市新野县法院、淅川县法院以及四川省遂宁中院、云南省昆明市西山区法院等。重庆高院升级打造全国首个覆盖省域范围的不动产远程查控系统，使其具备不动产信息线上查询、查封、解封、续封以及远程过户等功能，并于 2023 年 6 月上线外地法院委托在线查控不动产功能。重庆不动产远程查控系统自 2021 年 9 月上线以来，已累计查询被执行人不动产信息 468.76 万余次，查封被执行人不动产 4.5 万余件次，续行查封 613 件次，解除查封 6231 件次，办案经费节省 7000 万元以上①。

三是延伸覆盖对交通车辆布控的在线协助执行。实践中，相较于车辆档案查询，车辆布控是难点。2023 年，越来越多的地方法院研发建立了智能交通车辆布控系统，如山东省济南中院"机动车联动控制平台"、浙江省台州中院"停车智能协查"新机制、江苏省无锡中院"擎剑"停车信息预警系统等。"擎剑"停车信息预警系统系无锡中院联合无锡市城市管理局、市城市运行管理中心研发的全国首家"法院+城运"执行联动机制。

四是融入数字社会实现精准查人。"查人"一直是制约人民法院办案效率和群众满意度的难点和堵点。济南中院打通与"济南市数字社会综合治理平台"的数据接口，共享被执行人居住信息和联系方式，通过融入数字社会实现精准查人，有效破解查找被执行人难问题。济南法院"数字社会查询系统"自上线以来，共提交被执行人查询信息 1074 条，反馈成功 799 条，找到了 70 名长期"失联"的被执行人②。

2. 完善司法拍卖机制

资产处置是执行程序中的核心环节，涉及财产评估、拍卖、完税过户登

---

① 《重庆：不动产远程查控系统不断迭代升级》，《人民法院报》2023 年 8 月 3 日，第 1 版。
② 《济南：数智赋能　跑出高效执行加速度》，《人民法院报》2023 年 12 月 18 日，第 6 版。

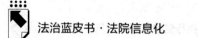

记等，要与评估机构、拍卖平台、拍卖辅助机构、税务单位、不动产登记中心等主体进行执行联动。与传统司法拍卖相比，司法网络拍卖通过提高透明度、压缩寻租空间、提升处置效率等实现资产处置模式变革，实现阳光、高效、廉洁执行。实践中，司法网拍还存在拍卖财产调查不充分、评估监管不严格、内部管理不到位、执行法院工作人员及近亲属违规参加竞拍等问题。2023 年，最高人民法院强化拍卖流程节点管理，推动拍辅工作标准化、规范化运行，保障网络司法拍卖平台良性竞争，切实维护网络司法拍卖的权威性和公信力。中国执行信息公开网显示，从 2017 年 3 月 1 日网络司法拍卖系统正式上线到 2023 年 12 月 31 日，网络拍卖总量达 1801735 件，溢价率 7683.88%，总成交金额 26420.12 亿元，为当事人节省佣金 803.96 亿元。

2023 年，地方法院不断完善网络司法拍卖机制。例如，浙江高院深化不动产司法处置一件事改革，在全省推广应用"不动产司法处置一件事""司法拍卖辅助事务综合集成"等 7 个子场景，实现不动产司法拍卖过户"一门联审、一窗办理、一次办结"，拍卖用时缩短 40%，平均办证用时由 20 天缩短至 2 天；法拍车竞买人看样、付款、过户登记以及变现款结转、发放均可线上完成，成交耗时减少 35%，溢价率达 58.15%[①]。另外，广东省珠海中院建立"法拍房税证一网通办"执行协作联动机制，通过搭建"互联网+法院+税务+不动产登记"数据共享平台，打破各部门数据壁垒；山东省青岛中院联合青岛市财政局、青岛市税务局推动山东省首个存量房线上定向询价及协税系统落地启用；江西省宜春市袁州区法院打造执行拍辅机构管理平台，支持拍辅业务全流程线上办理、拍辅机构名单库动态管理及服务质量全程监督；福建省石狮法院与税务局等单位构建线上询价+协助扣税的财产处置模式，推进财产变现再提速。

3. 强化信用联合惩戒

信用惩戒是现代化监管主体通过共享失信信息，对不良主体采取处罚、

① 《让更多"纸上权益"变成"真金白银"——人民法院近年来扎实推动新时代执行工作高质量发展综述》，《人民法院报》2024 年 1 月 14 日，第 1 版。

限制或禁止等制裁措施。不履行法院的裁决是最严重的失信行为，因此，对失信被执行人进行联合信用惩戒是社会信用体系建设的重要一环，也是破解执行难的有效途径之一。2023年，最高人民法院和地方各级人民法院加快推进失信被执行人信息共享机制，扩大信用惩戒系统联合惩戒范围，细化信用惩戒分级机制。中国执行信息公开网显示，截至2023年12月31日，全国法院公布失信被执行人名单8613344例。

一是拓展上线限制出境管理系统。为加大对被执行人出境控制力度，最高人民法院在现有"总对总"网络查控系统基础上，拓展上线了限制出境管理系统，形成人民法院、国家移民管理局、全国出入境口岸协同配合新格局，实现了对被执行人出境的联合管控。限制出境管理系统于2023年6月在北京、天津、辽宁、上海、江苏、福建、广东、四川等地上线试点，已针对2628件执行案件涉及的3262名被执行人发起3320人次限制出境布控处罚，根据被执行人履行情况，对153名被执行人进行了控制解除处理①。

二是地方法院完善诚信体系建设。江苏树立"诚信建设是最好的执源治理"理念，推动完善失信信息共享机制、社会信用档案制度、公检法联动打击拒执犯罪机制以及信用修复、守信激励等机制。2023年，江苏法院依法惩治失信、促进诚信，联合开展违反"限高令"乘坐飞机专项整治，依法处罚1192人；联合开展打击拒执犯罪专项行动，9.7万名失信被执行人迫于惩戒压力主动履行义务②。为避免单纯依靠人工核查存在的疏漏，上海市虹口区法院将"执行完毕未解除限制措施提示预警"应用场景模型嵌入审判执行系统，形成提示性预警机制，当执行案件承办人点击"执行完毕"进入结案操作时，内嵌模型会及时发出解除限制措施的提示。

4. 平台调解执源治理

要切实解决执行难，就要从源头上减少纠纷进入法院、进入强制执行阶段。2023年，最高人民法院下发了《关于进一步做深做实人民法院调解平

---

① 数据由最高人民法院信息中心提供。
② 《2023年全省法院审判执行工作情况》，江苏高院网站，https：//mp.weixin.qq.com/s/gCdVlYSMM2pip3sKSzfJ8Q，最后访问日期：2024年1月30日。

台"进乡村、进社区、进网格"工作的通知》，推进诉调对接向基层延伸，在人民法院调解平台新增基层治理单位录入功能，为基层治理单位开展纠纷预防调处化解工作提供有力的平台支撑，实现矛盾纠纷在基层得到实质性化解。2023年，人民法院指导村委会、居委会、社区、街道等就地化解纠纷155.98万件，是2022年就地化解纠纷量的4.7倍。最高人民法院与13家"总对总"在线多元解纷机制的合作单位建立季度会商机制，依托类型化纠纷调解大数据分析，探索多元共治路径。

（二）内源治理：完善"立审执破"一体化机制

执行难的产生，除了归因于执行协助单位配合不力之外，不同法院配合不到位以及同一法院内部立审执存在脱节也是重要原因。因此，除了建立与社会其他行业、部门的外部联动，更应打通法院系统内部立案、审判、执行、破产环节，构建立审执破一体化机制。所谓内源治理，就是指加强区域间法院、上下级法院以及法院内部立审执部门的资源整合，并借助信息化手段打造法院一体化办案平台。2023年，最高人民法院推动建设全国法院"一张网"，完成执行指挥中心升级改造，充分发挥统一管理、统一指挥、统一协调作用；不同区域法院加强合作，对接和共享执行案件资源，完善事项委托机制；在法院内部强化"立审执裁破一体化"理念建设。

1. 建立健全"三统一"执行管理模式

执行工作具有统一管理、统一指挥、统一协调的管理要求。为充分整合执行资源、提高执行效率，最高人民法院提出健全"三统一"执行管理模式，巩固"纵向贯通、横向协同、市域联动"的执行管理格局。2023年，最高人民法院及地方各级人民法院继续加强执行指挥中心建设，上线执行大脑系统和"执行110"一体化管理系统。

2. 完善"立审执一体化"工作机制

在中国，与刑事执行由公安、法院、监狱、司法行政分散实施不同，民事执行统一由人民法院负责实施。因此，更应该发挥这一制度优势，充分整合法院内部资源，强化立案法官、审判法官的执行思维，建立和完善立审执一体化机制。立审执一体化要求，在立案阶段、审判阶段考虑和兼顾执行，即建立诉前、诉中"执行不能"风险告知制度；提升诉前和诉中保全比例；构建判后督促履行制度和执前调解制度。例如，河南省漯河中院探索研发全省首家"审执衔接、执行统一立案"系统，新增执前督促程序，向胜诉当事人发送生效审判案件详情短信，提醒其申请执行立案；向被执行人送达督促函和执行风险告知书，督促被执行人在履行终止日期内履行生效判决。保全是从源头保障案件得以执行的重要制度。为强化保全制度的应用，最高人民法院通过制度建设有效降低保全门槛，并引入保全保险机制。为提高保全效率，降低保全成本，一些地方法院加强了信息技术应用。以上海金融法院为例，其保全以线上办理模式为主，通过线上办理 21924 项，占 79.38%；通过线下现场办理 5695 项，占 20.62%①。2023 年，全国法院办理新收保全案件 349.86 万件，同比增长 36.32%，增幅明显，"诉前保全提示书"和"执行风险告知书"成为执行新制度，财产保全在保障执行、化解纠纷、促进案结事了方面的效能得到释放②。

3. 继续推动和深化"执破融合"改革

在执行程序中，资不抵债的企业最好的出路是转入破产清算程序，即所谓的"执转破"，但实践中存在执行与破产程序衔接不畅的问题。为打通执行转破产程序的"梗阻"，更好地实现市场主体"挽救"或"出清"，各地法院在"执转破"基础上探索构建"执破融合"新机制，有效发挥破产制度中概括性执行的功能优势，实现各债权人的公平受偿，助力"执行不能"案件有序退出。

江苏探索开展建立"执破融合中心"试点工作，开发应用"执破融合"信息化管理系统，完善执转破案件办理流程。2023 年 11 月，江苏省苏州市昆山法院成立全国首家企业重整服务中心，发挥执行程序的强制功能与破产程序的清算、重整功能，逐步形成债务集中清理工作大格局。2023 年，昆山法

---

① 上海金融法院执行工作白皮书（2018~2023 年）。
② 《让更多"纸上权益"变成"真金白银"——人民法院近年来扎实推动新时代执行工作高质量发展综述》，《人民法院报》2024 年 1 月 14 日，第 1 版。

院审结破产案件 310 件，引导 275 家落后企业有序出清，帮助 35 家困难企业重获新机，化解债务 80.3 亿元，盘活土地房屋 63.4 万平方米，推动安置职工 2100 余人，促成 4 个楼盘引资续建，1877 套房屋完成交付、产证办理①。

4. 加强横向执行联动，形成区位优势

与审判相比，执行案件由于当事人的流动性和财产跨域分布，跨域执行较为常见，除事项委托外，还涉及不同法院对涉案财产参与分配的问题，因此，不同地区法院之间的协同执行尤为重要。同时，区域联动也能更好地发挥信息系统的作用和功能。2023 年，广东省湛江、茂名、阳江三地法院强化信息化查控和协助执行网络无缝衔接，建立健全失信被执行人名单共享机制，开展失信联合惩戒。2023 年，跨省区域执行协作也在推进，甘肃、陕西、山西、河南四省 13 个市中院以"云会议"方式签署了《关中平原城市群法院执行联动合作协议》，涉及委托执行、协助执行、执行协调、资源共享等事项，明确了委托查控财产的范围、办理时限以及异地司法拘留、清场腾迁、财产扣押的协助执行和安全保障义务，畅通了财产处置权移送、参与分配等执行争议的协调渠道，拓展了信息化共享范围。

（三）本源治理：以数字化推动执行模式变革

无论是外源治理还是内源治理，均通过整合法院外部资源和内部资源形成执行联动机制以达到执行多元治理效果。然而，要切实解决执行难，最根本的还是要充分发挥法院执行部门的作用，依托信息化建设实现执行体系和执行能力现代化。

1. 开启真正意义上的数字法院建设

在传统的信息化建设模式下，信息技术仅具有工具价值，辅助或服务于执行，而数字法院则是综合运用大数据思维，用海量司法数据来引领、反哺法院工作，对执行的理念、制度和机制进行根本性改造，实现从业务流程到

---

① 《回眸昆山法院这一年，请您阅卷》，昆山法院微信公众号，https://mp.weixin.qq.com/s/6RfjNV0nR0Svcu--z9HFVg，最后访问日期：2024 年 1 月 30 日。

组织架构再到体制机制全方位、系统性重塑。2023年，上海法院启动"数字法院"建设，打造"上海数字法院监督管理平台"，将应用场景融入审判执行全流程。例如，上海金融法院研发财产执行综合管理系统，嵌入656条执行规范化要求，首创预估查封财产价值智能算法，针对财产执行全流程进行有序引导、智慧辅助、精细管理，实现财产发现的全面化、财产甄别的精细化、财产控制的快速化和财产处置的专业化。2023年，江苏高院出台《江苏省高级人民法院关于深化执行改革　服务高质量发展的意见》，继续深化执行实施权运行机制和执行人员办案模式改革，制定执行指挥中心实体化运行"854模式"3.0版工作导则。江苏法院全面建立以执行指挥中心为中枢，以数字化、无纸化为依托，以执行服务中心、执行事务中心、执行监管中心为支撑的执行实施权"一体两化三中心"运行新机制，推动执行工作由信息化向数字化升级。

2. 实施繁简分流团队集约执行模式

要充分发挥信息化提质增效作用，须优化执行流程，按照一定标准对执行案件进行繁简分流，由不同团队分类实施。2023年，越来越多的基层法院实施繁简分流团队集约执行模式改革。例如，江西省吉安市永新县法院以案件类型、执行标的额、被执行人财产情况、被执行人是否可随时拘传到位、是否能线上冻结财产、是否能执行和解为参照，对涉企案件进行繁简分流，构建"繁简分流、分类处置"机制；江苏省南通中院优化"365"执行全流程无纸化办案系统，根据案件标的大小、有无财产可供执行、关联案件情况分析等标准自动识别繁简，并将识别的简易案件自动分案至简易执行组；江西省新余市渝水区法院开发全要素集约化执行办案系统，将执行团队分为立案组、实施启动组、研判裁决组、外勤实施组、卷宗归档组、财产变现组、协调管理组、系统管理组8个团队，其中由员额法官组成的研判裁决组是执行团队中心。

3. 优化案款监督管理，实现精准发放

案款管理与发放是执行兑现的最后环节。为提升权益主体的获得感，保障其顺利实现胜诉权益，最高人民法院优化"一案一账号"案款监管系统，

各地法院也尝试创新执行案款智能化管理。

为提升对执行案款监管的信息化管理水平，加强对全国法院执行案款工作合规性和及时性的有效监督，最高人民法院在现有执行指挥管理平台基础上，进一步完善"一案一账号"案款监管系统，提升数据质量，不断将案款收、审、发等信息与执行案件对接匹配，实现每一笔案款都可追溯到具体案件，不断推进对全国法院执行案款的自动化、智能化监管。系统细化新增"未经审批超过 15 个工作日未发放""不明款到账超 8 个工作日未认领"相关案件数和案款数等专项监控指标，专项整治执行案款发放过程中的顽瘴痼疾，辅助各级法院提高执行案款发放效率和规范化水平，切实提升人民群众司法获得感。

为有效解决涉众执行案件的案款发放程序复杂、异地接收案款难等问题，青岛中院创新打造"青岛法院涉众案件管理平台"，支持在线登记、批量导入、在线发放等功能。上海法院上线"执行终本案件财产查控提示预警（公积金）"系统，一旦发现被执行人公积金账户符合扣划条件，法官将第一时间接收到预警，经过复核确认等流程，即可前往公积金管理中心办理冻结扣划手续。

4. 对终本案件监管实现数字化转型

终本案件大量存在是执行难的重要表现。要切实解决执行难，必须强化终本案件的事前、事中和事后监管，降低终本率并及时恢复执行。2023 年，最高人民法院在现有执行指挥管理平台基础上，进一步完善终本案件动态管理系统，提高终本案件定期财产统查效率，及时发现终本案件的可执行潜力，并通过信息化手段辅助承办人高效核实财产线索，做到精准恢复执行。根据最高人民法院信息中心提供的数据，截至 2023 年 12 月底，全国终本库案件自动推送查控被执行人 736.7 万人次，累计发现 123.7 万条财产线索，恢复执行案件 37.3 万件。另外，最高人民法院还在现有移动执行平台基础上，拓展上线了终本在线约谈模块，谈话全程录音录像，自动生成笔录并采集当事人电子签名，流程确认高效快捷。

2023 年，地方法院借助信息化创新终本案件智能管理。例如，南通法院实现终本巡查智能化，即通过对执行节点和文书生成、引入情况进行双轨核验，自动筛选不符合终本实质要件的事项，并将此作为终本的前置必要条件，严格把关终本结案，改变院局长翻阅纸质卷宗签批终本案件的传统审查模式。又如，浙江省金华市磐安县法院开发"终本案件动态管控"应用，聚焦"带财"终本、违规终本、终而不管等问题，推动终本案件在前端规范财产查控、中端加强节点监管、规范执行行为提质量，末端实行分类管理、有序动态退出去存量。再如，江苏省无锡市锡山区法院打造终本管理平台，集执行初步登记、甄别交接、卷宗管理、终本案件管理为一体。截至2023年12月，该院通过终本管理平台办理查封、续封、续冻案件720件，同比增长12.3%、5.3%、8.5%，查封、续封、续冻时间分别缩短2.5天、20.4天、18天[①]。

5.畅通沟通渠道，推动执行全程公开

当事人与案件承办人沟通困难，执行案件办理过程不透明是当事人对执行案件不满而产生大量信访的重要原因。为进一步推进执行公开，畅通当事人和法官的沟通渠道，2023年8月，最高人民法院在现有移动执行平台基础上，拓展上线"一案一群"在线沟通模块，支持通过文字、语音、图片、视频等多种方式进行线上一步沟通，实现联系法官、重要消息通知与确认、采集节点共享、执法取证共享、线索举报共享，保障当事人的知情权、参与权和监督权。乌鲁木齐中院上线新疆首家执行跨网谈话平台，使其具备实时音视频交互、即时文字交谈、在线提交材料、谈话笔录快速生成、在线电子签名、全程录音录像等功能。

三　问题与展望：夯实信息系统基础，谋划执行现代化

数字执行代表执行信息化的发展方向。但目前而言，执行信息化的发展尚未成熟，各种执行信息系统本身还存在技术性问题。在某些配套政策和制

---

① 《务实精进亮举措　三项举措打造"智慧化"终本管理锡山模式》，https://mp.weixin.qq.com/s/BTyiGxhRFoFrgbH-0ScV3w，最后访问日期：2024年1月30日。

度缺失的情况下，信息系统发挥的作用受限，相关管理人员具有人工路径依赖，缺乏数字化思维。虽然部分地方法院的执行信息化发展突飞猛进，但有些地方信息化本身起步较晚，再叠加差异化的政策规定，导致全国发展不平衡，全国一体化执行体制尚未达成。从全国来看，数字化、智能化建设方兴未艾，当下还应夯实法院信息系统基础，才能谋求数字化引导下的执行现代化。

（一）以务实态度修复和优化信息系统

设计再完美的系统，也需要在实务中反复应用检验。以执行查控系统为例，该系统通过与银行、证券等金融机构以及车辆、不动产管理部门之间的执行联动，实现对被执行人主要财产信息的线上查询甚至控制，因此，在法院执行信息化体系中居于核心地位。然而，该系统一直存在查询结果不准确、不全面的问题，对于大量财产的控制、过户登记等仍需线下办理，影响执行效率。例如，抖音、头条、百度钱包、京东金融、游戏账号等电子类资产的信息数据无法经申请反馈到网络执行查控系统；对于证券、基金、分红保险类的查封冻结，实际执行较为困难，且其反馈的信息老旧，不能实时更新。另外，不少地方的"点对点"执行查控系统反馈的被告银行账户与"总对总"反馈的银行账户往往不一致，相对而言，"总对总"反馈的信息较准确且能实现线上冻结划扣，但是对"点对点"反馈的账户信息只能进行线下冻结，不支持线上冻结。

法院系统不稳定也是执行人员反映较为集中的问题。有的地方线上开庭和谈话系统非常不稳定，如系统掉线、进不去、端口有误等问题，导致一些司法人员不愿使用线上系统。

除系统自身存在的不稳定、反馈不及时问题，法院内部各系统不兼容、衔接不畅也客观上影响执行效率。例如，立案系统、审判业务系统、执行系统衔接不畅，案件进入执行阶段后需重新确定被执行人联系方式、送达地址等关键信息，立案及审判阶段标记的重大敏感案件信息，在执行阶段也无法通过系统识别等。

针对实践中暴露的信息化建设问题，法院管理层要以务实的态度对待，组织有关人员研究攻关，不断查漏补缺，使得信息化系统好用、易用。毕竟信息化创新不是噱头，来不得半点虚假，需要经历实践的千锤百炼才能日臻完善。

（二）匹配信息技术发展同步的制度政策

信息系统本身需要匹配相应的政策制度才能充分发挥作用。目前，受制于配套制度和政策的缺失，有些信息系统难以充分发挥功能。例如，有的地方规定，对于网络执行查控系统冻结的公积金，一年只能划扣 5 万元，在公积金余额充足的情况下，对于 15 万元的债权也需要执行三年才到位，并且公积金的冻结、划扣等全程需要线下操作，而有的法院（如大连两级法院）已经对公积金实行线上冻结。另外，在委托异地法院冻结扣划公积金时，受委托法院受制于当地的规定，只能冻结不能划扣。且各地公积金冻结期限也存在不同，辽宁省大连市的冻结期限为 2 年，湖南省的冻结期限为 3 年，重庆市的冻结期限为 1 年。

上述问题与信息系统本身并无关系，相关问题产生是因为受制于各地不同的政策制度规定。上述公积金扣划限额的规定是为了应对利用虚假诉讼提取住房公积金的无奈之举，但这种规定严重影响正常的执行效率，导致顾此失彼。全国执行是一家，要构建全国一体化的执行机制，一方面要建立一体化的执行信息化系统，另一方面也要匹配相应的制度保障。为此，最高人民法院应在致力于打造全国法院"一张网"的同时，组织人员梳理各地与执行有关的法律规定，扫除妨碍信息系统发挥作用的制度障碍。

（三）培育数字化思维，减少人工路径依赖

当下正处于推动法院信息化向数字法院转型过程中，司法管理也应该摆脱传统思维方式的桎梏，减少对人工的路径依赖。例如，在传统管理模式下，上级法院或管理部门经常要求有关人员填报数据，而在信息技术与业务深度融合的当下，数据可以从办案系统中直接提取，但有些法院的管理部门

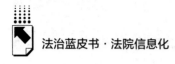

还是习惯于人工填报，徒增一线人员负担，况且人工填报的数据也不够准确。再比如，执行指挥中心空心化运转的现象还比较普遍。全国各级法院执行指挥中心受限于业务数据的融合能力和应用水平，执行指挥中心的实体化运行规模能效还有待进一步提高。还有的法院将与公安交管局对接的路测系统作为重大创新，最初实施时数据比较准确，可以有效实控被执行人车辆，但后续运行不好，几乎无实时数据，名存实亡。也有的地方，以后台数据太多为由禁止运用查询系统进行终本后续查询，除非当事人提供具体的新的财产线索重新申请"立执恢"案号才能启动再次查询被执行人财产信息。

弃而不用是对开发出来的系统最大的浪费，应培育数字化思维方式，信任数字化，能够依托信息系统的绝不诉诸人工。另外，要加大对法院信息化投入与产出效能的评估力度，对于未发挥实际作用的系统应当进行问责。

B.4
中国司法大数据发展报告（2023）

中国社会科学院国家法治指数研究中心项目组*

摘　要： 中国司法大数据经过多年发展，逐步向司法数据中台实体化、数据平台安全化、数据平台可视化、数字法院大脑智能化进发。当下，司法大数据应用不仅涵盖法院工作，有效提升审判质量，防范虚假诉讼，还辐射到法院之外，为党委政府决策提供参考，为优化营商环境提供助力，为社会治理提供支撑。中国司法大数据已经成为数字中国建设的一张亮丽名片，未来，中国司法大数据应继续夯实数据基础，加强数据思维培养，丰富数据应用场景，强化大数据运维保障，推动司法大数据建设工作向纵深迈进，为实现中国式现代化提供司法助力。

关键词： 司法大数据　数字法院　虚假诉讼

司法大数据不仅促进法院实现审判管理提档升级，还推动党委政府开展社会治理。司法大数据发展是数字中国建设的一个缩影，是中国信息化建设的成果之一，是实现审判管理现代化的重要抓手。2023年是全面落实党的二十大精神的开局之年，也是实施"十四五"规划的关键之年，亦是《人民法院信息化建设五年发展规划（2019～2023）》收官之年。2023年，中

* 项目组负责人：田禾，中国社会科学院国家法治指数研究中心主任、法学研究所研究员，中国社会科学院大学法学院特聘教授；吕艳滨，中国社会科学院法学研究所法治国情调研室主任、研究员，中国社会科学院大学法学院行政法教研室主任、教授。项目组成员：王小梅、王祎茗、刘雁鹏、栗燕杰等（按姓氏笔画排序）。执笔人：刘雁鹏，中国社会科学院法学研究所助理研究员。本报告为中国社会科学院法学研究所"新时代法治指数研究方法创新与实践应用"创新工程项目成果。

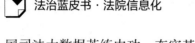

国司法大数据苦练内功，夯实基础，拓展应用，让司法大数据成为法官审判执行的"加速器"，法院司法管理的"仪表盘"，党委政府决策的"指南针"，社会治理的"晴雨表"。

一　司法大数据的新发展

中国司法大数据经过多年发展，已经向实体化、安全化、可视化、智能化进发，当下中国司法大数据的根基更加夯实、内容更加安全、数据更加直观、应用更加智能。

（一）司法数据中台实体化

数据中台能有效连接传统业务系统（后台）和新的业务应用（前台），数据中台的核心架构是公用数据层，主要是将中台汇聚的各类元数据构建成统一的数据模型，存储在数据仓库中①。数据中台实体化建设能够让数据交换更加流畅、数据共享更加便捷、数据应用更加广泛。近年来，最高人民法院确定了司法数据中台实体化建设的框架，包括基础数据服务、指标服务、标签服务、模型服务、组件服务、统一接口管理、数据开发七大模块，完成了司法数据中台首页及各分平台交互页面设计，形成了数据中台能力清单。随着司法数据中台实体化建设的落地，全国各级法院数据共享交换接口的注册、发布均实现了实体管理；应用系统共享交换接口、智能化服务接口亦实现了逻辑管理。从此，最高人民法院和地方各级人民法院在数据交换、数据流通、数据共享上更加便捷，即便新旧操作系统更新迭代，也不会造成大规模数据流失、数据失真。此外，在数据中台加持下，最高人民法院提高了数据智能推荐能力，形成了覆盖审判、执行、信访、调解等221个数据推荐模型，将数据及时主动推送至院领导、法官、管理人员、办案辅助人员，极大地提升了"数据找人"准确率，为各级法院提供了更精确的数据服务。自

---

①　向柯宇、蒋广、曹杰、凌笑：《电网数据中台存储优化》，《计算技术与自动化》2023 年第 4 期。

数据中台实体化建设以来，全国各级法院数据服务总量已经超过了 2467 万次。

（二）数据平台建设安全化

在大数据平台建设方面，最高人民法院组织全国 32 家高院及兵团分院完成基于 2023 年平台技术规范《人民法院数据管理和服务技术规范》的数据切换。截至 2023 年底，数据平台汇聚了 3.35 亿件案件。对上述数据的安全保护成为数据平台建设的重点，为解决数据安全问题，最高人民法院印发《人民法院数据分类分级指南（试行）》。根据该指南的规定，最高人民法院通过以下举措提高数据平台的安全化水平。首先，最高人民法院开展数据分类分级保护，区分清楚哪些数据是重要的、敏感的，哪些数据是次要的、非敏感的，从而有针对性地开展数据治理和保护工作，提升数据质量和管理水平，对于重要且敏感信息，通过采取更加严格的保护措施，减少数据遗失和泄露风险。其次，最高人民法院形成数据资产目录清单，明确哪些数据可以共享，哪些数据可以开发利用，哪些数据不能对外公开，从而有效提高数据利用效率，在保障数据安全的同时，促进数据利用，最大限度发挥司法大数据的效能。最后，完成数据安全统一监管治理平台研发，形成常态化数据安全保障机制。最高人民法院通过数据安全统一监管平台，将由法院产生的数据、交由法院存储的数据、其他部门与法院共享的数据均纳入统一监管，以完善的制度消除可能出现的纰漏，最大限度保障数据安全。

（三）司法数据平台可视化

最高人民法院不断优化数据管理平台，持续推进全国法院运维管理平台可视化。数据平台可视化能够让司法机关更好地掌握和理解数据，分析数据背后的趋势和规律，并为党委政府决策、司法机关管理提供直观的参照。在中央层面，最高人民法院以可视化为目标推动平台建设，目前已经初步实现全国各级法院数据"标准化""模块化""配置化""版本化"，不断拓展各级法院数据采集能力及范围，提高数据的完整性、及时性、准确性，让各级法院上传的数据更容易形成可视化的图表。此外，在平台升级更新时，为保障全国数据在可视化平台中依然准确无误，最高人民法院推动建立了一体化审判管理工作平台和面向各业务条线的分析专窗，力求为各案件类型的办理和监督指导提供精细化、个性化分析服务。在地方层面，各地法院在最高人民法院指导下，结合自身特点，纷纷开发各领域的可视化分析平台。例如，2023 年 8 月，长春互联网法庭上线"大数据可视化分析平台 1.0"①，该平台通过大数据采集和处理技术，实时获取和整理全省范围内所有互联网法律案件相关数据，对互联网领域的案件进行充分挖掘和分析，直观地理解案件信息和数据趋势。

（四）数字法院大脑智能化

2023 年，最高人民法院不断提升数字法院智能化水平，以法律大模型为底座完成数字法院大脑门户升级，在智能化辅助办案方面，各级法院充分运用智能化手段，解决传统人工手段做不了、做不好的工作，让司法变得更加公正、高效、便捷。最高人民法院形成面向集庭审音视频、卷宗图像、文书文本等于一体的司法人工智能综合引擎，上线立案智能辅助、类案智能推荐等 61 项智能化服务，累计为全国法院一体化提供 79 亿次服务。具体而言，在立案方面，最高人民法院建立立案偏离度预警系统，充分发挥司法大数据对法院立案工作的"指挥棒""警示灯"作用，实现对全国法院立案波动情况的实时监测，对偏离度超过一定幅度的地区发出红灯警告，有效整治"年底不立案"等顽瘴痼疾，更好地保障当事人的诉权。在统一法律适用方面，最高人民法院上线法答网和案例库。2023 年，"一网一库"累计咨询量超过 25 万，答疑量超过 20 万，有效促进全国法院法律统一适用和专业知识积累共享。在智能辅助方面，最高人民法院上线"法信""智审"等

①　https://baijiahao.baidu.com/s?id=1775097218606032126&wfr=spider&for=pc，最后访问日期：2023 年 12 月 31 日。

智能化辅助办案平台，为法官提供类案推送、文书纠错、数据分析、风险预警等智能服务，辅助法官一键生成各类制式文书。经初步统计，智能化辅助系统能够减轻法官30%以上的事务性工作。在执行方面，执行法官可以凭借大数据了解当事人在全国范围内执行案件涉诉情况及结案方式，进一步明晰当事人的财产状况，既节约执行司法资源，也进一步保障当事人合法权益。

（五）数据研究应用专业化

各级法院以司法大数据专题研究专业化为导向，推动司法大数据应用高质量发展，更好地服务党委政府决策、司法行政管理、法院审判执行等相关工作。首先，增强模型的科学性。最高人民法院组织人员走访调研14个省份数十家法院，组织召开3次司法大数据分析专家研讨会，结合各级法院意见建议反馈，不断优化收案量预警、万人成讼风险预警等分析模型，提升研究模型的科学性。其次，提高分析工具的可用性。最高人民法院依托各类培训，面向法院系统讲授司法大数据专题研究与应用课程，重构数据查询分析逻辑，强化数据分析能力，增强专题研究分析工具的可用性，提高专题研究工具智能化水平。再次，拓展研究报告深度。最高人民法院以业务需求为导向，深化与院内业务庭室常态化合作研究机制，加大与中央单位、高校、外部智库的联合研究力度，拓展研究报告深度。例如，最高人民法院依托司法大数据研究院，与院内各业务庭条线合作，联合百余家法院、50余所科研院所参与司法大数据深度分析工作，完成报告142篇；对人民法院审判质量管理指标体系进行深度分析，按月提供审判大数据态势报告，形成审判质量管理指标研究清单。最后，最高人民法院深入开展第九届司法大数据专题研究工作，组织报告订阅和"数助决策"工作，推动法院自主应用智能化研究工具并建立联合研究报告常态化报送机制。其中订阅报告进入地方决策100余篇，"数助决策"研究成果获地方党委和政府批示93篇。

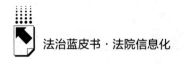

二 司法大数据的新应用

司法大数据的应用不仅能够涵盖法院工作，有效提升审判质量，防范虚假诉讼，还将应用辐射到法院之外，为党委政府决策提供参考，为优化营商环境提供助力，为社会治理提供支撑。可以说，中国司法大数据已经成为数字中国建设的一张亮丽名片。

（一）通过大数据提升审判质量

司法大数据对审判质量的提升是全方位的，不仅能够实现智能化辅助办案，让审判更加高效便捷，还能消除同案异判的风险，统一裁判尺度。首先，运用司法大数据开展分析研判。各级法院以审判质量管理指标、司法审判数据会商和业务指导为重点，强化从源头到应用全流程案件数据质量治理，以源数据和主数据管理工具为抓手，不断提升案件质量。例如，辽宁省高级人民法院召开审判执行工作大数据分析研判会，对照最高人民法院司法审判数据分析报告，深入分析全省法院审判执行工作态势。2022年至2023年，全省法院召开大数据分析研判会356场，定期对审判态势进行分析研判，推动全省三级法院审判质效实现螺旋式上升。其次，深化数据关联应用，统一裁判尺度。最高人民法院基于文书提取信息与案件结构化信息交叉比对，进一步提升案件信息质量。在最高人民法院指导下，地方各级法院依托起诉书、答辩状等文书，实现源头数据自动抽取与校对，深化各类数据关联应用，统一裁判口径，降低"同案异判"概率，不断提高案件质量。最后，减轻事务性工作负担。各级法院不断深化大数据和人工智能应用，大部分法院均实现文本智能精简、卷宗预览辅助、文书自动生成、程序空转提醒、统一法律适用预警、文书规范性审查等智能服务的一体化应用，最大限度减轻法官事务性工作负担，让法官将主要精力集中在案件审判，提升审判质效。

（二）通过大数据防范虚假诉讼

虚假诉讼是自然人或单位故意以捏造的事实提起民事诉讼，妨害司法秩序或者严重侵害他人合法权益的行为[①]。虚假诉讼不仅挤占司法资源、妨碍司法秩序，往往还伴随着扰乱社会经济秩序、威胁社会诚信体系等消极影响。针对虚假诉讼治理，最高人民法院充分挖掘司法大数据全面筛查、自动关联、精准识别、提前预测、及时提醒等优势，2021年9月上线立案辅助系统，利用大数据分析、自然语言处理、机器学习等人工智能技术进行数据分析和挖掘，有效解决虚假诉讼、滥诉等识别预警难问题。2023年，全国3400多家法院应用该系统，对1600多万件案件进行智能关联对比，提示疑似虚假诉讼案件超8万件，提示疑似滥诉案件超31万件，经审核确认1626件案件为虚假诉讼，3200件为滥诉案件，实现对苗头性问题的预测预警，大幅提升人民法院源头防范、关口把控虚假诉讼和滥诉行为的能力水平。地方各级法院在最高人民法院指导下，充分发挥立案辅助系统的最大效能，有效识别虚假诉讼。吉林法院立足立案辅助系统预警功能，进一步扩大审核"风险点"范围，通过关联当事人涉及的全国范围内诉讼案件情况，有效识别涉众案件，充分保障当事人合法权益。湖南省岳阳市中级人民法院建立虚假诉讼防范机制，发挥立案辅助系统在协查发现虚假诉讼、滥用诉权行为中的关键作用，提高识别不诚信诉讼行为效率。通过"诉讼风险提示""诚信诉讼保证书"等形式，告知虚假诉讼行为的法律责任及风险，有力维护了良好诉讼秩序。河北省承德市双滦区人民法院与司法局、公安局、法律援助中心以及易受虚假诉讼影响的住房公积金管理中心、民政局等单位部门共享疑似虚假诉讼信息，对于苗头性、倾向性问题和潜在风险隐患，做到"发现在早、甄别在前、预防在先"，助力全区域形成联合防控合力，推动虚假诉讼治理工作走深走实。

---

① 赵靖、毛海霖、杨蜜：《虚假诉讼罪的司法检视与惩治防控》，《中国检察官》2023年第1期。

（三）通过大数据优化营商环境

司法环境是法治化营商环境最直观的外在呈现①，各级法院以司法大数据为根基，挖掘并发现影响地方营商环境的堵点、难点、痛点，并针对性地提出意见建议，为优化营商环境提供司法保障。北京法院构建"营商环境"司法指数，建立起常态化社会治理风险评估预警化解机制。该指数针对商事活动纠纷、民间借贷、中小投资者权益保护等内容进行重点观测，一旦发现异常波动情况，则向相关企业、中小投资者发出警示提醒，降低了法律风险和市场风险。海安法院深度挖掘、解码司法大数据，积极探索创新"数助决策"应用场景，为预警防控企业行业风险、切实提升社会治理效能提供有力的司法服务和保障。海安法院定期对企业案件进行统计分析，针对建筑行业、化纤行业、规上企业涉诉共性问题开展专题研究，形成大数据报告8份。2022年，现场解决企业难题共76次，通过诉前分流调解涉企案件1523件，为当事人节省诉讼费支出近350万元。上海嘉定区法院通过司法大数据分析，系统梳理企业、产业、行业涉诉案件信息和裁判文书数据，进一步把握案件现状及发展规律，及时洞悉市场主体面临的法律风险、现实风险及苗头性问题并提出对策建议。武汉东湖新技术开发区人民法院借助"区块链"分布式模式，"司保通号"平台联通法治化营商环境大数据监测系统，以法院审判执行系统涉企司法数据和企业数据库等数据为分布基点，碰撞后自动生成分析报告。针对重点领域、行业、企业专项数据叠加分析，深化数助决策功能，研判、预测各园区企业经营风险、商贸综合体运营风险、房地产企业违约风险、劳动密集型企业用工风险等，及时向党工委管委会及有关单位提出意见建议，最大限度把各类风险消灭在萌芽状态。

---

① 朱昕昱：《法治化营商环境的司法现状、问题与优化对策——基于"执行合同"第三方评估结果展开》，《法学论坛》2023年第5期。

（四）通过大数据打击"套路贷"

所谓"套路贷"，即假借民间借贷之名，行非法侵害群众合法财产之实[①]。"套路贷"伴随抢劫、非法拘禁、敲诈勒索等侵害人身权利、破坏社会管理和公共秩序等行为，社会危害性极大，已经成为危害公共安全和社会稳定、影响金融市场秩序和司法权威的重大隐患风险。在司法实践中，"套路贷"具有很强的隐蔽性和迷惑性，案件中的借据和资金往来等证据完备，案件真实情况很难查清；此外，由于受到胁迫，当事人往往不敢抗辩，这就导致调查取证受限；加之套路手段层出不穷，在法律规则上难以识别。为应对和打击"套路贷"，江苏法院运用大数据上线并升级预警系统，通过大数据、人工智能，对民间借贷案件涉"套路贷"进行测算。该系统可根据实际工作需求，随时定制开发一些实用功能。针对打击套路贷案件，增设借贷案件的分析功能，将同一原告、案由均为借贷纠纷的案件合并、归纳分析，是否涉嫌套路贷，并将分析结果推送给各个审判部门和执行部门，用以案件甄别。目前，系统按照风险从高到低设置了五星级到一星级五个预警级别，并用可视化方式展示。该系统主要开放全省法院概况、风险放贷人预警、已结案预警、案件检索、放贷人检索、疑似职业放贷人名录、重点关注、人员画像等。自2019年8月30日系统上线至2020年12月31日，全江苏法院使用"套路贷"智能预警系统查询信息共计270万余次[②]。

三　司法大数据展望

中国司法大数据不断拓展自身的应用场景和范围，未来应当继续夯实数据基础，加强数据思维培养，丰富数据应用场景，强化大数据运维保障，将

---

① 陈龙、王昌举、罗国伟：《网络"套路贷"涉黑案件办案思路——以汤某甲等人组织、领导、参加黑社会性质组织案为例》，《中国检察官》2023年第6期。

② 沈明磊、张龑：《司法大数据的功能——以"套路贷"虚假诉讼智能预警系统的应用为视角》，《法治现代化研究》2022年第1期。

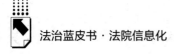

中国司法大数据建设工作向纵深迈进，为中国式现代化的实现提供司法助力。

（一）夯实数据基础

数据是司法大数据建设的基础，未来应当进一步扩大数据来源，提升数据精准度，夯实司法大数据根基。首先，填补数据共享漏洞。随着互联网经济的发展，与审判执行工作相关的重要信息存在于互联网平台之中，如抖音钱包、百度钱包、京东金融、游戏账号等，然而上述信息无法同法院共享。部分被执行人可能没有任何银行存款，名下没有不动产，但在百度钱包、京东金融、游戏账号中有大量可支配的货币等价物。故未来应当填补漏洞，将各类互联网平台的电子数据纳入共享范围，拓展司法大数据应用场景，为审判执行奠定数据基础。其次，进一步拓展实用价值数据来源。司法大数据的发展取决于数据的质量和重要性，未来应当进一步吸收更有实用价值的数据，强化同政府部门、电信运营商的数据共享。例如，从公安部门获取临控信息和高铁、机场出入数据，从市场监管部门获取企业年检数据、股权权利数据，从商检海关部门获取货物进出口数据，从三大运营商获取被执行人通信信息及出行轨迹等。最后，不断提升数据精准度。面对庞大的数据基数，工作人员实践操作中难免会录入错误，导致大数据分析数据延迟，甚至造成一定差错。未来，应当定期进行数据清洗，及时同步更新数据，完善数据录入和检查机制，不断提升数据精度。

（二）培养数据思维

司法大数据建设是一项长期工程，实践中离不开技术人员的开发，更离不开法官和业务骨干的支持。然而，对于部分法官和法院工作人员而言，大数据建设是一回事，法官如何应用大数据系统是另外一回事。当前，有经验的法官往往年龄较大，对数字信息等内容不太敏感，缺乏大数据思维，对其应用往往持观望态度，经常将自身经验作为案件审判依据，这就使得诸多应用停留在浅层，无法同业务深度融合。故未来各级法院应当积极倡导和努力普及数据思维，培养复合型人才，将司法大数据同审判执行、司法为民、法院管理相结合。一方面，各级法院应当加强大数据培训和学习，让法官和业务骨干能够掌握大数据的基本理念、了解大数据应用案例、培养数据敏感性、适应各类数字平台。另一方面，各级法院应当促进审判人员、行政人员、信息技术人员共同参与司法大数据建设，让多种思维模式在相互交流中碰撞。在此过程中培养既懂审判执行业务又懂信息技术的复合型人才，不断完善大数据应用，让各类信息系统能用、好用、实用、易用。

（三）丰富应用场景

随着经济社会发展，各种新型案件层出不穷，人民群众对司法的要求不断提高，司法大数据的应用场景也应适当拓展。一方面，法院应当在司法大数据基础上开发新模块、新系统以适应新类型的案件需求。例如，利用即将建成的政法数据大平台，设置拒不履行生效判决/裁定罪、非法处置法院查封财产罪、妨害公务罪等执行中常见刑事犯罪构成要件预警模块，逐步完善系统，彰显更强功能。另一方面，司法大数据不能仅仅服务于法院、法官和党委政府，其落脚点一定是人民群众。若司法大数据只能让法院、法官和政府获利而无法走进普通群众的生活，那么司法大数据始终是飘在云端，无法走下神坛。法院应拓展司法大数据运用能力，以高效便捷的司法服务，让人民群众的司法获得感、幸福感、安全感更加充实、更有保障、更可持续。通过提升司法大数据应用水平，让普通人民群众了解法律法规在司法中的应用，让普通人民群众更容易接近司法、理解司法、认同司法。

（四）强化运维保障

随着数字法院建设不断增速，需要管理维护的设备越来越多，与之相对应的成本也随之增长。目前法院普遍存在的情况是：机房服务器、交换机、防火墙等设备已经达到上百台，台式机、笔记本等办公设备几乎人手一台，外加视频会议、数字法庭等设备亦全面铺开。如此规模的设备往往仅配备2~3名日常维护和检查人员。在设备采购初期，现有运维力量可能无关紧要，但到后期日常维护工作量会呈指数级增长，从而影响运维保障。对此，一方面，需建立科学的运维工作机制，做好运维工作的经费预算，增加运维经费投入，强化运维保障，推进司法大数据建设步伐。另一方面，要做好数字摸底，厘清各级法院司法大数据应用情况，避免不同层级大数据应用重复建设；还要打通不同应用、不同法院间的数据壁垒，节约后期运维成本。

法院数智化

扫码观看报告解读

B.5

"全渝数智法院 TV 版"建设调研报告

重庆市高级人民法院课题组*

摘　要：　为探索覆盖面更广、操作更便捷、体验更好的诉讼服务和法治宣传方式，重庆市高级人民法院加快推进现代科技与法院工作深度融合，积极打造"全渝数智法院 TV 版"，推动实施"法进万家"工程，以创新的视角打通诉讼服务"最后一公里"，以数字化变革为抓手延伸司法服务，努力让数智化司法服务走进千家万户。"全渝数智法院 TV 版"充分利用数字电视覆盖广、受众多的优势，依托重庆"全渝数智法院"体系，实现诉讼引导、案例推介、庭审直播、文书送达、多元解纷，并支持拓展后参与跨网融合庭审，让司法服务走进老百姓的家中，提升人民群众的司法获得感。

关键词：　司法服务　数字电视　数字化　数字法院

＊　课题组负责人：李亮，重庆市高级人民法院党组成员、执行局局长。课题组成员：张伟、田桔光、卿天星、刘志力。执笔人：卿天星，重庆市高级人民法院信息技术处规划管理科科长。

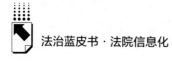

重庆法院牢牢把握数字化变革机遇，围绕"公正与效率"工作主题，践行司法为民宗旨，满足人民群众日益增长的美好生活需要，推出了"全渝数智法院 TV 版"这一全新形态便民数字司法服务产品。

"全渝数智法院 TV 版"具备法院简介、诉讼指南、典型案例展示、在线案件查询等功能，社会公众可以直接从电视机查阅便民联络资料，查询案件详情、开庭公告，接收生效裁判文书，查看典型案件裁判文书、庭审视频，还可以拓展支持"云上共享法庭"庭审模式。"全渝数智法院 TV 版"，更好地满足了人民群众的多元司法需求，为更好地普及法律知识、开展法治宣传创造良好条件，将为推动基层社会治理更接地气、更有温度、更加高效提供更大助力。

一　建设背景

（一）现实需求

1. 服务法治社会建设之需

人民法院做实诉源治理，主动融入国家治理、社会治理，助力法治社会建设。这都要求充分融入服务推动法治社会建设，把典型鲜活的司法审判案例展示给广大群体，把更好更实更有针对性的司法建议及时总结提交给相关部门，从源头上、本质上化解矛盾，从根本上减少案件发生，以公正与效率的统一答好司法工作人民满意的时代问卷。

2. 推动法院现代化之需

法院工作要实现现代化，必须紧紧围绕公正与效率这一永恒主题，切实抓好科技赋能。尤其在数字化智能化便民诉讼服务方面，要打造更加符合重庆地域特点，更能满足人民群众多层次多样化司法需求的便民司法产品，并作为弘扬社会主义法治精神的阵地、践行司法为民的抓手和法院联系社会、参与社会治理的舞台，让法治更好地保护合法权益、更好地护航乡村振兴，更好地满足人民群众对美好生活、公平正义的向往和需求，让人民群众切实感受到公平正义就在身边。

3.助力乡村振兴之需

深入实施乡村振兴战略，推动农业农村现代化建设至关重要。而重庆具有大城市、大农村二元结构和大山区、大库区地理特征，乡村振兴任务艰巨繁重。加强乡村法治教育，提高农民整体法治素养，对实施乡村振兴战略具有重要意义。基于人民法庭诉讼服务难以高效精准覆盖全域而电视是农村居民特别是老人、孩子接收信息的主要渠道这两个现实，通过数字电视为这些群体提供法律知识，不断增强乡村群众的法治意识、规则意识、社会责任意识，培育文明乡风、良好家风、淳朴民风，以厚植法治理念和法治思维为抓手，为乡村振兴赋能。

4.融入数字化变革之需

在万物互联的数字时代，数字变革正在对生产力、生产关系产生全方位、深层次的影响，对未来的重塑是颠覆性的[①]。数字技术从未像今天这样深刻地影响着一个国家的前途命运，从未像今天这样深刻地影响着人民的生活福祉。重庆法院数字化建设具备坚实基础，在新冠疫情期间对确保司法审判工作有序开展发挥了重要作用，经受住了实践检验，作为数字化建设的推动者和受益者，需要进一步重塑体制机制，推动法院工作数字化变革。

（二）有利条件

1.数字电视网络广泛普及

众所周知，从广义来讲网络电视也是数字电视的一种，所不同的是承载的网络是公众宽带网。因此，广电公司和电信、移动、联通等通信运营商都在大力推广普及数字电视网络，加快推进数字电视"户户通"。数字电视网络广泛普及，为利用数字电视开展司法服务提供了优质通道。

2.智能电视功能日益强大

传统电视经过近年来的不断迭代更新，不再是印象中过时的老物件，不

---

① 袁家军：《数字化改革概论》，浙江人民出版社，2022，第10页。

仅具备和智能手机几乎一样的功能，还拥有智能手机无法比拟的大屏观看效果。在应用体系方面，智能电视应用商店提供了丰富的应用生态。在互联共享方面，多数智能电视已实现与手机的同屏互联，一键推送实现手机内容通过电视大屏播放，得到手机无法企及的观看效果。在接口拓展方面，智能电视已支持 USB、HDMI、同轴和蓝牙 5.0 等多种连接方式。智能电视的技术进步和功能完善，为利用数字电视开展司法服务提供了可靠载体。

3. 重庆市委重点任务驱动

根据重庆市委办公厅印发的《市委六届二次全会重点任务分解方案》（渝委办〔2022〕40 号），重庆高院牵头推动第 69 项重点任务，即"深入推动'全渝数智法院'建设，提高涉企案件办理质量效率"，该项任务的一项重要子任务就是推动"全渝数智法院 TV 版"建设应用。因此，重庆高院牵头，与市发展改革委、市司法局、市大数据发展局、市机关事务局以及中国广电重庆网络股份有限公司、中国电信重庆公司、中国移动重庆公司、中国联通重庆市分公司等共同组建了工作专班，制定了实施方案协同推动"全渝数智法院 TV 版"建设应用。

4. "全渝数智法院"体系支撑

"全渝数智法院 TV 版"是基于重庆"全渝数智法院"打造的，虽然只集成了诉讼服务、法治宣传的部分功能，但背后有坚实的体系化支撑，具备很强的拓展能力。比如，在跨网数据安全交互方面，依托"重庆法院数据安全交互平台"，采用数据单向交互和加密输出机制，确保跨网数据的安全传输。再比如，在线上庭审方面，依托"云上共享法庭"整体架构，确保可以将电视作为一端加入跨网跨域的线上庭审，并实现查看卷宗材料、庭审视频、庭审笔录以及电子签名、文书签收等功能。还比如，在诉讼费缴纳和电子票据生成方面，依托"非税收入国标系统""重庆法院电子票据平台"等，实现直接扫码缴费并实时生成电子票据，用户可以直接通过短信跳转接收电子票据。"全渝数智法院 TV 版"充分运用"全渝数智法院"建成的各个系统、平台，实现低投入、高效率的业务融合，在体系化支撑下更好地提供智能诉讼服务。

二 建设内容:"全渝数智法院 TV 版"

(一)建设理念

"全渝数智法院 TV 版"是重庆法院拓展司法服务、深化传统法治宣传和诉讼服务数字化变革、构建适合重庆特点的诉讼服务体系的重要平台,是新时代体现重庆法院以推动工作现代化为抓手、切实践行为民司法庄严承诺的重要载体,建设理念主要有以下方面。

其一,以服务为中心。近年来,重庆法院投入大量人力物力,建设上线了人民法院在线服务(重庆)、重庆法院公众服务网、重庆易法院 App、电子票据平台等诉讼服务平台。建设"全渝数智法院 TV 版",并不是推翻现有的诉讼服务体系、弃用原有平台,而是将现有诉讼服务和法治宣传两项工作相关内容,在制度、技术、文化上进行深度融合,实现现有服务再整合再升级,打造更加贴近广大群众的数字化司法服务产品。

其二,以规划为牵引。修订并重新发布的《重庆法院信息化建设与实施五年规划(2021~2025)》写入了"全渝数智法院 TV 版"建设任务,进一步明确时间表、路线图,落实保障措施、协同方案、实施路径,"全渝数智法院 TV 版"建设任务纳入"重庆法院信息化建设与实施五年规划任务管理平台"统一管理,按节点打表推进,真正实现用规划指引建设实施。

其三,以创新为驱动。将技术创新、机制创新深度融合,在现有诉讼服务体系下,借助覆盖千家万户的电视机这一媒介,尝试通过数字化技术、数字化思维、数字化理念的运用,实现碎片化功能的集成融合,最终将智慧化诉讼服务整合到机顶盒中,探索出一条诉讼服务和法治宣传的新途径。重庆法院坚持以最小化的投入,让现有诉讼服务功能在新的终端上发挥更大作用。

其四,以变革为目标。在最高人民法院的统一部署和大力推动下,全国智慧法院建设以来已取得丰硕成果。但就重庆法院而言,虽然开展了一些主动服务，包括巡回审判、庭审进社区进校园等，但总体来讲，受制于审判权行使被动性的特点，在"能动履职"上还有欠缺。因此，重庆高院积极打造"全渝数智法院 TV 版"，就是坚持"能动履职"，力争让司法服务进入千家万户，推动被动服务向主动服务转型变革。

（二）技术架构

"全渝数智法院 TV 版"是具有融跨特征的典型数字化应用。从网络角度看，应用架构在互联网和法院专网之间，需要实现跨网数据交互；从用户角度看，既面向社会公众也面向法院工作人员；从实施角度看，需要依托数字电视、网络电视运营厂商协同实施。因此，该应用可以分为以下几个体系。一是基础设施体系。"全渝数智法院 TV 版"法院端主要依托重庆法院现有存储、计算、网络带宽等基础资源，同时使用了部分政务云资源。互联网应用端主要依托数字电视网络和互联网。二是安全保障体系。技术架构方面，采用了前后端分离、数据光闸同步交互及分布式部署方式，底层数据库产品选用可信和开源数据库，依托"重庆法院数据安全交互平台"实现光闸单向数据交互，确保数据安全。出台《重庆法院数据安全管理规定（试行）》，围绕数据全生命安全周期管理，提升安全风险预警和防护能力。三是应用支撑体系。充分利用重庆智慧法院已建成的系统平台，包括 12368 短信、重庆法院公众服务网、人民法院在线服务（重庆）、"易诉"平台、"易解"平台、重庆易法院 App 等，通过模块化拆解、重新融合后形成应用支撑体系。四是业务应用体系。由互联网端应用、数据同步应用以及法院专网端应用三部分组成。其中，互联网端应用安装在数字机顶盒中，用于为公众提供诉讼服务和法治宣传服务，是最核心的应用。在技术路线上，采用 Android 和 vue 结合方式展示内容，使用了 MVVM 架构。数据同步应用于互联网和法院专网跨网数据交互，属于静默化运行的应用。法院专网端应用面向法院工作人员，主要用于对法院概况、裁判文书、庭审视频等更新操作（见图 1）。

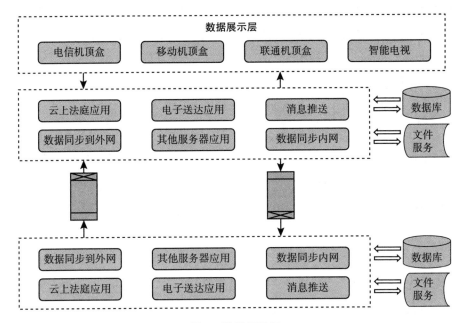

图 1　数据展示层

（三）应用场景

一是智能诉讼服务应用场景。其一，便民导诉。便民导诉模块主要包含法院概况、机构及职能、审委会成员和法官名册等板块，方便社会公众了解重庆全市中基层法院的详细情况。其二，案件查询。案件查询模块主要用于当事人查询所涉案件信息，了解案件进展情况。操作上，输入身份证件号码后，经身份验证可以查询、跟踪案件进度，查看案件所在法院、案号、立案日期、案件类型、原被告等基础信息，也支持查看案件详情。其三，电子送达。电子送达模块主要用于当事人接收电子版司法文书。操作时，根据当事人证件号码以及短信验证可以查询当事人待签收、已签收的电子送达文书列表，可以查看文书标题、签收人、签收日期等信息，点开相应文书即可进行签收、查看等操作。其四，开庭公告查询。开庭公告查询模块，用于社会公众查看全市三级法院公开庭审的相关情况，如案号、法院、开庭时间、庭审地点等信息。如果是涉案当事人，则支持查看开庭公告详情。其五，便民联络手册。便民联络手册模块，主要方便社会公众查阅便民联络员信息。其六，裁判文书查阅。在裁判文书查阅模块，设计了覆盖民事、刑事、行政、赔偿、执行以及其他类案件的双百文书查询功能。

二是强基导向工作应用场景。强基导向六项工作，是重庆法院深入贯彻习近平总书记强基导向重要指示精神推出的"六项工作"组合拳。其一，老马工作室。老马工作室是重庆法院引进社会力量入住法院诉讼服务中心化解矛盾纠纷的统一工作平台，最早由改革先锋、全国时代楷模、全国人大代表马善祥创设。在人民法院老马工作室板块，可查看调解统计信息、调解活动宣传报道等。其二，代表委员联络站。代表委员联络站是重庆法院邀请代表委员入驻法院，主动听取民意、接受监督，同时发挥代表委员有经验、有威望的优势，为辖区百姓提供更好的司法服务。在代表委员联络站板块，可以查阅联络站工作计划、代表委员信息、代表委员活动等。其三，一街镇一法官。重庆法院"一街镇一法官"是指各基层法院在街道、镇、乡、区级以上园区各选派一名员额法官定点联系，协助开展矛盾化解、普法宣传、社会治理等工作。在一街镇一法官板块，可以查看法官名录、调解活动、庭审活动、走访活动、宣传咨询等信息。其四，一庭两所。一庭两所是通过人民法庭与司法所、派出所的资源共享、优势互补、无缝衔接来促进矛盾纠纷联通化解。在一庭两所板块，可以查看一庭两所的机制建设情况、多元纠纷化解统计数据，查看人民法庭、派出所、司法所的相关信息。其五，车载便民法庭。"5G车载便民法庭"是重庆法院利用5G移动物联、人工智能技术，把诉讼服务"装上车"，为实现司法为民、便民、护民而打造的家门口法院。在车载便民法庭板块，可以查看"车载便民法庭"功能介绍以及巡回立案、巡回审判、全域送达等统计信息。此外，强基导向六项工作中的"云上共享法庭"因需增配设备，单独为一个应用场景。

三是"云上共享法庭"应用场景。"云上共享法庭"是重庆法院依托跨网音视频融合和数据共享等现代科技手段，就同一庭审在不同地域选择就近法院的共享科技法庭或其他共享数字化出庭场所参与诉讼活动的现代化庭审模式。"全渝数智法院 TV 版"在增配摄像头、话筒、手写板等设备后可以支持"云上共享法庭"模块参与庭审。

四是法治宣传应用场景。其一，典型案例庭审视频点播。该模块主要用于展示、播放重庆市三级法院历年来的双百庭审①。其二，庭审直播。提供庭审直播功能，选择社会大众关注程度高、各领域具有典型教育意义的案件开展直播。其三，法治宣传视频。整合重庆以及全国部分法治宣传视频，包含反诈、防盗等热点领域的宣传片，用更加直观、生动的方式让广大群众在潜移默化中受到法治熏陶，培育法治信仰、强化法治意识，促进形成全民学法、尊法、用法、守法的良好氛围。

五是失信限高信息公开场景。该应用场景主要用于执行案件办理相关政策规定的公开开展以及查询失信被执行人和限制消费人员信息，包括执行风险提示、失信被执行人查询、限制高消费人员查询。

三 应用成效

"全渝数智法院 TV 版"建设应用拓展了重庆法院开展便民司法服务的渠道，提升了统筹运用数字化技术、数字化思维、数字化理念推动诉讼服务、法治宣传工作变革重塑的能力，提升了法院的司法公信力和人民群众司法获得感。

其一，助力法治社会建设。在法治文化传播方面，"全渝数智法院 TV 版"可发挥更加贴近群众的优势，将典型的赡养纠纷、邻里纠纷、追索劳动报酬等案件庭审通过电视直播或录播，实现"审理一案，引导一片"，从源头减少纠纷发生。

其二，推动相关领域技术进步。"全渝数智法院 TV 版"建设过程中，重庆法院与中国广电重庆网络股份有限公司、中国电信重庆公司、中国移动重庆公司、中国联通重庆市分公司等共同组建工作专班，围绕建设"云上

---

① 最高人民法院组织评选的全国法院"百篇优秀裁判文书""百场优秀庭审"。

共享法庭"有线电视版，开启"全渝数智法院 TV 版"新样态，携手开展技术攻关，联合升级完善数字机顶盒、网络机顶盒，推动版本迭代升级、提升兼容性。

其三，提升了推动数字化变革能力。"全渝数智法院 TV 版"建设完全按照数字重庆建设"最快系统部署、最小投入代价、最佳实战效果、最大数据共享"的思路，坚持与数字电视、IPTV 各家厂商深度合作，在原有数字机顶盒基础上直接迭代升级，并充分运用数字化建设现有基础，特别是重庆数字法院建设现有成果，模组化搭建平台，相较于其他传统诉讼服务平台，建设投入更低，经济效益更好，凸显了重庆法院运用数字技术推动法院工作数字化变革的创新能力。

其四，拓展了司法便民服务渠道。"全渝数智法院 TV 版"借助智能电视、数字机顶盒等为社会公众提供便民诉讼和法治宣传服务，丰富了以"人民法院在线服务"为核心的法院智慧诉讼服务平台体系，让社会大众可以在高清大屏上享受诉讼服务、观看法治宣传片的全新体验，更好地展现法院信息化建设成果，真正实现让智慧化司法服务走进千家万户。

其五，提高了人民群众满意度。"全渝数智法院 TV 版"在把案件审理摆在社会公众面前的同时，还可以便捷查询开庭公告，查看典型案例、庭审视频和文书，有效保障人民群众对司法审判工作的知情权、参与权和监督权，能够真正赢得社会公众对法院工作的理解与支持，有助于树立司法为民的良好形象，有利于提升司法公信力。"全渝数智法院 TV 版"的文书送达、在线庭审等应用场景，将进一步降低群众、律师等参加诉讼的时间成本和经济成本，有效提升群众对重庆法院和司法审判工作的认同。

四　问题与展望

（一）存在问题

重庆法院深入推进"全渝数智法院 TV 版"建设应用，在提升诉讼服务水平、提高法治宣传覆盖度上取得了一定成效，但在平台建设、应用和推广中也遇到了不少问题。

一是标准不统一。在建设和实施推广过程中，最为困扰的是各家厂商的数字机顶盒、网络机顶盒所采用的底层系统不同，大多是以 tvOS、Android 或 Linux 为基础打造，版本复杂多样，相互兼容性较差。更为极端的是，同一厂商机顶盒的前后版本之间也存在不能兼容的问题。版本多样化、标准不统一导致研发难度高、工作量增加，也进一步拉长了研发、调试以及上线部署的周期，一定程度上影响了实施进度。另外，机顶盒目前的更新机制也不统一，且多数情况下需由用户手动确认更新，强制推送并自动更新的较少，实质上影响了应用推广。

二是技术不完善的问题。目前，智能电视虽然在大屏幕显示方面占据绝对优势，但相比智能手机、平板电脑，其易操作性还有很大提升空间。在智能电视上，用户要切换到想进入的页面，或者使用相应功能，往往需要用遥控器长时间操作。有些智能电视以及机顶盒的响应速度慢，也影响了使用体验。因此，在实现更加智能、便捷的人机交互方面，智能电视还需要在新技术创新和应用上加快迭代，以适应用户使用习惯，满足数字化时代新要求。

三是功能不齐备的问题。"全渝数智法院 TV 版"虽然有较丰富的应用场景，但并未集成所有的诉讼服务功能。比如，在线申请立案、网上质证等，因涉及证据材料提交，在电视上操作不便，因此未作集成。此外，在线庭审、在线电子签名等虽然已经集成，但需要额外添置摄像头、话筒、签字板等设备，否则无法正常使用。整体上看，主要还是围绕挖掘电视大屏幕高分辨率的优势设计功能。

四是应用不广泛的问题。一般情况下，社会公众对司法审判工作的关注度并不高，只有当本人有司法诉讼需求、以各种身份参与诉讼，或者有个别典型、热点案件进入审判环节（如重庆姐弟坠亡案）时，才会关注审判工作。"全渝数智法院 TV 版"主动使用的用户群体不多，诉讼服务和法治宣传的作用还没有完全发挥。因此，一方面，需要进一步加强宣传推

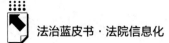

广，让更多社会公众知晓；另一方面，要投入更多精力推出更多有价值的典型案例和法治宣传视频，提高整体应用率，真正发挥平台建设实效。

（二）未来展望

"全渝数智法院 TV 版"是重庆法院在数字化改革领域开展的一次大胆创新尝试，虽然功能建设和应用推广中遇到不少问题，但未来仍有广阔发展前景。首先，从科技发展来看，智能手机迅速取代功能手机，最重要的进步是解决了人机交互的问题，以更加精准、便捷、高效的触控操作方式代替了按键操作方式。随着科技的发展进步，智能电视在增加触控操作、语音交互功能，实现人机交互方面的跃升必然有新突破。其次，从应用生态来看，在万物互联时代，智能手机、电脑、汽车等的互联，必然不能缺失电视，各厂商集中了绝大部分资源和精力发展推广 4K、8K 等超高清电视，其必然作为重要一端被赋予更多使命、应用于更多场景。最后，从法治社会建设来看，随着社会主义法治更加深入人心，越来越多的群体更加关心、关注司法审判工作，对数字化司法服务和法治宣传提出更多需求。

下一步，重庆法院将全力以赴优化功能和界面设计，充实更新更多全国和重庆本地的典型案例，让"全渝数智法院 TV 版"更易用、更好用、更管用，持续为广大社会公众提供更加优质的司法服务。

B.6

湖北咸宁数字法院"咸小蜂"运维模式调研报告

湖北省咸宁市中级人民法院课题组*

摘　要： 近年来，湖北省咸宁市中级人民法院以技术运维工作为抓手，深化应用数字法院建设成果，助力审判执行质效提升。通过创新技术运维管理方式，变被动运维为主动运维，升级技术运维工作内容，以小成本、小创新提供大应用、大服务，形成了数字法院"咸小蜂"运维模式，形成了良好反响。干警的问题不堆积，需求有回应，愿意参与系统的应用推广，与信息技术人员形成了合力，同步研究、推进数字法院深化应用工作。全国法院"一张网"建设工作势在必行，建设成果如何快速稳定在全国法院落地运转，极为考验技术运维力量，数字法院"咸小蜂"运维模式具有参考意义。

关键词： 技术运维　"咸小蜂"　深化应用　全国法院"一张网"

近年来，在湖北省高级人民法院（以下简称"湖北高院"）的有力指导下，湖北省咸宁市中级人民法院（以下简称"咸宁中院"）坚持"稳中求进，守正创新，以审判工作现代化服务保障中国式现代化，"以'数字革命'驱动司法审判整体提质增效"工作理念，以技术运维工作为抓手，深化应用数字法院建设成果，助力审判执行质效提升。通过创新技术运维管理

---

* 课题组负责人：文燕，湖北省咸宁市中级人民法院党组副书记、副院长。课题组成员：邱成府、葛宇容、余凤、龚慧、商艳丽。执笔人：余凤，湖北省咸宁市中级人民法院司法行政处副处长。

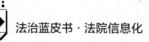

方式，变被动运维为主动运维，升级技术运维工作内容，以小成本、小创新提供大应用、大服务，形成了智慧法院"咸小蜂"运维模式。

一 背景介绍

（一）信息化工作基本概况

人民法院信息化建设工作全面推进以来，咸宁中院在湖北高院的精心指导下，巩固了法院专网，并与咸宁市政法委、人大、不动产中心、检察院、人民调解中心等单位实现了网络接入，建设了电子政务内网、电子政务外网及互联网，建成了三个信息化机房和诉讼服务中心、执行指挥中心、信息管理中心三大中心。将人民法院调解平台、人民法院在线服务、执行案件流程信息管理系统、湖北数字法院、科技法庭、统一送达等人民法院信息化建设成果成功应用在审判执行和法院日常管理工作中，筑起了以科技赋能审判执行工作的基石。

（二）技术运维存在的问题

一是技术运维工作难度高。法院信息系统涉及众多应用项目，各业务应用模块的关联程度越来越紧密，任何一个模块出现故障都可能影响法院业务的正常开展。网络、服务器等基础设施和干警终端的配备情况，对干警顺畅地应用系统也极为重要。集群联动的系统运行特点和种类繁多的硬件设备使法院技术运维工作面临很大挑战，技术运维人员不仅需要保持系统的安全、稳定和高效，而且需要随时应对各种可能出现的问题。

二是技术运维工作满意度低。尽管信息化运维保障工作的重要性日益凸显，但中基层法院信息化专业人员一直处于极度缺乏状态。传统的改善方式（如厂家售后驻地运维、软硬件运维外包等）存在边界难以厘清、故障根源难以追溯、综合事务无人处理、被动运维、缺乏价值认同及归属感等问题。这些问题导致运维工作长期处于"救火"状态，专业人才流失较为严重，高效性、稳定性难以得到保证，干警对信息化保障水平满意度较低。

三是技术运维工作要求高。人民法院信息化的推进，对干警应用能力的要求越来越高，及时对干警进行信息化知识和业务系统操作培训，使干警更好地应用数字法院系统平台发挥审判职能，是一项极为重要的工作。但技术运维人员却难有精力主动开展，系统培训活动往往因针对性不强、干警工作繁忙等导致成效甚微。

二 数字法院"咸小蜂"运维模式

为抓实抓好技术运维服务工作，咸宁中院组织专题研究，根据最高人民法院《质效型运维服务规范》、湖北高院印发的《湖北法院信息化运维管理办法》，多措并举，转型升级，逐渐形成了数字法院"咸小蜂"运维模式。

一是整体外包并组建专业团队。采取信息技术服务整体外包的运作方式，引进专业运维力量，组建数字法院"咸小蜂"运维团队（以下简称"咸小蜂"），让技术运维人员以小蜜蜂一样勤劳、协作、务实、奉献的精神，秉承"有求必应，应必有果，果必满意"的服务理念，为咸宁两级法院干警提供优质的技术保障服务。

二是创新技术运维管理方式。充分利用引进的运维力量，将法院信息化岗位工作人员的工作定位从基础事务工作模式转变为以引领、评估、改善、提高、发展为主线的管理模式。建立清晰的责任体系，明确各业务应用模块的责任边界，确保每个模块都有专门的运维人员负责。建设信息化综合管控平台，实现信息化资产统一管理、设备实时监控、工单自动流转，提高故障发现和处理的速度。建立运维知识库，总结和积累故障处理过程经验等，提高技术运维人员的故障处理和服务能力。采用"工单制+绩效制"评估方式，对技术运维工作进行定期评估和公示，确保技术运维人员工作质效得到合理评价。

三是从"被动式运维"转型为"主动式运维"。实施主动运维策略，查找法院技术运维工作中的短板，对症下药，扭转"救火式"运维局面。建立巡

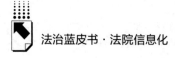

检机制，梳理巡检内容和要求，自动形成巡检工单，详细记录巡检结果，提前发现和解决可能出现的问题。开展"集中服务日"活动，主动上门走访调研干警在日常办公办案中的痛点难点，让问题及时化解、需求有回应。

四是从"后台支撑"升级为"后台支撑+应用运营"。在具备扎实的后台支撑技术基础上，"咸小蜂"逐步提升应用运营相关技术能力，深入了解法院工作程序、业务需求及管理模式，开展应用系统的日常运营、推广和优化等工作，主动走访调研干警应用过程中的问题和需求，并及时处理和反馈，形成了"收集—过滤—研判—解决—反馈"应用保障机制。以"主题培训月"为活动载体，通过"面对面送知识，手把手教技能"模式，向干警提供各类信息化系统的流程讲解和操作指导，并将服务触角延伸至最基层，将人民法院信息化建设成果下沉到人民法庭，指导培训人民法庭干警灵活运用，高效办理"立审执"业务，通过信息化途径参与"共同缔造"。

三　智慧法院"咸小蜂"的工作内容

"咸小蜂"工作内容主要包含综合事务处理、后台技术支撑、活动技术保障、深化应用运营等方面。

（一）综合事务处理

1. 技术支持热线

提供 7×24 小时技术支持热线服务，为干警提供关于系统的使用方法、操作流程等问题的解答，针对干警遇到的系统故障、网络问题、软件错误等，提供排查和修复建议，对于干警遇到的复杂问题或困难，形成工单，约定时间上门服务。记录问题和解决方案，及时跟进，确保系统稳定和正常运行。

2. 信息化资产管理

规范信息化资产管理工作，提高信息化资产（硬件设备、软件系统、信息化数据等）使用效率和管理水平，包括协助法院信息化岗位人员对信息化资产进行清点、保管，制作网络设备 IP 地址分配表，绘制网络拓扑图、缆线连接关系图等，并对技术文档进行动态更新、管理。

3. 巡检及维护

对法院内部的服务器、存储设备、网络设备、监控设备等硬件设备及各类软件平台每日进行巡检，记录巡检情况，制作巡检台账，确保设备及系统运行正常。合理规划和管理资源，确保资源的有效利用和合理分配。及时响应和处理出现的故障和异常情况，及时向法院报告故障和处理情况，通知相关人员关注和配合故障处理工作。

4. 耗材更换与报废

通过巡检，根据业务需求和设备情况，提出采购合适的配件及耗材的建议，与法院对采购的配件及耗材进行鉴别、验货等，及时更换和维护，对不再使用的设备进行报废处理，确保设备的安全和环保。

5. 设备清洁与保养

制定清洁计划，每周清洁和保养法院诉讼服务中心、执行指挥中心、大厅、接待室等公共区域硬件设备，确保设备正常运行。每月清理机房灰尘、污垢和其他污染物，关注机房精密空调运行情况，每月更换过滤网，每季度更换一次加湿罐，每半年清洗一次空调外机等，防止设备过热导致故障，延长设备的使用寿命。

6. 法院网站维护

法院技术运维团队负责维护法院网站的运行，确保网站的正常访问和信息更新。每日检查网站的服务器和网络连接，确保网站的稳定性和可靠性。及时处理网站故障和安全问题，保障网站的可用性和安全性。根据宣传部门的需求更新网站内容，提供最新的信息和法律资讯。

7. 电子公告栏维护

每日检查公共区域电子公告栏的硬件、软件、网络连接情况，及时修复故障和问题。根据法院的工作需要，及时更新公告信息。处理干警对公告栏系统的反馈意见和建议，做好记录和报告，改进系统不足。

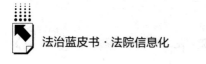

8.应急预案制定

根据需要制定应急预案，以应对可能出现的突发事件和灾难性故障。分析可能出现的风险和问题，制定《咸宁市中级人民法院技术运维应急处置预案》。每季度进行应急演练和测试，以确保应急预案的有效性和可行性。

（二）后台技术支撑

1.审判执行业务系统维护

根据业务需求和技术发展，对审判执行业务系统进行升级和优化。测试新版本软件的功能和性能，确保升级后的软件能够满足业务需求和技术标准，定期检查系统的运行状态，及时修复故障和问题，提高系统的运行效率和稳定性。提供必要的培训和支持，帮助干警更好地使用系统。

2.数据备份与恢复

根据法院的数据特点和需求，设计合理的备份策略。每天检查备份内容的完整性、一致性和可读性。组织数据恢复演练，模拟数据丢失或灾难性事件发生后的恢复过程，检验备份数据的可恢复性和恢复流程的有效性。制定应急预案，确保在数据灾难发生时能够快速恢复数据和系统运行。

3.网络连接与安全

监测法院专网及互联网的运行状态，根据需求及时调整网络结构，配置相应的安全策略，确保网络连接的稳定性和可靠性。向干警普及网络安全知识，组织法院新进人员开展网络安全专题培训，提高干警应对网络安全事件能力。将《网络安全和数据管理十二不准》设置为电脑背景桌面，时刻提醒干警加强网络安全意识。

4.网络安全风险评估

通过漏洞扫描、渗透测试、后台监测等方式，收集和分析法院系统的安全风险信息。整理和分析收集到的数据，识别潜在的安全风险和威胁。制定《咸宁市中级人民法院网络安全应急处置预案》，发生网络安全事件时，迅速响应并采取有效应对措施，减少安全损失和影响。

（三）活动技术保障

1.视频会议系统维护

负责维护法院综合会议和执行调度两套视频会议系统，定期检查系统的运行状态，及时修复故障和问题，对网络进行监测和管理，确保网络连接稳定可靠，提供会议保障服务，包括会前联调、会议过程中的技术支持等，保障视频会议系统的正常运行和会议的顺利进行。

2.大型活动技术保障

负责法院宣誓、新闻发布会、系统培训会等各类活动技术保障工作，提前了解活动需求，制定技术保障方案，设计会标呈现方式，检查和调试音视频设备，确保设备正常运行，做好现场技术保障，实时监控运行状态，及时处理技术问题。

3.庭审技术保障

负责咸宁两级法院大要案期间的法庭及分会场设备维护，提前根据案件基本情况制定技术保障方案，调试和维护庭审设备，检查网络连接和信号传输质量，庭审时现场进行技术保障，及时处理网络或设备故障，实施备份策略，确保数据安全。负责咸宁中院日常庭审技术保障工作。

（四）深化应用运营

1.软件安装与维护

根据法院的需求和系统要求，为干警选择并安装合适的软件，包括操作系统、数据库、办公软件、网络安全软件等，安装正确版本并进行合理配置，及时进行软件升级和补丁修复，合理配置干警使用权限。负责安装和升级部署在本地的软件应用，定期更新软件版本。及时发现并排除系统中的问题，向干警收集系统设计或功能缺陷，详细记录问题重现步骤，向软件研发团队反馈，以便尽快修复。

2.技术培训与知识普及

通过组织开展"主题培训月""集中服务日"等活动，为咸宁两级法院

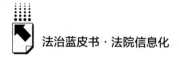

干警和当事人提供技术培训和信息化知识普及服务。结合工作实际，向干警介绍新的技术应用和解决方案，提供培训课程和实践指导，选择接受新技术较快的干警担任"试用先锋官"，以点带面，提高其他干警的技术水平和应用能力，帮助干警更好地掌握和使用法院信息化系统平台。

3. 协助重塑业务流程

协助各部门完成信息化相关工作。协助业务部门开发新的业务流程和管理系统，协助行政管理部门维护信息化设备和管理信息化资产，通过协助其他部门完成信息化工作，更好地提高法院的工作效率和现代化水平。

4. 数字法院建设及应用宣传

结合业务工作实际，录制政法协同、四类案件监管、上诉案件移送、裁判文书生效证明自动生成和推送等系统操作指导视频，多维度讲解，合理剪辑，推进数字法院功能应用。开通"咸小蜂"运维公众号，对内上传操作指导视频、PPT等对干警深化应用业务系统有帮助的内容，对外发布"咸小蜂"日常工作动态，展现团队的良好精神风貌。

四　智慧法院"咸小蜂"的管理模式

（一）实施形式

实施"咸小蜂"运维模式需要做好界定外包范围、搭建服务平台、运用管理工具、规范服务流程、制定管理制度、分期结算费用等方面工作。

1. 界定外包范围

界定外包范围的主要目的是安全合理地运用运维外包服务。尤其是针对信息安全的外包，严格按照湖北高院信息管理处、咸宁市网信办、咸宁市机要局等部门的要求界定外包范围，同时对外包服务公司资质有一定要求。信息化系统由于涉及专业方向很多，社会上同时可以承担整个系统运行维护的公司并不多，在保证系统稳定运行的前提下，尽可能将关系较近的系统归类在一起，便于外包组织和实施。

2. 构建组织体系

咸宁中院构建了组织体系，包括运维管理委员会、服务台和服务组。运维管理委员会承担运维决策职能，由咸宁中院司法行政处和运维外包公司负责人组成，为技术运维服务工作提供规划和决策。服务台和服务组承担运维执行层职能，由驻场技术工程师构成。人员选用上，咸宁中院与运维外包公司一起选用项目管理人员和技术运维人员，从政治、技术、经验等方面进行综合评估。

3. 制定管理制度

咸宁中院制定了《技术运维服务中心管理制度》《机房出入制度》《信息安全保密制度》等制度，通过管理制度约束技术运维人员的行为，确保运维服务的及时、准确和高效。管理制度的执行，对整个团队起到了极大推动作用。

4. 搭建服务平台

在咸宁中院技术运维服务中心建立服务平台，设定人工坐席和服务热线，通过服务热线、即时消息等受理咸宁中院干警的软件应用、桌面运维、活动保障等方面工单，通过服务申请单方式受理基层法院现场指导培训、大要案现场技术保障等方面工单，及时响应和回复。

5. 规范服务流程

工单处理流程分为受理、下达、受领、实施、记录、反馈、总结、改进等阶段，根据紧急程度和重要程度，制定标准的响应方式和时间。通过管理工具将技术运维人员和工单处理流程关联在一起，技术运维人员在接单后填写对应工单，"下达—受领—回复"形成了一个完整的服务流程。

6. 运用管理工具

构建"一体两翼"质效型运维管理体系，建设信息化综合管控平台，该平台包含信息化资产管理、设备实时监控、工单管理三个模块。信息化资产管理模块可清晰地管理咸宁中院所有设备信息，监控模块实现自动巡检和故障告警等智能化功能，将被动排查问题转为主动监控防范，实现"人防+技防"组合管理策略，有故障时自动将故障情况形成工单流向工单系统，

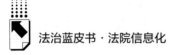

工单管理系统可对所有工单信息实时跟进，服务结束后干警可对工单进行评价反馈，工单的解决办法可以归纳自动形成知识库。

7. 分期结算费用

不同服务类型及工单内容对应不同的绩效值，每月信息化综合管控平台自动核算运维人员工作绩效值，运维管理委员会在月度总结会时对当月运维绩效予以确认。根据合同约定，法院依据绩效情况与运维外包公司按月结算服务费用。

（二）管理措施

1. 明确运维目标

咸宁中院成立"咸小蜂"后，明确技术运维的目标是确保法院信息化各系统平台的正常运行，为干警提供优质的技术支持和服务。着带有统一logo的工作服，既明确了运维目标和管理要求，又逐步打造出"咸小蜂"品牌效应和价值理念。在每周例会和月度总结会上，总结如何从细节为干警提供更为优质的技术服务，让干警感觉"事事有回应，件件有着落"。

2. 组建专业团队

稳定的经费保障是技术运维团队建设的基础，咸宁中院每年都提前编制技术运维外包项目的经费预算。"咸小蜂"由专业技术人员组成，包含高级信息系统项目管理师1人、高级网络安全工程师1人、中级数据库系统工程师1人、中级网络工程师1人。运维外包公司每月组织运维人员学习专业技能，提升运维服务质量。法院会组织保密知识培训，让"咸小蜂"签订保密协议。"咸小蜂"除学习运维专业知识外，还拓展学习摄影、无人机操作、VR实景制作、PS修图、视频剪辑、PPT制作等，进一步提升了运维服务效果。

3. 制定管理计划

对技术运维工作内容进行合理分配，并以"工单+绩效"形式确保日常运维工作稳定进行。对于"主题培训月""集中服务日"等专项活动，按照需求收集、方案制定、任务分配、实施跟进、总结反馈、建立台账的流程有序推进。

4.建立沟通机制

建立有效的沟通机制是管理技术运维外包团队的关键,通过日报、周例会、月度总结会等形式,确保沟通畅通,从而提高团队的效率和工作质量,实现更好的协作和配合。"咸小蜂"每日下班前梳理当日工单处理情况,在工作群发送日报,每周四召开周例会,梳理一周工单处理情况、下周工作计划、工作中需反馈的问题等内容,一同协商解决办法,并形成会议纪要,促进问题快速处理。

5.建立奖惩机制

咸宁中院建立了一套完整的监督机制,对"咸小蜂"的工作质量、进度和服务效果等进行监督检查。同时,建立了有效的激励机制,提升技术运维人员的积极性和创新性。运维执行层项目经理每天对工单情况进行检查,确认工单问题解决才予以关闭。运维管理委员会在每周五的"集中服务日"走访过程中对技术运维人员服务情况进行回访,将回访结果纳入绩效考核。每月梳理工单情况,并在公示栏公示。每月根据绩效情况评选出"绩效之星",由运维外包公司额外进行奖励。通过监督和激励机制,运维服务更为高效和细致,逐渐得到干警的认可,干警满意度大为提升。

6.总结经验教训

咸宁中院每月对运维工作进行评估和分析,及时发现和纠正存在的问题,并总结经验和方法,以便在今后工作中更好地应用和实践。"咸小蜂"运维管理委员会每月组织召开月度总结会,对当月工单情况、绩效情况、大事记、"翻车"事件、下月工作计划等进行梳理和总结。每季度组织召开季度总结会,邀请运维外包公司负责人一起参会,反馈驻院运维人员工作情况,协商解决重大疑难工作任务。每年末组织召开年度总结会,邀请院领导参会,向院领导汇报一年来的运维工作情况,请院领导指示下一步工作方向。

7.探索高效机制

咸宁中院在各楼层设立共享服务站,统一调配全院打印复印设备,建立有效运行保障机制，实现内外网集中打印、公共资料存放传阅、办公用品无接触式配送等功能，达到了降本增效的目的。拓展湖北数字法院生态体系中司法行政相关系统平台应用场景，结合中基层法院实际，配合移动端审批相关功能，打造"一平台全服务"后勤保障体系。通过"共享服务站+线上审批办理"高度集约化办理日常运维工作，使团队有精力转变工作重心，从日常埋头解决问题到主动为干警提供应用指导服务。

8.注重人文关怀

为更好地关心和激励技术运维人员，提高他们的工作积极性和创造力，咸宁中院注重对技术运维人员的人文关怀工作。为驻院运维人员提供良好的办公环境及办公设备，提高运维人员的工作效率和舒适度。定期组织茶话会、定向赛等团体活动，让运维人员在紧张的工作之余得到放松和交流的机会。鼓励运维人员提出新的想法和建议，激发他们的创造力和创新精神。对运维人员的贡献和努力给予认可和赞赏，增强他们的自信心和动力。关心运维人员的日常生活需求，让他们和干警一起参加运动会、法润桂乡读书会等活动，发展运维人员在院机关支部入党等，增强凝聚力和归属感。

五　思考与建议

当前，少数法院构建了本级"一体两翼"质效型运维管理体系，多数法院尚未建立专业技术运维团队。承接全国法院"一张网"面临以下问题。一是技术运维力量参差不齐。由于不同地区的经济发展水平、法院规模、业务需求等方面差异，各法院技术运维力量差异较大，一些法院的技术运维力量较强，能够独立解决各种技术问题，而另一些法院则缺乏足够的技术运维力量，难以应对复杂的技术问题。二是厂家技术支持资源难以下行。全国法院"一张网"建设厂家都在最高人民法院，缺乏足够的技术支持资源满足全国所有法院的需求，这必然会出现资源分配不均和响应不及时等问题。技术支持流程不顺畅，会导致干警在寻求技术支持时需要经过多个环节，等待时间较长，影响办公办案。三是尚未建立高效的沟通协作机制。四级法院信息技术力量较为分散，上下法院间尚未建立高效的"收集—过滤—研判—解决—反馈"应用保障机制，会导致问题得不到及时解决，影响法院工作的效率和质量。四是中基层法院技术运维力量薄弱。由于资金、人才等方面的限制，中基层法院的技术运维力量较为薄弱，特别是基层法院，基本以法院信息技术人员为主开展技术运维工作，不仅需要维护院机关软硬件，还需要为人民法庭提供技术支持，难有精力开展业务系统培训指导工作。

针对上述问题，提出如下解决建议。一是对技术运维团队建设加强指导。最高人民法院要加强对各地法院技术运维力量建设的指导和支持，推动各地法院加强技术运维团队建设，对数据质量、网络安全等方面的技术运维力量要求形成统一的配备标准。二是建设本地化技术运维团队。从响应及时性、经济成本等方面考虑，各级法院应各自建设技术运维团队。从安全性、稳定性等方面考虑，各法院技术运维团队建设应尽量考虑本地化。与厂家建立紧密的合作关系，通过内部培训和学习，提高技术团队对厂家技术的理解和应用能力。三是构建四级法院技术运维体系。各法院加强信息化岗位技术人员协调管理能力，充分发挥技术运维人员价值，多走访调研干警在应用过程中遇到的问题，能本级消化的自行处理，需要厂家升级优化的，与干警将需求沟通清楚后向上级法院运维团队反馈，形成四级法院技术运维体系。四是构建专业的技术运维团队。全国法院"一张网"建设工作势在必行，建设成果如何快速、稳定地在全国法院落地运转，极为考验技术运维力量，各级法院都应建设自己的专业运维团队，根据法院规模和业务需求，合理配置技术运维团队的人员数量和专业组合。

扫码观看报告解读

B.7

成都高新区法院"数字化全生命周期楼宇企业法律服务中心"建设调研报告

成都高新技术产业开发区人民法院课题组 *

摘　要：　成都高新法院创建四川首个"智慧化全生命周期楼宇企业法律服务中心",推行集约化、智能化、标准化楼宇企业"云上法空间"运行模式,融合"内部+外部"人民法院信息化建设及各类法律服务主体数智建设成果,打通"线上+线下"纠纷化解应用场景,为入驻中小微企业提供公共法律服务,实现"小事不出楼宇、大事不出商圈",构筑新时代"枫桥经验"智慧化升级版,让法治营商环境建设驶上"云端快速路"。

关键词：　法治化营商环境　数字化企业法律服务中心　"云上法空间"

一　建设背景

（一）重要意义

1. 发展新时代枫桥经验的新要求

2023年是习近平总书记指示坚持和发展"枫桥经验"20周年。成都高

---

* 课题组负责人：何良彬,成都高新区人民法院党组书记、院长;罗渝湘,成都高新区人民法院党组成员、副院长;李降兵,成都高新区人民法院一级调研员。课题组成员：赵婧、陈朗、罗莎、陈诚、张晓伟。执笔人：林遥,成都高新区人民法院一级主任科员;何菲,成都高新区人民法院法官助理;张斯曼,成都高新区人民法院一级主任科员。

新法院积极响应地方党委关于治理体系和治理能力现代化要"有力有效"的工作要求,将"枫桥经验"中"小事不出村、大事不出镇"理念赋予新的时代特色和高新特色,以打造智能化"全生命周期楼宇企业法律服务中心"为着力点,通过"云端法空间"推进法律服务"进园区、进楼宇、进企业",支持和规范企业在法治轨道上参与解决纠纷,建设新时代"枫桥经验"市域化升级版,力争形成"小事不出楼宇、大事不出商圈"的诉源治理格局,为建立共建、共治、共享的社会治理机制作出新的探索和示范。

2. 建设法治化营商环境的新需求

高新法院秉持"法治是最好的营商环境"理念,在充分研判辖区经济战略部署、产业规划和企业类型、涉诉纠纷的基础上,聚集高新区 300 座商务楼宇且 80% 的企业均集中于楼宇的特点,积极应对楼宇经济从增量提升到存量提质的新考验,在容纳 2300 余家企业的亚洲最大单体建筑环球中心设立全省首个"全生命周期楼宇企业法律服务中心"。法院以此为中心联合高新区桂溪街道 22 个楼宇企业服务站,探索创新"楼宇自治+"模式,帮助企业解决运维管理、项目管理、空间管理等全生命发展周期的问题与困难,逐步形成多级联动、网状互助的司法招商格局,为企业降本增效、拓展市场、转型升级创造了良好条件。

3. 践行新一轮能动履职的新追求

在新的时代背景下,最高人民法院时隔十余年再次强调,要把能动履职贯穿新时代新发展阶段审判工作始终,积极主动为大局服务,为经济社会发展服务。当前,作为高速发展的国家中心城市,成都有体量巨大的企业主体,市场商事纠纷的专业性、复杂性、对抗性、趋利性日益突出,使得现有解纷模式与市场经济存在适用障碍,人民法院如何回应企业对法治日益增长的新需求成为新时代新课题。智能化"全生命周期楼宇企业法律服务中心"改变以往司法服务的被动性、单一性、滞后性等不足,以服务包容性强、聚集效应大的楼宇经济为首要切入点,集成"一站解纷 4S 店"2.0 版、诉源治理中心、司法释明中心、司法确认中心等功能,通过精心排布的在线诉讼服务系统,推动法治力量下沉基层,形成从基层源头预防、前端纠纷共治到

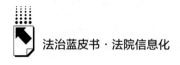

法院后端实质解纷的"全链条"诉源治理模式，从而以发挥司法的主观能动性助力社会实现公平正义。

（二）基本目标

根据前期对企业走访、座谈的结果，法院发现企业对法治营商环境的主要意见集中在几个方面。一是希望得到更多的延伸法律服务，如更快获知案件进展、更便捷地得知企业经营中需关注的法律知识，提前做好风险防范；二是希望法院加大宣传力度，让市场主体充分了解法院优化营商环境的举措和措施；三是希望法院推进多元解纷和诉讼服务体系建设，加强诉源治理，让有和解意愿的双方可以通过诉讼以外的方式更高效、低成本地解决矛盾。针对以上企业提出的建议，成都高新区人民法院拟定了"智慧化全生命周期楼宇企业法律服务中心"的建设目标。

1. 打造可视、有感的智能惠企法律服务产品

强化科技赋能，全维度激活工具效能。一是以技术手段加大普法力度，提升普法效果，通过普法让法律内化于心，成为企业经营过程中内在的约束力量，从而产生积极效果。二是通过在线案例讲解将企业经营中的法律风险提前告知企业，让企业在生产活动中形成自律性规范和风险意识，自行规范经营行为。三是提供线上调解和远程参审服务，企业、当事人及代理律师可在不到法院的情况下通过网络在线参与调解或庭审。使矛盾妥处在当下、化解在楼宇，让企业不出楼宇就能享受到全面的司法资源供给，实现诉讼事项就近办、跨域办。将司法服务延伸至社会"神经末梢"。

2. 构建灵活、多元的基层微观法治环境载体

楼宇是立体的开发区，是垂直的商业街。在有 2300 余家企业的单体建筑中建设一个专为企业提供司法服务的微型服务站，体现了司法积极参与基层社会治理、推动营商环境优化的能动性。微型空间耗费较少，在建立成熟模式后也便于复制和推广。因为空间小，功能的集中化和多元化就更为重要。"智慧化全生命周期楼宇企业法律服务中心"将空间区域以企业需求为

指引进行了合理划分，设置引导窗口、事务办理窗口、云共享法庭、云直播空间和云调解空间。通过配备功能全面的在线诉讼服务系统并设计配套的工作机制，可对企业提供全面多角度的司法服务。

3. 优化公平、可及的数字惠企法治制度规则

完善的技术保障是在线诉讼流程稳定顺畅进行的前提，也是实现程序正义的技术基石。"智慧化全生命周期楼宇企业法律服务中心"充分响应中小企业对司法资源的需求，推动传统线下诉讼的理论模式与司法实践需要向"线上"转型。通过集中整合现有在线诉讼服务系统，完备线上诉讼服务功能，让诉讼服务不再需要到达法院审判大楼才能获得，而是在身边触手可及。同时云上信息系统可突破空间、时间和人力的限制，为企业提供多途径、高效率、低成本的纠纷解决方案，以较低成本解决诉求，提高司法活动的准确性、精确性和高效能。

（三）工作原则

1. 以"效"为先，坚持高效便利原则

"智慧化全生命周期楼宇企业法律服务中心"的各信息系统紧紧围绕"公正和效率"这个主题，以集约、集中、高效原则建设部署。实现以更小的建设空间和更低的建设成本完成全面司法服务的效果。同时系统界面均操作简单、易于使用，并配备专人辅导，使用人无须花费大量时间学习和适应即可上手操作，体现了"智慧化全生命周期楼宇企业法律服务中心"务实高效的特色。

2. 以"统"为纲，坚持多元融合原则

为改变原有诉讼服务系统入口零散，缺乏系统性、整体性的缺点，"智慧化全生命周期楼宇企业法律服务中心"以企业全生命周期的不同阶段性需求为指引，整合了现有司法诉讼服务系统的功能并针对性地建设配备。一是辅助企业初创期及成长期。聚焦企业初期制度规范不健全等特征，通过云上普法系统让法官、专家学者、律师等专业人士，借典型案例或社会热点事件为企业开展在线普法活动，对企业经营中的各类风险提出相应的防范措施

和建议。二是助力企业成熟期及转型期。通过"蓉易诉"电子诉讼平台、云法庭系统及人民法院在线调解系统可办理调解、司法确认、立案、庭审等多元解纷服务，对符合仲裁条件的纠纷协助提交商事仲裁；对符合立案条件的纠纷提供现场立案服务，引导企业通过调解解纷，根据调解情况进入司法确认程序或移送巡回法庭审理。

3. 以"安"为本，坚持安全可控原则

信息化应用和网络安全工作协同推进是保障高效开展的现实需要。在部署在线诉讼场景时，"智慧化全生命周期楼宇企业法律服务中心"充分考虑了数据和技术安全性保障措施。共享法庭后台、业务应用软件及庭审存储均部署在法院办公专网的专有云上，互联网上的公有云仅实现互联网端用户接入、音视频转发和业务代理，无任何数据存储。专有云和公有云通过视频光闸和文本光闸实现安全隔离和信息交换，满足网络安全相关标准规范。同时将服务器集中到云端，可以对后台集中采取安全漏洞扫描、安全渗透测试、安全巡检等安全保障措施，相较于原有的分散安装方式，云端系统更加安全可控。

二　建设路径

（一）标准化工作规程

1. 项目规划一体化推进

深入推进项目"一体化"改革，推行"集约化、智能化、标准化"楼宇法空间运行模式，落实楼宇法空间"实质化、标准化"建设要求，充分发挥人民法院信息化建设科技赋能效用。充分发挥共享法治空间建设机制作用，确立集约化、智能化、标准化的楼宇法空间打造标准，实现司法服务全面、服务快捷便民、模式可快捷复制推广，为楼宇法空间下一步的复制推广工作夯实基础。

2. 应用场景实质化运行

"智慧化全生命周期楼宇企业法律服务中心"设立"法官工作室",由12名民商事审判经验丰富的优秀法官入驻。设置合同签约、公证仲裁等4个窗口,智慧法务区、调解室、共享法庭等4个法治区间,普法直播间等2个服务厅,从街道社区、调解中心、政法机关招募5名专属网格员、7名纠纷调解员、3名法治指导员常态化入驻。普法、调解、立案、开庭等各应用场景均有专人分工负责介绍、操作或使用指导,已形成常态化运行机制。

3. 功能效果优质化提升

"智慧化全生命周期楼宇企业法律服务中心"的系统使用及总体运行数据定期由工作人员收集汇总。数据结果将进行分析总结,对使用不便的功能及时进行修改完善,企业急需的功能将进一步开发配备,而使用少的功能将优化或调减。让"智慧化全生命周期楼宇企业法律服务中心"充分发挥司法服务企业的功能,成为护航企业发展的法治中心样板。

(二)集约化空间规划

"智慧化全生命周期楼宇企业法律服务中心"将320平方米的室内空间分隔成4个区域,分别是云会客大厅、云解纷平台、云共享法庭和云普法空间(见图1)。

1. 云会客大厅

云会客大厅是来访企业初见"智慧化全生命周期楼宇企业法律服务中心"的第一场所,主要承担引导和分流功能。设置了1个引导窗口和4个办事窗口,分别是:问诊体检、合同签约、公证仲裁和立案咨询,也对应了企业不同发展周期对司法服务的不同需求。在这个区域,配备了自助诉讼服务系统、"蓉易诉"电子诉讼平台及导诉机器人,是一个功能齐全的迷你版自助诉讼服务中心。

2. 云解纷平台

为让涉纠纷企业足不出户就可以"云上解纷","智慧化全生命周期楼宇企业法律服务中心"中规划了云上解纷室,由调解组织派驻调解员轮流

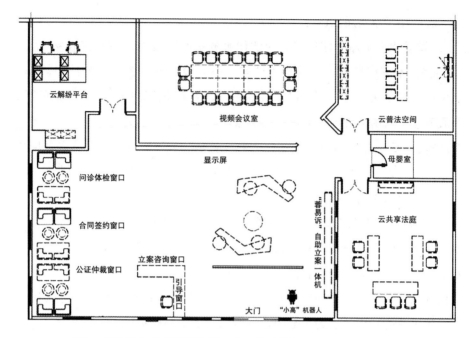

图1　"智慧化全生命周期楼宇企业法律服务中心"线下空间布局

值守，同时配备了最高人民法院开发的"人民法院调解平台"。该平台整合了法院审判资源和社会纠纷化解资源，打通线上线下渠道。调解组织及法官可通过平台灵活组织当事人远程开展调解，实现包括在线申请调解、远程音视频调解、调解协议在线签字、在线申请司法确认、在线申请立案等全调解流程功能。

3.云共享法庭

为便于环球中心的企业参加及旁听庭审，"智慧化全生命周期楼宇企业法律服务中心"设置了一个共享法庭，配备云法庭系统。系统采用专有云加公有云的全云化架构，将传统科技法庭由"单机版"提升至"云化版"，音视频交换、多画面融合、OCR识别等智能化能力均集中至专有云端实现，法庭内只放置音视频采集和显示设备，通过一套系统实现线上线下融合开庭、语音转写、电子质证、远程签名、录像回溯等功能。同时一庭多用，一套系统可同时满足法院专网开庭、法院专网跨网开庭和互联网开庭等多种场景,对内为法官减负,融合多样化业务场景;对外便民利民,全面实现庭审的网络化和数字化。

4. 云普法空间

云普法空间设置的目的是打造线上普法阵地,依托受众面广的在线网络传媒打造一个互联网普法品牌,进一步提高普法宣传精准度,扩大普法效果。新媒体普法具备趣味性更强、参与度更高、传播速度更快、覆盖面更广的优势,能有效促进普法知识传播。法官在云法庭开庭结束后,在隔壁云普法空间可对线上及线下旁听庭审的企业经营者进行案例讲解及普法宣传。在线庭审及在线普法实现无缝衔接。对真实案例的生动讲解及以案释法更容易讲清楚枯燥的法律知识,旁听企业还能通过提问互动方式与法官交流关心的问题。

(三)智慧化应用体系

1. 基础设施体系"两个端"

一是线下端。以地标性商业体建筑"环球中心"的 320 平方米空间为依托,集中整合并配备了自助诉讼服务机、云法庭系统、人民法院在线调解系统、"蓉易诉"电子诉讼平台、导诉机器人及云普法系统等六大系统,构筑融合司法公开、诉讼服务、法治宣传等多功能的司法服务空间,提供多元解纷和自助立案的便捷通道,让涉诉企业、律师足不出楼即可达到与到法院现场办理一样的司法服务效果。二是线上端。诉讼服务、庭审及调解系统均提供互联网在线版本,当事人经工作人员辅导,初步体验数字司法服务的便利后,可通过远程互联网接入方式,全面感受线上司法服务的简单快捷,实现从"最多跑一次"到"一次不用跑"的跨越(见图2)。

2. 应用软件支撑"集约化"

"智慧化全生命周期楼宇企业法律服务中心"中的在线诉讼服务系统配备以集约化、多功能为原则,一个系统入口集中提供各项业务的全流程服务通道,提升使用体验。例如,自助诉讼服务系统除可进行诉讼引导、自助立案、查看案件进展外,还可以提供基础的诉讼风险提示和诉讼流程

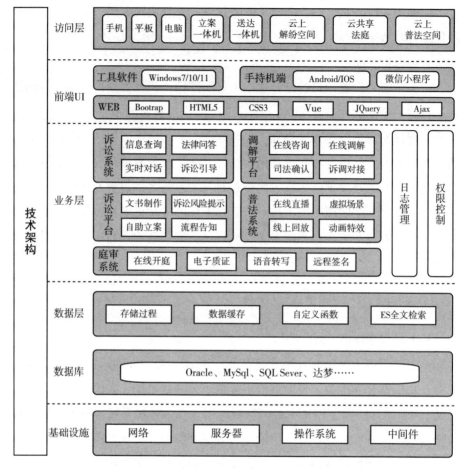

图2 "智慧化全生命周期楼宇企业法律服务中心"技术构架应用体系

告知等诉讼服务,让原本不了解诉讼的当事人也能明明白白打官司、清清楚楚知流程。"蓉易诉"系统可进行网上立案、网上缴费、证据提交、网上阅档等功能,以诉讼事务的集中一网通办代替原有的零散、独立线上业务系统。

3.数据信息统合"一片云"

充分利用云技术搭建"云上"系统,提供高效、稳定、完善的司法服务。例如,云普法直播室、云共享法庭均将数据上传至云端存储,不再需要单独部署服务器或存储，降低系统使用成本，系统占用的资源数量可根据使用量灵活调整，同时也让数据安全可集中管控，降低数据泄露的风险。

（四）全流程应用场景

"智慧化全生命周期楼宇企业法律服务中心"以互联网方式和在线庭审活动为主要特征，形成了全流程在线诉讼场景（见图3）。

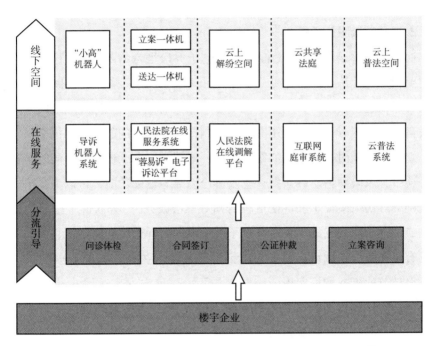

图3 "智慧化全生命周期楼宇企业法律服务中心"应用场景

1. 智能咨询问需场景

对初次来到"智慧化全生命周期楼宇企业法律服务中心"的企业或群众，除提供人工指引外，还有一台定制的智能机器人"小高"提供导引服务。它运用人工智能语音交互技术，通过网络法律知识服务平台，可与群众实时对话，实现信息查询、法律问答、诉讼引导等功能。使用者可根据需求通过语音向"小高"发出服务指令，如"小高小高，我要立案"，"小高"

会通过语音提示和屏幕显示给出不同立案情况的选择，与使用者进行深度互动，当需要人工介入时，它还能移动引导使用者到指定的办事窗口办理业务。同时通过人脸识别技术对比生物信息，结合专业测评软件，"小高"可准确定位办事人员心理状态，针对性地辅导、纾解当事人心理，有效缓解紧张焦虑情绪。相较于传统的人工导诉，智能机器人对群众的接待和服务永远保持热情有礼，它更像一个亲切的朋友，永远耐心稳定且回复速度快、答案完整可信，是人工问询的有益补充。

2. 智慧诉讼服务场景

通过自助诉讼服务机、"蓉易诉"电子诉讼平台的配备，"智慧化全生命周期楼宇企业法律服务中心"内搭建了一个"迷你型"的自助法院，当事人可以在这里实现"实时查、随时办、自助办"的全流程诉讼事务办理。通过自助诉讼服务机，可套用文书模板制作格式标准的起诉书并提交立案申请，立案后可随时查看自己的案件进展，申请浏览电子档案等；同时，这台设备还带有风险评估、诉讼费计算及诉讼引导等辅助功能，可以为当事人提供基础的诉讼风险提示和诉讼流程告知等诉讼服务。"蓉易诉"电子诉讼平台是成都市中院开发的融合所有电子诉讼事务的诉讼服务网站。它集约整合了所有可在线办理的诉讼事务，包括诉前调解、立案、庭审、送达、上诉、执行等环节的事务均可实现"一网通办"。

通过实体的自助诉讼服务机和线上的"蓉易诉"电子诉讼平台，来访人员可以全面感受数字诉讼的简单快捷，不用再至法院大厅取号排队的同时有专人引导、辅助体验和使用各个诉讼服务设备，打消群众对信息安全性、程序公正性、程序烦琐程度等的担忧，展现司法的人文关怀，避免"数字鸿沟"。

3. 在线远程调解场景

企业来到云调解空间后，可通过人民法院调解平台在线申请调解并选择调解员。"智慧化全生命周期楼宇企业法律服务中心"通过法院与调解组织签订框架合作协议，整合了成都市房地产行业人民调解委员会、四川金沙商事调解中心的专家智库以及特邀调解员供有需求的企业选择。调解员在系统中受理后，可查看调解案件基本情况并与纠纷双方进行视频沟通。纠纷双方可在线接受调解员的视频调解邀请并进行三方远程连线沟通。调解完成后，系统中可查看调解协议，并通过人脸识别、电子签名等方式加以确认。协议签订后，纠纷双方均可在线申请法院进行司法确认或出具调解书。

4. 远程在线诉讼场景

当环球中心内的企业需要开庭或者仲裁时，可以通过云法庭空间中的云庭审系统进行。法官或仲裁员与双方当事人通过互联网连接，实现异地庭审并同步直播至网络平台。当事人不用到现场即可参与庭审，完成庭审过程中的证据提交、举证质证、笔录查看、电子签名等流程。庭审结束后，还可在系统中进行远程阅卷。庭审过程中的笔录可通过语音识别自动转化生成，减轻了书记员的工作量。

5. 云上普法宣传场景

法官在云普法空间通过云普法系统，可一键实现虚拟人、虚拟直播间的生成。系统根据不同的普法工作需求，通过多维动画特效系统制作技术，生成不同的直播间背景及虚拟人形象，让传统的普法工作有了更新鲜和更具时代性的表现方式。同时，云普法系统可录制法官普法的短视频，实现在线直播以及线上回放，进一步扩大普法工作的受众面，让原本枯燥的法律条文和解释转化成为通俗易懂、针对性强、接受度高的短视频，引导企业在生产经营活动中合理规避风险、以正确的方式维护合法权益。

三 建设成效：释放全周期全场景全时段全辖域
亲企惠企法治功能

自2023年4月启动运行至2023年12月，"智慧化全生命周期楼宇企业法律服务中心"共接待群众900余人次，法律咨询400余件次，巡回开庭审理案件20余次。消减辖区涉中小企业服务合同纠纷、房屋租赁买卖合同纠纷、劳动争议纠纷等案件3000余件，占辖区同类案件的11%，其中，企业群众在法律服务中心开展网上立案367件，自助立案179次，电子送达563

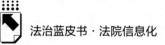

次，综合查询 260 次，风险评估 121 次，电子档案查询 52 件次，自助扫描打印 436 次，线上开庭 26 次，制作格式化法律文书 87 份，切实起到了信息化推动法律服务进园区、进楼宇、进企业的实际效果。

（一）打通亲企"最后一公里"，实现法务需求"及时办"

网络信息技术的高速发展让传统诉讼服务面临的时空局限被打破，为全流程诉讼服务的模式转型提供了契机。"智慧化全生命周期楼宇企业法律服务中心"的显著特点与优势在于充分借助网络技术，整合现有在线诉讼服务系统实现对企业的针对性服务，搭建大型商业体中的司法资源供给中心。推动了诉讼服务阶段的"前置"，改变原诉讼服务仅在立案环节的理念，回应了企业和群众获得高效便捷司法服务的需求。

（二）推动诉讼服务转型智能化，构建跨域沟通"快速路"

"智慧化全生命周期楼宇企业法律服务中心"中的多个在线诉讼服务系统除充分利用互联网技术、云技术外，也在人工智能等前沿技术应用上进行了场景探索。例如，导诉机器人配备了语音识别及人脸识别技术，可以记忆来访人员身份，回应问询人员的需求。云法庭系统配备了语音识别技术及人脸识别技术，实现当事人登录时的身份确认以及将庭审过程的语音对话转化为文字笔录，云普法系统通过 AI 生成技术和虚拟现实技术让普法场景更加灵活生动。这些前端科技与信息系统的结合推动了司法服务的智能化发展，减少了一部分事务性工作，提升了司法服务体验，充分提升了诉讼服务的质量和效果。

（三）促进多方力量聚云端，实现商事纠纷"线上解"

"智慧化全生命周期楼宇企业法律服务中心"整合了多种司法资源，可联动仲裁、调解、法院等多家机构，形成解纷衔接机制，企业在"智慧化全生命周期楼宇企业法律服务中心"可完成公证业务、仲裁、调解、司法确认、诉讼等事务办理，满足了就近咨询、就近调解、就近立案、就近开庭的需求。对符合仲裁条件的纠纷，协助扫描二维码在线提交商事仲裁；对符合调解的案件，引导企业登录人民法院调解平台，线上调解，云上解纷；调解成功的，预约法官进行线上或者线下司法确认；对调解不成需要立案的或者当事人选择直接进入诉讼的纠纷，可通过现场配置的立案一体机或"蓉易诉"进行线上立案。截至 2023 年 12 月，共调解案件 538 件，涉及总标的 6000 余万元，成功调解并司法确认近 226 件纠纷。

（四）形成复制推广新模式，实现一心多点"全普惠"

司法服务推进的脚步永远不会停止，高新区法院正复制"智慧化全生命周期楼宇企业法律服务中心"的建设经验，制定推广计划，继续建设"解纷一号线"。"解纷一号线"将以成都地铁 1 号线这条贯穿成都市南北的交通大动脉为依托，以"智慧化全生命周期楼宇企业法律服务中心"为"中心站点"，沿线布局多个司法服务资源供给子站点，串联金融服务、数字经济、高新科技园区等产业模块，实现让矛盾"不中转"，纠纷"不换乘"，让优质司法服务供给充分覆盖城市的经济活力发展区域，助力打造成都市的法治化、国际化一流营商环境。现已在商建"瞪羚谷"文创产业以及"天府新谷"医疗及劳动案件的全生命周期企业法律服务中心。

四　问题与展望

基层社会是检验各项政策实效的微观领域，与居民、企业的切身利益息息相关。"智慧化全生命周期楼宇企业法律服务中心"是司法服务营商环境微观场景的集约模式探索，凝练了在线诉讼服务的高新法院模式。通过探索实践，将在下一步的建设和复制中持续改进和完善。

（一）加强服务中心站点的点线面复制推广

"解纷一号线"聚焦重大产业承载节点"辐射整个圈"。围绕高新区现代服务、电子信息、新经济等主导产业，分设环球中心站、软件园站、金融城站等企业全生命周期司法服务中心"站点",司法服务范围辐射成都电子信息产业功能区、成都新经济活力区、交子公园金融商务区,司法中心覆盖多个城市南部核心商圈企业,全力为建圈强链、做优做强新区功能、稳增长核心支撑、数字经济赋能、优化营商环境提供坚强司法保障。

(二)加强多方信息技术的集约化融合共建

在不影响人民法院司法数据安全的前提下,积极整合仲裁、人民调解、律所、公证等机构的在线法律服务平台资源,运用现有的人民法院在线调解、在线诉讼、"蓉易诉"等成熟的诉讼服务平台,让更多的在线法律服务系统在"智慧化全生命周期楼宇企业法律服务中心"场景中得到集约化部署和充分应用,构建多方共建的楼宇空间法治服务平台,共同实现法律公共服务的应用协同、业务协同、技术协同。

(三)加强人机交互方式的全方位体验提升

通过分析各项业务办理的时间及人数,进一步优化在线业务流程,简化办理节点,用较少的跳转完成对应的功能操作,提升操作效率。对熟悉系统的用户提供快捷操作方式,帮助熟练的使用者快速完成系统操控。另外,对新用户优化系统界面,提前预见群众使用的交互需要,提供功能化的多感官指引。例如,对字体的大小、色彩可区分度、听觉提示音量等进行优化。全面提升在线诉讼服务系统的人机交互体验。

(四)加强企业涉法活动的全周期动态跟踪

下一步,将深入利用"智慧化全生命周期楼宇企业法律服务中心"的使用数据,打造实时展现数据的驾驶舱平台,通过大数据、人工智能等技术,对系统使用数据进行多维度的整合、分析及挖掘。运用数据分析系统形成可视化工作情况图谱,实现企业健康状况运行数据的可视可感跟踪问效,便于各类服务主体及时调整法律服务的目标对象、方法举措、供给路径等,提升亲企惠企法律服务精度、准度。

（五）做好经济发展风向的大数据决策服务

在系统收集、充分挖掘涉企业司法大数据"富矿"的前提下，进一步对接社会治理研判的工作要求，加强数据分析的针对性，履行把握方向、服务大局、统筹指导等职能作用，定期向地方党委政府提交企业健康发展状况分析，探索建立司法数据对社会风险的预警机制，服务保障党委科学决策部署。积极向相关机关单位企业发送有针对性的司法建议，发挥优秀司法建议的参谋作用，为政府职能部门集合优势资源力量、辖区企业经营管理提供司法助力。

"民之所忧，我必念之；民之所盼，我必行之。"高新法院将坚持践行"人民司法为人民"的初心与使命，继续探索推进将现代科技成果应用于司法领域，以高效精准的司法服务持续推进法治营商环境建设，不断创新推出便民、利民举措，满足人民群众对美好生活的追求和对公平正义的期待。

无纸化办案

扫码观看报告解读

B.8

湖南岳阳法院无纸化办案实践探索
调研报告

岳阳市中级人民法院调研课题组*

摘　要：　随着人民法院信息化建设的深入发展，岳阳市中级人民法院坚持向数字化要生产力，自 2021 年 5 月起率先在湖南省推行以电子卷宗随案同步生成和深度应用为核心的全流程无纸化办案。在推进过程中，岳阳法院坚持"以审判需求为主导、以人民利益为中心"工作导向，通过信息化手段改造和优化工作流程、环节，在强化机制保障、科学谋划发展新路径、构建高效集约新模式、打造智能便捷辅助体系上取得突破，实现了"为审判赋能、为群众减负、为管理助力"的工作目标，打造了以电子卷宗随案同步生成和深度应用为核心的全流程无纸化办案新模式，为推进审判工作现代化提供了生动的实践样板。

---

　　* 课题组负责人：简龙湘，湖南省岳阳市中级人民法院党组书记、院长。课题组成员：李清刚、梅媚、谭佳豪。执笔人：谭佳豪，湖南省岳阳市中级人民法院司法技术室副主任、三级主任科员。

关键词： 人民法院信息化建设 全流程无纸化办案 智能辅助体系

随着科学技术的不断进步，办公办案逐渐趋向电子化、数字化、网络化，而流转不便、使用受限等使得传统纸质办案模式在信息时代的应用空间被大大压缩。引入信息化手段，对诉讼要素进行电子化、数字化改造，使其能够在网上流转，扩大诉讼制度体系和司法改革的有效性，符合中国式现代化人民法院发展需求。

一 强化机制保障，科学谋划发展新路径

为保障全流程无纸化办案有效推进，确保纸质材料被电子材料有效替代，岳阳市中级人民法院成立以党组书记、院长为组长的无纸化办案工作领导小组，出台《岳阳市中级人民法院关于开展电子卷宗随案同步生成和深度应用工作的实施方案（试行）》《岳阳市中级人民法院2021年无纸化办案工作方案》《岳阳市中级人民法院关于健全电子诉讼规则的实施细则（试行）》，强化机制保障。

2021年5月21日，岳阳市中级人民法院召开党组（扩大）会暨信息化工作推进会，全面梳理2017年至2021年岳阳市两级法院信息化建设成果和不足，参考全国先行试点法院经验，明确由个别试点到全面铺开、由中级法院到基层法院、由二审案件到一审案件、由民事案件到行政案件再到刑事案件的发展路径，逐步推进，实现全市两级法院全流程无纸化办案"一盘棋"发展。

坚持试点先行，分阶段、分步骤有序推进。2021年5月24日起，岳阳市中级人民法院选取骨干员额法官、法官助理进行无纸化办案试点；2021年7月1日起，诉前调解案件、民商事二审案件、行政二审案件全部实行无纸化办案，明确该类案件一审法院不再移送纸质卷宗；2021年9月1日起，除刑事案件、执行案件外，其他类型案件全面推行无纸化办案。2021年10

月 8 日在下辖的两家基层法院进行试点，2022 年 3 月 1 日起，岳阳市全市基层法院全面推行。刑事案件无纸化办案推进进程按照湖南省委政法委统一部署，有序推进。截至 2023 年 8 月，岳阳市中级人民法院发布《岳阳法院简报·信息化工作推进专报》17 期，通报、调度全市两级法院无纸化办案推进工作。

二　聚焦问题导向，构建高效集约新模式

坚持用深化改革的方式解决发展中的新问题。面对全市两级法院推进全流程无纸化办案过程中出现的新情况，确立问题导向，坚持破冰思想，聚焦技术难题，升级基础设施，做到边试边行，立行立改，构建高效集约新模式。

一是解决电子卷宗材料归集难问题。岳阳市中级人民法院建立材料扫描中心，并前置在诉讼服务中心。依托新成立的材料扫描中心，建立起纸质材料统一收转机制。对于现场立案的，经立案窗口登记人员审查符合登记立案条件后，诉讼参与人或立案窗口登记人员将材料移交材料扫描中心扫描上传；对诉讼过程中诉讼参与人提交的材料，由诉服人员或审判人员引导至材料扫描中心扫描上传（同时在"举证通知书"上载明，当事人应将材料提交至材料扫描中心扫描）；对直接提交至审判人员的材料，或诉讼过程中本院产生的纸质材料，由审判人员填写材料清单后移送至材料扫描中心，原则上不再接收、留存诉讼参与人提交的纸质材料。对已实施全流程无纸化办案的案件，依托卷宗中间库，建立纸质材料集中保管机制。对诉讼参与人直接提交的纸质材料，经诉讼参与人与扫描中心工作人员核对电子材料的完整性和一致性后，材料退回给诉讼参与人，对确需留存的纸质诉讼材料存储至卷宗中间库；对审判人员、诉讼服务人员直接接收的纸质材料，或本院在审理过程中产生的纸质材料，经扫描、核对后存储至卷宗中间库（材料扫描中心材料流转、保管机制见图 1）。卷宗中间库依据"集中管理、妥善存储、按需查阅以及审批借阅"的工作原则，对留存的纸质材料集中管理。

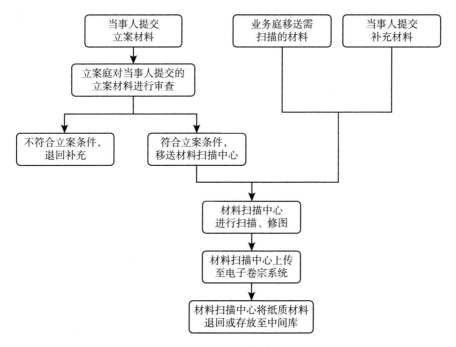

图1　材料扫描中心材料流转、保管机制

二是解决生成的电子卷宗质量不达标问题。岳阳市中级人民法院严格落实最高人民法院发布的《电子文件归档与电子档案管理规范》（GB/T 18894-2016）、《人民法院电子诉讼档案管理暂行办法》（法〔2013〕283号）、《最高人民法院关于全面推进人民法院电子卷宗随案同步生成和深度应用的指导意见》（法〔2016〕264号）相关制度要求，制定《岳阳法院电子卷宗制作规范》，指导基层法院建立材料扫描中心，规范全市两级法院材料扫描和编目、归目工作。

三是解决科技法庭无法满足无纸化庭审问题。岳阳市中级人民法院全面清理了全院内外网络，明确业务部门原则上只保留一台外网电脑、每名干警只保留一台内网电脑的配备标准。同时利用网络清理后多出的电脑对科技法庭进行无纸化改造，实现审判人员在庭审中直接调阅案件的电子卷宗内容，同步查看书记员记录。2022年1月，根据无纸化办案推进情况，岳阳市中级人民法院启动智慧互联法庭、庭审语音识别系统建设，将院内16个科技法庭全面改造升级为智慧法庭（智慧互联法庭），全面支持庭审笔录语音识别自动转录，满足本地开庭、互联网开庭、远程提讯、视频会议、内外网融合开庭等多种开庭需求，全面覆盖法院专网和互联网，全空间为当事人、证人、诉讼代理人、检察院、看守所等角色和场所提供服务，开庭场所不再仅仅局限于法庭内，一台电脑、一部手机就能实现"跨空间"开庭，在疫情期间实现诉讼服务"不打烊"，为诉讼参与人提供便捷高效的司法服务。改造后的智慧互联法庭除能直接调阅案件电子卷宗、同步查看庭审记录、多场景融合开庭外，还可以直接进行三方同屏展示证据，线上完成举证质证；自动抓取系统内当事人身份信息，简便快速核对当事人身份；精细化分析关键要素，主动推送案件相关的法条、案例、名词释义、相似笔录和历史笔录等，并可高比例自动生成裁判文书，智能化辅助庭审、裁判、量刑，促进同案同判。

四是解决卷宗归档问题。在实行无纸化办案后，由于部分纸质材料已在扫描后退还给诉讼参与人，该院开始探索案卷归档新模式，确立"以电子卷宗为主、纸质卷宗为辅"归档机制，仅将确有必要的纸质原件以电子档案附件形式整理、归档（不分正副卷，不对外借阅），完整的电子卷宗直接提交档案室申请归档。为有效解决电子卷宗随案同步生成和归档后电子化需要两次扫描造成的人财物浪费问题，该院深化"一键归档"应用目标，在进行无纸化办案前期，明确电子卷宗随案同步生成的电子材料应符合归档要求。在案件归档前，经承办人对电子卷宗进行审查确认后，一键提交档案部门申请归档，同时由档案管理部门和审判管理部门对电子卷宗质量进行抽检。刑事案件、国家赔偿案件以及涉及国家秘密的相关案件，仍保留归档完整的纸质卷宗。

五是解决整体应用水平不高的问题。岳阳市中级人民法院组织全市两级法院90余人次前往信息化建设先进法院考察学习，召开岳阳法院无纸化办案专题培训会80余场，有效提高全市两级法院干警无纸化办案工作能力。完善上下联动机制，协同基层法院争取湖南省高级人民法院新办案系统试点，成为全省唯一全面建成两级法院智慧审判、智慧执行系统的地区。建立工单机制，及时调整应用中出现的问题，优化工作流程，不断改进干警应用体验。

六是解决电子卷宗、电子档案存储安全保障问题。岳阳市中级人民法院统筹全市两级法院构建电子卷宗、电子档案存储安全保障体系。一方面，构建以光存储产品为核心体系的标准生态，颁布满足诉讼档案法规要求的管理办法，以光盘为主要介质实现全市法院卷宗档案冷数据的长期归档、脱机备份、异质备份，满足法院各类应用场景的使用需求。另一方面，构建高等级的异地容灾机制，保证两级法院的核心数据能同步到灾备中心，最终达到《信息安全技术信息系统对信息系统灾难恢复规范》（GB/TB 20988-2007）的第3级要求。

七是解决内外协同不足问题。人民法院推行全流程无纸化办案既要法院内部建设工作机制、优化改造审判各环节、深入推进人民法院信息化建设，更需要外部单位、诉讼参与人的支持与配合。岳阳市中级人民法院开展进社区、进企业、进网格在线诉讼宣传，并积极与岳阳市委政法委、司法局、律师协会沟通，引导律师主动进行网上立案、网上交换证据、电子送达、注册人民法院在线服务和最高人民法院律师服务平台；以《岳阳法院电子卷宗制作规范》为蓝本，推动《政法跨部门刑事案件大数据办案平台电子卷宗（档案）制作标准（试行）》的制定，达到内外协同一致、诉讼环节一体化效果。

三 坚持需求导向，打造智能便捷辅助体系

通过信息化手段改造和优化工作流程、环节，努力创造更高水平的数字正义，回应审判员、群众的多元需求。变"要我用"为"我要用"，增强审判人员使用体验。打造智能辅助体系，使审判人员脱离事务性工作，专注于审判业务，有力增强审判执行效能。

为审判人员赋能，案件提质增效。全流程无纸化办案工作推行以来，电子卷宗成为岳阳法院系统审判人员的主要办案载体。所有办案流程均在网上运行，审判人员在网上就能签收案件；案件合议庭成员、法官助理、书记员

可在智能阅卷系统内同步查阅电子卷宗，根据需求个性化定制阅卷目录，共享阅卷笔记，信息网上传输指尖可达；统筹两级法院购买法信平台、法信智推服务，实现法条和类案智能推送，高效便捷实现法律法规查询，促进"同案同判、类案同判"；统筹两级法院购买 OCR 服务引擎、定制化开发文书模板，实现文书智能编写和左看右写；通过文书智能纠错系统，实现文书制作中的易错问题智能识别并提示修改，切实降低文书差错率；通过收转发一体化送达平台，一键发布电子送达、短信送达、邮寄送达工单，无须审判人员人工收发邮件；智慧庭审系统实现同步查看电子卷宗、阅卷笔记，"一键质证"实现多方同屏举证质证，庭审笔录实现语音识别同步转写，经电子签名后可自动入卷，庭审更为快捷；互联庭审系统直接内嵌于智慧庭审系统，审判人员在同一套设备、同样的操作方式中就可实现互联网开庭、内外网融合开庭，打破时空限制；通过"一键归档"服务，可实现结案后电子材料自动转化为电子档案、自动分册编码，材料扫描中心工作人员整理留存的纸质材料，并以电子档案附件形式直接归档，无须审判人员人工整卷装订。逐步将审判人员从事务性工作中解脱出来，使其专注于审判执行，提速、提质效果显著。岳阳法院整体办案效率得到有效提升，2022 年岳阳市中级人民法院民事、行政案件一审平均审理周期较 2021 年下降 10%，二审平均审理周期下降 25%①。

为人民群众减负，诉讼体验升级。利用人民法院在线服务小程序（湖南）、湖南网上法院等平台，建立融网上立案、网上庭审、网上调解功能为一体的基层远程诉讼综合体，在辖区律师事务所建立"岳阳法院互联网庭审专区"，满足地处偏远、行动不便的诉讼参与人以及参与诉讼较多的律师团体的诉讼需求，有效打通诉讼服务"最后一公里"，减轻人民群众诉累。实施无纸化办案以来，截至 2023 年 12 月，岳阳市中级人民法院智慧庭审开

---

① 数据来源：湖南法院审判系统，统计周期分别为 2021 年 1 月 1 日至 12 月 30 日、2022 年 1 月 1 日至 12 月 30 日。

庭 11037 次，电子送达 251234 次，语音转笔录文书 2463 份①，实现"让数据多跑路，让群众少跑腿"。

助力审判监督，监管精准高效。全流程无纸化办案工作推行以来，案件办理全过程均在网上办理，诉讼材料实时上传。审判人员对案件电子卷宗的浏览、标记、上传、删除，对文书的制作、修改、签发，对案件详情的录入、新增、删除，以及送达、移送、归档等各个环节所有操作均实时留痕，系统自动记录操作人员姓名、IP、时间等，审判过程清晰可见、真实客观。利用大数据等先进技术实现数据汇集、数据分析、综合考核、风险预警等功能，实现案件的智能监管、全过程实时监管，推动审判管理监督从人工到智能、事后到实时、粗放到精准转变，有效降低廉政风险。严格规范审判权力运行机制和管理、监督机制，依照司法责任制改革要求实现院庭长监督、审判管理部门监管范围、权限精细化控制，并将监管过程全程留痕。

四 当前无纸化办案的困境与未来展望

人民法院信息化建设已从最初的 1.0 版发展到如今的 4.0 版，从原来简单的"审判+技术服务"发展成涉及人民法院组织、建设、运行和管理形态的全面变革，取得了颠覆性成果，全国法院信息化建设步入了高质量发展阶段，但信息化建设整体水平与人民群众日益增长的多元司法需求相比仍然存在较大差距。

（一）当前无纸化办案存在的困境

在人民法院信息化建设浪潮的推动下，全国各级法院无纸化办案新模式在实践探索中得到了长足发展，但仍面临各种难题。

首先，法律法规与相关配套机制不足。在全流程无纸化办案新模式实践

---

① 数据来源：湖南法院庭审系统、湖南法院司法送达系统、岳阳中院语音识别系统，统计周期为 2021 年 5 月 30 日至 2023 年 10 月 31 日。

探索中，最高人民法院发布的"三位一体"在线规则为无纸化办案以及在线诉讼大规模应用提供了根本遵循，但由于立法的相对滞后性，在细微层面仍面临合法性不足的问题。例如：经过扫描处理后形成的电子材料的证据效力与既有规定存在冲突；"无书记员庭审"模式以庭审同步录音录像替代书面庭审笔录的全面应用，存在配套机制不完善的问题。无纸化办案新模式调整的是人民法院组织、建设、运行和管理形态，实践过程中存在保障机制缺失等问题。

其次，思想认识与自主创新审判能力不足。随着无纸化办案的推进，更多智能化终端设备和智能化办案平台和智能辅助工具日趋增多，然而这些先进设备、应用的运行效果仍然取决于其使用者，而法院干警在熟悉的传统办案方式与无纸化办案新模式的碰撞中往往会产生抵触情绪。究其原因，一是院庭长对"以'数字革命'驱动司法审判整体提质增效"、以信息化助推审判工作现代化认识不深，对以新思想新理念引领新发展重视不足，对干警内生动力激发不到位，不能有效发挥率先垂范作用；二是审执人员没有树立正确的奋斗观、职业观，习惯待在"舒适区"，消极应用信息化手段辅助办案，对工作满足于一般化、平均化，"越不想用、越不会用"的问题突出，导致应用效果不理想。

目前全国绝大多数中基层法院专职于信息化工作的人员较少，以岳阳法院为例，中院仅有2名信息化专干，7家基层法院各仅有1名，另3家基层法院仅有1名聘用制工作人员负责日常信息化运维，甚至部分人员还要兼职其他工作，既懂专业法律知识又懂得信息化的复合型人才更是少之又少，无法自主创新需求。

最后，科技驱动与办案系统支撑不足。全流程无纸化办案新模式不仅是将"线下"工作搬至"线上"，并通过智能辅助工具提高办案质效，其更大价值在于存储的海量电子数据。如何将这些存储的司法大数据利用起来，挖掘其价值实现"数助决策"，成为新的命题。但由于碎片化建设、网络安全、法院工作特性等多方面的原因，目前人民法院各业务平台仍未全面贯通、内部数据仍无法与外部数据完全互联互通，数据资源无法有效整合，无法为司法大数据的深度应用提供更多助力。

目前全国法院办案系统基本上由省级统建，各地功能大致相似又各有特点，但仍存在审判、执行、管理等各业务系统未打通的情况，信息化巨大的潜能未能充分发挥，且在能用、好用、易用上存在较大地域差异，重复建设造成了较大资源浪费。例如：湖南法院使用的办案系统，在文书智能生成中仅能识别起诉、上诉状等极少数前置文书，对答辩状、裁判文书等无法识别提取；无法高效支持辅助工作集约化开展；线上直接核实当事人身份信息，查询财产、社保、工商等功能缺失或不强。较多地区的办案系统未建设数据中台，且未提供统一的 API，使得系统封闭，无法为地方自主创新提供更多支持。全国法院亟须尽快建设统一平台，实现四级法院各项工作贯通。

（二）未来展望

法律法规和配套机制更加健全。现有的诉讼制度更多适用于面对面的诉讼活动，是在工业社会背景下形成的，虽然最高人民法院出台了在线诉讼、调解、运行三大规则，诉讼法也对应进行了调整，但仍面临上文所述的问题和瓶颈。习近平总书记强调："凡属重大改革都要于法有据。在整个改革过程中，都要高度重视运用法治思维和法治方式，发挥法治的引领和推动作用，加强对相关立法工作的协调，确保在法治轨道上推进改革。"[1] 未来，无纸化办案等人民法院信息化建设的深度发展和应用，亟须专门立法确立一套完备的制度规则和配套机制规范发展，为电子诉讼活动提供法律支撑。

科技支撑和司法大数据更加完善。以审判工作现代化服务保障中国式现代化。而审判工作现代化离不开信息化，要站在审判理念现代化的角度看待信息化，以信息化助推审判机制、审判体系和审判管理现代化。如何将科技与司法更好地融合，助推审判工作现代化，为人民法院提供更多的智力支撑，将成为新的课题。司法大数据需要与政务大数据打通数据共通共享通道，建立更深入的"府院联动"机制，实现数据资源有效整合，完成从数

---

① 2014 年 2 月 28 日，习近平在中央全面深化改革领导小组第二次会议上的讲话。

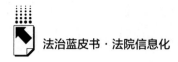

据资源到生产工具、生产要素的转换，为国家治理、社会治理提供决策参考。

全国法院"一张网"建设持续发展。随着人民法院信息化建设进程加快，各地探索和应用如火如荼，"百家争鸣"固然能"百花齐放"，但同质化、碎片化的问题也日益凸显，造成了过多的重复和浪费。2023 年 6 月，最高人民法院网络安全和信息化领导小组 2023 年第一次全体会议召开，对全国法院信息化"一张网"建设作出统筹安排。全国法院"一张网"建设将是又一次颠覆性的信息化技术支撑和保障能力的重大提升，避免了碎片化建设的副作用和资源浪费。

岳阳法院将继续坚持在最高人民法院的统一部署下，积极发挥主观能动性，做好地方创新和法院工作实际结合文章，不断完善和优化全流程无纸化办案模式，为加快实现审判工作现代化、服务保障整体高质量发展作出"岳阳贡献"。

扫码观看报告解读

B.9

数字化背景下贵州法院全流程
网上办案调研报告

贵州省高级人民法院调研课题组*

摘　要：　贵州法院深入贯彻落实习近平总书记关于网络强国的重要思想，全面贯彻落实最高人民法院关于人民法院信息化建设部署和强化大数据战略的指示要求。在数字时代背景下，以全流程网上办案办公为抓手，沿着信息化—数字化—智能化的路径不断把人民法院信息化建设引向深入，不断拓展互联网、大数据、人工智能技术应用场景，贯通了从调解到立案、庭审、合议、执行、归档的全流程网上办案以及事项全覆盖的全流程网上办公各环节，逐步形成了全场景覆盖、内外网协同、上下级贯通的全流程网上办案办公体系，并以改革和应用作为双轮驱动不断释放人民法院信息化建设效能，数字化、智能化特征日益凸显。

关键词：　智能化　数字法院　全流程网上办案办公

党的二十大对加快建设网络强国、数字中国作出重大部署，对严格公正司法、加快构建公正高效权威的社会主义司法制度提出明确要求。推动现代科技创新成果同司法工作深度融合，对不断破解司法改革和法院工作高质量发展面临的难题，助力提高司法质量、效率和公信力具有重要而深远的意义。在数字时代背景下，贵州法院紧紧把握时代脉搏、遵循发展规律、坚持科技赋能，深入探索全流程网上办案办公实现路径。

---

* 课题组负责人：蒋浩，贵州省高级人民法院党组成员、副院长。课题组成员：李丹、程少芬、马涛。执笔人：陈昌恒，贵州省高级人民法院信息技术处处长；王会波，贵州省高级人民法院信息技术处二级主任科员。

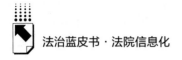

一　贵州法院全流程网上办案办公实践

2023 年，贵州法院在基本实现无纸化办案办公的基础上，丰富、完善全流程网上办案办公体系，坚持以"1234"思路（"1"即一个总目标，聚焦"效率与公正"；"2"即改革和应用双轮驱动，开展电子卷宗"单套制"归档改革和信息化应用大练兵活动；"3"即三个实体，依托卷宗管理中心、集约送达中心、智慧法庭三大场所；"4"即四个服务，服务人民群众、服务审判执行、服务司法管理、服务廉洁司法）走出数字时代背景下全流程网上办案办公之路，助力法院工作现代化贵州实践。

（一）全流程网上办案办公链条基本贯通

一是办案主线流程日趋稳定。按照"系统建设自上而下"理念统筹推进软件系统省级集中部署，实现从立案到归档全链条功能衔接；以案件流程管理系统为主线对接人民法院在线服务、网上缴退费、电子送达、电子卷宗、智能合议、智慧庭审、审委会、电子档案、执行等系统，支撑全流程网上办案，推动部分中基层法院开展"以电子为主、纸质为辅"的单套制归档改革试点。截至 2023 年 12 月 31 日，全省法院网上办案 217546 件，同比上升 29.64%；归档案件数为 1173678 件，其中电子档案页数大于纸质档案页数的案件为 394623 件；电子送达数为 4049284 件（次），原告送达率为 89.48%，非原告送达率为 65.69%①。二是跨网协同业务不断扩展。在互联网端以人民法院在线服务为总入口，对接律师服务平台、评估鉴定平台、网上保全平台，方便群众参与诉讼。截至 2023 年 12 月 31 日，网上立案率达 77.77%，同比上升 25.62%；网上评估鉴定 4632 件，网上保全 19882 件②；在专网端依托总对总和点对点执行查控系统实现与银行、公安、工商、人

---

① 数据来源于贵州法院司法大数据管理平台。
② 数据来源于贵州法院司法大数据管理平台。

社、自然资源等单位数据查询，方便网上查人找物，截至 2023 年 12 月 31 日，共使用在线查控系统 18573191 次，为 834541 件①执行案件提供了服务；依托跨部门大数据办案平台实现法院与其他政法部门数据互通、业务协同，目前法院端已经上线一审公诉、二审上诉等 15 个协同业务，为刑事案件单轨制网上办理夯实基础，截至 2023 年 12 月 31 日全省法院采用单轨制网上办理的刑事案件占刑事一审公诉案件的 44.42%②。三是网上办公事项逐步完善。建成全省法院统一的协同办公系统，集成通知发布、公文审签等网上办文，以及会议室管理、车辆管理、考勤管理等网上办事功能，并同步建成移动端办公 App，支持干警"掌上"随时随地查阅公文、审批公文、办理事项。截至 2023 年 12 月 31 日，全省法院平均每天在线 3000 余人，网上收文 159636 份、发文 38083 份，办理事项 222845 件③。

（二）智能辅助系统功能日益完善

一是完善办案流程辅助服务。围绕办案流程主线实现智能服务功能，如案件自动繁简分流功能。截至 2023 年 12 月 31 日，智能辅助系统共自动繁简分流案件 25.46 万件④。建成全省法院网上排期系统，实现办案人员在全省范围任何法庭排期开庭。上线人民陪审员系统，实现陪审员自动抽取。加强电子签名、电子签章、司法拍卖、线上发布失信惩戒和限制高消费等功能应用，为全流程网上办案提供辅助。截至 2023 年 12 月 31 日，使用电子签章的裁判文书达 912631 份⑤，同比上升 10.53%，司法拍卖成交达 30 多亿元⑥。二是持续优化智能辅助功能。围绕案件办理各节点优化智能化辅助功能，如案件信息自动回填功能，全省法院使用率为 100%，大幅节约了立案信息录入时间；针对电子卷宗深度应用，提供了关键词快速检索、卷宗标注、编目归目、

---

① 数据来源于贵州法院执行案件流程信息管理系统。
② 数据来源于贵州政法跨部门大数据办案平台。
③ 数据来源于贵州法院综合办公系统。
④ 数据来源于贵州法院案件管理系统。
⑤ 数据来源于贵州法院电子签章系统。
⑥ 数据来源于人民法院网络司法拍卖管理平台。

裁判文书智能生成、法律法规查询、智能文书纠错等功能。截至 2023 年 12 月 31 日，电子卷宗立案、开庭、结案随案生成率均在 95% 以上，电子卷宗系统功能使用量合计 1293 万余次，智能文书编写使用率达 80% 左右①。三是定时汇聚审判执行数据。建成以数据中心为核心、各生产系统为辅助的数据汇聚资源池，定时汇聚全省 99 家法院案件数据，其中，已汇聚审判系统 2.56 亿条、执行系统 1.93 亿条、减刑假释系统 262 万条数据，电子卷宗 2.89 亿条、电子档案 596 万条②，为深度挖掘司法数据价值、提供领导决策支持奠定基础。

（三）全流程网上业务办理成效初显

一是应用机制更加完善。积极探索建立信息化应用推广机制，以"四智"（智慧服务、智慧审判、智慧执行、智慧管理）对信息系统进行分类，设计形成 20 余项考核指标，在全省法院开展信息化应用考核，充分发挥考核"指挥棒"作用，促进全省法院信息化应用水平逐步提升。二是推广措施更加有力。全省法院成立了信息化应用工作推进领导小组，形成"领导带头应用、技术部门主抓、使用部门推动、管理部门考核"的多方联动推广新格局。通过系统培训、实操演练、问卷调查、需求调研等方式推进系统应用，打造了专人负责、督促通报、整改提升的信息化应用新常态。每年组织系统操作培训 20 余期，开展信息化应用考核 2 次、季度督导 4 次。三是应用成效逐步显现。在案件数量不断攀升而人员和办案经费不增反降的情况下，全省法院充分发挥人民法院信息化建设成果保障审判执行工作高效运转，信息化应用成效不断向好。从近年来信息化应用评估情况来看，全省法院在应用跨部门大数据办案平台、电子卷宗随案同步生成和深度应用系统等方面，应用比率均有较大幅度提升。从实地调研情况来看，大部分法院干警积极运用信息系统开展办案办公，采用全流程网上办案办公模式大幅节约了耗材、送达、庭审费用，以"应用促建设、以建设促发展"的生态基本形成，信息化建设应用成效逐步显现。

---

① 数据来源于贵州法院电子卷宗随案同步生成和深度应用系统。
② 数据来源于贵州法院司法大数据管理平台。

二 数字时代背景下全流程网上办案办公发展理论剖析

虽然贵州法院全流程网上办案办公取得一定成效，但与人民群众期待和上级要求还有差距，存在制度机制有待完善、保障措施有待加强、系统功能有待优化等问题，需要在实践基础上进一步研究数字时代背景下全流程网上办案办公发展理论，以指导实践、解决问题。

（一）坚持把现代科技与法院工作深度融合作为发展新动能

当今时代，数字技术作为世界科技革命和产业变革的先导力量，日益融入经济社会发展各领域全过程，深刻改变着生产方式、生活方式和社会治理方式。通过现代科技赋能全流程网上办案办公，推进法院工作现代化是大势所趋，必须牢牢树立业务驱动、科技支撑思维，坚持把现代科技与法院工作深度融合，以业务思维、架构方法、变革形式推进数字化转型，为人民法院高质量发展注入发展新动能，驱动新时代新发展阶段司法审判整体提质增效（见图1、图2）。

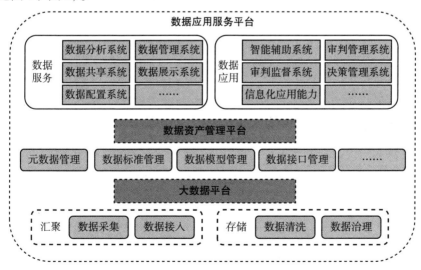

图1 大数据服务管理体系

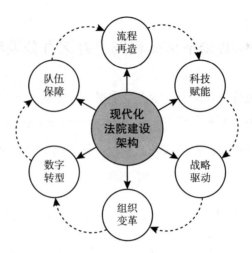

图 2　现代化法院构建模型

一是强化审判大数据战略保障。数据资源是全流程网上办案办公体系的核心支撑，贵州"一云一网一平台"战略为数字化资源夯实了基础，依托基础设施推进数字化要素建设成为关键。要在扩展数据资源库上发力。依托全流程网上业务办理继续深化、拓展数据资源，将所有裁判文书、审理报告纳入数据资源库，同时主动会同相关省级政法机关，统一规范各类案件起诉书、答辩状、申诉书等文书格式、要素，确保规范高效地把庞大的司法文书信息资源转化为海量有效数据，实现政法机关间和法院内部办案文书录入，信息提取、识别、存入、分析、运用。要在打破数据壁垒上抓联动。大数据建设只有形成合力，才能有效倍增，要主动融入全国法院"一张网"业务办理体系，有效汇集全省三级法院各类办案、办公、司法行政数据；紧紧依托政法跨部门大数据办案平台拓宽与公安、检察、司法、监狱等部门业务协作类型，打通政法"数据孤岛"，实现司法信息高效共享。要在创新深度应用上下功夫。充分发挥贵州法院司法大数据平台和案件知识图谱系统的平台、工具作用，不断探索创新大数据应用方式，优化大数据分析模型，形成基于图片、文字、语音、视频的融合分析能力，深度挖掘司法大数据的价值，充分发挥大数据在优化审判管理服务、提高司法审判质效、增强诉源治理效能等方面作用，及时发现和解决审判管理、社会治理中的深层次问题。

二是探索人工智能应用新场景。人工智能技术是基于数据、算法、模型的新兴技术，特别是随着 ChatGPT 等产品的出现，更推动了人工智能在社会生活生产中的应用。加快推动人工智能技术与诉讼服务、审判执行、司法管理和社会治理工作的深度融合，规范司法人工智能技术应用，对提升人工智能技术在全流程网上办案办公体系中的应用实效有重要意义。要加强人工智能全流程辅助办案能力，全流程网上办案的智能辅助主要是两个方面：一类是流程性智能服务，如案件自动繁简分流、智能排期、人民陪审员自动抽取、智慧合议等功能，在办案流程上为法官提供智能化流程辅助服务；另一类是功能性智能服务，如案件信息自动回填、裁判文书智能生成、法律法规智能推送、智能文书纠错等功能，在办案业务上为法官提供智能化功能辅助服务，为法官减负，为质效加码。贵州法院目前正在推动全流程网上办案，人工智能技术最根本的落脚点在于从电子卷宗中提取相应的案件要素信息，建立适合贵州法院审判场景的应用模型，让辅助功能更精准、更贴合法官的需求。要加强人工智能辅助性事务工作，人民法院的审判执行工作除了需要法官精准适用法律裁判外，还有诸如电子卷宗生成、电子送达、录入信息等辅助性事务，这类辅助性事务绝大多数可拆解为较确定的内容，充分运用人工智能技术对预定的内容进行深度学习，形成一套高效、可靠、可信任的辅助流程和规则，如电子卷宗自动编目归目、电子送达地址自动搜寻、庭审语音自动转写等这些辅助性事务均可借助人工智能高效完成，助力提升法院审判效率。要加强人工智能自动服务能力。法院工作数字化的一个重要特点是智能化和自动化，这都需要人工智能技术的充分介入，诸如案件自动排期、执行案件自动查控、终本案件自动校验等都是重要应用场景。除此之外，法官和人工智能的良性互动也是需要考虑的重点，应依托案件知识图谱平台深化法院、案件、人、知识的关系分析，形成自动问答服务能力，打造贵州法院版"ChatGPT"，为法官提供知识服务。

三是夯实数字化发展的基础支撑。推动数字化转型是新时代数字化人民法院的题中应有之义，全流程网上办案办公正是实现法院数字化转型的重要路径，必须把数字化发展理念深刻融入人民法院工作现代化建设进程。要深化认识树牢数字思维。思维是行动的先导，依托全流程网上办案推进数字化转型需要数字思维引领，要充分总结"系统建设自上而下、应用推广自下而上"理念在贵州法院信息化发展实践中的效果，坚定推进建设应用同步发展，在发展中不断为干警提供数字养分，促进干警不断提升数字思维水平，提升对信息化的认同度、接受度，促进干警主动转变认识、主动提出需求、主动应用系统、主动接受转型，让数字法院概念不仅深入人心，更成为干警开展工作的好帮手。要深化布局拓展数字体系。统筹法院、干警、技术等多个综合要素，聚焦"业务协同、系统融合、数据赋能、应用驱动"要求，完善全流程网上办案体系，根据不同应用对象、服务对象、使用场景、运行内容，划分并提升智能辅助、服务、办公、审判、执行、移动、管理、监督、安全等方面，整合提升应用系统内部功能，以完整的应用服务催生新业务应用模式，丰富"服务法治贵州、服务人民群众、服务审判执行、服务司法管理、服务廉洁司法"的内容和方式。要深化研究呈现数字效益。数字法院不能仅仅是一个概念、一个口号，要有鲜明的成效导向，依托区块链技术固化可信数据，在可信数据基础上形成可视化的数字效益呈现机制。一方面，要建立应用评估体系，设置全流程网上办案办公能力应用指数，围绕核心指标设置辅助指标，用于补充和扩展评价指标的观测视角，以可视化方式呈现应用态势，以数据自动抽取、自动计算全面评估法院、部门、干警的应用情况；另一方面，要依托国家公布的能源消耗指数，充分调研群众参与诉讼、干警外出办案的出行模式，设置科学的节约能耗和诉讼时间模型，科学客观呈现数字法院在减少碳排放、促进绿色发展方面的成效。

（二）聚焦法院工作现代化，探索全流程网上办案办公新模式

中国式现代化是党的二十大报告的核心概念，报告深刻阐述了中国式现代化的中国特色和本质要求。人民法院是国家审判机关，审判工作现代化既是政法工作现代化的重要内容，也是中国式现代化的重要保障，必须牢牢做实为大局服务、为人民司法，以全流程网上办案办公为抓手，从审判理念、

审判机制、审判体系、审判管理等方面整体推进、系统落实，探索贵州法院信息化发展新模式。一是紧扣"公正与效率"构建发展新模式。围绕"公正与效率"工作主题，明晰法院工作现代化框架下信息化发展建设目标，紧紧围绕法治贵州建设需求、人民群众参与诉讼需求、审判执行辅助需求、司法行政管理需求、司法数据应用需求、业务协同办理需求以及廉洁司法监督需求等，真正构建以需求为牵引，技术、资金、机制等同步跟进的发展新模式。要坚持系统思维，从全局高度审视发展方向，系统性抓好全流程网上办案办公体系建设的规划、建设、管理，沿着"系统抓、抓系统"的发展路径，按照重点突出、循序渐进、分步实施的推进模式，优先建设需求强烈、具备条件的项目，暂缓实施不成熟、不急需的项目。要先基础设施、后应用系统，先基本功能、后扩展完善，先试点试用、后逐步推广。比较技术先进、操作简便、标准规范、智能程度、协同能力等方面择优建设，有计划、有目标、有方向，按照网络化—无纸化—数字化—智能化的发展路线图，逐步将系统细化成功能模块，不断迭代优化升级，最终形成"微服务"模式，在最小、最可靠功能颗粒度上实现贵州法院信息化建设整体集成。二是围绕审判体系现代化塑造发展新模式。审判工作现代化隶属法院现代化建设范畴，是法院现代化最基本也是最核心的构成要素，全流程网上业务办理是检验审判工作现代化的基础。随着四级法院审级职能定位改革，更要借助技术手段推进法院工作。要围绕数字转型、战略驱动、科技赋能、组织变革、队伍保障、流程再造推进法院业务工作全流程网上办理，助力审判体系现代化，审判体系是指案件审理中涉及立案、审判、执行等司法审判权运行及法院系统日常事务管理的制度或规范的总和，审判体系现代化除了在设计上要符合人民法院的业务特点外，更要通过科技赋能让审判体系各环节有序衔接、高效运转。要着力推动现代科技在调解、立案、庭审、合议、执行等的深度应用，让审判体系更便利、更智能、更科学、更合理，实现各审判流程高效运转，让法官能全流程开展网上案件办理、全过程智能办案辅助，满足审判体系现代化需求。三是围绕审判管理现代化实践发展新模式。强化案件质量监督管理，根本在于构建符合司法规律、系统完善的审判质效管理指

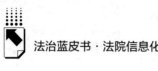

标体系，最高人民法院自觉践行新时代能动履职理念，制定了新版《人民法院审判质量管理指标体系》，并将贵州作为指标体系试点省份，要围绕指标体系试点要求开展指标解析、数据梳理、模型构建、平台研发工作，把所有审判管理所需数据纳入可视化平台进行管理，有序推动试点工作，努力为审判管理现代化贡献贵州经验。要抓好线上运行、促进电子留痕。深入推进全流程网上办案办公，落实好全省法院信息化应用大练兵活动，以"案件网上办、业务网上转、事项网上批、材料网上移"为目标，推动电子卷宗系统、电子签章系统深度应用，坚决做到线下流转不审批、不讨论、不研究，案件办理全程留痕；要抓好智慧监管、促节点管控。目前审判流程系统设置了 66 个、执行流程设置了 37 个管控流程节点，要按照法律要求、结合业务需求深入研究分析流程管控，增加线上流程管控节点、丰富流程管控手段、优化流程管控方式，健全"四类案件"自动监管体系，提升贵州法院党风廉政建设智慧监督管理平台应用水平，扩展线上廉政风险监督点，让案件在可控范围内运转。

（三）构建大网络安全工作格局，筑牢全流程网上业务办理安全屏障

网络安全是指网络系统的硬件、软件及其系统中的数据受到保护，不因偶然的或者恶意的原因而遭受破坏、更改、泄露，系统连续可靠正常地运行，网络服务不中断，具有保密性、完整性、可用性、可控性、可审查性的特性。它既是国家安全的重要组成部分，又是国家安全的基石，包括意识形态安全、数据安全、技术安全、应用安全、资本安全、渠道安全和攻防安全等。人民法院专网承载着审判执行业务数据，数据敏感程度较高，且法院专网是全国联通，一点被攻破则全网都有风险，因此法院网络安全显得更为重要，必须采取有效措施统筹发展与安全，落实好网络安全重大战略和任务，构建大网络安全工作格局，筑牢法院网络安全屏障。一是树牢"一盘棋"网络安全防护思路。从安全顶层框架进行设计，提供涵盖安全管理、安全技术、安全策略、安全人员、安全服务、安全流程的整体规划，给用户输出专业化的安全能力，安全运营通过相关系统化建设落地，保障安全能力能够随

着业务系统的发展动态提升，实现业务与安全双同步；要建设全省统一监控管理平台。通过对所有应用系统及其基础设施、虚拟化环境的全面安全监控，实现告警信息的统一管理和推送，当安全事件发生时，可以进行安全事件的快速定位，及时寻找相应的解决方案，从而缩短故障解决时间，减少维护成本；要开展全省集中数据备份，针对案件数据、电子卷宗、电子档案等核心数据要情况清、底数明，采取集中统一备份方式进行冷备和热备，确保数据安全性，并探索审判流程管理、执行流程管理等主要办案系统的系统级备份，提升贵州法院信息系统抗风险能力。二是构建全省网络安全和数据安全体系。要以安全大数据智能分析引擎为重点建设统一安全运营管理中心，实现安全监测处置、运维安全管控等功能，支持法院专网安全态势预警和协同处置、运维权限管控和操作审计、资产识别和脆弱性修复；要在省法院和中级法院建设本级安全运营管理中心，实现安全监测处置、运维安全管控和安全运营，各级平台对接实现安全数据汇聚共享，支持安全态势预警和协同处置。总体目标是对全省法院应用系统及其基础设施进行全面、统一、实时安全监控，切实提高安全运维效率和水平。要提升隔离交换、边界管控、安全监测等网络安全基础设施支撑能力，强化统一身份认证、权限管理、密码保障能力，探索并建设数据分级分类管理和保护、加密和脱敏、数据综合审计、数据安全事件追踪溯源、法院数据资产探查与管控、数据访问与应用权限管控、数据安全风险评估、数据安全态势感知、数据合规性检测与评估、数据流通 API 认证与管控为主要内容的数据安全治理机制，确保法院数据全生命周期安全，形成构建跨网数据运行、安全可控、运维服务周到的网络空间主动安全防御体系。三是强化网络安全和数据安全责任管理。要打造专业的安全运营团队，集中在省法院层面建立专业安全团队，对法院的安全问题进行集中监测、集中管理和集中处置，缓解基层人员工作压力，要加强网络安全整改，经常性开展攻防演练，提高基础网络和重要信息系统的安全防护能力；建立主机和设备接入法院专网审批制度，采用技术手段有效阻断非授权主机和设备违规接入，确保重要应用系统和数据安全；要进行全员安全意识提升培训，对全省法院技术人员和业务人员进行不同层次的安全培训，提升全体人员的安全意识、安全技术人员的技能水平以及管理人员的信息安全管理意识，提醒干警注重日常网络安全防护，定期按照密码设置要求修改各类系统密码，自觉杜绝 U 盘、移动硬盘内外网交叉互用、电脑主机内外网交叉互联，严防直连专网、违规开放边界端口等行为，同时加强运维人员管控，严格落实运维人员政治审查、定期排查，确保政治过硬、思想稳定、作风扎实。

三 贵州法院全流程网上办公办案高质量发展路径新思考

全流程网上办公办案是法院工作模式的重大转变，是推进审判现代化的重要抓手，贵州法院深入贯彻落实习近平总书记关于网络强国的重要思想，牢牢把握"十个坚持"要求，坚持系统观念、坚持目标导向、坚持问题导向、坚持成效导向，推动数字时代背景下全流程网上办案办公高质量发展。

（一）坚持系统观念，不断优化发展模式

一是总体把握系统建设方式。全流程网上办案办公体系是一项系统性、全面性工程，其最底层载体是信息系统，要按照最高人民法院关于人民法院信息化建设的总体部署要求，形成本地化的发展思路和实施路径，充分梳理现有系统资源、业务需求，结合发展方向找准核心系统和辅助系统的脉络关系，以前瞻性设计为后续系统研发集成提供标准接口，解决数据实时共享和系统相互调用问题，在最大范围内实行全省法院信息系统统筹、统建、统管，解决基层资金困难、运维保障不足、技术人员欠缺等问题，避免重复建设、数据壁垒的产生。二是建立健全网上办案工作责任制。按照"一盘棋"思想，明确全流程网上办案办公中的各层级法院、各内设部门的职能定位和责任分工，强化全流程网上办案办公体系建设统筹管理，建立健全内外协同机制和标准规范，加强总体设计、统筹部署和协同应用；加强信息技术部门与业务部门的协调沟通，充分梳理业务需求以支撑系统建设。同时要落实全

流程网上办案办公应用责任，结合案件质量提升行动、电子卷宗"单套制"归档改革试点工作等扎实开展"全省法院信息化应用大练兵"活动，形成领导带头、部门协同、齐抓共管、全员参与的信息化应用格局。三是细化完善网上办案流程规则。积极落实人民法院在线诉讼规则、在线调解、在线运行"三大规则"和关于区块链司法应用的意见要求，进一步细化完善全流程网上办案规则，研究制定审限管理、电子送达、互联网阅卷等相关规定，积极探索建立庭审记录改革、类案要素式审判、电子卷宗"单套制"改革等规则，形成可推广、可复制的指导性、规范性文件。

（二）坚持目标导向，不断强化基础保障

一是制定硬件基础设施标准。根据全流程网上办案办公要求，省法院制定出台诉讼服务大厅、智慧法庭、人民法庭等重要场所信息化设备标准建设，确保中基层法院推进信息化设备标准化配置有据可依，在条件具备的情况下可在满足基本配置的前提下提升标准。二是推进网络和设施集成。在符合安全隔离规范的前提下，推进各分散的基础设施底层逻辑融合；抢抓国产化改造契机，构建统一的国产和非国产服务云平台，应用云资源、云服务为全省法院提供计算、存储、智能支撑，解决国产硬件资源不足、慢卡顿严重问题。三是完善信息安全保障体系。建设网络安全管理中心，部署安全运营管理平台、态势感知平台、全流量分析取证系统、准入控制系统，持续完善边界访问控制策略，加快实现统一身份认证体系及多源身份认证机制，继续深入开展信息系统等级保护和分级保护测评，全面提升云安全防护和数据全生命周期安全防护能力，优化完善全网统一的安全管理能力，建立健全常态化渗透测试和攻防演练机制；加强数据容灾备份，在系统宕机或数据误删的情况下，可以快速恢复系统，确保数据不丢失。

（三）坚持问题导向，不断深化系统融合

一是积极完善全流程网上办案总架构。围绕"四智"梳理覆盖盲点，统筹推进全业务覆盖，智慧服务系统面向社会公众提供网上诉讼、网上调

解、网上信访等；智慧审判系统面向办案人员提供网上阅卷、合议、庭审等；智慧执行系统面向办案人员提供查人找物、财产处置、失信惩戒、指挥协同等；智慧管理为工作人员提供网上办公办事、行政管理、档案管理等。除依托法院专网实现网上办案之外，推进建设移动办案，将开庭排期、网上阅卷、申请报结、审限审批等办案流程推送至移动端，真正通过多渠道、多终端、全方位打通网上办案各环节，实现全流程网上办案闭环；在全流程网上办案的各个环节，梳理现有智能辅助功能，以提升质效为目标，新增或优化系统功能，解决智能化功能不足和智能辅助不精的问题。二是推动智能辅助办案系统流程全面化。通过互联网移动端、PC端为当事人或诉讼代理人提供网上调解、网上立案、证据交换、阅卷申请、在线庭审，以及咨询诉讼事项、了解诉讼进程、查阅裁判文书等诉讼服务，构建"全时空泛在化"的在线诉讼服务模式；进一步优化智能回填功能，提升回填精准度，辅助立案人员高效立案。进一步优化完善卷宗智能化功能，提高卷宗自动编目归目、相似案例智能推送、文书智能辅助生成、文书智能纠错等功能，切实推进合议、庭审记录改革，通过系统辅助生成合议、庭审笔录，努力提升文书智能生成内容，减轻法官和书记员工作负担；进一步打通与税务、知识产权等其他行业部门的信息共享渠道，以执行流程管理系统为主线，融合执行查控、失信惩戒、司法拍卖、信息公开、执行指挥等系统，通过电子卷宗应用、终本案件核查等智能辅助功能，解决执行系统不好用、不管用问题。三是有效提升系统集成水平。建设统一工作桌面，整合行政办公、人事管理、档案管理等各类应用系统，实现司法政务和司法人事规范管理、四级协同、智能辅助、人案事信息关联融合，全力推进网上办公，解决派出法庭与基层法院文件线下递送问题；推动"四智"系统应用集成，以在线服务、审判办案、执行办案、办公自动化为主线，构建高度一体化应用系统体系，支持各类业务应用的信息互通、数据共享、操作联动，解决法官使用体验不佳问题；依托数据中心，实现各类应用系统数据资源的统一汇聚，通过人工标签、深度学习、知识关联融合，构建统一的司法知识库和司法知识服务引擎，解决系统之间的数据流通堵点、数据填报错误问题，提升司法统计质量。

（四）坚持成效导向，完善应用推进机制

一是推动建设应用良性互动。系统的最终用户是群众和法官，要积极引导这两类群众充分应用系统，及时收集群众和法官的意见建议和需求，并作为系统优化升级的重要输入参数，以此促进系统功能优化，形成上线应用—优化升级—迭代应用的良性循环，促进信息系统更符合实际业务需求，逐步推动"技术主导"向"需求主导"发展模式转变，推动建设和应用同频共振发展。二是建立信息化应用评估机制。结合全国智慧法院建设评价体系，以及全流程网上办案办公的工作推进情况，每年动态调整信息化评估指标，确保评估指标能够真实反映系统应用情况，督促各中级法院加强辖区法院指导督促力度，形成"你追我赶"的应用氛围。定期开展系统操作培训、实操演练、问卷调查、需求调研，形成专人负责、督促通报、整改提升的信息化应用新常态；充分利用政务网站、微信微博等发布诉讼服务指南，借力律师群体优势推行网上立案和电子送达，积极引导当事人选择网上立案等线上诉讼方式。三是精准发挥应用成效。一方面，精准推送助力提升办案质效，加大力度引导法官线上办理案件，充分运用智能辅助功能为法官提供精准的类案参考、庭审归纳总结、量刑规范、辅助生成裁判文书等功能，以及对裁判尺度偏离度、节点审限进行预警监测，提升审判执行系统使用获得感。另一方面，精准电子诉讼服务助力提升诉讼效率，充分发挥网上立案优势，推动一审、二审民事、行政案件网上立案和跨域立案，减少群众诉累；充分发挥电子送达功能，运用智能催点服务，智能化引导当事人特别是被告及时查看电子送达相关文书，提高有效送达比例和质量，减少送达成本、提高送达效率。

B.10
江西法院"档案 e 管理"
应用体系调研报告

江西法院"档案 e 管理"课题组 *

摘　要：　为进一步推进数字化改革、促进审判质效提升,江西法院以电子单套制为切入点探索全流程无纸化办案新模式,建设了"档案 e 管理"应用体系。针对传统办案模式中纸质文件与电子文件双轨导致的线上线下"两张皮"现象,将档案电子单套制思路向办案全流程拓展,以卷宗与档案双重单套制为改革方向,以"e 系列"应用为基础,以无纸化卷宗系统为纽带,通过融合改造办案系统、"收转发 e 中心"、"法官 e 助理"、多功能云柜和电子档案系统等平台,探索形成了具有江西特色的无纸化办案和电子档案单套归档新工作模式。

关键词：　无纸化办案　电子档案单套制　档案 e 管理　档案前置　辅助事务集约化

　　近年来,江西法院大力推进信息化建设应用,着力以信息技术应用推进法院各项业务创新融合,在网上办案、电子卷宗随案同步生成与深度应用、电子送达、审判管理监督等方面取得了较好工作成效。为进一步推进审判核心业务的数字化转型升级,江西法院推进"档案 e 管理"应用体系建设,以全流程无纸化办案和电子档案单套制归档为目标,推动办案业务从立案到

＊　课题组负责人：柯军,江西省高级人民法院党组成员、副院长。课题组成员：匡华,江西省高级人民法院司法技术处处长;杨崇华,江西省高级人民法院司法技术处副处长;执笔人：吴顺华,江西省高级人民法院司法技术处副处长。

结案、归档全生命周期的数字化融合改造,促进审判体系与审判能力现代化提升。江西法院"档案 e 管理"的建设思路,从形式上突出了"单套制"思维在办案全流程的拓展应用,在能力支撑上突出了"数字化""智能化"思维在办案业务场景的升级改造。"档案 e 管理"从 2022 年初全面推广以来,全省法院核心审判业务数字化转型进展顺利,全流程无纸化办案和电子档案单套制归档取得了显著成效,相关工作新模式基本形成,为下一步继续深化拓展奠定了良好基础。

一 建设背景

(一)政策背景

2016 年最高人民法院印发了《最高人民法院关于全面推进人民法院电子卷宗随案同步生成和深度应用的指导意见》,明确了卷宗电子化的需求。2019年 2 月 27 日,《最高人民法院关于深化人民法院司法体制综合配套改革的意见》提出,完善电子卷宗生成和归档机制,要求健全电子卷宗随案同步生成技术保障和运行管理机制,实现电子卷宗随案同步上传办案系统、电子卷宗自动编目等,并逐步推动实行电子档案为主、纸质档案为辅的案件归档方式。

2020 年 6 月 20 日,十三届全国人大常委会审议通过了新修订的《档案法》,要求"积极推进电子档案管理信息系统建设,与办公自动化系统、业务系统等相互衔接",明确"电子档案与传统载体档案具有同等效力,可以以电子形式作为凭证使用"。2020 年 11 月 10 日,江西省高级人民法院发布《江西省高级人民法院档案管理实施细则》,要求"各级法院应当积极推进电子诉讼档案查阅服务,能够通过提供电子卷宗、复制、摘录等方式满足查阅需要的,不再提供纸质卷宗",还就档案信息化建设作出专章规定。

(二)现实需求与基础

江西法院"档案 e 管理"应用体系建设,也是基于进一步优化司法资源、提高司法效率、减少当事人诉讼成本、减轻法官及团队办案负担的现实需求。

1. 缓解"案多人少"矛盾，提高办案效率

员额法官办案数量逐年升高，日趋繁重的审判压力是人民法院面临的难题之一。2021年，全国法院结案数量在3000万件以上，"案多人少"问题日趋突出。部分地区法院人案矛盾尤其突出，靠法官加班加点、透支负重，已经无法持续高效地满足人民群众的诉讼需求。法官人均办案数量一直处于高位，一个基层法院法官年人均办案量200件，平均每两天要办结一个刑事案件，每三天要办结两件民事案件。如果法官还是依照传统管理方式，将大量时间花费在审判辅助性事务工作上，年收结案数很难达标。

2. 兼顾办案质量，优化团队协作

司法改革背景下，落实办案法官对办案质量终身负责制的同时，也对法官、法官助理、书记员组成的审判团队的高效协作提出了新的更高要求。传统的案件审理方式主要依靠承办人个人经验和传帮带，跟案件相关的所有材料收转、证据梳理、文书送达、审理依据、开庭裁判、调查保全等事项大多依靠承办法官推进、跟踪。法官团队高效协同过分依赖员额法官管理水平，法官与其团队如何协作、如何监管，对办案模式提出了全新的更高要求，传统审判办案系统难以满足。

3. 收转发e中心提供良好条件

2017年，全省法院"收转发e中心"建设全面完成，在实现了诉讼材料"收、转、发"集中管理的基础上，为文书材料集中管理、卷宗同步生成和应用提供了良好条件，基本实现了电子卷宗随案同步生成，各类案件办理过程中收集和产生的诉讼文件能够随时电子化并上传到案件办理系统。经过文档化、数据化、结构化处理，实现案件办理、诉讼服务和司法管理中各类业务应用的自动化、智能化。为全业务网上办理、全流程审判执行要素公开以及面向法官、诉讼参与人和政务部门提供全方位智能服务奠定基础。

二 建设思路

（一）建设目标

"档案 e 管理"有两个工作目标：一是实现全流程无纸化办案，二是实现电子档案单套制归档。全流程无纸化办案是实现电子档案单套制的必然要求，只有从立案环节开始按照新归档要求对诉讼材料的收转方式、电子卷宗的同步生成和深度应用方式进行创造性变革，实现全流程无纸化办案，才能为电子档案单套制奠定基础。同时，电子档案单套制是办案方式从关键环节网上办理向全流程无纸化网上办理深化的必然指向和重要环节。

1. 实现全流程无纸化办案

首先，推进材料入口统一管理，把好材料源头数字化关口，为后续流程的无纸化运行打好基础。以"收转发 e 中心"为基础，立案、审理过程中的材料，统一由中心负责扫描上传、编目归目。将无纸化要求直接覆盖到当事人，落实外部材料的即时扫描电子化、现场电子签名捺印，实现全流程无纸化流转。

其次，按照全流程无纸化要求优化电子卷宗功能，为无纸化办案提供全面的支持和服务。充分应用文字和语义识别技术，支持电子卷宗文档化、数据化、结构化，为法官提供卷宗文字服用、卷宗内容分析、法律文书智能生成、无纸化开庭合议等辅助服务，大幅降低办案人员案头工作量。

最后，构建无纸化结案工作模式。全面支撑结案自动回填、卷宗在线整理并一键归档，实现案件上诉、再审审查、移送、评查等环节的在线调卷，杜绝程序空转，提升诉讼效率。

2. 实现电子档案单套制归档

建立电子卷宗直接归档的单套制归档模式，以卷宗无纸化归档为最后的把控关口，确保案件全流程无纸化闭环办理。书记员完成电子卷宗整理后，一键申请归档，由审管办人员对电子卷宗进行完整性检查，再由档案专员进行电子卷宗归档，完成案件办理闭环式管理。另外，无纸化并非"一刀切"对纸质材料进行舍弃，考虑到当前发展阶段必然会存在部分有归档价值的纸质材料，作为辅助手段纸质材料管理也是"档案 e 管理"的重要组成部分。

（二）建设模式

针对传统网上办案中凸显的纸质材料与电子材料双轨导致的线上线下"两张皮"现象，"档案 e 管理"将档案电子单套制思路拓展到办案全流程。以现有"e 系列"应用为基础，"档案 e 管理"以电子卷宗一键转换归档和全面深入应用为导向，以定制开发并独立部署的卷宗系统为纽带，通过融合改造办案系统、"收转发 e 中心"、"法官 e 助理"、多功能云柜和电子档案系统等平台，为法官办案提供全流程无纸化办案支撑，为档案部门提供电子档案直接归档和智能化管理。

向前面向公众、当事人、单位和团体，拓展诉讼材料的生成，融合微法院、跨域立案、网上立案、全省法院集约送达中心、多元化解 e 平台、分调裁等应用平台；向后面向办案法官、审判管理、法院内部，拓展诉讼材料的深度应用，融合"法官 e 助理""审判 e 管理"等应用平台。"e 系列"是以"收转发 e 中心"为中心、具有江西特色的法院信息化建设体系，"档案 e 管理"是对"e 系列"应用的进一步融合完善，是实现江西特色法院信息化应用体系闭环的收官之作。通过无纸化办案，推动以"收转发 e 中心"为枢纽的相关应用进一步融合，促进"e 系列"体系的智能化、一体化、协同化发展；通过电子档案单套制落实，打通最后归档环节，形成"e 系列"应用全流程闭环。

三 应用体系建设

江西法院"档案 e 管理"工作从 2020 年开始探索，经历了小范围试点、扩大试点、全面推广三个阶段。2020 年中至 2021 年 1 月，小范围试点推进，总结梳理了无纸化办案主要流程，提出了档案前置工作方式；2021 年 1

月至 2021 年 12 月，扩大试点范围和深度，细化了无纸化办案全流程应用场景，平台融合与业务模式进一步成熟，总结了纸质材料退回、把好材料入口关和出口关等有益经验；2022 年初开始，全省全面推广，各地法院全部开展无纸化办案并逐步拓展应用范围，无纸化办案模式和单套制归档方式基本形成。

"档案 e 管理"是适应法院数字化改革的全新办案模式和归档模式，以江西法院成熟的"e 系列"应用为基础，融合改造电子卷宗系统、办案系统、"收转发 e 中心"、"法官 e 助理"、多功能云柜和电子档案系统等平台，构建以全流程无纸化办案和电子单套制归档为目标的应用体系，其总体流程见图 1。

（一）电子卷宗重构

无纸化办案要求对原有电子卷宗进行重构，实现电子卷宗在案件办理过程中全案由、全流程的网上生成及流转，通过从原告提交第一份立案起诉材料开始至案件办结全过程电子卷宗的生成，实现电子卷宗智能编目、智能阅卷、文书生成以及智能辅助办案功能。

1. 智能编目

基于图文识别的电子卷宗智能编目，使法官办案更"顺"。对接"收转发 e 中心"，自动获取案件数据资源和材料数据资源，基于深度学习技术，借助对法言法语的自然语义理解，构建司法卷宗材料分类模型，实现各类诉讼材料自动分类并挂接归目，形成电子卷宗资源库。

2. 智能阅卷

建设多场景智能阅卷功能，使交互体验更"好"。按照阅卷归档目录标准规范，实现归档目录、阅卷目录自由切换，提供 PDF、Word、图片、音频、视频多种文件格式卷宗材料在线浏览，支持材料提醒、卷内关键字检索、卷宗文本复制复用、阅卷多类型批注、多屏材料比对阅卷、目录可视化、阅卷白板笔记，实现电子卷宗对开庭场景的全方位支撑，包括在线共享屏幕、跟随法官思路展示卷宗、庭审笔录随庭展现。

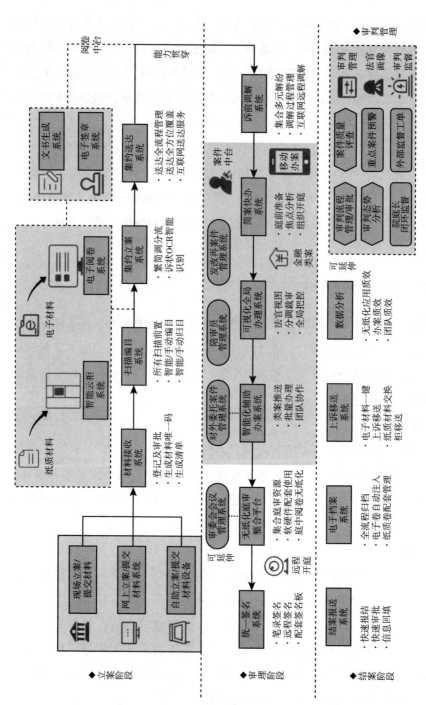

图 1　无纸化办案总体流程

3. 文书生成

文书全自动生成并直接送达，使文书等辅助性事务更"便"。支持刑事、民事、行政、执行、国家赔偿等各种案件的标准文书模板管理，以及法官个性化文书模板上传管理。根据案件类型和案件审理状态，智能匹配当前需要的文书模板，从卷宗要素知识库中自动提取填充文书内容。实现高质量裁判文书辅助生成，对接电子签章和文书送达系统，自动签章呈批和送达。

4. 辅助办案

通过无纸化卷宗智能应用，辅助办案更"智"。电子卷宗全程留痕可视化，对卷宗的浏览、批注、制作、修改、签发文书、送达、上诉、归档全过程系统留痕。支持当事人关联案件列表展示、案件全生命周期流程节点时间轴展示，通过对关键节点状态监控实现超期预警。基于电子卷宗全流程数据进行全辖区案件多维度宏观统计、专题分析。通过对各类工作耗时、各类人员工作情况实时可视化分析，实现对法官及助理办案绩效的考核管理。

（二）无纸化立案

立案登记工作包括当事人答疑解惑、立案材料接收及审查、收案登记、缴费明细核对、立案送达、立案卷宗整理等，无纸化立案在材料接收、收案登记、缴费、送达及卷宗方面作了进一步提升及优化。

1. 无纸化材料收转

以收转发 e 中心为基础，通过在诉讼服务中心引入自助材料扫描设备，确保所有材料电子化。登记基本信息，生成材料收转二维码及材料收转单；按登记目录逐页进行扫描或高速拍照；立案人凭材料收转单及缴费凭证进行立案。支持材料交接单模板按材料登记信息和材料清单中已有信息进行自动填充，生成材料交接单预览并可在线打印。

2. OCR 辅助立案

立案以 OCR 能力平台为基础，实现收案信息的自动识别和填充。应用 OCR 识别、语义识别、文本分析等能力，从非结构化数据采集案件要素，减少法官录入工作量。收案界面采用宽屏设计，左侧显示诉状材料，右侧显

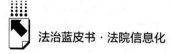

示收案登记表单，对当事人提供的"诉状""身份证"等材料进行 OCR 识别并进行抽取，形成案件收案要素信息，并自动回填到业务系统的收案登记页面，方便法官对照诉状核对右侧结构化信息。

3."四快"精准立案

无纸化立案系统融合立案流程重塑，创新收案工作模式，做到快立案、快分案、快排期、快送达。通过线上缴纳诉讼服务费以及立案阶段的集中送达、集中排期提高立案收案的办理效率。对内，通过建立收案管理的繁简分流筛选机制、分案排期前置机制、同步送达机制，将收案过程规范化、将收案事务性工作剥离。对外，为群众提供便捷丰富的网上缴费、微信支付、各类申请等一体化诉讼费缴纳服务。

（三）无纸化办案

依托"法官 e 助理"平台完善无纸化办案场景功能，将法官 e 助理打造成无纸化办案的信息化"容器"。在此基础上，针对每个办案关键节点细化专业的支撑模块。一方面，法官可以统管审判全局，快速获取每个事项的办理结果、发起协办；另一方面，清晰定义各个审理阶段团队成员的应办事项。

1.全案视图

实现案件审理情况全览，支持审判团队对个案基本信息、当事人信息、立案阶段事项以及案件全生命周期的查看，可进行焦点梳理、开庭排期、创建文书、创建送达、发起各项申请等操作。基于电子卷宗全流程数据进行案件数据、案件状态、流程监督等各种维度的宏观统计及专题分析。系列案件关联展示、详情查看，可进行批量开庭排期、批量格式文书生成、批量提交结案等操作。

2.类案推送

系统通过案件要素信息匹配自动查询案例库，查找出类似案件信息并主动推送，法官可基于系统推送结果进行二次深度查询。查询结果按照行政区划（市、区）、案例级别（典型案例、普通案例等）、承办法官分类显示。

根据在办案件的特征，通过语义识别、大数据分析（刑事案件大数据资源库）、智能搜索引擎等技术，为办案人员推送基于案件相似度高或证据匹配度高的案例。对于现有的案例库，通过 NLP 自然语言分析等技术，利用每个案由的模型提取相应的要素，生成带有要素的案例库。利用大数据聚合技术，生成相关案例的判决结果汇总，并将结果生成图表，方便法官参考。

3. 审批办理

审判团队对普通程序案件提起的扣除、延长审限、结案、分案回避等申请，推送到集中审批系统中进行提醒、操作；审判团队对结案前案卷的借阅、裁判文书用印等申请后亦推送到集中审批系统中进行提醒、操作。

4. 任务协同

法官可对所配备的辅助人员（法官助理、书记员）分配协同任务，并支持任务类型、任务内容和完成时间等功能，实现法官对本审判团队辅助人员协同任务管理。审判团队也可发起外部协同任务，将材料扫描、文书送达、对外委托等事项交给技术部门或专业团队处理。

5. 文书制作

文书智能制作系统辅之以双屏智能编写模式，提升法官编写裁判文书的效率和质量。根据法官编写文书的习惯，通过对案件相关文书的分析与信息提取，同时与办案系统案件信息提取比对，辅助生成文书初稿，方便法官在此基础上进一步完善文书。

6. 无纸化开庭

该模块功能包括从开庭前的获取排期、创建庭审等准备工作，到开庭中的卷宗同传、笔录展示、签名确认等协同控制，以及到开庭后的庭后梳理等。无纸化开庭明确了开庭、庭中、闭庭的庭审状态，固定了庭审全部过程信息，自动生成庭审电子日志，使庭审更具条理性、流畅性，提高庭审效率。

（四）无纸化结案归档

严格规范在线结案，实现网上发起结案申请、结案要素条件自动核查、

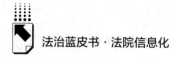

在线审批。实现电子卷宗一键转化归档，提供电子卷宗整理、正副卷要件自动核查、在线归档申请、审核、入库，并融合必要纸质材料归档管理。

1. 无纸化卷宗与纸质材料融合归档

传统的档案管理系统将电子档案与纸质档案分开管理，与前期办案审理流程相互独立。无纸化归档模块确立电子载体的主体地位，以电子卷宗（或电子档案）中纸质原件状态及纸质材料清单为基础，理清电子卷与纸质材料的关联，在实现电子单套制归档的同时融合纸质材料归档管理。

2. 上下两级法院档案数字流转

对跨院交接的电子卷宗和附属的纸质材料实现移送、立案、存入取出、退卷等全流程管理。从跨域业务角度进行功能延伸和拓展，实现线上电子卷宗移送与纸质材料移送的归口管理，并结合在线立案流程优化。

3. 线上线下跨院阅卷新模式

将无纸化向诉讼当事人延伸，依托无纸化卷宗和档案管理中台，实现法院审理中、结案后案件电子卷宗的自助式便捷查阅。配备专门的智能阅卷终端和管理平台，实现法院卷宗查阅的快捷规范。

（五）纸质材料流程管理

以现有收转发 e 中心"材料收转柜"为基础，针对纸质原材料进行从立案到结案、归档的全流程管理。通过纸质材料的全流程在柜管理和电子卷宗全流程在线支撑，实现从立案到结案的全流程无纸化办案。纸质材料扫描后原则上一律退回，少部分有归档价值的纸质材料统一进入中间柜管理。

一是材料存取管理。所有有必要保存的纸质材料都应在扫描后申请存柜，由专人核对清单并入柜保管；案件结案发起归档后，根据归档流程状态提醒由专人整理核对在柜纸质材料，取出后送档案部门入库。二是材料借阅管理。配合借阅审批机制建立业务流程，根据借阅审批结果调取在柜材料，借出与归还由专人负责材料清单管理核对。三是存取记录。对每一次的存取件情况进行详细记录，包括存件人、存件时间、存件清单、存件事由、存储箱柜编号等，案件材料存取情况以时间轴展示清晰明了。

（六）集约事务辅助中心

配合"档案 e 管理"推进的全流程无纸化办案模式改革，推动办案流程重塑，将辅助事务工作逐步从审判业务中剥离，以进一步优化办案流程、减轻法官工作压力、提高辅助事务工作效率。以中院为单位建立集约事务辅助中心，以无纸化集中编目、二审集中立案、判后回访等集约化赋能法院核心业务，提升审判质效。

一是集中编目。卷宗质量关系到无纸化办案全流程的应用体验，集中编目有效提升卷宗规范性、完整性、易用性。集中编目包含集中智能编目与集中人工校验两部分。在智能编目的基础上，通过人工校验，将图片质量辅助、文件命名辅助、文件归目辅助、信息提取辅助、卷宗全面检查辅助等工作进行集约化运作和管理，提升卷宗质量。二是二审立案辅助事务集约。针对二审立案"久拖不立、久拖不移、职责不清"的问题，将二审立案的缴费、送达、移送等事务性环节集中并配套信息平台进行规范化处理。三是判后回访事务集约。建设判后回访管理模块，结合判后回访机制集中处理判后事务，及时掌握当事人、律师及法律工作者对院务公开、诉讼服务、案件审理、法官执法等方面的评价和满意度。

四 应用成效及特色创新

（一）应用成效

江西法院自 2020 年启动档案 e 管理工作以来，经历多次业务流程的调整完善和应用深化拓展，目前已基本形成全流程无纸化办案新模式和电子单套制归档新模式。法官和助理不但在形式上摆脱了纸质卷宗的束缚，而且在工作习惯、工作流程、工作模式上都从传统的办案方式向智能化、信息化进行革命性迁移，形成了法院审执工作从案件立案到分案、阅卷、开庭、裁判、执行和归档的无纸化闭环。根据江西法院收转发应用大数据平台统计，档案 e 管理工作开展以来至 2023 年底，共办理无纸化案件1195785 件，形成无纸化卷宗 1195785 宗，数字化处理卷宗文件 54034412个；共完成格式文书制作 5230505 份，裁判文书制作 850277 份；无纸化结案案件总数 1198470 件，无纸化卷宗归档总数 613299 宗。其中，2023 年度，全省法院无纸化案件 613821 件，无纸化结案 611060 件，无纸化归档481611 宗，民事与行政类案件无纸化办理覆盖率 98.11%，纸质档案差异归档率 91.61%；共完成电子签名 1025081 次，格式文书制作 2926051 份，裁判文书制作 532144 份；集约送达共 4864753 人次，成功送达 3373861 人次，其中电子送达 3633796 人次，成功送达 2966631 人次，电子送达成功占比 88.03%。

（二）特色创新

一是线上办案智能便捷。所有办案流程网上运行，办案人员在网上签收、浏览案卷；电子卷宗材料在办案系统内智能排序，法官按需查阅、个性编制，与办案人员共享阅卷笔录。通过办案系统对电子诉讼材料信息的自动、准确抓取，程序性文书可 100%自动生成，复杂法律文书辅助撰写，法律法规、类案智能推送，节省文书撰写时间，统一裁判标准，大幅节省重复性事务占用时间。

二是审判执行提速增效。法官、法官助理、合议庭成员、审判管理部门对案件数据信息瞬时共享，远程开庭、远程合议；审判庭上多个席位的电子证据可同时推送，语音唤醒、智能比对，不断优化无纸化办案体验。上级法院直接查阅一审电子卷宗，大幅缩减案件流转耗时。通过网络进行指挥部署、财产查控、流程审批、划款支付、失信公示，加快执行进度。

三是审判管理精准透明。在全流程无纸化办案模式下，各个办案环节在案件办结后均被"封存"，审判痕迹真实客观，办案过程可查可溯，实现了对审判流程智能记录跟踪、提示催办、预警冻结，提高了监督实效。

五　问题与展望

（一）存在不足

1. 无纸化办案观念转换不彻底

档案 e 管理系统使用了电子卷宗单轨制阅卷模式，改变了传统以纸质为主的办案方式，虽然效果更好，但在推广过程中存在认识不足、观念转换不到位的情况。一是缺乏"改革意识"。部分法院对档案 e 管理工作的理解仅停留在"平台应用"层面，只就应用数据进行调度，没有从"工作模式改革"的深层次全面考虑推进。二是缺乏"数字思维"。固守老习惯，传统的"纸质依赖"现象依旧存在，对立案、移送、阅卷、归档等环节的无纸化存在抵触，对数字化为办案整体效率提升的现实能力和发展潜力认识不足。

2. 平台支撑能力特别是智能化辅助能力不完善

档案 e 管理相关应用平台经过多次调整升级，已基本满足全流程主要业务场景的无纸化办案要求，但还不完善。一是辅助事务支撑不够。如何有效管理纸质材料、辅助纸质材料的甄选退回流转整理，为无纸化推进减轻负累，需要技术手段的进一步完善。二是办案智能化支撑不够。现有平台功能中，阅卷、案情分析、争议焦点提炼、庭审、合议等环节的智能辅助不够，信息自动回填核对、案件繁简分流、材料编目及质量修复等场景的智能化水平有待提升。三是系统融合有待加强。主要业务数据流程上实现了贯通融合，但在网上立案、部分请示类填报类案件、执行案件等方面的无纸化改造还未完成，诉讼与调解的无纸化一体化建设有待加强。

（二）未来展望

1. 进一步提升智能化办案辅助能力

全流程无纸化将办案业务所有流程节点信息、案件信息、文件材料等非结构化数据全面数字化，为智能化应用的探索拓展提供了基础。一是推进人

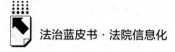

工智能创新应用。在电子卷宗无纸化应用的基础上，深化人工智能全流程辅助多元解纷、社会治理、法官办案、司法管理等应用场景创新。推进知识服务平台构建完善，尝试构建集数据解析、文本挖掘和智能分析等多维合一的基础数据中台和智慧法院大脑，结合无纸化办案场景推动各地法院开展创新应用。二是推进区块链创新应用。建设区块链基础服务平台，不断深化全省法院区块链司法应用，集约化拓展区块链共性应用场景。

2.进一步提升辅助事务集约化水平

全流程无纸化办案模式对办案业务流程进行了重塑，对审判业务工作和相关事务辅助工作进行了全新定义。通过对无纸化办案流程的逐步梳理细化，可将事务性工作进一步从审判团队手上剥离，推进集约化管理运行。传统办案模式下审判团队负责案件办理的所有工作，包括大量的材料整理、文书送达、沟通联系、转送交接等事务性工作。通过辅助事务集约化，可以尝试将送达、材料收集扫描、卷宗整理、司法鉴定、卷宗移送、阅卷阅档等工作逐一剥离并统一规范集约处理。一方面，可以减轻法官的工作压力、节省有限的审判资源；另一方面，可以提高事务性工作效率。江西法院目前推进的集约辅助事务中心建设正在朝这一方向探索。

B.11
数字赋能"1+4+N"全流程
无纸化执行崇州模式

四川省崇州市人民法院课题组*

摘　要： 　近年来，四川省崇州市人民法院坚持"机制创新"和"技术引领"，以形成执行裁判权与执行实施权相分离的执行办案新机制为目标，以围绕执行工作质效提升、规范高效运行为出发点，在无纸化审判改革基础上，全面推进执行运行机制改革和执行数字化转型，构建了以执行指挥中心为办案"中枢"，以集约事务中心、执行实施中心、执行办案中心、综合事务中心四大中心为运行"单元"，以执行案件管理系统、网络查控系统、询价评估系统等 N 个执行信息化系统为办案"网络"的"1+4+N"数字执行模式，探索更科学、更智能的执行工作体系，努力向切实解决"执行难"目标奋斗，有力推动执行工作体系和工作能力现代化。

关键词： 　执行无纸化　办案节点数字化　执行事务智动化　外部联动一体化

一　建设背景

（一）政策指导

党的十八届四中全会明确提出，要"切实解决执行难""依法保障胜诉

---

 *　课题组负责人：徐尔旻，四川省崇州市人民法院党组书记、院长。课题组成员：李玉玲、任垚、杨静雯。执笔人：李玉玲，四川省崇州市人民法院审判管理办公室（研究室）副主任；任垚，四川省崇州市人民法院审判管理办公室（研究室）副主任；杨静雯，四川省崇州市人民法院审判管理办公室（研究室）工作人员。

当事人及时实现权益"，这是党中央作出的重大决策部署，也是推进国家治理体系和治理能力现代化的重要组成部分，更是朝着党的二十大报告指出的"紧紧抓住人民最关心最直接最现实的利益问题""努力让人民群众在每一个司法案件中感受到公平正义"等目标前进。

以《最高人民法院关于深化执行改革　健全解决执行难长效机制的意见——人民法院执行工作纲要（2019~2023）》为指导，崇州法院坚持执行工作"一性两化"原则，强化基于现代信息技术的执行模式变革，推动现代科技在执行领域的广泛、深入应用，全面提升执行智能化水平，实现执行监督模式、执行管理模式、执行办案模式现代化。以《人民法院信息化建设五年发展规划（2021~2025）》提出的"融合区块链等新技术实现执行高效智能"要求为抓手，深化执行一体化改革，全面提升执行信息化、智能化、精细化水平，智能精准辅助执行工作，加强协同执行能力建设，向移动应用延伸执行业务，强化与司法链平台的融合应用，探索执行流程办理自动触发、高敏感操作可信管理。崇州法院拓展执行联动范围，以信息化手段约束执行权、规范执行行为，提升办案、指挥、监管和辅助决策能力，以执行工作现代化推进法治建设和社会诚信建设。

（二）现实需求

最高人民法院在"基本解决执行难"目标基本实现后，在第二十二次全国法院工作会议上提出，深化执行体制机制改革，努力实现到2035年"切实解决执行难"的目标。四川省高级人民法院、成都市中级人民法院先后出台相关规范性文件作出安排部署。

公正司法是维护社会公平正义的最后一道防线，当事人胜诉权益的兑现是人民群众"急难愁盼"的问题。实践中，一方面，因执行不公开、执行流程不透明、执行法官难联系，心系结果的当事人"急难"心情难以纾解，影响人民群众对执行工作的理解和认可；另一方面，因现实问题造成的查人找物难，导致胜诉判决成为当事人手中的一纸空文，当事人胜诉权益保障遥遥无期的"愁盼"心情，影响司法权威性。通过实现"切实解决执行难"

的新目标，加强执行信息化建设，减少执行信访、提高执行效率、强化执行公开、拓宽执行联动。

近年来，崇州法院受理的执行案件数量连年上涨，办案压力不断增加。为提升案件办理质效，崇州法院紧紧围绕"公正与效率"目标，曾进行过不少工作机制改革探索，但由于执行难成因复杂，是各种社会问题和矛盾叠加、交织的集中体现，法院系统内案件管理、硬件设施、人员配置并未实现整合统一。崇州法院在开展执行"一体化"运行机制改革过程中，基于审判无纸化形成的经验，探索形成了"1+4+N"执行全流程无纸化办案模式，推动执行运行模式改革取得了显著成效，有效解决了目前案件执行存在的以下问题：一是执行乱，执行案件流程缺乏具体规范管控，程序违规、程序缺失、程序停滞现象时有发生；二是执行慢，执行系统信息主要靠人工采集，录入工作量大，执行文书制作、网络查控筛查财产等机械重复性工作过多，智能化程度不够，执行案件节点流转仍需纸质卷宗，执行信息化程度不够彻底；三是执行难，查人找物、财产变现、信用惩戒体系力度弱等难题仍待解决。在"切实解决执行难"的新征程中，必须善于借势信息化赋能推动执行模式根本性变革和重塑。

（三）经验借鉴

为破除"执行难"顽疾，全国法院系统积极探索新路径、新方法，形成了具有中国特色的执行制度、机制和模式。例如，江苏省高院通过"执行团队"+"执行指挥中心实质化运行"的"854模式"，促进执行规范化；河北省法院系统探索"十个自动化"+"线下集约"+"政法协同"+"无纸化办案"的智慧执行模式；四川德阳中院通过"数据为中心"+"两级一体"+"知识管理"+"四位一体"执行工作体系，提升执行工作水平；江西省法院系统在全国首创人民法院、新闻媒体、银行机构三方通力合作，共铸社会诚信体系新模式。这些颠覆式执行模式，均为崇州法院深化改革提供了典型样本。

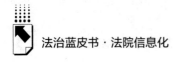

二 "1+4+N"数字执行实践探索

"1+4+N"全流程无纸化执行模式是崇州法院在总结实践审判无纸化的基础上,结合执行"一体化"机制改革需求,对执行办案模式和执行管理方式的深度改造。具体而言,是指以执行指挥中心为办案"中枢",以集约事务中心、执行实施中心、执行办案中心、综合事务中心为办案"引擎",以执行案件管理系统、网络查控系统、询价评估系统、网络司法拍卖系统、执行指挥管理平台、移动执行平台等 N 个执行信息化系统为串联的办案"驱动"。

(一)依托执行指挥中心,构建数字执行"中枢"

嵌入执行"三张清单",节点监管"可视化"。崇州法院打破了"一人包案到底"的传统执行模式,按照"人员分类、事务集约、权责清晰、配合顺畅"的执行权分段运行模式,在执行指挥中心下设集约事务中心、执行实施中心、执行办案中心、综合事务中心,每个中心设置专门团队分别负责执行窗口接待、卷宗扫描管理、网络查控、外出调查、资产处置、司法惩戒、案款发放、结案归档、综合管理等十余项事务性工作。为抓好执行各团队的基础工作和关键环节,围绕各团队的职责,厘定了各团队权责、任务、考核"三张清单",明确内部操作指引和工作流程。为实现各节点运行规范有序,确保"三张清单"的各项规定落地落实,将各环节的时限和质量要求嵌入执行案件管理系统,各团队办理具体事务均通过系统完成,前一节点完成后,系统可自动触发后一节点起算期限,任何节点未按规定期限办结,系统会自动提示,并触发相应预警,主动推送至承办法官和执行指挥中心管理人员,同时系统可对各节点的完成进度通过不同颜色加以标识,承办法官和执行指挥中心管理人员可根据实际情况对承担相应节点的工作人员发起催办提醒。

紧盯执行财产,资产监管"可视化"。崇州法院在执行流程管理系统中增设标的物精细化管理模块，将涉案财产分为"未甄别财产""无须执行财产""可执行财产"，承办法官根据财产调查情况甄别财产性质，甄别为"可执行财产"的，须在 30 日内对可执行财产启动评估拍卖程序。执行指挥中心管理专员和院局长可实时查看财产处置进度，对长期未甄别财产或长期未处置财产予以跟踪催办。

另外，为避免案款发放迟延、财产控制措施过期失效，崇州法院研发"智能提醒"功能，实现案款发放期限监管和财产控制措施临期提醒功能。将到账案款每日弹窗显示在法院门户主界面，突出显示超期未发还案款的案号、承办人、超期天数，执行指挥中心财务专员、院局长通过系统即可对全局超期未发放案款的案件进行监督催办。同时，设置财产控制临期预警功能，对已采取冻结、查封措施的案件进行预警提示，当案件的查封、冻结期限还有 30 日时，系统自动发出预警，提醒指挥中心终本管理专员根据当事人申请及时续查、续冻，防止出现因查封、冻结超期而影响案件办理、损害当事人合法权益的情况发生。

事务在线流转，事务跟踪"可视化"。崇州法院结合在线协作办案需求，研发执行事务协作模块，执行办案中心员额法官可在线向集约事务中心、执行实施中心派单工作事项，各中心的事务管理人员根据最近的"任务清单"统筹工作进度，规划外出路线，并派发工作任务，最大限度提高办案效率。

院局长和执行指挥中心管理专员利用系统数据，通过执行事务"可视化"监管模块实时查看各项事务的完成情况，并能够立即对即将超期或者逾期未办结的事务进行催办提醒。为进一步提升执行规范化管理效能，研发数据统计分析、展示模块，同步呈现未办结事务的剩余期限和催办次数，执行指挥中心管理人员可实时统计分析事务办理态势，报院局长决策参考，相关统计分析数据亦可作为各团队的年终工作业绩考核依据。

节点短信推送，执行信息公开"可视化"。执行信息不对称、沟通不畅通、交流不及时等是引发执行信访和减损司法公信力的主要因素。崇州法院充分借助信息技术，在执行案件管理系统中开通"执行节点短信自动推送"

功能，在执行过程中，系统自动将拘留、罚款、悬赏公告、冻结、查封、扣押、评估、拍卖、变卖、以物抵债、执限变更等重要节点短信推送给当事人，当事人足不出户就可掌握案件的执行动态，保障了当事人对执行案件及执行工作的知情权、参与权、监督权，倒逼执行案件承办人严格管控时间节点，及时将案件进展情况录入执行日志，执行指挥中心管理人员也可动态实时监管执行案件的推进情况；同时增强了对被执行人的威慑力，敦促其限期履行义务，实现公开促工作、规范促执行。

终本智能巡查，案件质量监督"可视化"。以案件办理信息和电子卷宗信息为基础，构建结构化信息与卷宗材料双重校验规则：对终本案件办理的合规性实行双重核查，严格把牢终本结案的关口，逐步改变过去院局长翻阅纸质卷宗批签终本结案为依托、系统生成的终本核查表审批结案习惯，促使终本案件办理实现标准化、规范化。

（二）依托四大中心，构建数字执行"引擎"

2019 年，崇州法院开展以电子档案为主、纸质档案为辅的案件归档方式改革工作，形成了以电子卷宗随案同步生成及深度应用为基础、以纸质卷宗智能中间柜为关键、以审判辅助事务为保障的无纸化审判模式，为分段式无纸化执行模式改革打开了新思路。

1. 以集约事务中心为支撑，夯实执行工作根基

集约事务中心下设执行事务窗口、执行前期事务组、案款管理组，分别承担执行窗口事务、网络查控、发起传统调查、支付案款等执行事务。

第一，执行事务窗口除承担立案审查、窗口接待、财产线索录入等工作外，还承担集中扫描编目、纸质卷宗管理、电子卷宗转档工作，以确保电子卷宗随案同步生成、纸质卷宗集中规范管理。主要依托以下系统功能，实现工作效能提升。一是执行立案辅助功能，系统对执行申请书的关键信息项进行智能识别和提取，通过一定逻辑规则实现对语义的基础分析和判断，将信息自动回填至立案卡片，并与关联的审判案件裁判信息、送达地址确认信息进行多源比对，自动提示不相符的信息。二是材料智能编目功能，对当事

人、执行实施中心、评估机构提交的所有案件材料即时扫描入库，并通过材料收转系统对电子卷宗材料进行数据校对和智能编目，实现数据化材料精准挂接入卷，提升非结构化卷宗材料转换为结构化数据的精准度，为电子卷宗的全方位运用打牢数据基础。三是纸质卷宗智能中间柜，材料扫描后不再流转至执行办案中心的员额法官，统一由执行窗口工作人员进行结案前的入库、借用、出库和归档管理。四是一键自动转档功能，案件结案后，窗口人员一键即可完成对电子卷宗的整理和排序，并通过转档系统与档案目录精准匹配，将电子卷宗材料转为电子档案，并自动编码、生成卷宗目录和封面。

第二，执行前期事务组承担制作执行通知书和线下查控文书、发起网络查控、回填财产清单、发起送达、分案等工作，由于执行前期工作较为烦琐、重复，为提升工作效率，专门研发"执行实体化"平台，实现批量制作执行要素式文书、批量回传线下查控结果、批量网络查控财产、批量回填财产清单、批量电子送达、批量分案等功能。执行实体化平台设有如下功能模块。一是执行文书自动生成模块，可实现包括执行通知、财产报告令、查封裁定、协助执行通知书等110余种要素式文书的自动生成和自动电子签章，对如终本裁定等需要说理的执行文书，系统通过OCR文书识别程序自动识别提取财产查控信息（如不动产位置、产权证号等）回填至文书，可实现85%以上内容自动生成。二是智能送达模块，前期事务组人员在该模块可批量推送待送达文书至集约化送达中心，送达时可自动关联审判阶段送达地址，送达过程可全程录音留痕，实时数据可溯，送达回执自动入卷。三是自动分案模块，可智能分析执行标的大小、财产保全结果、财产查询情况、网络控制结果、案件类型等关键信息，自动识别案件繁简并标记标签，只需点击"自动分案"即可自动均衡分案至执行办案中心各办案团队，实现简案快办、繁案精办。

第三，案款专员依托智能案款管理系统，全面实行"一案一账号"案款管理模式，借助该系统可实时查看案件项下全部未发还案款，可视化呈现每笔案款发放进度。自动向院局长、承办人弹窗提示超期未发还案款，在案款到账20日、30日自动向案款专员和承办人发出预警提示，根据该提示，案款专员不间断地清理案款，减少案款存量，确保最高人民法院要求的"具备发放条件的 15 个工作日内完成案款发放，严禁截留、挪用、超期发放"落实到位，让每一笔执行案款都能看得见、分得清、管得住，真正方便群众、方便办案、方便管理、方便监督，有效杜绝了案款管理不规范、案款滞留等问题。

2. 以执行实施中心为关键，构建移动执行新业态

该中心承担集约事务中心、执行办案中心派出的外勤实施任务，下设 3 个工作组，分别为资产处置事务组、司法惩戒组、外勤实施组，统筹办理不动产登记中心、银行、公积金中心等临柜事宜，对被执行人财产进行传统调查，核查财产线索，办理外地委托事项、资产处置、司法惩戒相关外勤事务。崇州法院结合外勤事务的工作特点，为外勤人员配备专用的移动办案终端设备，实现内外网的数据互通，彻底打破了执行工作的时间和空间限制，大幅提升执行工作效率。主要功能如下。

一是在线浏览和打印。外出执行时，外勤人员可通过移动办案终端登录移动执行 App，浏览案件电子卷宗材料，通过无线或蓝牙连接便携式打印机，实现现场打印法律文书。二是在线制作笔录。通过程序预设的多种笔录模板，外勤人员可在执行现场制作电子笔录，核对无异后直接进行电子签名，所有信息保存后自动导入电子卷宗，并可现场打印和实时浏览。三是网络查控数据实时查看。外出执行时，可实时在线查看被执行人关于银行、网络资金数据、证券，便于外出执行时全面了解案件执行财产情况，适时作出执行安排。四是证据制作与上传。外出执行中，传统模式下通过执法记录仪采集证据，需二次数据引导和回填，较为烦琐，移动执行 App 证据上传功能可实现现场音视频长时间拍摄、自动实时回填和在线播放，极大地增加了证据制作和上传的便利性。五是二维码收款。外勤人员办案过程中可随时调取电子卷宗中的案款二维码，极大提升了被执行人缴纳执行案款的便利性，同时也避免了外勤人员手机收取案款的廉政风险，进而提高了案款收取工作的透明度。六是短信发送功能。针对拒接电话的被执行人，外勤人员可通过 12368 短信平台，向当事人实时发送执行信息，督促其自觉履行债务，增强执行威慑力。

3. 以执行办案中心为轴心，打造执行最强引擎

该中心按照"员额法官+法官助理（执行员）"的组建模式，负责执行各类实施案件、执裁案件，由员额法官负责各团队的案件管理、审查、判断、文书签发，当出现争议案件时，由各团队员额法官搭配组成合议庭进行讨论审理，形成了以员额法官为指令核心的交互式协作执行方式。同时为辅助法官精准、高效推进执行，崇州法院以知识图谱分析、NLP 自然语言处理、大数据分析等技术为支撑，研发了被执行人履行能力大数据分析系统、标的物精细化管理系统等辅助支撑。

一是被执行人履行能力大数据分析系统。该系统通过数据的共享整合和分析处理，对被执行人履行能力进行精准判断，主要功能如下 。①模糊（精准）查询功能：输入被执行人名称或关键字，系统会显示其在全省的执行案件总数。②被执行人信息展示功能：展示被执行人的基础信息、财产信息①及统计示意图，同时还可点击系统显示的号码直接拨打被执行人电话。③资产分析功能：智能分析"总对总""点对点"网络查控系统查询到的财产。④关联案件分析功能：自动关联被执行人在全省范围作为当事人的案件，从而智能分析被执行人在全省涉执案件的欠债总额。⑤资金流分析功能：智能分析被执行人账户与可疑账户的往来明细，并向承办人发出警示提醒。⑥综合研判报告功能：根据被执行人可供执行财产、债务情况、财产权利限制或处置情况、社会信用情况等，应用大数据分析技术对被执行人履行能力综合画像并形成分析报告，供承办人参考。

二是标的物精细化管理系统。为提升财产处置效率，研发财产精细化管理系统，系统提供以下功能。①多渠道介入：法院、辅拍机构均可通过该系统查看、推进拍卖工作。②全过程留痕：该系统统一规范每个标的需勘察调查的工作事项、工作期限、标的详情、现场照片、现场视频等信息，并可自

---

① 所涉执行案件金额、可执行财产金额、历年纳税情况等。

动生成标的物详情表，全程留痕。③多途径监管：该系统可以实时追踪每个拍卖标的的进程状态，全程监督每个标的的处置推进情况、逾期情况、工作量大小情况，获取每个关键节点办理到期信息以及标的查封、冻结到期信息等预警信息。

4. 以综合事务中心为支撑，打造执行最强大脑

以人本、协调、服务、监督的管理理念，将执行工作的协调委托、质效管理、信访监督、宣传调研等执行管理性事务统一到综合事务中心集约化办理，依托机制与技术，由粗放管理向精准管理转变，确保管理精细化。

"点上"发挥集中管理优势。一是将扁平化与专业化相配合，通过综合事务中心专管专业法官会议、案件质量评查，减少法官或团队司法属性事务，充分发挥法官会议的职能，强化对案件质量的专业化评查。二是将程序性管理与实体性管理相配合，做到质效评价规则贯穿各环节并与各流程节点特征、规律相契合。例如，财产查控和处置环节注重效率，重点管理该环节的执行权运行效率和强制威慑效果。

"线上"紧抓执行实施的流程节点。该中心设置专人专岗通过执行案件流程管理系统、执行大数据智能辅助系统、执行指挥平台等实时监控执行收结案情况、流程节点完成情况、采取执行措施情况、当事人信访投诉情况、表彰奖励情况、违纪违法情况以及其他执行工作开展情况等数据，实现案件办理进度可视化、案件研判分析智能化、执行数据整合直观化、案件卷宗数据立体化。

"面上"建立工作台账。按照质效管理、审限管理、信访舆情管理、案款管理等不同事务类别，分别建立工作台账，每本台账都做到有人管理、有人负责，避免管理功能泛化、管理绩效形式化。同时，将服务寓于管理，坚持监督管理权与执行实施权的平等性，根据其他三大中心办案需求，积极在系统技术支持、资源配置上给予支持，改变管理策略，由考核、通报、排名、扣分等单项管制型管理向以调查研究、分析指导、经验梳理、类案引导等为主要内容的服务指导型关系过渡。

三 数智执行的创新点及成效

（一）以办案节点数字化破解"执行乱"困境

将执行过程进行分段式、集约化重塑，推动执行过程中的关键节点、电子卷宗、财产线索同步数字化，将收案、分案、查控、实施、处置、惩戒、送达、结案、归档等环节均纳入执行案件管理系统在线运行，使各个节点相互衔接、相互制约，形成环环相扣、有条不紊的流程链条，从而实现对案件执行全流程的数字化管理。由于在案件流程节点管理上做到了全程留痕、全程公开、全程监控，实现了对执行权运行重要环节、重要节点、重要岗位、重要人员的监督制约，执法办案的各个环节、节点纳入规范化、标准化轨道，强化了管理责任落实，克服了执行工作中的消极行为。同时，借助执行节点数字化运行优势，以"完成一个节点、公开一个节点"为要求，实现重要执行节点信息自动生成即时推送当事人，让当事人实时了解执行案件的具体办理情况，把执行活动全程置于当事人的监督之下，有效破解"执行乱"困境。

（二）以执行事务智动化打破"执行慢"掣肘

通过提升执行案件管理系统对非结构化数据的信息采集与数字化处理、全案信息智能回填、全案文书自动生成等能力，实现网络查控结果智能过滤和控制自动发起、传统查控信息自动回填、关联线索自动推送、被执行人履行能力智能分析、执行案件繁简智能识别、执行事项集约化办理、执行卷宗信息自动归目、终本案件卷宗信息智能核查、移动执行辅助办案等场景的智能无纸化应用，大量简单、重复的执行工作通过系统得以一键处理，部分原需一天才能完成的工作五分钟就能完成，使简单的劳动力集约型向智动化集约转变，集约事务处理能力和效率成倍提升。另外，由于实行了执行无纸化运行模式，案件信息可在线共享共用，改变了传统"人来人往、卷来卷往"

的执行案件卷宗流转方式，实现"让信息多跑路，干警少跑腿"，执行办案周期总体缩短 18.2%，有效打破"执行慢"掣肘。

（三）以外部联动一体化挣脱"执行难"桎梏

在执行外部联动方面，织密查人找物网络。一是按照安全、有序、高效的原则，依托政法跨部门大数据办案平台，与崇州公安建立快速查询、信息共享及网络执行查控协作机制，将相关执行协作文书电子化传输替代书面纸质材料传输，实现网络核查被执行人身份信息和车辆财产信息、联合发布对被执行人员和被执行车辆的预警指令、共享被执行人和失信被执行人信息，让逃避执行、抗拒执行的被执行人无处遁形，形成了"查人扣车"在线联动新模式。二是依托智慧执行 App 的网格协执模块，在线联动基层网格组织，充分利用网格员辖区全覆盖、熟悉所在网格片区社情民意、工作时间灵活等特点，在线发送协执事项，使遍布全市的网格员成为协助执行的"探测器"。

当前，还有很多影响高效规范执行的障碍，今后还须科学规划、制定工作机制，打破瓶颈。一是完善执行案件智能化管理机制。实现执行案件从立到结全流程、各环节动态监督管理，同步对时间长、风险程度高的节点进行"标签"提醒等。二是优化审判与执行的智能化衔接机制。诉讼阶段保全与执行的衔接、破产与执行的衔接等可实现一次输入、一键流转、一起查看，加快案件处置。三是优化执行财产的发现与查控机制。加快与各类网络查询平台的数据互通，制作执行小程序，嵌入"上传文件""发现线索"功能，申请执行人可直接上传发现线索，无须联系法官，即可实现法官自动获取执行线索的功能。四是完善逃避执行的惩戒机制。常态化开展专项打击拒执行动，依法采取拘留、罚款等措施，加强对外信息宣传，起到对失信主体的震慑教育作用，严格失信惩戒措施，在融资市场、市场准入、高消费等方面对被执行人予以限制，形成"一处失信、处处受限"。五是优化执行财产处置机制。优化对网络拍卖公司的管理机制，监督网拍公司依法拍卖。六是建立跨区执行协同机制。依托成渝双城经济圈决策部署，成德眉资同城化发展要求，与相关兄弟法院建立跨域执行协作机制，开展跨域委托执行、异地执行协作等工作。

四 问题与展望

（一）信息化理念有待进一步增强

部分执行人员因年龄等因素不能熟练运用智能化信息化技术办公办案，不愿意改变传统执行工作模式，仍沿用人管人、人盯人的传统执行模式。随着信息化建设的不断深入，必须让执行干警逐步转变观念，要从"试用"提升到"会用"，再从"会用"提升到"善用"。为此，应加强执行干警信息化培训，选取一批信息化经验丰富的人员或者信息化产品研发人员为执行干警培训，并根据信息化建设成果及时更新培训内容。同时，应逐步健全信息化考核评估制度及信息化工作绩效考核机制，调动法院执行干警对信息化系统的应用积极性。

（二）系统数据有待进一步融合

从法院内部数据融合来看，执行信息化系统繁多，各个系统之间数据共享、功能融合程度还不够，内外网数据交互不畅，虽然法院投入了大量的人力、物力、财力、精力解决信息化建设中"数据孤岛""技术壁垒"等问题，但此类问题尚未得到彻底解决。因此，有必要大力推进执行各平台融合，建立统一执行办案平台，破解执行信息化多头建设、系统林立的困境。

从法院外部对接来看，目前执行工作尚未完全融入社会综合治理系统。因此，通过信息化建设加强与相关部门的互联互通，能够将执行工作充分融入整个社会治理体系，有必要加强部门数据对接，完善网格化统一平台，接入不动产中心、车辆管理、市场监督管理等各部门的基础数据，利用网格员进行现场勘查、协助送达文书、查找被执行人财产线索、问询被执行人的现状、动员劝导被执行人履行义务，从而更好地协助执行工作顺利开展。

（三）智能程度有待进一步提升

目前执行信息化建设虽然已经引入了一些弱人工智能技术，但实际应用场景还不多，系统的智能化水平仍非常有限，同时司法大数据应用还没有完全适应社会形势发展需要，智能化水平与人民法院信息化建设的理想目标还有一定差距。应以全国法院"一张网"建设为契机，实现执行智能化全面转型升级。例如，加快大数据、人工智能、物联网等技术与执行办案的深度融合，实现执行通知、网络查控、信用惩戒、结案归档等程序性事项"自动批处理"，切实减轻办案人员工作负担；依托互联网技术，促进财产变现、听证约谈等环节在线运行。

（四）网络安全有待进一步增强

随着法院信息化建设的持续推进，各类信息系统、基础设施、网络架构的规模、复杂度逐渐提升。为此，有必要深入贯彻总体国家安全观，持续完善网络安全防护体系，尽快从单一的技术防护模式转变为"技术+行政管理"防护模式，严格落实"三分技术、七分管理"防护机制。具体而言，可从以下方面予以增强：一是完善核心安全基础设施，以风险点为重点，使多平台充分协同联动，在技术上最大限度提供网络安全保障；二是提升风险主动发现能力，从技术上要做到自动化风险发现，精准识别网络攻击特别是隐蔽攻击的问题，从攻击者角度发现存在的安全隐患，及时采取应对措施；三是建立有效的安全监管机制，常态化开展网络安全培训，让全体干警充分了解网络安全隐患给国家安全和利益造成的巨大损失，切实提高干警防范能力，同时明确各信息化设备的最终责任人，一旦发现安全违规行为，立即采取"先断网、后处置"措施，杜绝内网终端未经审批接入外网，切实增强终端使用的安全性。

审判提质增效

B.12

上海法院创新打造审判监督管理平台调研报告

上海市高级人民法院课题组*

摘　要： 2023年以来，上海法院深入贯彻最高人民法院决策部署，围绕数字改革赋能工作主线，以数字建模、场景应用为核心，以上海法院审判监督管理平台为重点，打造数据中台、模型平台、自动运行平台，筑牢"数字法院"基础框架和技术根基。在数助办案方面，形成一条与审判执行全流程节点对应的在办案件"质检"流水线，案件流转至指定节点时自动接受"体检"，并根据既定规则触发预警提示；在数助监督方面，推动审判监督管理模式从"碎片化个案纠错"转变为"全流程全面评查"；在数助决策方面，深入挖掘司法数据价值，提升法院参与社会治理贡献度。

---

* 课题组负责人：陆卫民，上海市高级人民法院党组副书记、副院长。课题组成员：陆诚、徐沛、窦星星。陆诚，上海市高级人民法院信息管理处处长；窦星星，上海市高级人民法院信息管理处应用管理科四级主任科员；执笔人：徐沛，上海市高级人民法院信息管理处综合管理科二级主任科员。

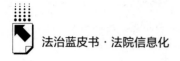
关键词： 审判监督管理平台 数字法院 数字赋能 数助办案 数助监督 数助决策

一 背景和意义

（一）背景

上海是全国改革开放的排头兵、创新发展先行者。上海法院始终坚持改革创新、自我发展，自1996年起积极运用现代技术助推法院工作。这期间，全流程网上办案、电子卷宗单轨制的建设应用，积累了源源不断的司法数据资源，创造了安全稳健的运行环境，也为数字法院建设奠定了坚实的基础。

党的二十大报告鲜明提出，加快建设"数字中国"。上海正在全面推进城市数字化转型，努力打造具有世界影响力的国际数字之都。在数字中国、城市数字化转型等大背景下，上海法院也在积极适应数字时代司法新模式，充分运用积累的海量司法数据，通过大数据分析等方法来引领、反哺、优化、创新现有工作方式，推动法院传统业务流程、组织架构和体制机制的系统性重塑。

2023年初，上海高院党组明确以"政治建设引领、司法质效为本、数字改革赋能"为当前和今后一个时期的工作主线，率先提出并部署推进"数字法院"建设，其中最核心的应用项目是"上海法院审判监督管理平台"，将大数据分析方法引入案件质量评查，通过数据筛选、比对、碰撞，实时预警监管漏洞、智能评查案件质量、系统防范差错瑕疵，构建形成"三级联动、一网统管"的审判监督管理体系。截至2023年12月，上海三级法院已申报应用场景3727个①，完成数据建模886个，建立案件质量评查模型341个，并已有131个数据模型嵌入办案系统，实现事前提示预警。应

---

① 本文数据均来源于上海法院审判监督管理平台。

用场景在数助办案、数助监督、数助决策、数助政务等方面切实发挥了作用，上海"数字法院"建设成效初显。

（二）意义

一是参与数字中国、城市数字化转型等重大战略部署的关键举措。"数字中国"建设是数字时代推进中国式现代化的重要引擎，是构筑国家新优势的有力支撑。党的二十大报告鲜明提出，加快建设"数字中国"。中共中央、国务院印发《数字中国建设整体布局规划》，从顶层设计高度对"数字中国"建设作出了整体布局，提出了一系列目标任务和战略部署。2021年，上海出台《上海市全面推进数字化转型"十四五"规划》，推动城市数字化转型迈入新发展阶段，着力以数字化巩固提升城市核心竞争力和软实力，努力打造具有世界影响力的国际数字之都。达到与国际化大都市定位相匹配的司法水平，积极推动数字化与法院工作深度融合，打造审判监督管理大平台，是上海法院贯彻落实中央、市委部署要求的具体实践，也是主动作为、参与城市数字化转型的关键举措。

二是努力实现审判管理现代化的有力抓手。审判管理现代化是人民法院工作现代化的重要组成部分，实现审判工作现代化，审判管理是保障。审判管理现代化应当是系统性、全面性的管理，是更好服务保障审判执行工作的管理，必须结合全面准确落实司法责任制的要求，充分发挥各审判监督管理责任主体作用，形成既各司其职又相互联系的审判管理体系。上海法院审判监督管理平台的建设聚焦审判管理现代化，进一步突出数字赋能、问题导向、纠防结合等现代理念，坚持数字赋能监督管理、倒逼提升案件质量，扎实推进数字技术与监督管理工作深度融合，加快实现"智能筛查提示问题线索、人工评查聚焦差错瑕疵"，在建立健全高效的实施操作体系中体现全周期数字赋能；坚持问题导向、由裁判者负责，通过监督管理发现问题、纠正问题、预防问题，推动实现"自查自纠依规适度从宽、权责一致依法评查问责"，在建立健全完备的制度规范体系、逐项落实审判权责清单中体现全链条监督管理；坚持纠防结合、内外联动，鼓励自我监督、规范内部监督、畅通外部监督，逐步实现"常规评查覆盖全员全案、专项评查整治顽癣痼疾"，在建立健全有力的配套保障体系、全面推进各级法院审级职能定位改革中体现全过程人民民主。

三是加快融入国家管理与社会综合治理体系的有效实践。党的二十大报告明确的2035年总体目标、未来五年主要目标任务，都包括国家治理体系和治理能力现代化，并强调"推进多层次多领域依法治理，提升社会治理法治化水平"。这些都对审判机关融入国家治理、社会治理提出更高要求。上海审判监督管理平台建设将深入服务社会综合治理体系，通过数据挖掘、数据分析，充分运用司法数据资源，科学预测社会发展、纠纷发生与人民群众需求的变化趋势，深入探讨治理预防对策，针对性输出符合本地司法特色的社会热点问题及司法建议，做实"抓前端、治未病"，通过构建"个案办理—类案评查—系统治理"审判监督工作格局，主动融入国家管理与社会治理，助力决策者更好地了解社会诉求，为社会问题的解决提供参考和支持。

二 基本原则和建设目标

（一）基本原则

坚持系统思维。准确把握上海"数字法院"建设的新任务新要求，坚持以规划引领建设，以标准指导建设。上海高院做好顶层设计，统筹协调法院内外部资源，在"六个统一"框架内，指导中基层法院围绕"三级联动、一网统管"总体架构开展创新应用场景建设，强化三级法院在创新技术融合、业务需求融合等方面步调一致，推动上海审判监督管理建设一体化、协同化、可持续发展。

坚持业务引领。紧紧围绕审判执行主责主业，坚持以法律思维为主导，坚持以业务需求为引领，明确业务部门主体地位，严守法律边界与程序要求，找准技术应用支持的切入点、落脚点，推动审判执行各环节各领域的数字化改革。

坚持创新驱动。创新是引领发展的第一动力，强化创新能力和创新体系建设，顺应新科技革命发展趋势，立足数字化、网络化、智能化发展方向，深度应用大数据、人工智能、区块链等先进技术，加强与重点高校科研院所及高科技企业的战略合作，借助外脑智慧突破技术瓶颈；加快推动数字化改革体制机制创新，健全关键技术引入、经费保障、创新应用评价激励等机制，激发创新活力。

坚持安全发展。牢牢把握系统安全、网络安全、数据安全防护要求，强化"数字法院"建设应用的自主安全管理。构建全方位自主可控的主动安全防御体系，提升整体安全能力；健全与"数字法院"建设相适应的安全管理标准措施，继续优化国产化应用和替代工程，确保系统、网络、数据安全。

（二）建设目标

以建设"上海法院审判监督管理平台"为抓手，聚焦三级法院共同需求，充分运用大数据、云计算、区块链、人工智能等前沿技术，盘活内部数据资源、攻克外部数据壁垒、加强大数据挖掘分析，将应用场景建设与审判监督管理工作充分融合，推动数助办案、数助监督、数助决策，更好运用信息化手段感知社会态势、畅通沟通渠道、辅助科学决策。

三 工作实践

（一）建设技术底座，筑牢基础框架和技术根基

上海法院在全流程网上办案体系、电子卷宗同步生成、信创系统全面运用等基础上，全面运用人工智能、区块链等现代技术，打造数据中台、模型平台和自动运行平台"三大平台"。

一是建立数据中台，全面释放数据资源效能。数据是新的生产要素，也是重要生产力。为盘活数据资产，充分释放数据效能，基于现有办案系统中的结构化数据远不能满足数字建模需求，上海法院将应用系统产生的海量结构化数据以及庭审音视频、卷宗材料等非结构化数据和外部共享数据统一汇

集至数据中台，从内部数据深度挖掘和外部数据广泛集成两个方面着力，进一步优化数据资源。内部数据挖掘方面，引入了基于消息队列的数据集成组件，以松耦合的方式，对诉讼服务、审判、执行等系统的结构化业务数据进行统一采集汇聚；非结构化数据部分，依托小样本训练抽取引擎和人工智能语义技术，对近5年的裁判文书、起诉状等进行解构，唤醒海量"沉睡"数据。其中，判决书可解构出近400个信息点，裁定书、调解书可解构出近200个信息点，解构完成的结构化信息点汇聚至数据中台存储，用于后续的数据清洗、治理和各类应用场景。目前，通过增强算力，已支持解构在办案件文书。外部数据集成方面，通过与市大数据中心的公共数据开放平台进行数据对接，将申请获批后取得的公共数据作为数据源统一汇聚接入，为应用场景提供数据支撑。

二是打造模型平台，积极探索数字赋能核心路径。基于业务规则，利用聚类分析、回归分析、关联规则、特征分析、决策树学习等大数据挖掘技术，打造高效灵活的模型平台，并对接数据中台，利用数据中台提供的实时计算、离线计算、数据仓库等组件，为全市各法院提供可视化建模服务，有效提升应用场景落地效率。模型平台向全市三级法院开放，各级法院都可以在这个模型平台上研发各类符合自身司法需求的应用场景模型，快速验证评查路径。截至2023年12月，全市法院都已实现自主建模。

三是搭建自动运行平台，为应用场景建设提供支撑。深化应用场景建设与全流程网上办案系统并轨运行和联动作用，通过预先建立模型嵌入点、设置模型嵌入规则等方式，以可视化配置的形式，将研发成熟的应用场景模型规则嵌入立案、排期、庭审、结案等全流程网上办案40多个节点，在案件流转至指定程序节点时触发模型规则，自动数据碰撞、筛选比对发现案件质量隐患，并实时预警提示，从源头避免案件程序不规范、适法不统一等问题，推动从事后监督到事前、事中监督的转变。

（二）建设上海法院审判监督管理平台

上海法院针对审判领域的多发易错问题，引入大数据分析方法，多场景构建应用场景模型，通过数据筛选、比对、碰撞，实时预警监管漏洞、智能评查案件质量、系统防范差错瑕疵，构建形成"三级联动、一网统管"的上海法院审判监督管理平台。平台主要包括数助办案、数助监督、数助决策、数助政务四大板块。数助办案板块包含全流程预警、应用场景提示、智能辅助办案3个模块：全流程预警模块打造从诉调立案到审判执行信访的90余项预警点的全流程动态监管，形成全链条、全过程、全方位的案件质量大监督格局；应用场景提示模块展示已嵌入业务系统的模型运行后推送的应用场景提示消息情况，包括嵌入模型分类情况、推送数、反馈数和有帮助率等；智能辅助办案模块展示要素式审判辅助模型的情况。数助监督板块主要包括态势运行、指标管理和质量评查3个模块：态势运行模块展示刑事、民事、行政等案件总体态势，以及审判流程、万人成讼、立案服务、多元解纷、司法公开等情况；指标管理模块实现审判质量、审判效率、审判效果、执行质效、全网办案等70余项指标的可视化展示；质量评查模块展示评查模型情况，支持一键启用评查模型，可查看历史评查记录，同时展示二审再审改发案件及其评查情况，包括改发原因、改发法院分布、改发结果、评查比例、评查报告问责人数等。数助决策板块展示决策参考、司法数据推送、司法数据服务3种社会治理类场景的建设情况，包括申报、建模、立项、完成总体情况及各法院分布情况；展示应用场景的成果情况，包括批示、决策报告、推送单位、推送数据、申请单位、提供服务次数等。数助政务板块围绕数字政工、数字警务、数字办公、数字行装等方面积极构建应用场景，展示数字政工、数字警务、数字行装应用情况以及数字法院技术底座的运行情况。

（三）将场景建设融入审判执行全流程，实现"数助办案"

深化应用场景建设与全流程网上办案系统并轨运行和联动作用，通过预先建立模型嵌入点、设置模型嵌入规则等方式，形成一条与审判执行全流程节点对应的在办案件"质检"流水线，案件流转至指定节点时自动接受"体检"，并根据既定规则触发预警提示，辅助法官依法、高效、准确办案。

一是加强办案规则指引，有效促进适法统一。针对常见案件办理中存在的适法不统一、自由裁量权行使不规范等情形，由高院业务庭牵头讨论确定办案规则后，开发适法统一场景数据模型，并嵌入办案系统。目前已有"电商平台经营者承担责任适法统一""侵犯商标权犯罪案件缓刑适法统一"等适法统一场景嵌入办案系统，已推送预警信息 539 件次。例如，青浦区法院在审理 11 件盗窃、行贿、贪污、介绍卖淫等案件过程中，在办案系统确定案件开庭排期后，自动触发"盗窃罪等五类案件的罚金刑适法统一预警"场景，提示法官案件存在罚金刑适用特殊规定，及时预防罚金刑适用错误。

二是聚焦诉讼程序反复，切实避免"程序空转"。针对审判中"一案结而多案生"等程序空转问题，通过系统梳理分类后，建成"撤诉后再起诉、一案反复终本等六类程序空转情形甄别预警""管辖移送立案程序空转甄别预警""审计鉴定评估程序合理性审查与程序空转甄别预警"等预防程序空转应用场景数据模型。普陀法院在审理一起民间借贷案件时自动触发"自然人死亡丧失诉讼主体资格提示预警"这个应用场景，提示案件某当事人已死亡，承办法官经查询公安人口登记情况，未见死亡信息，后经调查确认此人确已死亡，且系当事人父母故意隐瞒。法官通过场景提示及时发现，依法处理，既减少了当事人诉累，又避免了错误裁判。

三是智能预防裁判工作瑕疵，全面保障案件质量。围绕审判实践中常见多发的诉讼主体错列、裁判文书法条引用错误、用语表述不规范等问题，建立"涉刑事和解案件条文适用规范提示预警""不正当竞争纠纷类案件新旧司法解释适用规范提示预警"等多个排查、预防裁判工作瑕疵的应用场景，在裁判前及时预警。例如，上海铁路运输法院在立案受理一起破产债务人企业提起的请求撤销个别清偿行为纠纷案时，即触发"破产衍生诉讼主体规范列示提示预警"场景，提示此类案件应当将破产管理人或中介机构而非债务人企业列为当事人，法院第一时间与原告进行沟通，将诉讼主体变更为破产管理人，防止案件因程序瑕疵而重审。黄浦区法院法官在制作一起被继承人债务清偿纠纷案件的判决书时，触发"民商事裁判文书主文利率标准表述提示预警"场景，经承办法官核实后，发现裁判文书中利率书写确实存在问题，及时进行修正。该场景已为法官推送提示信息 184 条。

四是强化执行工作智能跟踪，大力提升"查人找物"效能。围绕拓展查找财产线索的途径、加强终本案件跟踪管理等，建立"被执行人在另案领取案款提示预警""终本案件被执行人在他案执行完毕提示预警"等执行相关应用场景，促进胜诉当事人权益更快兑现。徐汇区法院根据"执行终本案件财产查控监管"场景提示，发现该院 43 件终本案件的被执行人已退休，名下住房公积金账户有余额可划扣，据此累计查控公积金余额 125 万余元，8 件案件全额执行到位。

（四）将场景建设融入审判管理，实现"数助监督"

针对案件审理中的常见质量问题，坚持刀刃向内，建立监督类场景模型，改变以往审判监督管理"碎片化个案纠错"模式，常态化、不停歇地对案件质量进行滚动式评查，推动解决长期困扰审判监督管理的难点堵点问题。

一是打破数据壁垒，强化关联案件评查。关联案件指案件之间部分或全部当事人相同，或在事实认定、案件处理等方面具有一定利害关系的案件。针对单个法官难以全面掌握关联案件信息、极易造成案件处理结果冲突的情况，建立"职业打假人甄别预警""职业放贷人甄别预警""受理破产后发放执行款监督"等关联案件场景模型。例如，"合同纠纷中涉非法集资类犯罪的排查与监督"应用场景，筛查出非法集资被害人另行提起民事诉讼共6000 余件。

二是筛查隐藏事实，识别认定虚假诉讼。针对当事人隐瞒真相、捏造事实误导法院作出错误裁判等行为，建立"假离婚、真逃债""买卖合同虚假诉讼甄别""名为买卖、实为赠与""名为保理、实为借贷""名为车辆租赁、实为车牌租赁"等应用场景，通过数据碰撞，识别认定虚假诉讼，并启动核查程序。例如，"民间借贷虚假诉讼甄别"应用场景，筛查出 2018年至 2023 年 16 名自然人涉嫌民间借贷虚假诉讼 1048 件、2 家非法集资企业以民间借贷名义提起诉讼 1.9 万件。

（五）将场景建设融入社会治理，实现"数助决策"

把握个案办理与社会治理的关系，积极发挥数字赋能在防范风险、参与社会治理等方面的作用，做深做实新时代能动履职，努力实现双赢多赢共赢。

一是梳理案件反映的社会治理问题，积极建言献策。立足社会治理薄弱环节，通过建立相关数据模型，分析排查问题线索，形成专题报告，为领导决策提供参考。同时与相关部门建立沟通协作机制，共同促进问题治理，实现"办理一案、治理一片"。上海二中院、虹口区法院联合通过数据分析，反映"戒毒药物美沙酮非法流出变贩毒的问题"，得到相关领导部门重视，从而推动全国范围内此类问题的解决。闵行区、金山区法院联合通过数据模型，分析反映"农村集体三资管理问题"，得到相关领导部门重视，并协助市农业农村委完善"集体三资数字化监管平台"建设。

二是推送类型化司法数据，支持政府履职。对接上海市司法局、教委、医保局等17家政府部门与行业单位，听取需求，目前已梳理筹建"助力医保基金追偿""社区矫正对象全流程监管衔接"等44个常态化司法数据推送模型，支持政府部门履职。静安区法院运用"偷逃税预防数据模型"，对2018年至2023年审结的房屋买卖"做低"价格、股权转让"阴阳合同"以及企业高管离职后追索劳动报酬等案件进行分析，发现涉嫌逃漏税款案件，将相关案件信息同步发送税务部门，并建立机制定期推送新发现的此类案件信息，助力完善税务监管体系。

三是开发特定司法数据查询端口，服务社会主体需求。高度重视法院海量司法数据对社会发展的价值，在保证数据安全的前提下，主动跨前一步，开发供社会查询的司法数据服务，帮助企事业单位等主体避免因信息不对称造成决策失误。已筹备建立"教育机构涉未成年人从业禁止查询""小微企业涉诉信息查询"等端口，向相关社会主体提供所需信息。宝山区法院向金融机构提供"企业涉诉信息说明函"，辅助金融机构对企业作出准确融资前评估，增强"敢贷"信心，畅通中小微企业融资渠道。目前该项司法数据查询服务正在与上海市各金融机构进行推介对接。

四　创新点

（一）完善工作机制，"自下而上"，激发一线干警积极参与数字建模

一是组建数字法院建设专班，由高院办公室牵头，审管办、审监庭负责内部监管，研究室负责数助决策，政治部负责数字政工，信息处负责技术实现，形成高院统筹协调、各院协力创新的工作合力。二是明确建设路径，推动技术创新，优化建设思路，探索形成场景申报、数字建模、推广评查、嵌入测试、核验反馈、优化完善"六步走"工作模式。三是自下而上，充分发动基层一线办案干警力量，将在长期司法实践中遇到的风险点、改判点和易错点梳理成业务规则，经技术人员转化为模型算法，建成数据模型后嵌入办案系统，形成良性可持续的业务需求提出—数据验证—嵌入系统—应用反馈的全流程闭环。

（二）创新技术实现路径，满足一线干警自主建模需求

为解决数据采集难问题，上海法院一方面盘活业务系统中蕴藏的数据"财富"，并引入基于数据库日志的数据变化捕获技术对所有业务系统实现秒级准实时数据采集，目前，已通过上海法院数据中台汇聚包含审判、执行、送达、档案等系统超过81亿条数据，实现数据采集全覆盖；另一方面，打破外部数据壁垒，推动跨部门数据流转，主动对接上海市大数据中心，将市公共数据开放平台的数据应用到办案系统中，服务法官办案。同时，加快开展数据治理，解决目前数据格式不够规范的问题，解除一线干警建模中遇到的障碍。

为解决文书要素解析难问题，上海法院创新引入基于"大模型"技术

的小样本训练模式，对刑事、民事、商事、知识产权、海事海商、金融、行政等八大类案件的起诉书、起诉状、反诉状、答辩状、庭审笔录等33类法律文书的关键案情要素、事实篇章进行编码和特征提取，并根据模型规则，构建一系列针对特定场景的专题库并实时更新。

为解决低代码还不够"低"的问题，上海法院依托"数字法院"技术底座，将常见的业务处理逻辑进行标准化组件封装，形成一个个具备业务属性的算子。例如，判决书内容比对算子、刑期计算算子、罚金计算算子、重复起诉算子、原/被告重叠算子等，通过使用这些算子，可避免重复、复杂的基础数据整备和规则计算，最大化提升建模效率。

（三）加强组织领导，以"数字法院"推进会为抓手，形成整体合力

上海法院明确三级法院党组是抓好"数字法院"建设的责任主体，党组书记履行"第一责任人"职责，对"数字法院"建设负总责。高院牵头组建了跨层级、跨部门一体高效的数字法院建设专班，采取任务项目化、项目目标化、目标节点化、节点责任化的管理机制，形成高院统筹协调、各院协力创新的工作合力，确保建设任务按时保质落实到位。此外，通过定期召开上海数字法院建设推进会，推进全市法院同步审判监督管理大平台建设，选取部分法院分享场景应用研发的经验做法，就数字法院建设进一步统一思想认识，明确各阶段重点工作，加紧推进落实。

五　未来展望

下一步，上海法院将继续坚持"数字改革赋能"这一主线，围绕"高质量发展"这一目标，以上海审判监督管理平台为依托，把数字法院建设作为上海法院推动审判工作现代化的重要引擎，持续向纵深推进，争取把上海数字法院建设成为"新时代司法模式变革的上海样板"。

一是要以更高站位凝聚数字改革共识。牢固树立"数字改革赋能"理

念，将数字化改革作为推动法院工作质量变革、效率变革、动力变革的重要支撑，把数字化、一体化、现代化贯穿到法院工作的全过程各方面，形成人人参与、内外协同、纵横联动的局面。

二是要以更高标准深化数字法院改革。强化数字法院全局性谋划、整体性推进，协力推动基础设施集成、应用集成、数据集成、知识集成和门户集成，实现一数一源、一源多用、一次采集、多方应用。把高水平谋划应用场景建设作为推动数字法院高质量发展的核心任务，在持续打造高质量"小切口"应用场景的基础上，积极探索场景建设新的"增长点"，加强办案要件指南等综合性大场景的研发应用，全面推动数助办案、数助监督、数助决策、数助政务。深入挖掘证据标准指引的价值，对过去几年已经形成的规则指引按照数字化方式拆解细化，形成建模规则，研发应用场景，进一步发挥刑事智能辅助办案系统的效能。持续优化场景研发应用闭环管理机制，高标准推进申报、研发、推广、嵌入、反馈等各环节建设，细化工作规则流程，提高应用场景建设成效。筑牢数字安全屏障，加快挖掘数据价值，强化信息共享，推动设施联通、网络畅通、平台贯通、数据融通，避免形成数据孤岛、应用烟囱。

三是要以更高质量推进数字法院运用。紧紧围绕审判执行主责主业，加快条线指导、适法统一、审判监督管理等大应用场景研发，真正发挥数助办案的作用。深层次推进数字化治理，梳理类型化案件特征，建立智能化知识图谱和规则引擎，生成各类风险防范报告，揭示预警行业风险、金融风险、信访风险等，推进社会问题"预防性治理""精准治理"，以源头治理数字化助力社会治理现代化。拓宽应用场景建设广度，加大干部管理应用场景研发力度，扩大数字赋能的辐射范围和效能。

B.13
广西法院统一庭审系统建设应用
调研报告

广西壮族自治区高级人民法院课题组*

摘　要：　广西法院统一庭审系统，以庭审为中心，以全流程无纸化办案为主线，以一体融合为导向，从架构与功能层面整合法院相关系统平台，一次性解决电子卷宗、远程提讯、互联网庭审、语音识别、电子签名、文书生成等一体化应用问题。系统采用统一标准、统一研发、统一对接、统一部署、统一应用、统一运维"六统一"集约化建设模式，力求界面标准化、功能集约化及操作便捷化，避免各级法院重复建设，便于庭审人员快速熟悉应用。系统充分融合人工智能技术，不断增强庭审智能化能力，为各方参与庭审人员提供智能、高效、便捷的智慧辅助服务。

关键词：　融合式法庭　统一庭审　无纸化办案

一　建设背景

"十四五"以来，广西高院以"对标最高法院、紧盯全国先进、创造广西特色、争创全国一流"为目标，计划在"十四五"期间实现人民法院信息化建设三步跃升，即到2022年中强基础、建规范，2023年底抓落实、见成效，2025年底创特色、争一流，推动信息化4.0版在广西法院落地见效。

---

*　课题组负责人：梁月奎，广西壮族自治区高级人民法院党组成员、副院长。课题组成员：赵波、姚俊、陈伟仁、郑毅超。执笔人：陈伟仁，广西壮族自治区高级人民法院司法技术管理处一级主任科员；郑毅超，广西壮族自治区高级人民法院司法技术管理处四级主任科员。

2021 年以来，广西法院以全流程无纸化办案为抓手，驱动人民法院信息化建设转型升级，智慧庭审应用则是无纸化建设的主要内容之一。

（一）政策引领

最高人民法院 2016 年发布的《科技法庭应用技术要求》以及 2017 年进一步发布的《科技法庭信息化建设指南》明确了科技法庭信息化建设的要求和适用范围，对新时期审判法庭建设提出了新的意见，指导全国法院利用信息化手段开展科技法庭建设，促进提升庭审效率。2020 年 4 月，最高人民法院在《智能庭审应用技术要求》中提出，要建设"智能法庭"，在原科技法庭功能基础上，扩展智能庭审应用，为办案干警提供智能、高效的庭审工作辅助支撑。2021 年 5 月，最高人民法院发布《关于人民法院在线诉讼规则》，指出人民法院、当事人及其他诉讼参与人等可以依托电子诉讼平台，通过互联网或者专用网络在线完成立案、调解、证据交换、询问、庭审、送达等全部或者部分诉讼环节。同月，最高人民法院发布《科技法庭信息化建设规范》，对互联网庭审、跨网庭审等相关设备及应用功能作出具体要求，为全国法院建设新一代融合式法庭提供指导标准和依据。2022 年 2 月，最高人民法院发布《人民法院在线运行规则》，将庭审在线服务纳入智慧审判系统的建设体系，要求应当为审判人员提供阅卷、听证、庭审、合议、裁判辅助等智慧服务。2022 年 12 月，广西高院印发《广西法院科技法庭建设指导意见》，要求全区法院新建或改造科技法庭应适用广西法院统一庭审系统，支持诉前调解、诉中调解、庭前准备、庭前会议、证据交换、询问、提讯、调查、谈话或听证、信访接待等诉讼活动及办案相关工作，并融合互联网庭审，支持当事人、代理人通过各类终端参加庭审。

（二）技术驱动

随着人工智能、大数据、5G 等信息技术的快速发展，人民法院审判法庭信息化建设也取得长足进步，庭审模式发生了深刻变革。从最初庭审仅要求录音录像的"初步使用"阶段，到有专门庭审系统，应用多媒体技术展示纸质、音像等证据以及配置语音识别转文字、多端接入庭审等智能化功能的"快速发展"阶段，再到庭审系统具备审查证据、法条案例推送、无纸化办案等智能化辅助法官办案的"深度应用"阶段。科技创新的赋能，有力推动了智慧庭审高质量发展。

首先是设备性能的提升。根据摩尔定律，近年来芯片技术发展迅速，运算速度有了较大提升，特别是智慧型独立运算 AI 芯片的应用，让庭审主机支持更复杂、高并发、多线程的任务处理，推动庭审系统智能化水平快速提升。同时，得益于国家信息高速网络工程建设，4G、5G 网络的普及应用，网络传输能力得到大幅提升，音视频数据传输瓶颈被打破，高清庭审音视频数据的高效传输，让无纸化庭审、在线庭审成为现实。

其次是大数据模型的应用。大数据、云计算、物联网等大规模集约式、融合式发展，让多渠道、多维度、多类型、跨网系音视频数据交互融合能力不断提升。通过大规模数字化技术的应用，庭审系统对声音、视频、图像的处理能力从"无"到"有"、从"有"向"优"、从"优"向"精"纵深发展，辅助法官庭审智能化水平不断攀升，积极推动融合式庭审快速发展。

再次是人工智能的兴起。随着语音识别、人脸识别、图像识别、区块链、视频压缩等一大批人工智能技术的兴起和应用，原来单一的庭审功能，逐步融入了前沿人工智能技术，机器操作逐步替代了人工操作，线下庭审也走向线上，庭审应用走向了自动化、网络化、一体化，为法院无纸化庭审奠定了基础。

最后是安全技术的发展。安全是应用的基础，没有网络安全技术的发展，庭审特别是跨网庭审活动就无法正常运行。随着人民法院全方位安全体系的建立，安全保障覆盖更多更深层次的应用场景，网络安全防控能力大幅增强，特别是跨网安全边界交换、数据防篡改、身份校验、数字签名、区块链等安全保障手段，为线上庭审、远程庭审的正常开展提供有力的技术支撑。

（三）应用需求

随着广西法院深入推进全流程无纸化办案，庭审效率成为影响审判效率的重要因素。历年来，广西各级法院建设了1300多个科技法庭，涵盖十多个品牌厂商，有的法院甚至同时存在多个品牌的科技法庭。由于各品牌科技法庭功能各异，庭审系统界面差异较大，数据标准不统一，导致各级法院办案人员开展无纸化办案过程中面临庭审电子阅卷、电子签名、生成笔录、同屏质证等关键功能不全、系统衔接不畅等突出问题，严重影响无纸化庭审正常进行。无纸化庭审成为广西法院推进全流程无纸化办案的"拦路虎"。

一是庭审功能参差不齐。不同科技法庭厂商基本自建有庭审系统，功能各异，布局不一，导致法官和书记员需操作多个系统，当事人和代理人需下载安装多种软件，给办案和参与诉讼都造成极大不便。特别是一些老旧庭审系统功能较弱，根本无法满足无纸化庭审需求，改造起来周期长投入大。

二是"数据孤岛"现象严重。因为缺乏统一的数据标准和厂商之间存在技术"数据壁垒"，庭审数据基本分散存储在各自庭审系统中，无法有效地整合利用。而这种"烟囱式"的封闭建设，形成事实上的"信息孤岛"，导致各级法院根本无法对辖区法院进行庭审管理和数据统计分析，与其他系统数据共享也在客观上存在较大困难。

三是运维升级成本巨大。广西各级法院为推动无纸化办案，需升级改造科技法庭的软件和硬件，且须打通与审判系统、卷宗系统、签名系统等对接，使之具备满足无纸化庭审的基本功能。由于各厂商独立的庭审系统，增加了对接难度和工作量，且日常运维压力较大，阻碍了推进无纸化庭审的步伐。

对此，要迅速在全区法院推广无纸化办案，必须尽快完成庭审系统对接和升级，实现数据统一管理和共享应用。广西高院致力于建设全区法院统一庭审系统，旨在立足庭审业务需求，快速配齐功能，减少建设投入，降低办案人员应用难度，提升智慧庭审能力，加快推行无纸化办案。

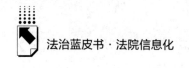

二　主要内容及特点

（一）建设目标

全区法院统建共用。打造一套供全区法院庭审人员共同使用，全面支持全流程庭审应用，深度融合前沿人工智能技术，兼容不同品牌科技法庭设备，适应多场景庭审模式，支撑无纸化庭审，并具备良好的易用性、稳定性和安全性的智慧庭审系统。

衔接融合多方系统。衔接审判系统、卷宗系统、远程提讯、互联网庭审等业务系统模块；同时整合语音识别、智能文书、电子签名、电子质证等庭审功能，构建全要素庭审融合应用体系，为办案诉讼参与人提供智能辅助支撑。

统一软件页面风格。全面兼容各类品牌科技法庭设备，统一庭审系统风格布局、功能分区等，无论是审判人员还是代理人、当事人线上参审，都能够做到功能及操作一致，提升软件应用的易用性，降低参与庭审人员操作庭审系统的难度，快速适应系统，提升用户操作体验。

打通多方网络共享。打通法院内部局域网、法院专网、移动专网、互联网、电子政务网，实现跨网系业务、音视频数据交换，实现网络共享融合，数据全方位互联互通，满足各种审判模式的环境需求。

提供智慧庭审服务。根据不同的庭审需求和当事人到场情况，提供多场景庭审模式，覆盖庭前、庭中、庭后全流程业务形态，辅助法官、书记员、当事人全流程智慧庭审应用，提供智能化、便捷化、高效化的智慧庭审服务。

（二）建设内容

统一庭审系统应以一体融合为导向，从架构与功能层面整合法院现有各系统平台，一次性解决电子卷宗、远程提讯、互联网庭审、语音识别、电子签名、文书生成等一体化应用问题。构建全要素庭审融合应用系统，同时提升软件应用的易操作性、功能及操作的一致性，形成标准规范的系统用户界面、功能及操作方式，避免重复性研发投入，便于法官、书记员熟悉软件应用，降低学习成本。

以"畅通无阻"为基础，实施网络双千兆升级。庭审系统统一部署在高院，辐射应用全区 129 家法院，对音视频数据传输实时性、完整性要求较高。2020 年初，自治区高院启动全区法院专网的扁平化建设和网络带宽提速，称之为"网络双千兆改造工程"，中基层法院全部千兆带宽直连自治区高院，数据和视频双链路双千兆，能够满足未来一个时期无纸化庭审、无纸化办案的需求。

以"一体融合"为根本，优化整合庭审功能。统一庭审系统由高院统一研发，统一融合电子卷宗、远程提讯、互联网庭审、语音识别、电子签名、文书生成等六大平台，形成统一操作界面，衔接各业务系统数据，定期同步迭代更新，面向庭审全过程，提供全方位智能化服务。系统完全适应全流程无纸化办案和线上诉讼的需要，按需集成优化并应用最新技术，全方位打造智能辅助庭审，方便群众诉讼和法官办案。

以"兼容开放"为宗旨，打造开放性系统。统一庭审系统是标准化、通用型的软件，采用去主机化运行并兼容不同品牌科技法庭厂商产品。系统前端大部分功能只依赖各席位电脑主机运行，完全兼容不同品牌科技法庭设备，后端与法院各应用系统无缝对接数据，融合第三方智能化应用，打破数据共享壁垒，避免"信息孤岛"问题。

以"千人一面"为关键，提升系统易用性。传统庭审活动需要法官熟悉各种操作才能完成整个庭审流程，为降低法官操作难度，统一庭审系统对功能分区、风格布局等进行精心设计，让法官快速上手，提升操作体验。系统集成了电子卷宗、电子签名、电子质证、提纲生成、笔录纠错、录音录像等功能模块，对接审判系统、语音识别、远程提讯、互联网庭审、庭审直播等第三方系统平台，全部统一操作界面，在不同品牌的法庭设备上实现系统界面、功能完全一致，确保易用性。

以"改旧建新"为步骤，降低成本，稳步推进。全面推行无纸化庭审，

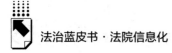

建设全功能融合科技法庭投资大，短期内难以覆盖全区法院，导致无纸化办案无法全程贯通。因此，广西法院以"统分建设"为抓手，采取"改造一部分旧法庭，新建一部分法庭"并行方式，由自治区高院统一研发庭审软件，中基层法院各自配套硬件设施，除新建科技法庭外，原有科技法庭仅需新增少部分设备，就能支撑无纸化庭审、互联网庭审的应用。通过快速推进庭审系统全覆盖应用，为办案诉讼参与人提供智能、高效的庭审工作辅助，迅速推进了无纸化办案。系统整体架构见图1。

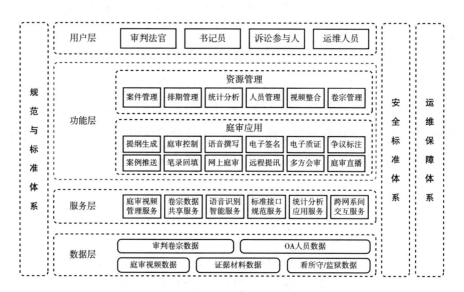

图1 广西法院统一庭审系统整体架构

（三）创新及特点

创新融合式科技法庭建设标准。为兼容不同科技法庭品牌的庭审主机、系统架构、功能应用等，统一庭审系统制定了一套规范与标准，统一了接入协议、应用协议和共享协议，并制定标准化接口供不同系统调用。基于最高人民法院有关技术规范，制定《广西法院科技法庭建设指导意见》，指导和要求所有科技法庭按照统一接口规范对接，确保稳定顺畅调用。同时，庭审涉及信息量较多、部分内容比较敏感甚至涉及群众隐私，对跨网数据交互制定一套详细流程规范，确保庭审数据安全。

"云+端"建设模式。传统科技法庭的庭审系统都是单一部署在庭审主机，如后续要升级系统则需更换硬件设备，成本投入巨大。广西法院统一庭审系统采用"云+端"建设新模式，利用云主机技术，集音视频云能力、业务云能力、视频加速能力于一体，多种庭审应用模式融合，有效减少法庭硬件设备，实现科技法庭建设控本增效。云主机技术将庭审系统部署在云端，可随时根据需要扩展或缩小系统容量，实现后端资源共享和高效利用，具备高可用性和灾备性，系统部署和管理也更加灵活和便捷。

实时音视频技术。线上庭审特别是跨网庭审，在不同硬件设施和网络带宽环境下，经常出现庭审卡顿、模糊等问题，严重影响了庭审体验。广西法院统一庭审系统利用实时音视频技术、多协议混合传输技术、带宽评估和拥塞控制算法、多重最优寻址算法、快速自动重传技术等，通过智能网络质量调控和编码优化降低卡顿率，达到音视频传输低延时、低卡顿和高品质要求，实现在弱网、差网环境下高质量的音视频通信，保障线上庭审稳定运行。

音视频压缩"云存储"。为保证音视频存储安全，广西法院统一庭审系统采用"终端+云端"存储模式。为减缓网络带宽传输压力和减少存储空间，庭审系统对庭审产生的音视频数据通过编码技术进行无损压缩。应用终端存储，可最大程度确保发生网络故障时录像不丢失，同时通过扩展视频压缩能力，支持数据有序上云，实现音视频数据云端统一存储及管理，为云网一体化管理和智能化调度提供坚实基础。

自主化运维能力。因庭审系统部署在云端，对终端设备的运维自检能力非常必要。广西法院统一庭审系统开发了自检、故障诊断及故障弱化功能，确保终端出现故障时能及时预警并快速维护，满足智能化、网络化、数字化的要求，达到了业内领先的技术水准，具备良好的可靠性、安全性、伸缩性。

统一界面布局设计。广西法院统一庭审系统的软件界面简洁、布局合理，为庭审人员提供了清晰、简洁、友好的人机操作界面，操控简便、灵活，易学易用，也便于管理和维护，打破了传统庭审系统"千人千面"的局面，受到各级法院庭审人员的欢迎。

三　应用成效

广西法院统一庭审系统是自治区高院落实最高人民法院以创新驱动人民法院信息化建设，向创新要效率的重要实践。2021年上线以来，迅速在全区130家法院推广应用，在降低信息化建设成本、提升庭审操作体验和效率、实现全区法院协同联动和管理等方面取得显著成效，有力促进广西法院审判工作现代化。截至2023年12月，全区130家法院共900多个法庭接入使用统一庭审系统，开庭次数已达10万余次①，有力支撑了全区法院无纸化庭审，提高了审判效率，减轻了当事人诉累，取得了良好的社会效益和法律效应。

（一）融合庭审功能，提升庭审效率

原来庭审各环节功能分布在不同系统，法官查阅电子卷宗须切换至电子卷宗系统，开展在线庭审则须切换至互联网庭审系统，开展提讯又须切换至远程提讯系统，导致庭审人员在系统之间频繁切换，学习成本高，体验感差，且容易出错。统一庭审系统打破以往法院庭审系统功能零散、界面多样、数据繁杂的局面。通过规范系统界面、功能及操作方式，简化流程操作，让庭审人员快速熟悉，降低学习成本。依托系统语音识别和电子签名功能，书记员无须核对庭审笔录，代理人和当事人在语音识别同步转写后直接扫码2~3分钟即可快速完成签名。庭审结束后，庭审录音录像和电子庭审笔录自动进入电子卷宗，转变了线下扫描再手动上传费时费力的做法。系统充分应用大数据技术，汇聚和融合庭审各个环节所需数据，并自动提取和关

---

① 数据来源：广西法院统一庭审系统后台统计数据。

联庭审要点，帮助法官在庭上快速围绕案件争议点进行庭审调查，高效地查明案件事实，从而节省司法资源、缩短庭审时间、提升办案质量、促进庭审公平公正。

（二）规范庭审秩序，确保司法公正

庭审是审判活动的重要环节，规范庭审不仅是司法公正的要求，更是端正司法作风的重要体现。统一庭审系统对庭审活动全过程留痕，现场声音、现场图像、笔录内容、多媒体证据展示等实时记录，庭审程序、电子证据、庭审笔录全部保存系统，并采用"终端+云端"存储方式，确保庭审资料完整、安全保存。庭审结束后，庭审录音录像自动关联至办案系统，法官可随时回看庭审录像，既便于辅助案情研判和裁判文书撰写，也可帮助审判人员总结庭审不足，不断提高驾驭庭审能力以及庭审技巧，从而促进庭审不断规范化。统一庭审系统还接入了审务督察系统，实现对全区法院庭审自动监督、自动识别违规行为，从而规范了庭审行为，提升司法形象，维护当事人合法权益。依托统一庭审系统，各级法院可对辖区法院庭审情况进行动态监管，开展跨层级督查业务、庭审大数据分析和案件评查活动，有力促进庭审程序和审判人员行为规范化，确保庭审公平公正。

（三）业务协同联动，促进提质增效

原来广西各级法院使用不同品牌的科技法庭设备和系统，庭审业务在纵向和横向上都未能实现联通协同，开展异地提审、讯问只能现场开展，严重制约办案效率提升。全区法院使用同一套庭审系统后，庭审便打破了空间的限制，跨区域开庭、远程线上开庭、远程提讯都成为"家常便饭"。同时，统一庭审系统与广西区内的看守所、监狱提讯室、综治"视联网"、律师事务所、诉讼服务中心、金融机构等有关平台进行了对接，基于法院专网、移动专网、互联网等高速传输通道，实现审判业务、诉讼业务、调解业务的协同办理。系统上线以来，法院、机构、律所跨区域多方协同工作逐渐成为常态。例如，针对律师代理人群体，专门建

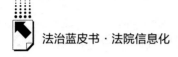

设了律师在线诉讼室，利用移动专网联通统一庭审系统，让律师和当事人在律所就可以参与庭审，高效稳定开展诉讼业务，极大提升了律师代理人对司法工作的满意度。

（四）践行以人为本，落实司法为民

广西法院科技法庭品牌有 10 家之多，有的科技法庭不支持互联网庭审，当事人只能到现场参与庭审；有的科技法庭虽然支持互联网庭审，但在弱网情况下卡顿、延迟严重，影响了庭审的正常进行。同时，因为互联网庭审的终端基本是由各家厂商研发的，参加不同法院庭审就须安装不同的庭审软件，给律师、代理人、当事人造成极大不便。此外，庭审系统基本是市场上的成品软件，如需针对本地实际情况进行定制化开发，则投入成本高且周期长，导致用户应用问题和需求迟迟得不到响应，用户体验较差。统一庭审系统统一了参与庭审的客户端软件，支持网页、App、小程序等多种平台，支持台式电脑、笔记本电脑、手机、平板等多种终端，并不断根据用户反馈问题和需求进行迭代更新，不断提升系统的稳定性、易用性。统一庭审系统与诉讼服务平台无缝对接，方便当事人查看证据材料、参与庭审、申请旁听等，打破了当事人参与诉讼活动的时空限制，实现了当事人足不出户即可参加庭审活动、举证质证等各个环节，真正落实了"让数据多跑路，让数据多跑腿"。

（五）助推无纸化办案，促进审判现代化

无纸化庭审作为无纸化办案的重要环节，出庭人员身份在线核验、庭审笔录电子签名、在线证据展示及质证、同步录音录像、智能语音转写等都是庭审系统必备的功能，但目前在用科技法庭很少完全具备，需在不同程度上进行升级改造。因广西各级法院信息化发展水平不一，客观上无法短期内完成全区法院科技法庭的升级改造，一般需要 3~5 年时间才逐步完成。对此，广西高院通过研发统一庭审系统，在软件上集成了大部分无纸化庭审所需功能，如电子阅卷、电子签名、电子质证、提纲生成、笔录纠错、录音录像、语音识

别、远程提讯、互联网庭审、庭审直播等；在硬件上适配主流科技法庭厂商设备，与广西区内在用的 10 家科技法庭设备完成接入，实现了主要品牌庭审设备的全面兼容，原科技法庭仅需增配少部分设备即可具备无纸化庭审能力，极大降低了改造成本。因此，统一庭审系统通过一个系统集成无纸化庭审功能，实现了全区法院法官"一张网一系统"上开庭，避免各级法院重复投入，有效快速推进无纸化庭审，破除了全流程无纸化办案路上的"拦路虎"。

（六）统一网络出口，确保数据安全

庭审涉及的信息量较多、部分数据是敏感数据或当事人隐私信息，而且庭审是严肃的法律行为，对庭审人员身份真实性核验及传输数据防篡改、防泄露是在线开庭基本的安全要求。以往广西各级法院各自建设互联网庭审平台，数据交互方式多样，技术保障能力也参差不齐，跨网庭审容易出现网络安全风险问题。特别是随着无纸化办案的深入，数据备份安全也越来越受到各级法院的重视。对此，统一庭审系统严格按照《人民法院安全隔离与信息交换平台使用和管理要求》进行设计，根据国密和商密应用要求，制定了一套涵盖身份认证、接入认证、授权管理、行为审计、安全监控、安全防护、视频溯源等方面的安全标准，所有跨网交互数据统一从自治区高院安全隔离交换平台进出，最大限度确保各类庭审数据的安全。同时，统一庭审系统采用成熟、稳定和通用技术和设备，有备份、容灾、冗余等措施，并充分考虑断网、弱网、宕机等多种情形，确保系统多种场景下保持稳定运行。系统数据采用"终端+云端"同时存储，终端设备具有自我检测功能，将出现故障的概率降到最低，出现故障时也将影响降到最小，不断提升支撑庭审业务的可靠性、安全性。

（七）优化司法资源，促进绿色办案

广西法院信息化建设历来遵循"统筹规划、共建共享、业务协同、安全可靠、勤俭节约、注重实效"原则，主要采用"高院统筹集约化建设+中基层法院配合实施应用"模式，统一庭审系统建设也是如此。在建设上，统一庭审系统由自治区高院统一建设，面向全区法院应用，中基层法院直接将现有庭审设备接入即可应用，既能"一盘棋"迅速提升全区庭审信息化水平，也可避免各级法院重复建设，仅在庭审系统数据对接上，全区法院节省了1000多万元对接费用。在运维上，统一庭审系统集中部署在自治区高院，高院负责日常运维和软件升级，中基层法院仅需保障网络畅通和终端设备正常便可第一时间应用系统最新功能，减轻了中基层运维压力和成本。在应用上，统一庭审系统广泛应用实现了无纸化庭审，极大减少庭审纸张使用，既符合环保要求也节省司法资源，实现绿色办案、节约办案、高效办案。南宁市中级人民法院全面应用统一庭审系统后，2023年上半年该院庭审消耗纸张同比减少近六成，极大地节省了办案经费。

四 存在不足及未来展望

随着审判业务和科学技术的发展，庭审各方人员对庭审系统服务能力提出了更高的要求，广西法院统一庭审系统仍需进一步完善系统功能和扩展应用的广度和深度。

（一）提升系统智能化程度

系统功能需从"有"到"精"进一步打磨完善。目前证据校验功能仍然比较薄弱，对证据形式上、程序上和内容上的瑕疵自动检测能力不够强大，对案件争议焦点的提炼精准度还需进一步提升；庭审笔录转写准确率未能满足实际需求，特别是对广西个别地区带有地方口音的语音识别能力还需深度学习和优化；审务督查功能还需提升庭审自动巡查效率和精准度，提高审务督查能力；庭审公告功能还需加强与第三方厂商庭审公告的展示功能；类案推送功能需进一步提升针对性和有效性，实现庭审过程中的类案精准推送。

（二）增加异步庭审功能

异步庭审是今后科技法庭应用的一项重要能力，是体现以人为本的重要内容，"隔空+错时"的审判方式即将引发新一轮庭审模式变革。在异步审理模式下，开庭不再局限于固定时间选择，针对部分案件当事人分布地域全球化、生活节奏碎片化等特征，将各审判环节"化整为零"，法官与原告、被告等诉讼参与人可在规定期限内按照各自选择的时间以非同步方式完成诉讼。

（三）进一步丰富应用场景

统一庭审系统建设目的之一是让法官无论在哪里都使用同一套系统，便于法官办案。目前已实现用一套系统开庭统一管理互联网庭审、远程提讯，开庭前同步案件信息，庭中无纸化阅卷、签名，庭审结束回传庭审录像和笔录信息。今后，在便携式法庭的执行谈话、调解、接访等办案场景还需要进一步融合，以便审判、执行、在线诉讼服务等音视频类业务在同一个系统内实现。

（四）增加庭审字幕自动生成

为提升参与庭审人员体验，需提供庭审音视频中普通话的字幕实时转写功能，且字幕能针对上下文进行语义理解，支持智能分析标点、断句，准确匹配时间轴，并支持字幕内容与视频进度的双向定位，视频播放进度自动定位相应的字幕内容。字幕应可以编辑，供书记员对"字幕行"播放音视频内容进行字幕内容校对修正。

（五）提升庭审视频压缩及备份能力

为减缓音视频存储压力、提升带宽传输效率，需研发视频数据压缩处理的底层算法，实现视频溯源水印生成、全自动高质量多种分辨率压缩。支持视频自动分盘刻录备份、智能盘面打印，支持对历史庭审视频的统一压缩。压缩后的庭审视频要支持以案号、法官、当事人、庭审时间等多维度进行档案调研查询。支持按照法院、法官、法庭等维度对开庭数量、视频数量等进行统计。支持视频按照国家保密法进行加密压缩。

B.14

广东法院"外观设计专利权纠纷要素式智能审判辅助系统"建设创新调研报告

广东省高级人民法院课题组[*]

摘 要: 为进一步提高审判质效、提升当事人满意度,广东省高级人民法院在深化繁简分流改革基础上,选择外观设计专利纠纷作为试点案由,以审判业务需求为导向,将要素式审判方法和智能化技术深度融合,创新研发了"外观设计专利权纠纷要素式智能审判辅助系统"。该系统通过优化诉讼服务与审判业务流程,在诉讼和审判之间搭建起便捷桥梁,在协助当事人便捷起诉、应诉的同时,为法官高效率、高质量审理案件提供了多种智能化支撑,实现大量类型化案件速裁快审,帮助法官将精力集中到复杂案件审理中,有效提升了全省知识产权审判数字化治理水平。

关键词: 专利权纠纷 要素式审判 人工智能 知识

一 系统建设背景及历程

多年来,广东作为全国经济大省,受理案件数量一直保持在全国前列。2023年,全省法院新收各类案件272.1万件,前端治理成效明显,首次实

---

* 课题组组长:王静,广东省高级人民法院审判委员会专职委员。课题组成员:王晓明,广东省高级人民法院民三庭庭长;郑毅强,广东省高级人民法院智慧法院建设处处长;肖少杨,广东省高级人民法院民三庭三级高级法官;赵坤,广东省高级人民法院智慧法院建设处研发组组长。执笔人:肖少杨、赵坤。

现了收案同比下降[①]。与此同时，广东省高级人民法院以信息化和智能化赋能审判质效持续提高，在繁简分流改革基础上，深入探索以"要素式+智能化"工作方式、以审判工作现代化服务保障中国式现代化，不断提升人民群众的满意度。

（一）要素式审判方式

要素式审判方式虽已提出多年，但近些年随着"繁简分流"改革成效凸显才逐渐推广使用，是应对"案多人少"矛盾的一种有效方法。2020 年 1 月，最高人民法院发布的《民事诉讼程序繁简分流改革试点实施办法》再次明确要素式审判在简易程序审理案件审判中的适用性。通过要素式审判，可以更快地审结案件，在提高审判质效的同时，也能够更好地保障当事人的合法权益。广东全省法院推广案件繁简分流已经取得了一定成果，具有进一步深化探索要素式审判的基础。

（二）试点案由的选择

广东省知识产权发展在全国处于领先地位，专利申请和授权量多年居全国首位，广东全省法院知识产权案件量也多年居全国首位且快速增长。2022 年，通过大力推进纠纷源头治理和诉前调解工作，知识产权案件量已首次实现下降，但此类纠纷逐渐从传统领域转向核心技术和品牌等方面。2022 年，著作权侵权纠纷等案件数量及占比大幅降低，但专利技术类案件及反不正当竞争案件数量增长 4.10%，占比从 7.37%升至 13.80%[②]。

通过对各类案由特点进行详细分析，结合审判业务实践中遇到的业务痛点与难点，为使本次系统建设的探索实践具有更广泛的适用性和推广示范意义，广东省高级人民法院确定选择外观设计专利案由作为"要素式+智能

---

① 《广东省高级人民法院 2023 年工作报告》，https：//www.gdcourts.gov.cn/gsxx/fygzbg/content/post_ 1759063.html，2024 年 1 月 30 日发布。

② 《广东法院知识产权司法保护状况白皮书（2022 年度）》，https：//www.gdcourts.gov.cn/gsxx/quanweifabu/baipishu/content/post_ 1151345.html，2023 年 4 月 23 日。

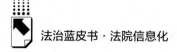

化"辅助系统建设的试点案由。外观设计专利类案件审判通常存在以下难点。

第一，外观设计专利侵权的判断。外观设计通常是针对产品的整体或局部形态进行，因此其保护范围通常与产品的形状、图案、色彩等特征相关。在实践中，法院需要对比专利产品与侵权产品的外观设计，还需要考虑设计的整体效果和细节特征，确定两者是否存在相似之处。然而，外观设计的相似性判断标准往往比较主观，难以准确把握。

第二，侵权行为判断及因果关系证明。在外观设计专利侵权案件中，判断被告是否实施了制造、销售、许诺销售等侵权行为是一个难点，这需要判断被告的产品是否与外观设计专利相似，同时还要考虑被告是否存在制造、销售、许诺销售等行为，结合产品的具体情况和相关证据进行综合分析。此外，还需要证明被告的侵权行为是导致原告损失的原因之一，需要原告提供相关的证据和资料，如销售记录、市场份额、竞争情况等。

第三，法律适用的问题。在外观设计专利类案件审判中，法律适用也是一个难点。这涉及对专利法、商标法、著作权法等相关法律法规的理解和应用，同时还需要考虑不同地区的法律差异和判例的影响。

外观设计专利类案件审理在存在上述难点的同时，总体上大约70%的案件案情较为简单，争议焦点较为明确，适合要素式审判方式审理，对于其中存在的难点适合使用智能化技术。

（三）同类系统建设过程中出现的问题

要素式审判系统建设伴随着要素式审判方式的推广，在全国多家法院已有诸多探索。对此前建设的系统进行调研和分析，主要存在以下问题。

系统孤立性问题。该问题出现得比较多，主要表现在其与现有审判系统相互独立，导致数据共享程度不高，数据的准确性、完整性、及时性难以得到保障，甚至需要人工或者使用RPA工具在不同系统之间导数据；业务流程衔接不顺畅，系统建设没有对现有审判系统进行梳理和优化，要素式审判系统往往无法独立支撑审判全流程，也没有与其他系统有效衔接，导致法官使用时需要在不同的系统间来回切换。

首先，智能化程度不高。系统只是简单地将要素式审判方式通过信息化手段实现了流程性支撑，没有或很少有智能化技术使用，导致系统使用者需要自行分析判断、手动填写的内容过多，或者对当事人提交的材料识别不准确，没有有效提高审判效率。

其次，过于强调智能化。与上述情况相反，有的系统在建设过程中过于注重人工智能技术的使用，忽视了技术的局限性。当前，人工智能技术在审判业务中的应用还处于初期阶段，其应用是一个不断探索和完善的过程，随着技术的不断发展和进步以及与业务的需求适配调整，两相结合经验的增加，才能更好地服务于审判业务。

最后，系统便利性不够。例如，系统对当事人起诉应诉需要填写的大量要素化信息缺乏指引，导致当事人对要素式审判的接受程度不高。系统的用户界面设计不够科学、操作复杂、使用不便，不仅会影响法官的工作效率和当事人的使用体验，还会增加不必要的操作成本。

上述因素导致现有要素式审判系统建成后，多数应用成效较差，法官、当事人不愿意使用，从而推广困难，优化和完善工作不足，逐步形成不良循环。针对上述问题，"外观设计专利纠纷要素式智能审判辅助系统"建设过程中，要特别注重以工作机制保障系统建设成效。

二 系统建设

（一）系统架构

外观设计专利权纠纷要素式智能审判辅助系统业务架构见图 1，外观设计专利权纠纷要素式智能审判辅助系统的设计目的是提高法官和法务人员处理外观设计专利权纠纷案件的效率和准确性。通过智能起诉和证据审查功能，系统可以帮助起诉人快速准备起诉材料，并对证据进行智能化审查，提供相关案例和判例分析，以辅助法官归纳和判断争议焦点。

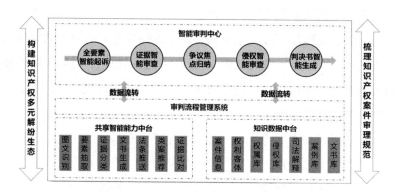

图1 外观设计专利权纠纷要素式智能审判辅助系统业务架构

系统的另一个重要功能是侵权智能审查。通过图文识别和要素提取的智能化能力，系统可以识别和提取被控侵权产品的外观侵权要素，并与原专利产品进行比较，从而对是否构成侵权提供要素供法官参考。这大大减轻了法官和法务人员的工作负担，并且提高了审判的准确性和公正性。

此外，该系统还可以根据要素化建设的需要，灵活扩展适用于其他案由的智能化能力。例如，在其他类型的知识产权纠纷案件中，系统可以通过提取专利文本的要素和进行智能分析来辅助法官作出判决。

外观设计专利权纠纷要素式智能审判辅助展示了一个以现有审判业务系统为基础的智能审判中心，通过提供全要素式的智能起诉、证据审查、争议焦点归纳、侵权审查和判决书生成等功能，帮助法官和法务人员处理外观设计专利权纠纷案件。两个共享中台则提供了智能化能力，以支持系统的各种功能，并可以复用于其他案由的要素化建设。

（二）主要功能

1. 要素式审判

该系统在要素式审判中采用了要素化起诉、要素化自动提取、分类证据智能审查、侵权智能审查和判决书自动生成等解决方案。重点是方便当事人参与诉讼，减轻法官的工作负担。此外，系统还可以利用自身的图文识别、文书生成和证据对比等多种能力来实现共享,以满足全省法院及其他创新应用的底层需求。

要素化起诉主要应用在起诉过程中,将外观专利纠纷案件的诉讼要素进行分析和提取,帮助当事人快速准备起诉材料。通过使用智能化技术,该系统可以自动识别和提取起诉所需的关键要素,从而减少当事人的工作量,并确保起诉材料的准确性。

要素化自动提取应用在诉讼过程中,系统可以自动从相关材料中提取关键要素。通过图文识别和自然语言处理等技术,系统可以自动分析和提取案件中的关键信息,从而减少人工操作的工作量,并提高信息提取的准确性和效率。

分类证据智能审查可以根据事实和证据的不同类型进行智能化审查和分类。通过使用机器学习和数据挖掘技术,系统可以自动识别和分类不同类型的证据,为法官提供便利和参考,同时减轻法官的工作压力。

侵权智能审查可以自动分析和比对被控侵权产品与原有专利产品的相似性。通过图像识别和要素提取等技术,系统可以自动识别和提取产品的外观要素,并与专利产品进行比对,从而判断是否构成侵权。这样可以帮助法官更快速地判定侵权案件,并减轻法官的工作负担。

判决书的自动生成核心是解决法官编写判决书耗费精力过多问题,系统可以根据审判结果和相关法律规定,自动生成判决书。通过使用智能化技术,系统可以自动匹配案件事实和法律条款,并生成符合要求的判决书。这大大减少了法官的工作量,并提高了判决书的准确性和一致性。

2. 构建知识图谱

外观专利侵权纠纷智能辅助系统是围绕知识产权审查要点构建审判知识图谱的一种应用。该系统通过收集、整理和分析大量相关的知识产权审判案例和法律文书,构建了一个包含丰富知识的信息网络。这个审判知识图谱可以帮助法官更快速地获取相关信息,了解最新的法律法规和判例,从而更好地处理外观专利侵权纠纷案件。

系统引入了要素式审理机制,旨在协助法官针对外观专利侵权纠纷案件进行要素化审理。通过审判知识图谱和智能化技术支持，系统可以自动识别案件中的关键要素，如产品的外观特征、设计元素等，并与原有专利进行比对。法官可以根据系统提供的相关信息和指导，快速评估被控侵权产品与原专利的相似性，并作出准确的判决。这种要素式审理机制不仅提高了审理效率，还减少了主观因素的干扰，提高了判决的准确性。

系统还创新性地引入了交互式审理方式，以减轻法官开庭时的压力。在传统的开庭审理过程中，法官需要在庭审中查询、比对各种相关信息，这会消耗大量的时间和精力。而通过交互式界面，法官可以与系统进行实时的交流和互动。系统可以根据庭审情况和法官的需求，及时提供案例分析、法律条款解释以及相关的参考资料。这使得法官能够更专注于庭审过程，减轻了开庭压力，提高了庭审的效率和质量。

此外，该系统还可以为法官提供类案、法条的智能推送。通过分析大量的案例和法律条款，系统可以自动识别与当前案件相关的类似案例和相关的法律规定，并将其推送给法官。这样法官可以快速了解类似案例的判决结果和法律原则，为案件审理提供更全面和准确的参考。

3. 判决书自动生成

在外观专利侵权纠纷案件中，当涉及产品的外观是否侵权时，法院需要对被控侵权产品与原有专利产品的相似性进行判断。传统的方法是由法官手动进行图像识别和比对，然后根据判定结果撰写裁判文书，这一过程耗费时间和精力，并且受主观因素影响较大。

而通过采用自动化的裁判文书生成系统，可以极大地提高裁判文书的生成效率和准确性。具体来说，该系统可以利用证据收集和要素提取等技术，自动识别和提取案件要素以及争议焦点。系统可以收集外观专利产品的特点、形状等核心内容，以及其在产品中的位置和比例关系。同时，系统还可以根据内置的算法给出产品相似度参考意见。

一旦系统完成了外观要素的提取和比对，它就可以根据审判结果和相关法律规定，自动生成相应的裁判文书。系统可以根据审判结果的不同，生成支持原告或被告的裁判理由，并根据法律条款合理地解释判决结果。同时，系统还可以按要求自动生成必要的格式，如文书格式、案号、庭审日期等，确保裁判文书的规范性和一致性。

通过外观专利纠纷案件裁判文书自动生成系统，可以大大减轻法官和法务人员的工作负担。系统的自动化功能不仅可以提高裁判文书的生成速度，还可以减少人为错误和主观因素的干扰，提高判决的准确性和一致性。此外，该系统还可以根据不同的案件情况和法律条款，灵活生成不同类型的裁判文书，满足不同案件的需求。

如上所述，外观专利纠纷案件裁判文书自动生成系统利用图像识别和要素提取等技术，自动识别和比对产品的外观要素，并根据审判结果和相关法律规定，自动生成符合要求的裁判文书。该系统的应用可以提高裁判文书生成的效率和准确性，减轻法官和法务人员的工作负担，促进外观专利纠纷案件的快速审理和判决。

（三）主要创新点

1. 推进要素审理机制

要素审理机制是一种以案件要素为核心，在审理过程中注重要素分析和要素比对的审理方式。该系统通过结合知识产权审查要点构建的审判知识图谱，实现了要素审理机制的智能化和规范化。

外观专利侵权纠纷智能辅助系统通过引入智能化技术，使要素审理机制更加客观和规范。系统可以自动识别和提取案件中的关键要素，如产品的外观特征、设计元素等，并与原有专利进行比对。通过与审判知识图谱的连接，系统能够提供相关的法律法规和判例，为法官提供参考和指导。

推进广东全省要素审理机制的规范化，意味着该系统在广东省范围内的应用已经达到了一定规模且产生了一定影响力。通过系统的普及和使用，审理机关可以更加统一和规范地进行要素审理，提高了审理的公正性和准确性。同时，该系统的使用还能提高审理效率，减轻法官的工作负担，加快案件审理进度，为当事人提供更快速、更公正的司法服务。

在推进广东全省要素审理机制规范化过程中，该系统还可以通过与其他法院和审理机关的数据共享和合作，进一步扩大影响范围。通过建立跨区域的知识产权审判知识图谱，实现知识的共享和交流，可以进一步提高审理效率和准确性，促进司法判决的一致性。

外观专利侵权纠纷智能辅助系统通过推进广东全省要素审理机制和判决文书的规范化，实现了要素审理的智能化和规范化。该系统的应用不仅提高了审理效率和准确性，还推动了知识产权审判的数字化和智能化进程。该系统的不断发展和应用，将为广东全省乃至全国的知识产权审判工作带来更多的便利和进步。

2. 全流程规范化

外观专利侵权纠纷智能辅助系统通过智能化技术和审判知识图谱的支持，能够自动生成符合要求的判决文书。传统的判决文书撰写需要耗费大量的时间和精力，容易出现格式不一致、表述不准确等问题。而通过外观专利侵权纠纷智能辅助系统，法官可以根据审判结果和相关法律规定，快速生成符合规范的判决文书。系统可以自动填充案号、当事人、争议焦点等必要的信息，确保文书的一致性和规范性。这样不仅提高了判决文书的撰写效率，也减少了人为错误的发生，提高了文书质量。

该系统促进了起诉阶段的规范化和便利化。对于原告方来说，起诉程序烦琐，需要提供大量的证据材料和申请书。而外观专利侵权纠纷智能辅助系统可以通过知识产权审判知识图谱，提供起诉所需的标准模板和材料要求，引导原告方准备完整、规范的起诉材料。这不仅减轻了原告方的负担，还提高了起诉材料的准确性和可行性。

对于被告方来说，系统能够分析案件中的关键要素，并与原有专利进行比对。被告方可以通过系统了解指控的侵权要素，准备答辩材料，并根据系统提供的相关指导进行规范答辩。这样能够提高被告方的辩护准确性和效率，使其在起诉阶段更具竞争力。

此外，当事人可以通过系统在线提交起诉材料，不再需要亲自前往法院递交。法官和法务人员可以通过系统实时与原告方进行线上沟通，解答疑问，加快案件处理进度，提高起诉阶段的便利性和效率。

总而言之，外观专利侵权纠纷智能辅助系统通过判决文书的规范化和起诉阶段的规范化、便利化，极大提高了外观专利侵权纠纷案件的处理效率和质量。这样的创新不仅减轻了法官和法务人员的负担，也为当事人提供了更加规范、便利和公正的司法服务。同时，也推动了知识产权审判的数字化和智能化进程，为未来司法改革和创新提供了有益的探索和借鉴。

三　应用成效

系统投入使用一年多来，在提高审判质效、提升当事人满意度、丰富纠纷解决手段等方面取得了多种成效。

1. 提升了审判质量

要素式审判强调法官对案件事实和证据的全面审查，防止漏判、漏审现象的发生。通过应用要素式审判，帮助法官更全面地了解案件事实，更准确地适用法律，从而作出更为公正、合理的判决。

同时，系统提供的智能比对工具为法官比对外观相似度提供了客观统一的参考，减少个人主观判断的影响；裁判文书自动提取案件信息、自动生成避免了低级笔误的产生。

2. 提高了审判效率

系统从当事人填写立案信息即采取了要素化方法，帮助法官更准确地对案件进行繁简分流。系统自动提取到的案件争议要素和争议焦点经过双方当事人确认后，法官可以有针对性地进行重点审理，结合自动生成的庭审提纲和庭审笔录，可以大大缩短庭审时间，提高审判效率。

2023年1月系统上线以来，已经有12184件案件通过使用该系统进行了审理。在使用该系统之前，外观设计专利案件审判周期为98天，使用该系统之后，审判周期降低为80天以内，在审理、判决、文书生成等多个场景缩短审判时长30%以上。

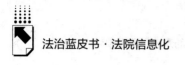

3. 提升了当事人满意度

要素式审判强调当事人的参与权和知情权。通过立案使双方当事人确定案件要素，并围绕这些要素提供证据、进行举证和质证，同时法官在庭前和庭上向当事人展示认定的事实要素，更好地保证了当事人的知情权和参与权，当事人对裁判结果也会更加认同和接受。人工智能技术的应用减少了当事人需要手动重复填写的各类立案信息，同时案件审判周期的缩短、审判效率的提升，进一步提升了当事人的满意度。

4. 丰富了多元化解纷手段

该系统的上线，为更丰富的诉讼程序种类和形式提供了支撑，适应了现代诉讼程序发展需求，满足了人民群众日益增长的司法需求。同时，为未来在诉前调解等场景的使用提供了丰富的经验。

5. 丰富了多元化解纷手段

通过系统进行审判工作，当事人能够直观地看到法官对案件事实和证据是否进行了全面审查，对争议要素和争议焦点是否进行了全面审理，同时也为法官审判提供了参考，可以有效减少漏判、漏审现象的发生，进一步增强了司法公正性和公信力。

6. 完善了法院信息化建设的重要模块

系统建设过程中通过知识图谱、机器学习等多种人工智能技术在审判业务中的实际使用，实现了电子卷宗的深度应用，在审判全流程集成了争议焦点自动归纳、庭审提纲自动生成、笔录智能生成、证据智能关联、案情智能分析等审判辅助应用，实现了专门案件智能化审理。系统使用的成效，验证了人工智能技术在当下以实用为目标可以达到的程度，丰富和完善了广东省法院信息化建设全景下的智慧服务、智慧审判模块。

四　未来发展

未来，广东省高级人民法院将继续紧紧围绕"公正与效率"主题，主动融入国家治理和社会治理，充分发挥审判职能作用，以审判工作现代化服务保障中国式现代化。在现有的系统建设和使用经验基础上，从以下几个方面继续深入探索数字化赋能高效便捷解决各类纠纷。

探索与诉源治理和诉前调解的结合。例如，探索在调解工作中引入案情要素，使法官可以根据要素特点有针对性地进行调解工作，提高调解成功率。服务于构建多元化纠纷解决体系，为不同类型纠纷提供更多有效解决手段，为当事人提供更加全面、高效的纠纷解决服务。

进一步拓展系统支持的案由和审判流程优化。充分利用在"外观专利设计纠纷"案由建设过程中积累的经验，将要素式审判拓展到其他适用案由，并逐步探索在复杂案件中应用要素式和智能化技术提供精细化审理支撑能力，不断优化审判业务流程，提升审判质量和效率，提高当事人满意度。

探索法院信息化建设新模式。随着法院信息化系统建设越来越多，未来将探索在全国法院"一张网"建设统筹下，实现各类信息系统建设的融合化、秩序化，以有力支撑审判质效提升为目标。

建设完善法律知识图谱。作为系统底层的法律知识图谱是人工智能技术有效应用的基础，未来将继续完善各类案由相关法律知识图谱。同时，随着新法律法规的出台与更新，知识图谱也需要与时俱进加以调整，以符合新法律法规要素的应用规范。

推进完善各类智能化工具建设。智能化工具能够有效助力审判质效提升，未来将着眼于各类案件审判过程中的痛点，研究各类人工智能技术应用，提供更有效的辅助工具。

提升相关数据标准以及数据共享、数据流转的能力。现有数据标准规范中没有关于案件要素的数据标准，广东省高级人民法院将持续探索，基于现有数据标准体系完善要素式数据标准，以指导和促进全省法院要素式审判建设。

B.15
河南法院移动办公办案创新
及身份认证系统建设调研报告

河南省高级人民法院课题组[*]

摘　要：　为满足干警随时随地办公办案需求，河南省高级人民法院依托"互联网+法院专网"融合技术，建设了移动办公办案平台。2021 年，以信创工程为契机，河南省高级人民法院进一步改造优化移动办公办案平台，集成统一身份认证体系，强化边界安全防护，全面提升了该平台的业务处理能力和数据交互安全性。该平台支持内外网办公办案信息协同、各种功能一屏整合、手机端随时随地查阅办理等业务需求，功能具有全面性；支持国家密码局发布的 SM2、SM3、SM4 等商用密码算法，具有良好的兼容性；支持国产操作系统和国内主流数据库的平台环境适配，具有较强的可扩展性。该案例可以为全国法院移动办公办案平台的系统建设提供参考。

关键词：　移动办公办案　身份认证　安全防护

一　移动办公办案服务创新应用背景

随着"互联网+"、大数据等技术在人民法院信息化建设中的不断应用和加强，移动互联和人工智能在法院细分领域也得到了实践。随着法院案件不断增加，法官工作量大幅提升，人案矛盾突出，提升办案效率已经成为法

＊　课题组负责人：刘冠华，河南省高级人民法院党组成员、副院长。课题组成员：韩元伟、黄志红、郭琦等。执笔人：郭琦，河南省高级人民法院信息处三级主任科员。

院审判执行业务的重要服务支撑，在信息技术化和人工智能高速发展的今天，河南省高级人民法院（以下简称"河南高院"）力争推进新技术、新思路、新想法不断在司法领域的创新和开拓。

河南高院致力于通过移动互联技术与司法业务深度融合，从全省法院干警的实际工作出发，探索移动端泛在化的工作模式。针对外出工作时不能按需查询案件信息、及时完成审批事项、实时获取要事通告、随时办理公文邮件等日常办公办案需要，河南高院创新研发了"移动办公办案平台"。该平台集成了 OA 办公系统、审判流程系统和内网网站三大系统功能，在统一身份认证、工作流程管理、电子签章、信息推送平台等基础服务的支撑下，在手机端既可以完成发起工作流程（含文件办理、请销假、延时停车、用车申请等）、查阅办理待办工作、实时查阅邮件收文等办公功能，又可以完成案件接收和办理、案件信息提醒、数据统计、办案计算工具辅助等办案功能，还可以查阅内网网站的会议通知、要事通告、新闻中心、法院公文、党建学习、部门动态等内容。依托移动办公办案平台，法院干警可以随时随地进行掌上办公，突破工作时空限制，提升了办公办案效率，是法院干警贴心的掌上办公产品。

经过多年的使用反馈和升级优化，河南高院在原有基础上融合国内先进的移动办公经验，结合全省法院的实际工作需求，打造了具有河南法院特色的移动办公办案平台。

二 移动办公办案身份认证建设情况

（一）基本情况

人民法院作为司法审判机关，信息安全涉及当事人的合法权益及国家安全。为保护人民法院内网信息安全、促进全国法院系统统一身份认证体系建设，根据《国家信息化领导小组关于加强信息安全保障工作的意见》（中办发〔2003〕27 号）、《国家网络与信息安全协调小组关于网络信任体系建设若干意见》（国办发〔2006〕11号）和《电子政务电子认证体系建设总体规划》（国密局联〔2007〕2号）有关精神，2014年起最高人民法院深入调研、设计方案规划，最终确定依托人民法院专有云建设人民法院 PKI/CA 公钥密码基础设施和信任服务系统，为法院专网、外部专网和移动专网提供电子认证和信任服务，重点解决业务应用的认证、授权、访问控制、安全审计等安全问题。各高院以最高人民法院 PKI/CA 基础平台为依托，构建本省身份认证体系的整体规划设计方案，为业务应用提供可靠的安全支撑。通过建设公钥密码基础设施和信任服务系统，为各业务系统提供密码密钥、电子认证服务和信任服务，满足用户对业务系统访问"一次认证、全网访问"的应用需求。

2017年4月20日，最高人民法院下发了《统一身份认证技术要求》（中华人民共和国法院行业标准 FYB/T52007-2017）。此标准按照最高人民法院统一身份认证体系整体方案设计规划，详细规定了各级人民法院公钥基础设施和信任服务的组成、功能和建设模块，该标准作为公钥基础设施和信任服务的指导性要求，详细阐述了法院身份认证基础设施建设思路，各级 PKI/CA 公钥基础设施建设已纳入国家法院系统统一身份认证体系建设日程。

为满足河南法院专网信息化发展的需求以及国家网络安全和信息化相关要求，构建河南法院专网基于身份认证的信任服务体系显得尤为重要。综上所述，在众多的安全保障系统中，身份认证系统是河南法院专网安全保障体系的重要组成部分，为河南法院专网各类应用系统提供全面的、基础的、可信的安全保障服务。

（二）必要性探究

一是身份认证系统建设的必要性。河南高院按照法院身份认证体系整体规划部署建设法院专网身份认证系统，并与最高人民法院身份认证系统相关设施进行对接，为全省法院专网实体用户提供数字证书服务。二是安全保障服务平台建设的必要性。安全保障服务平台是为河南省法院各类业务应用系统提供基于数字证书应用的安全支撑服务平台，包括数字签名、身份认证、访问控制、通信保密等信息安全服务，保障用户通信安全以及快速、可靠、安全访问信息资源和应用的能力。因此，河南高院根据法院的应用系统建设实际情况，设计建设以身份认证系统为基础的安全保障服务平台。

（三）身份认证系统需求分析

一是形成一套服务法院专网的网络信任体系。根据《统一身份认证技术要求》并遵循我国相关信息安全规划指引，基于河南法院专网建设一套完善的二级 CA，实现法院专网资源实体身份的可信性、行为的可靠性，从底层为整体安全基础服务。该体系纵向服务于上层应用，横向服务于设备资源，同时通过与其他安全体系整合的方式巩固安全成果、深化安全基础、提升安全效果。从安全性角度讲，早期的 RSA 1024 位算法已经存在巨大风险，需要升级。2017 年起，浏览器已不再信任 RSA 1024 位根证书，SHA-1 算法也遭到"碰撞"。本次计划建设的高院二级 CA 在算法上要求支持国家密码管理局规定的国密 SM2 椭圆曲线密码算法。按照《统一身份认证技术要求》提到的"全网统一根证书、统一密码算法、统一数字格式"思想构建公钥基础设施。同时系统建设必须遵循标准化、稳定性、高可用性和可扩展性等特点。

二是形成满足河南法院信息化发展需要的安全支撑服务。构建符合实际的安全支撑服务，贴合实际业务需求，满足安全加固要求，进行集中化管理和服务提供，为现有业务系统提供完整生命周期的安全加固及服务管理，持续推进应用整体安全。

三是信息机密性、完整性、抗抵赖需求。河南法院多数应用系统在系统的关键环节，如登录认证、关键和重要数据传输等方面主要还是采用明文传输，这给窃听者和破坏者造成了可乘之机。需要采用有效方式保证应用系统传输数据的机密性和完整性，应采用密码技术对这些关键业务数据信息进行加密保护，对业务系统中的重要业务数据信息进行数字签名处理，确保业务数据信息的真实性、完整性、防抵赖性，CA 系统能够为业务系统涉及的重

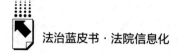

要数据提供数字签名功能，使得任何非法的数据修改过程能够被及时发现，保证数据从生成、流转、共享到存储整个生命周期的完整性和一致性，实现业务数据的安全传输功能。

四是互联互通需求。为实现全国法院专网统一信任、统一管理的目标，河南高院的信任体系与最高人民法院的信任体系要保证互联互通，为跨组织跨区域业务交互和身份互信提供基础服务。河南高院的信任体系架构应满足目前网络架构和应用部署要求，同时满足与最高人民法院的信任交互要求，从而避免信任孤岛。

五是统一用户管理建设需求。河南高院经过多年的信息化建设，已经建设了大量业务应用系统，这些业务应用系统的用户数据分散管理，形成了独立的用户信息库，用户信息不完全一致，不能有效整合共享，缺乏权威性。因此，亟须完成统一用户管理、统一授权管理，建立行之有效的用户管理、统一认证、授权管理以及统一应用接入模式及接口标准，实现对全省法院用户的身份和用户属性的统一管理，加强和提高用户管理体系的可管理性和安全性。本次项目建设统一用户管理系统，建立部门、用户、部门用户关系的角色管理和分级管理机制，管理员可以管理自己单位的部门、用户等相关信息；通过与其他组件的协同，实现统一身份认证、单点登录、用户资源授权访问；用户在登录并确认权限后，可以进入统一门户，使用相应的业务系统；并使用统一身份认证的 SSO 单点登录，实现 API 的授权调用。统一用户管理对本期项目及未来新建应用系统进行集成，对其他待集成的应用系统按照标准化接口改造后集成接入。

六是统一签名服务建设需求。河南法院的信息化系统众多，同时由于法院业务的特殊性，一些业务工作如公文审批、公文发布、文书流转都有可鉴别、可审计性的要求，应用系统需要进行身份鉴别、数据完整性校验等密码相关开发。但随着河南高院信息化的不断发展，应用系统数量也将随之增加，当前已经有十几个应用系统，应用系统平台包括 JAVA、C++、PHP、NET 等。所以应用系统单独与验名验签进行对接，将为信息管理部门带来很大工作量。基于以上原因，河南高院建设签名验证统一服务平台，以满足业务应用安全需求为出发点，实现统一签名验证的安全功能服务。

七是证书综合管理系统建设需求。证书综合管理系统是提出一个综合管理平台以解决诸多问题。首先是移动端无法独立进行证书管理，成本高。证书签发需要通过 PC 端人工参与，当终端较多时，过程复杂，效率低下；且当证书过期需要延期时依旧如此；移动客户端的需求越来越大，管理成本很大。其次是移动端证书管理方案限制较大。其主要体现为：业务无安全底层传输协议，无法在外网传输；在内网部署证书管理方案，需要依赖其他安全设备，网络环境复杂；没有独立的设备单独管理用户证书，需要在现有网关上打多个补丁包；支持管理的证书类型有限；移动终端应用中携带硬件介质不便等。随着移动互联网的日趋完善以及智能终端的迅速普及，传统互联网应用向无线领域不断延伸和发展，移动应用全方位改变着网民的生活习惯。但移动支付、移动办公等应用在给用户带来巨大便利的同时，安全问题也日益凸显，其中身份认证就是一个迫切需要解决的问题。而对于以数字证书形式实现的身份认证，其认证基础主要依赖传统 PKI 体系的私钥安全，传统模式基于硬件介质方式，而针对移动应用携带介质不便、使用不方便等，能否有效通过软介质进行处理则是能否保障安全性和提高易用性的关键。

八是国产化安全可靠需求。自主可控、安全可靠需求在安全领域中日益迫切，参考法院机关在国产化方面已取得的示范成果，需支持国产化服务器、数据库、计算机等设备。产品选型和技术实现上需满足党政机关信息类产品选用要求，同时支持各省高院的平滑过渡、对接，对符合标准规范要求的已有设施具有较强兼容能力。

（四）建设目标

以最高人民法院统一身份认证体系建设规划为依据，建设河南高院 PKI/CA 身份认证系统，为全省用户颁发具有互联网身份唯一标识的数字证书，将其纳入最高人民法院 PKI/CA 统一身份认证平台，实现河南三级法院之间以及与最高人民法院、其他省人民法院之间的身份互信、数据加解密、签名验证、授权访问等。PKI/CA 身份认证系统为法院专网中的业务系统提供数字证书申请、签发、发布、更新、冻结、解冻、恢复、归档等全生命周期服务，系统为本级别法院实体用户签发唯一可信的网络"身份证"，用以识别法院用户身份的真实性、有效性。

同时以 PKI 数字证书为基本元素，建设应用系统安全支撑平台，实现对人民法院内网业务系统的安全防护，并为将来人民法院实现内网主机、网络接入、应用系统、数据存储、信息流转等提供全面立体式安全防护奠定基础。从根本上解决人民法院内网信息安全问题，为人民法院内网信息安全存储、流转的业务应用提供安全保障。身份认证系统建设依据是《网络安全法》、《电子签名法》及 FYB/T 52007-2017《统一身份认证技术要求》等相关规范性文件。

身份认证系统建设原则涉及六方面，具体如下。一是标准化。满足基于国家密码管理局《商用密码管理条例》《信息系统密码应用基本要求》《信息安全技术 网络安全等级保护基本要求》的有关规定，保证其合理合规。设计和实现将遵循相关的国际、国内安全技术和行业标准，依据在统一的标准和规范条件下建设，确保建成的系统符合相关标准。考虑在国产化方面已取得的示范效果，支持国产化服务器、数据库、计算机等设备，产品选型和技术实现上需满足党政机关信息类产品选用要求。二是规范性。在数字证书格式版本以及身份认证协议、密码技术的选择上，满足国家电子政务类相关标准，在满足全国法院统一身份认证基础上，能够支持基于统一规范标准的跨域证书验证服务。三是安全性。符合国家相关安全标准规范，满足国家密码管理局商用密码算法应用和安全性审查相关要求，同时关键数据具有可靠的备份与恢复措施。四是可扩展。可以通过对集群部署、系统硬件平台的扩展和升级等形式，实现系统功能和性能的平滑扩展和升级，满足业务对国产算法数字证书的需要。实现产品兼容和技术兼容性能最优，以确保将来系统在升级换代时对原始投资的保护，减少系统的资源成本，使系统有较高的综合性能。五是可兼容。能够与多种硬件系统、基础软件系统，以及其他第三方软硬件系统相互兼容，确保河南高院已有安全产品可以和本系统进行无缝对接。在设计和建设时充分考虑新建系统对现有系统的兼容性，使原有系统功能发挥最大功效。六是易管理。选用先进的身份认证管理平台，能够对证书、密钥等进行统一管理。在设备、安全性、数据流量、性能得到保证的前提下，以简单易用方式提供证书生命周期管理服务，包括证书申请、审核、发放、更新、吊销等。

（五）建设内容

在河南高院专网 CA 中心部署证书综合管理平台，包含移动证书综合管理系统、移动证书助手、移动智能终端安全密码模块、移动安全管理系统，实现用户证书自主管理，避免证书过期时大批量重签工作带来的运维压力及对业务工作的影响。同时为手机端 App 提供证书支撑服务。

三　移动办公办案创新亮点

1.内外网协同，工作安全高效

移动办公办案平台由移动终端、移动办公办案系统、身份认证系统、SSL VPN 网关和安全隔离交换系统五部分组成。通过 SSL VPN 网关联结互联网与法院专网，为全省三级法院干警提供安全、加密的移动办公办案环境，方便外出办案的法官和有事请假的工作人员，能像在法院办公室一样完成身份认证后使用办公办案系统处理工作事务，确保了事务流转的及时性，提升了法院业务运转的整体效率。安全隔离交换系统让干警移动办公办案的每一步操作数据都通过单向光闸传输，确保了数据的传输效率和可靠性。综上，移动办公办案平台既具备内外网协同的便捷性，又拥有数据跨网传输的安全性。

2.功能一屏整合，专属工作桌面

移动办公办案平台包含了办案、办公、通讯录、要事通告、新闻中心、微应用等常用功能。为了让这些法院各业务分支的功能适应法官的使用习惯，充分考虑业务的使用频次和各类型数据的展示可读性，将内容一屏展示的同时，又能方便干警快速查找想要的功能，简化操作步骤。同时，平台集

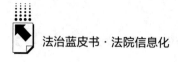

成了身份认证系统，实现了统一登录，免去了各业务系统间跳转的二次登录，为干警带来了快捷、易用的使用体验。

3. 破除网络阻隔，案件随身携带

传统工作模式下，法官外出办案不能随时随地打开法院专网电脑查看案件信息，纸质材料又不方便携带，而移动办案系统解决了不能随时随地查看案情的难题。办案法官可按不同办理进展阶段查看自己所承办的案件，每个案件均可展示详细的当事人信息、审限信息、结案信息等案件信息。对于承办案件较多的法官，系统提供按照案件类型、参与、承办、业务类型、案号等多个条件快速筛选定位案件的功能，帮助法官缩小查询范围，节省案件查找时间。

4. 案件流程管理，掌上随时操作

案件流程中有一些关键节点严重影响案件网上办理效率。例如，法官出差或参加会议时，无法及时处理案件审批、流转等节点，导致案件办理时间延长。通过系统的移动办案功能，法官可及时提请或审批变更审判组织成员、变更承办人、变更审限、诉费减免缓等常见事项；对于案件的分派，法官在手机端即可确认分案或退回。平台支持扣除审限、变更承办人、诉费减免缓等36种常用流程审批，所有事项的处理均像在电脑上操作一样，信息完整，流程严谨，移动办案功能切实缩短了审批时长，避免出现"案等人"的情况，为审判提质增效。

5. 多维的案件查询，移动的统计中心

为解决外出的法官无法及时掌握收结案动态的问题，移动办公办案平台提供案号、当事人、案件类型、承办庭室、承办人、立案日期、结案日期等多条件的自定义查询，以及支持按照本人、本庭、本院、下辖院分类查看收结案统计和审限情况统计。同时，提供支持按案件数量、立案日期、审限届满日期等条件排序，无论是查找案件还是统计，都能辅助法官分析案件的变化情况，帮助法官实时了解本人、庭室、法院、辖区的收结案情况。

6. 公文事项流程，全功能掌上办理

为方便干警随时随地通过OA发起事项申请、处理收文信息，移动办公办案平台与法院专网端的 OA 办公系统实现了互联互通，并提供了同 PC 端的流程审批、移动阅件、已办查看移动办公功能。干警办公不再受地域、时间的限制，高效利用碎片化的时间来处理各类审批，拓展了办公空间，提高了办公效率。办公事项全功能掌上办理是办公无纸化的延伸，更是现代化办公的缩影。

7. 内网要事通告，掌上实时推送

移动办公办案系统还嵌入了内网网站模块，与法院专网内的网站内容实时同步，向法官展示要事通告、会议通知、新闻中心、部门动态等重要信息。法官再也不会因为外出而延迟收到院内的重要信息、错过重要的会议和通知。

8. 电子工作助手，辅助法官办案办公

移动办公办案平台还提供了日常工作所需的工具类功能。例如，案件辅助计算器可以帮助法官随时随地根据案情需要计算住院伙食补助费、误工费、残疾赔偿金、死亡赔偿金、被抚养人生活费等结果。"电子通讯录"也集成在移动办公办案系统中，记录了所有干警详细的联系方式和基本信息，让通信与办案办公紧密结合起来，增强了工作协同能力。

9. 数据安全，法官安心

移动办公办案平台在加密的专用网络通道上运行，保障用户访问安全。同时，移动办公办案平台还具备防截屏、防录屏、水印等功能，防止数据被恶意使用和泄露，让数据更加安全，让用户使用更加放心。

四 下一步展望

河南高院移动办公办案平台上线后，全省法院干警的活跃度始终维持在95%以上，助力河南法院无纸化、智能化办公办案，深化了审判流程上下协同、公文四级法院贯通后的法院信息化应用。随着信息技术不断发展、司法改革的持续推动，移动办公办案需求将进一步深化。文书生成、移动阅卷、移动合议、审判管理等功能还需扩充，嵌入语音转写、即时通信、文字识别等能力有待提升，信访、执行、诉讼服务等业务亟须融合，与人工智能的融合将进一

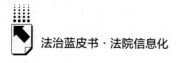

步加深。

下一步，河南高院将继续深化移动办公办案平台法院与业务结合的创新实践，努力把平台打造成支撑人案事相融合的高效管理和科学决策平台，不断集成各类应用，凸显统一入口优势，构建面向各层级用户的个性化工作平台，满足干警在移动互联、跨网协同、泛在接入等方面的全方位需求，积极探索新型移动办公办案模式，为人民法院信息化建设贡献力量。

B.16

辽宁法院审判执行质效管理平台
助推审判管理现代化调研报告

辽宁省高级人民法院课题组[*]

摘　要：　审判管理现代化是审判工作现代化的重要组成部分。辽宁省高级人民法院围绕"公正与效率"主题，锚定"上台阶、创一流"工作定位，认真践行大数据战略，推动信息技术与审判管理深度融合，自主研发辽宁法院审判执行质效管理平台。平台汇聚了全省法院审判、执行等数据资源，实现了全省法院审判执行工作质量、效率和效果的可视化、可量化、可评估、可考核，为全省法院提供了准确直观的司法数据，对量化管理审判执行质效、查找改进办案和管理工作问题、建立审判执行管理长效机制都起到了显著促进作用，已经成为全省法院研判形势、评估工作、查找问题、制定对策、考核评优的重要抓手。

关键词：　审判管理现代化　审判指标　激励　质效面对面

　　数字时代，谁掌握大数据，谁就掌握了主动权。数据作为一种新型资源和生产要素，对各行各业都产生了深远的影响，把握住大数据等新经济发展机遇，就把准了时代脉搏。建设审判执行质效管理平台既是辽宁法院按照最高人民法院统一要求，强化数据深度应用，发挥大数据在提升审判质效和管理方面作用的重要举措，也是持续深入实践强基工程，不断提升初始案件质

---

　　* 课题组负责人：李郊，辽宁省高级人民法院党组成员、副院长。课题组成员：李国新、王刚、郭銮、孙富东。执笔人：孙富东，辽宁省高级人民法院技术处四级主任科员。

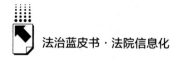

效，推动审判工作走在全国前列，以审判工作现代化服务保障中国式现代化的辽宁实践。

一　审判执行质效管理平台建设背景

（一）政策背景

推进审判管理现代化，建立科学的、符合司法规律的审判质量管理指标体系是调动队伍积极性、提升审判质量的重要抓手。最高人民法院围绕"公正与效率"工作主题，在加快推进审判工作现代化层面明确：审判工作运行要强化大数据战略保障。强调以"数字革命"驱动新时代新发展阶段司法审判整体提质增效，积极推动数据库和标准化建设，将海量数据转化为有效数据，尽早利用。同时强调在创新深度应用上下功夫，积极探索创新大数据应用方式、平台、工具，充分发挥大数据在优化审判管理服务、提高司法审判质效、增强诉源治理效能等方面作用，同时要善于优化创新，利用大数据模型探索审判管理、社会治理中的深层次问题。最高人民法院于2023年6月下发《最高人民法院关于在部分省（直辖市）开展审判质量管理指标体系试点工作的通知》（法明传〔2023〕199号），以坚持质量优先、兼顾效率、重视效果原则新设立了29项指标，辽宁法院被列入该版指标体系的试点法院，配合开展新版指标体系的试点工作。

（二）现实背景

2022年辽宁省人大常委会出台《关于加强人民法院基层基础建设　进一步提升审判质效的决议》，以地方立法文件形式为法院强基工作和审判管理工作提供制度保障。辽宁省高级人民法院党组认真落实人大决议，开展深入调查和研究，确立"以审判质效为中心，系统抓强基工作"的工作思路，配套出台系列工作制度，完善工作机制。

提升初始案件质效是强基工程的出发点和落脚点。面对辽宁全省法院一定程度存在的审判监督管理上下级法院联动不足、贯通不够、力度不大的问题，数据深度挖掘应用不够、大而化之导致审判监督管理针对性不强的问题，以及审判监督管理发现并纠正问题机制不健全、没有形成闭环管理等问题，辽宁省高级人民法院坚持以问题、目标和效果为导向，以一体化、精细化、闭环管理为理念，创建审判质效管理激励、审判态势动态分析研判和审判质效面对面"三项机制"，推动全省法院连续数季度审判质效提升。推动"三项机制"进一步走深走实并提供更加科学有力的抓手，辽宁省高级人民法院在辽宁智慧法院建设成果基础上，以"激励"机制为核心，依托辽宁法院办案平台上的大量案件数据，自主研发辽宁法院审判执行质效管理平台，为全省三级法院、人民法庭提供服务。

二 平台建设内容

（一）需求分析

1. 业务需求

2021 年以来，辽宁高院党组紧紧围绕"公正与效率"主题，坚持向管理要质效，从质量、效率、效果三个维度设立 26 项评估指标和 2 个评估指数。质量指标重点评估一审案件质量和生效案件质量，关注案件后审程序发生比，提升初始案件质效，推动诉讼纠纷一次性解决。效率指标积极推动解决超审限问题和案件流转周期长等隐性超审限问题，提升执行效率。效果指标分为诉前效果指标和诉讼效果指标，诉前效果指标进一步推进诉源治理，推动矛盾纠纷源头化解，有效控制案件增量；诉讼效果指标关注案件办理的三个效果，支撑诉讼调解、服判息诉、司法公开和执行工作，推动诉讼矛盾纠纷实质化解，减少涉诉信访，实现三个效果的统一。评估指数结合审级职能定位改革要求，对反映初始案件质效和中级法院定分止争效果的相关指标加权计算，形成评估指数，评估改革成效。

以此为基础创新审判管理"三项机制"。一是大数据分析研判机制，各级法院每季度召开审判态势分析研判会，各部门在总结成绩和经验的同时点对点查找质效问题、分析原因，研究对策。本院党组成员结合分管工作，精准点评，部署整改。审判管理部门建立台账，定期督办。二是审判质效面对面评议机制，高级法院和中级法院之间、中级法院和基层法院之间每季度召开审判质效面对面评议会，由综合排名靠前和靠后的下级法院分别向上级法院汇报审判质效工作情况，上级法院重点进行问题讲评，点对点查找问题、共同分析原因、精准对下指导、深入总结经验、提出改进对策。上级法院审判管理部门建立问题台账，跟踪问效、定期督导，下级法院按时反馈，务实整改。实现了发现问题、分析问题和跟踪督办、整改反馈的全流程管理闭环。三是审判质量管理激励机制，采取综合排名激励模式，对全省各中级、基层法院按照辖区、中级法院、基层法院、人民法庭四个层级进行综合排名，对于单项指标分档评估、分档计算，将每个指标划分为四个评估档次（第一、第二、第三档次和警示档次），以绿、蓝、黄、红四种颜色标识，以警示档次的数量进行逆向排名，警示档次数量相同时比较第三档次数量，以此类推形成综合排名结果，切实发挥质效评估风向标、指挥棒作用，推动各级法院及时发现问题、精准整改，争先创优。

指标体系与"三项机制"建立后，大量数据需要进行统计分析，且对数据客观性、准确性、实时性和展示方式有极高要求，传统的人工统计方式已经无法满足机制运行需求，亟须借助信息化手段，利用大数据等技术配套建设辽宁法院审判执行质效管理平台，以平台为载体，以指标体系为基础，以"三项机制"为抓手，形成辽宁法院审判管理现代化体系。

2023年6月，最高人民法院下发《关于在部分省（直辖市）开展审判质量管理指标体系试点工作的通知》，辽宁法院被定为新版审判质量管理指标体系试点法院，试点工作开展后，辽宁法院需要按照2023版指标体系的数据需求和计算方式对现有指标体系进行新一轮的整合、更新、固化，同时对指标展示方式进行调整，以满足"评价（参考）指标""中性指标""合理区间"的展示需求。

2. 技术需求

结合实际需要，辽宁法院审判执行质效管理平台应具备以下能力。

（1）高效的数据整合能力

一是多源数据集成，能够连接并集成各种数据源，包括数据库、API 接口等，无论数据在哪里，都能够被有效地获取、整合；二是数据标准化，对于不同格式、标准的数据，能够根据需要进行标准化处理，以统一方式存储和应用；三是数据清洗与治理，在整合过程中，对错误、重复、异常的数据进行识别修正，实现对数据的清洗，提高数据质量，确保数据可用；四是实时数据同步，能够实时同步各种数据源的数据，确保数据的时效性。针对辽宁法院办案平台上的大量案件数据，可以实现将不同来源、不同格式、不同标准的数据按照统一要求进行有效集成、整合，使其具备深度应用的条件。

（2）优异的数据处理能力

针对审判管理关注的数据主题以及审判执行质效管理核心需求，建立起信息系统的数据模型，并通过算法模型对数据进行分类、分档计算，对指标进行横向与纵向关联分析。平台要能够快速、高效处理大量数据，及时应对数据增长和需求变化。

（3）友好的交互设计模式

充分考虑法院干警的需求和习惯，强调简洁明了的界面设计，避免冗余和复杂的操作，使法院干警能够直观地理解系统的功能和操作方式，操作结果符合预期，减少学习成本，降低使用难度，使法院干警专注于工作本身。同时注重交互的流畅性和连贯性，确保法院干警在操作过程中能够获得及时的反馈和响应，减少等待时间和操作错误。提供可逆和可撤销的操作选项，在操作过程中能够轻松修正错误，增强容错性。

（4）灵活的适配扩展能力

平台要具备出色的可塑性和可扩展性，可以根据指标需求，对功能进行定制化的配置，灵活支持各类指标。同时随着审判管理工作的迭代和发展，平台也能够相应扩展，无论是功能集成还是系统对接，都能快速适应并满足这些变化要求。

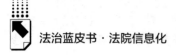

（5）可靠的数据安全保障

在数据层面，需确保数据在传输和存储过程中的安全，防止数据被篡改、损坏或泄露，造成不良影响，对于敏感数据，除数据安全本身外，要严格控制其访问范围。在系统层面，针对系统的异常情况或突发事件，要能做到风险可预警、数据可恢复、问题可溯源，保障系统平稳运行。

（二）难点分析

1. 指标体系庞大，计算方式复杂，需统一指标口径

2023 版指标体系包括 11 个评价指标、18 个参考指标，涵盖调解、立案、审判、执行、信访各阶段的工作情况，具有指标口径广泛化、涉案类型全面化、技术口径多元化的特点。每个指标的计算方式和统计口径是唯一的，但面对的是不同业务条线和案件类型，如何合理解读指标，在全省各法院、各条线、各干警间实现正确传递、正确理解是一大挑战。同时辽宁法院审判执行质效管理平台已有数据需要按照 2023 版指标体系进行整合、更新，需重新梳理数据点、数据源与指标的对应关系，这对开发工作理解法院业务、质效指标的程度提出了更高的要求。

2. 涉及系统及数据众多，要统一整合数据，确保数据准确

2023 版指标体系的数据来自多个业务系统，随着法院业务的发展以及信息技术的迭代，不同业务系统建设所遵循的技术规范不同，导致其技术选型以及设计方案也存在差异。数据来源众多、类型繁杂、质量参差不齐，导致数据整合遇到诸多困难。一是数据标准不一，同时因为业务需求的独特性，同一字段的数据标准和格式也可能出现不一致的情况，使数据整合存在差异；二是数据质量不一，由于原始数据在业务系统中随法院干警实际工作产生，除系统自身稳定性外，业务需求的清晰性、数据输入的规范性、业务系统数据校验机制等因素都会对数据质量产生影响，可能出现数据缺失、错误或异常值等情况，这些都对数据的整合和分析造成困难；三是数据接口不一，技术规范、技术选型、设计方案的不同，导致通过 API 接口汇聚数据可能存在网络协议、鉴权规则等技术指标不兼容的情况，在整合数据时需要

进行额外的开发工作；四是数据时效不一，各业务系统的使用范围、使用场景不同，对于数据存储以及更新方式可能存在差异，在满足业务需求的同时，建立有效的数据同步机制，及时获取有效数据，这增加了技术实现的难度和成本；五是数据安全问题，数据整合工作涉及众多系统和数据库，在进行有效整合的同时应充分考虑数据安全问题，需通盘考虑数据加密策略，数据不可抵赖性校验、权限管理机制、数据备份与恢复机制、日志监控与审计方案等，防止数据泄露、丢失、损坏、被篡改以及被伪造，增加了整合的复杂性。

（三）实现路径及内容

辽宁法院审判执行质效管理平台作为以数据分析展示为核心的平台，在系统设计上围绕以下几个方面展开：一是数据采集与整合，平台支持从指定数据源（数据库）或通过 API 接口的方式采集数据，通过预先制定的数据清洗规则，通过检测分析、特征识别、数据修正、规则验证等方式对采集到的数据进行二次加工处理，以此保障数据的准确性、完整性、可用性、时效性、不可篡改性，得到可用的基础数据集，为后续工作奠定基础；二是数据计算与展示，基于对各项指标的分析理解，形成统一的计算方式，平台可依据基础数据集自动计算出结果，在数据展示方面，采用交互式的数据可视化技术，使法院干警能够灵活地操作和探索数据，发现隐藏在数据中的规律和趋势，支持多维度的数据分析，根据不同的维度对数据进行切片和切块，以便从不同角度揭示问题的本质，针对每项统计指标，设置指标解读说明，便于法院干警充分理解指标含义；三是数据共享，平台支持对筛选后的数据进行导出，满足精细化、个性化的数据需求，导出的数据可以应用于业务报告生成、定制化数据分析等场景；四是数据的维护与扩展，设计数据维护功能，针对数据源、数据点、评估对象等关键基础数据，支持在系统进行更新维护，指标内容、算法内容、合理区间等常用的标准化数据，可根据业务要求动态、灵活配置，针对问题数据提供手工修正能力，便于及时发现、及时修正，逐步完善数据、提升数据质量；五是在保障数据安全方面，对敏感信息进行加密处理，确保数据在传输和存储过程中的保密性，建立严格的访问控制机制，确保只有授权用户能够访问敏感数据，具备可靠的数据备份和恢复机制，针对突发事件能够及时恢复数据并还原到可用状态，以减少数据丢失和业务中断的风险，利用日志监控与审计，记录用户操作和数据访问行为，预警异常情况、支持问题溯源。采用合适机制的同时，利用区块链技术对数据进行校验，防止数据被篡改或伪造。具体实现路径如下。

1. 对指标进行分解，梳理关键数据点

将2023版指标体系中各项指标进行拆解分析，结合最高人民法院下发的《审判质量管理指标技术口径详解》相关指导意见，分析可知本指标体系以审执各类案件信息为基础，从质量、效率、效果三个维度，紧盯各类案件实际办理过程中的关键部分，合理确定各项数据点，结合司法工作的客观规律，制定指标计算规则对数据点进行整合计算。

梳理数据点是此项工作开展的基础，指标中的数据来源整体涉及审判系统、执行系统、人民法院调解平台、信访联动管理平台，其中16个指标的数据来源于审判系统，3个指标的数据来源于执行系统，1个指标的数据来源于人民法院调解平台，1个指标的数据来源于信访联动管理平台，8个指标的数据来源于审判系统和执行系统。以一审服判息诉率指标为例，其指标计算公式为：1-（二审新收案件数+一审被申诉新收案件数）/一审结案数，参照指标说明，其拆解后的数据关键点为二审新收案件数、一审被申诉新收案件数、一审结案数。将辽宁法院审判执行质效管理平台使用的数据点同步进行拆解评估，最终整合出关键数据点114个。

2. 整理数据的对应关系，制定标准提取数据

数据点是生产数据按照规则计算后得出的数据，要明确其与业务系统中对应生产数据的关联关系，就需要对各个关键数据点进行二次分析拆解，对其计算规则进行进一步探究，结合其关键要素和特征设定筛选条件，确定所需的数据项和系统，以此制定数据清单和系统清单。以一审服判息诉率指标为例，指标共对应二审新收案件数、一审被申诉新收案件数、一审结案数三个关键数据点，将数据点二审新收案件数二次分析拆解后得到如下对应关

系：二审新收案件数=［上级法院+本院（辖区）］二审新收案件，二审的原一审案件法院为［本院（辖区）］，原一审案件不包括存在"管辖异议审查信息"且结案方式为"移送其他法院管辖、裁定移送其他法院管辖"的案件。

一审被申诉新收案件数=［上级法院+本院（辖区）］一审被申诉新收案件，申诉申请再审的原生效案件为一审案件且法院为［本院（辖区）］。

一审案件结案数=［本院（辖区）］一审已结案件，一审案件不包括存在"管辖异议审查信息"且结案方式为"移送其他法院管辖、裁定移送其他法院管辖"的案件。

从上述对应关系来看，三项数据点可由审判系统中案件类型、案件状态、立案日期等数据选择关联计算得出，生产数据取自审判系统，以此得出关联关系。确认生产数据清单后，需要制定数据采集标准，支撑数据整合工作开展，在制定数据采集标准时，需关注数据的以下特性：一是数据完整性，确保采集的数据完整无缺，没有遗漏或缺失；二是数据时效性，确保汇聚的数据是最新和有效的；三是数据一致性，检查不同来源的数据格式是否一致，以避免数据整合时存在冲突；四是数据可扩展性，考虑数据的可扩展性，以便后续新增或更新数据源。在实际提取数据时，对于分散在各业务系统的应用数据，可以直接连接数据库的系统使用 ETL 技术进行采集，不可以直接连接数据库的系统利用 API 接口实现数据采集。

3. 对数据进行清洗，计算形成指标

数据采集完成后，利用数据格式转换、数据合并、数据规范化等操作对数据进行清洗、转换和重塑，以确保数据可用，在数据清洗时应遵循以下原则：一是完整性检查，对于数据源中缺失的属性值或数据项进行识别提示以便纠正，以保证数据的完整性；二是格式检查，对于格式错误的数据进行转换或清洗，以确保数据格式的统一性和准确性；三是逻辑检查，对数据源中存在的逻辑错误或不合常理的数据进行识别提示以便纠正，以保证数据的逻辑性和合理性；四是真实性检查，对数据是否被篡改、伪造进行识别提示以便纠正，以保证数据真实有效。

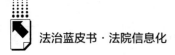

司法数据是司法工作最直接的体现，因此对于在数据清洗过程中发现的异常数据，均进行手工核对矫正，确保质效指标数据的严谨、客观。通过对各业务系统的生产数据进行采集、清洗后，可以得到有效的基础数据集，将各项数据点的计算方式预先整理录入平台，自动通过生产数据计算得出数据点，依托算法模型对数据点进行计算，最终得出指标值。

4. 对数据加工，按照业务机制展示指标

审判执行质效管理平台以表格形式将质效数据汇总展示，涵盖 2023 版指标体系的 11 个评价指标、18 个参考指标，结合业务机制，分为以下几种数据展示方式。①综合排名：根据排名规则展示各地区、各法院、各法庭各条线在全省或全市的排名。默认为全省综合指标排名表，点击地图上的城市名称，切换为该市的综合指标排名表。②单项指标：根据排名规则对各地区、各法院、各法庭、各条线的单项指标情况进行通报，默认为全省综合指标排名表，点击地图上的城市名称，切换为该市的综合指标排名表。③维度切换：支持查看当前数据与固化数据，支持选择全省辖区、全部中院、全部基层院以及自定义范围，支持查看各单项指标的关键数据点，各维度可组合查询。④颜色标识：采用四色体系将低于合理区间、处于合理区间、高于合理区间的指标数据分色标识，针对参考指标进行单独标记。⑤重点指标展示：支持定制展示单项指标的趋势图，可查看全省平均值、全省最低值、全省最高值随时间的变化趋势，助力专项工作有序推进。通过以上数据展示方式，平台整体实现多维度、可视化的审判执行态势分析，实时更新数据，便于溯源寻找问题根本，促进审判执行工作精准管理。

5. 对数据固化上链

设立数据固化机制，按照月度、季度、年度固化数据，形成通报数据。实时更新数据，帮助各法院及时寻找不足、发现问题，固化通报数据可以督促问题解决，形成闭环。通过两种方式的结合，助力各法院养成及时发现问题、分析问题、解决问题、闭环问题的好习惯。同时通过数据固化，提高数据的准确性和可信度，避免人为因素对数据的影响，方便数据复用和共享，提高工作效率和数据利用率，增强数据的可追溯性，方便对数据进行审计和核查。针对已经形成通报的固化数据，利用区块链技术，将数据生成唯一的哈希值，在区块链上进行数据存证，防止数据被篡改，提高数据安全性。

三　运行成效

（一）找到了适合辽宁法院的审判管理现代化体系

辽宁省高级人民法院以大数据分析研判、审判质效面对面评议、审判质量管理激励三项机制为重要抓手。落实"一体化、精细化、闭环"管理要求，上下贯通、横向一体、点面结合、全流程闭环抓实审判管理。在此基础上，依托 2023 版指标体系和辽宁法院审判执行质效管理平台，深化一体化管理，全省三级法院纵向一体抓管理，法院内部各级领导横向抓管理，以强大合力推动审判质效贯通式提升；深化精细化管理，依托审判数据的深度挖掘和利用，查找影响审判质效的深层次问题，通过精细化查找，精准整改，提升审判管理的科学性；深化闭环管理，落实分析研判、通报整改、跟进督导、效果反馈全流程闭环管理，在整体上推动问题得到彻底解决，形成了适合辽宁法院的审判管理现代化体系。

（二）全省法院形成了比学赶帮超的良好氛围

通过审判执行质效管理平台自动生成、统计、分析审判执行工作运行态势所需的数据，实现顶层数据完整、统计精准、分析到位，使数据分析成为提升审判执行质效的有效抓手，各级法院院长上班先查看平台指标情况已成为常态，一旦发现警示指标，及时调度、查找问题、精准整改。截至 2023 年 12 月底，审判执行质效管理平台点击量已达到 90 万次。

从"用数据说话"到"让数据说话"。各级法院审判管理部门从平台即时提取审判执行质效数据，实现从宏观上把握审判执行工作的总体情况、质效情况和运行态势，及时发现审判执行数据运行中的异动，并围绕司法审判数据及变化趋势，认真分析讨论，研究工作中存在的问题和不足，从而对下

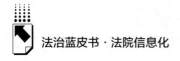

一步审判执行工作的决策和部署提出指导性建议。

通过"全省大排名"方式，不同辖区法院能够互相查看指标数据，各级法院形成了"比学赶帮超"的格局，为全省法院一体化推进审判质量上升提供了有利条件。

（三）辽宁法院整体审判执行质效稳步提升

全省数据稳步提升。截至 2023 年 12 月底①，全省法院上诉率 11.4%，与上年同期相比减少 0.73 个百分点；一审裁判被改判率 1.501%，与上年同期相比减少 0.111 个百分点；生效裁判被改判率 0.118%，与上年同期相比减少 0.007 个百分点；生效裁判被发回重审率 0.03%，与上年同期相比减少 0.025 个百分点；裁定再审率 5.19%，与上年同期相比减少 0.39 个百分点；平均结案时间 74.42 天，与上年同期相比减少 2.18 天；调解率 22.38%，与上年同期相比增加 2.72 个百分点。

通过坚持全省法院"一盘棋"，狠抓强基工程贯通实施。截至 2023 年 12 月底②，全年人民法庭审限内结案率 91.59%，与上年同期相比增加 3.44 个百分点；平均结案时间 61.84 天，与上年同期相比减少 8.26 天。

四　问题和展望

（一）存在的问题

1. 数据汇聚标准仍需进一步完善

数据汇聚标准是确保不同来源和不同格式的数据能够进行有效汇聚和整合的关键，当前数据汇聚标准仍存在一些不足。随着技术不断进步和应用场景不断变化，部分标准已无法完全适应不同类型和来源的案件数据，缺乏针

---

① 数据来源于辽宁法院审判执行质效管理平台。
② 数据来源于辽宁法院审判执行质效管理平台。

对性。同时，部分标准制定时未考虑数据的安全性，需要进行迭代更新，增加了成本。

2.数据分析深度不够，智能化程度有待提升

目前平台提供了指标计算和展示功能，能够将法官从烦琐的数据统计工作中解放出来，提高了工作效率。但平台没有充分利用人工智能技术对问题原因进行深度分析，并推送问题分析报告，仅停留在展示表面数据，法官无法真正了解问题背后的根源和规律，无法作出更加精准和针对性的决策。

3.过程监管仍有提升空间

尚未充分利用信息化技术助力过程监管，仍有提升空间。目前系统实现了依照规则对风险指标进行识别标记，做到从数据找问题、从结果找原因。但在过程监管方面，平台未与其他系统联动，在案件办理过程中缺乏对关键节点的监管，无法在风险指标产生之前将预警信息发送至对应的业务系统，及时通知法院干警关注并解决潜在问题。

（二）未来展望

1.进一步完善数据汇聚标准

梳理总结现有数据汇集标准制定过程中遇到的问题，总结经验，新标准制定不仅要解决当前的问题，还要充分考虑数据的可扩展性。同时，需要加强标准的推广和应用，提高从业人员对数据标准的认识和重视程度，促进数据标准的广泛应用和共享，从源头把控，在系统设计迭代上统一标准，为后续的数据汇聚奠定基础。

2.进一步利用人工智能技术，深度挖掘数据价值

深度探索各项指标与案件全生命周期中各业务节点的关联关系，依托海量业务数据，归纳总结原因，寻找隐藏在其中的客观规律。完善数据模型，实现平台自动识别问题、预测问题，深度助力司法研判工作，结合实际情况和法律法规，为法官提供更加精准和有针对性的决策建议，智能化程度进一步提升。

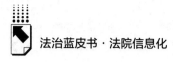
3. 加强平台与业务系统联动

紧密结合各类案件办理过程中的各关键节点，深度分析其与各项质效指标的关联关系，依据实际工作需要设计监控规则对重要数据进行监控，并与各业务系统对接，分层分级进行风险预警，做到针对问题主动识别、主动提示，配合过程监管机制，将问题前置，保障风险可控，达到"抓前端治未病"的效果。

未来，随着审判工作现代化的进一步发展，审判管理将更加注重大数据、人工智能等信息化技术的深度应用，不仅局限于具体系统，更会将技术渗透到审判管理各个环节。人工智能、大数据分析等先进技术将与审判工作更紧密结合，提高审判的精准度和效率，推动审判质效螺旋式上升。

B.17
域外法查明平台搭建及应用成效
调研报告

广东省广州市中级人民法院课题组*

摘　要： 　在涉外（仅为本文之目的，"涉外"之意亦包含"涉港澳台"）民商事审判实践中，域外法查明存在渠道有限、程序复杂、耗时过长且成本过高等现实问题，成为涉外案件审判质效提升的"瓶颈"，不利于法治化、国际化一流营商环境的打造。为破解这一难题，广东省广州市中级人民法院通过法律与科技的深度融合，搭建"域外法查明通"平台。平台拥有域外法查明案例、域外法律法规两大数据库，具备案例检索、法律检索、统计分析等功能，并与专业查明机构、权威法律库进行超链接，实现域外法高效查明，有效降低查明成本，提高查明效率，为服务保障"一带一路"和粤港澳大湾区建设提供更加优质、高效、便捷的司法服务。

关键词： 　涉外民商事案件域外法查明　案例检索　法律检索

域外法查明，也称域外法的证明，域外法能否查明不仅影响当事人的实体权利和义务，也关涉我国涉外法律体系的安全与开放。在涉外民商事审判实践中，当事人、诉讼代理人和法官往往面临域外法查明渠道有限、程序复

---

* 课题组负责人：吴翔，广东省广州市中级人民法院党组副书记、副院长，二级高级法官。课题组成员：吴翔、徐琳、黄健、宁建文、赵卓君、覃晓伟、成杰、魏瑞华、胡文斌、杨琳。执笔人：胡文斌，广东省广州市中级人民法院一级主任科员；杨琳，广东省广州市中级人民法院四级法官助理。

杂、耗时过长、成本过高等问题。随着我国对外开放的深入发展，法院新收的涉外民商事审判案件逐渐增多，涉外审判需要适用的域外法律数量和范围也逐渐增多和扩大，域外法查明的现实困难不仅制约审判质效提升，还会对我国涉外审判公信力，以及营造法治化、国际化一流营商环境造成不利影响。为破解这一难题，广州中院以类案检索和类案参考为借鉴思路，充分发挥涉外审判专业优势，依托法院信息化建设基础，通过法律与科技的融合，积极推动域外法查明案例及法律资源数据库建设，搭建了"域外法查明通"平台，实现域外法高效查明，有效降低查明成本，提高查明效率，为保障"一带一路"和粤港澳大湾区建设提供更加优质、高效、便捷的司法服务，助力粤港澳大湾区营造国际一流的法治化营商环境。

一　建设背景

（一）政策背景

推进粤港澳大湾区建设，是党中央、国务院部署的重大战略工程。2018年6月，中共中央、国务院印发的《关于建立"一带一路"国际商事争端解决机制和机构的意见》指出，要"充分利用智慧法院建设成果，尽快建立'一带一路'建设参与国法律数据库及外国法查明中心，加强对涉'一带一路'建设案件的信息化管理和大数据分析，为法官提供智能服务，确保法律适用正确、裁判尺度统一"①。2019年2月18日，中共中央、国务院印发《粤港澳大湾区发展规划纲要》，强调要"加强粤港澳司法交流与协作，推动建立共商、共建、共享的多元化纠纷解决机制，为粤港澳大湾区建设提供优质、高效、便捷的司法服务和保障，着力打造法治化营商环境"②。2023年10月，《最高人民法院关于为广州南沙深化面向世界的粤港澳全面

---

① 中共中央、国务院印发《关于建立"一带一路"国际商事争端解决机制和机构的意见》，2023年6月。
② 中共中央、国务院印发《粤港澳大湾区发展规划纲要》，2019年2月18日。

合作提供司法服务和保障的意见》提出，要"加强域外法查明统一平台建设，支持广州法院完善域外法查明平台建设机制，深化全国涉外审判裁判文书资源共享，支持广州法院加强域外法律及案例资源库建设"①。《广州市中级人民法院关于贯彻落实〈广州南沙面向世界的粤港澳全面合作总体方案〉的意见》提出，要"完善域外法查明与适用机制。拓宽域外法查明渠道，深化境内外法律数据库应用""完善域外法查明案例数据库和法律资源库，建设全国一流的'域外法查明通'平台"②。

建设"域外法查明通"平台，为法官、律师、当事人提供域外法查明途径，是落实中共中央、国务院关于"一带一路"和粤港澳大湾区发展重要战略，以及广州南沙深化面向世界的粤港澳全面合作方案的一项有效举措，助力粤港澳大湾区营造国际一流的法治化营商环境。

（二）现实需要

2019 年 1 月至 2023 年 12 月，广州法院新收一审涉外民商事案件 17940件，平均每年 3588 件，数量庞大。在涉外民商事案件审理实践中发现，一方面，域外法查明渠道十分有限，且无论对于法官还是当事人来说都相当复杂；另一方面，随着跨境社会交往和外向型经济的深入发展，域外法查明需求、精细度和复杂度不断提升。

第一，人民法院的域外法查明责任加强。《涉外民事关系法律适用法》关于三类查明主体的规定"涉外民事关系适用的外国法律，由人民法院、仲裁机构或者行政机关查明。当事人选择适用外国法律的，应当提供该国法律"③。2023 年颁布的《最高人民法院关于适用〈中华人民共和国涉外民事关系法律适用法〉若干问题的解释（二）》（以下简称《司法解释二》）

---

① 《最高人民法院关于为广州南沙深化面向世界的粤港澳全面合作提供司法服务和保障的意见》，2023 年 10 月。
② 《广州市中级人民法院关于贯彻落实〈广州南沙面向世界的粤港澳全面合作总体方案〉的意见》，2022 年 10 月 11 日。
③ 《涉外民事关系法律适用法》第 10 条，2011 年 4 月 1 日。

规定，"人民法院审理涉外民商事案件适用外国法律的，应当根据涉外民事关系法律适用法第十条第一款的规定查明该国法律。当事人选择适用外国法律的，应当提供该国法律。当事人未选择适用外国法律的，由人民法院查明该国法律""人民法院依据本条第一款第一项的规定要求当事人协助提供外国法律的，不得仅以当事人未予协助提供为由认定外国法律不能查明"①。《司法解释二》进一步明确了人民法院有查明域外法的责任，当事人选择适用域外法时负有提供外国法律的义务，形成了较为清晰的以法院查明为主、当事人提供为辅的查明规则。在此背景下，人民法院对域外法应查尽查，是充分保障当事人选择适用域外法意思自治的体现，对于彰显开放包容的胸怀、提升涉外审判国际区际公信力具有重要意义，同时也对审判人员查明域外法的能力提出新要求。同时《司法解释二》在规定涉港澳查明参照适用外国法查明的相关法律规定的同时，又规定"有关法律和司法解释对查明香港特别行政区、澳门特别行政区的法律另有规定的，从其规定"②，为涉港澳法律查明建立新型法律查明途径及工作机制预留空间。

第二，域外法查明实践中高效查明途径欠缺。根据近年来广东地区司法实践的数据统计，域外法查明途径中频率较高的包括当事人自行提供和当事人委托中外法律专家提供，约占适用域外法案件的八成。其次为法院依职权查明，其中多数为法官通过互联网查明，只有少部分情况下法官通过由法院委托的中外法律专家查明。最后是由我国驻当事人的国家领事馆提供，或由与我国签订司法协助协议的缔约方的中央机关提供。值得注意的是，当事人在提供域外法过程中，往往因为缺少公证认证或将其直译成中文，而导致完整性、准确性无法证明，不仅浪费司法资源，也提高了当事人的诉讼成本。相较于通过当事人自身查明并提供域外法律的做法，通过寻求第三方法律查明平台帮助来查明域外法律的情况也逐渐增多，但通过寻求第三方法律查明

---

① 《最高人民法院关于适用〈中华人民共和国涉外民事关系法律适用法〉若干问题的解释（二）》第1条、第2条，2024年1月1日。

② 《最高人民法院关于适用〈中华人民共和国涉外民事关系法律适用法〉若干问题的解释（二）》第12条，2024年1月1日。

平台查明适用的域外法往往耗时长、费用高。例如,某法院审理的一审涉港案件,根据《涉外民事关系法律适用法》的规定,对香港一人公司的股东承担何种责任应适用香港法处理,但由于双方当事人均表示经济困难,无法提供香港法的有关规定,故法院依职权委托深圳市蓝海现代法律服务发展中心进行相关香港法律的查明工作。在委托过程中,因需要支付高达数万元的费用,法院内部因委托费用的问题需要层层审批,委托后还需要大概 2 个月的时间方能查明,整个委托过程至少花费了 4 个月,花费的时间和金钱成本都比较高。在个案中,若查明外国法的成本高于收益时,那么理性人便会倾向于消极不查明外国法①。

第三,域外法查明的需求、查明法律的精细度、复杂度不断提升。以广州法院为例,随着广州对外开放程度不断加深,当事人约定选择适用域外法的情况随之增加。2022 年出台的《广东省高级人民法院关于粤港澳大湾区内地人民法院审理涉港澳商事纠纷司法规则衔接的指引(一)》支持在广州市南沙自贸区设立的港资、澳资公司在不违背法律基本原则的情况下,可以协议选择适用港澳法律作为解决合同纠纷的准据法,域外法特别是港澳法查明的需求将随着规则衔接改革而持续增加。广州法院审结的涉外民商事案件类型广泛,相关域外法查明案件从涉及买卖、运输、委托、借贷到采矿、跨境投资、跨境合作经营等新领域,涉及查明的法律包括英国、德国、俄罗斯以及"一带一路"沿线国家,涉及查明的内容不仅限于实体法,还包含判例法,在某些涉及香港法"刺破公司面纱"、英国法"默示规则"的案件中需法官检索或审查大量香港法判例、英国法判例,在此基础上总结出域外法的抽象规则。可见,域外法查明的要求被司法实践推到更高层次。在此背景下,更需要借助现代技术聚集域外法查明案例,并进行专业的梳理,为用户提供快速检索定位的域外法查明智能服务。

因此,在司法实践中,解决域外法查明渠道不足、程序繁多、耗时过

---

① 王徽、沈伟:《论外国法查明制度失灵的症结及改进路径——以实证与经济学研究为视角》,《国际商务》(对外经济贸易大学学报) 2016 年第 5 期。

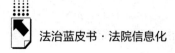

长、费用过高等现实问题，打造专业高效的域外法查明平台，为法官、律师、当事人提供专业高效免费的域外法律和案例知识查询服务已迫在眉睫。

二 建设理念

广州中院从粤港澳大湾区涉外民商事案件审判实际需求出发，坚持"司法为民、公正司法"要求，围绕"公正与效率"工作主题，将信息化与审判工作深度融合，搭建"域外法查明通"平台，实现域外法高效查明；有效提升涉外民商事案件审判质效，为"一带一路"和粤港澳大湾区建设提供更加优质、高效、便捷的司法服务和保障，助力粤港澳大湾区营造国际一流的法治化营商环境，同时也为人民法院完善审理涉外案件法律适用规则和工作机制提供参考。

（一）建设目标

搭建"域外法查明通"平台，实现域外法查明案例和涉外法律高效查明，解决涉外民商事审判实践中域外法查明渠道少、程序多、耗时长、费用高等现实问题，提高查明效率。通过对海量文书的筛选过滤，提炼出域外法相关案例文书和法律，构建域外法查明案例、域外法律数据库，并利用人工智能技术与司法深度融合，实现案例检索、法律检索等功能，用于域外法查明，免费供用户使用，使域外法查明更加简便快捷，极大减少查明时间、节约诉讼成本。将平台与专业查明机构、权威法律库进行超链接，使查明结果更具权威性。

（二）建设原则

可靠性。平台的域外法查明案例和法律数据应来源于官方机构、有权威性的第三方机构或网站，如全国法院涉外案例数据、专业查明机构或权威法律库的域外法律数据等，确保数据库案例和法律的真实性和可靠性，从而得到法官、律师、当事人的一致认可和确定，并降低法官的错判风险。数据来源应可追溯，以方便用户对数据进行二次审核。

全面性。平台的域外法查明案例和法律数据库应尽可能全面丰富，涵盖更多的国家或地区，为用户提供更为全面丰富的域外法查明资源，以满足不同国家不同地区不同案由的涉外民商事案件的审判需求，减少司法实践中因当事人未在合理期限内提供域外法律，或者在当事人有义务提供域外法律的情形下，仅因遗漏查明事项，导致认定域外法律无法查明的情况发生。

时效性。平台的域外法查明案例和法律数据库应及时更新维护，替换已失效的法律，为用户提供最新的有效的法律，以及最新的更为丰富的域外法查明案例作为参考，提升平台数据的准确性。

易用性。平台应方便用户使用，满足法官、律师、当事人不同应用场景的使用需求，如能够通过用户的 PC 终端、移动终端的浏览器或小程序打开使用。应支持全文索引、关键词索引、模糊搜索、"热搜"逻辑等功能，为用户提供快速、高相关性的信息检索服务，提升用户信息获取效率。平台界面应简洁美观易用，并提供操作手册、操作视频引导操作，让用户快速掌握任何一个环节的操作方法，使完全不熟悉系统业务的用户也能完成从头到尾的操作。

（三）建设思路

以类案检索和类案参考为借鉴思路，充分发挥广州法院涉外审判专业优势，依托法院信息化建设基础，通过法律与人工智能技术的融合，积极探索域外法查明法律资源及案例数据库建设。主要分为三个步骤：第一步，利用人工智能深度学习算法，对平台内的海量文书进行语义解析，同时对文书中的要素进行智能标签；第二步，采用人工智能算法，对用户输入的内容进行语义扩展；第三步，将前两个步骤结合，利用人工智能计算语义相似度，结合用户输入的关键词和语义拓展，对提前处理好的文书标签进行相似度计算，实现智能匹配相似内容。

首先是数据处理。立足法院自有数据，充分利用非结构化数据和自然语言处理技术，提取办案系统中案件基本信息的结构化数据，对裁判文书等非结构化数据先进行切片处理并作语义分析，语义分析范围扩大到庭审笔录、各类评议笔录、起诉状、答辩状、电子证据等。运用人工智能、语义分析等大数据分析技术，将案例中蕴含的办案规则转化为计算机可识别、可处理的数据集合。同时，利用人工智能算法，形成域外法案例精准检索及推送制度，并自带专属"热搜"逻辑，常备司法实践中的热词，为案例研究提供配套资料。

其次是检索设计。支持关键词检索、高级检索、文本检索、自定义删除指定检索关键词、显示平台智能推荐的搜索热词等功能，并根据用户检索记录，显示最高频的检索词列表。支持检索条件分类快捷筛选。支持智能抽取检索对象关键词，通过关键词快速了解检索对象情况。支持检索内容根据检索关键词在检索对象中高亮、分段显示。支持在检索对象详情页输入关键词检索，支持对相关段落快速定位。

最后是数据融合处理。平台对案例材料接入及语义提取处理入库、法律采集及处理入库。域外法查明案例库实现数据筛选和准据法定位。实现案例与法律关系型数据跳转、数据融合治理、数据治理控制、元数据管理、数据备份等功能。

三 平台功能及特点

（一）平台概况

平台具有域外法查明案例和域外法律两类资源库，具备域外法查明案例检索、域外法律检索和统计分析功能，可提供案例检索、法律检索等服务，并提供查明规则，与专业查明机构、权威法律库进行超链接，实现域外法查明案例的深度运用，避免重复查明，降低查明成本，提升查明效率。用户可通过智能大屏、PC终端、手机等的浏览器或者小程序访问平台，满足用户不在应用场景的使用需求（见图1）。

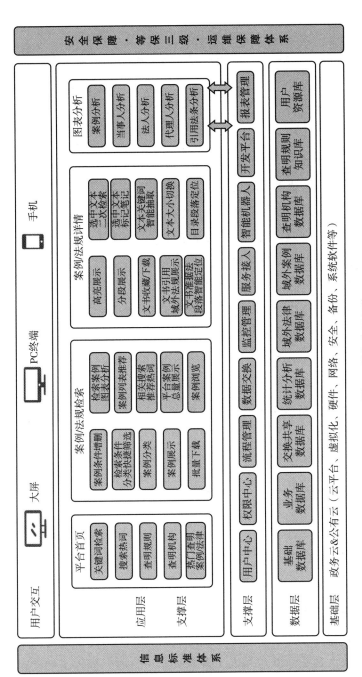

图 1　平台应用架构

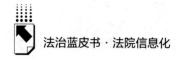

（二）平台功能

平台可为法官、律师、当事人、法学专家等提供域外法律知识库检索查询服务，为域外案例审判及相关专业领域专家学者专业研究提供域外法查明案例、域外法律智能检索支持。平台还构建了学习交流平台，供法律专业人士互相交流、共享知识。

支持案例检索。用户通过平台的检索服务，可实现对平台内存储的所有域外法案例、法律的查明。支持关键词检索、高级检索、文本检索、自定义删除指定检索关键词、显示平台智能推荐的搜索热词等功能，并根据用户检索记录，显示最高频的检索词列表。支持检索条件分类快捷筛选，也可根据案例分类筛选。支持智能抽取案例关键词，通过关键词快速了解案例情况。检索内容根据用户输入的关键词，在案例中高亮显示，并可分段展示。支持统计并展示案例总量、平台用户访问总量、查明规则、查明机构、热门查明案例、热门查明法规信息。支持查看案例的详情信息，并可批量下载、查看检索案例图表分析。支持在案例详情页输入关键词检索，并可对当前案例进行复制、收藏、下载。支持快速定位相关段落。

平台支持进行统计分析。平台可展示广东省各法院涉外民商事一审案件总量及占比、广东省各法院涉外民商事二审案件总量及占比、涉外民商事各类案由案件总数及占比，涉外、涉港、涉澳、涉台案件数量及占比，近五年案件数量变化情况分析、审判程序分析、裁判文书类型分析、裁判结果分析、结案方式等。

（三）平台特点

创新域外法查明案例检索方式，实现域外法查明案例的深度运用。平台筛选收集全国50多家法院适用的域外法生效案例，通过案例要素梳理、关键词提炼、同类案件多角度联想等方式，对适用域外法的案例进行精准"再加工"，激活司法大数据，并运用人工智能技术，为用户提供多种方式案例检索，快速定位检索内容，将检索需求精细智能呈现。

创新法律查询机制，提供多途径的域外法律查明路径。内置丰富的域外法律资源，并创新法律查询机制，平台设计既考虑了满足具有一定法律专业素质的用户查询需求，也考虑了不懂法律专业知识的用户查询需求，通过数据库的技术关联，实现案例与法律之间的数据共享，向不同用户群体提供更为多样化的域外法查明使用场景。同时，为解决平台的有限资源与用户的无限需求之间的矛盾，平台提供了多个域外法律资源库的链接，用户可一键直达最高人民法院国际商事法庭的域外法查明中心、我国条约数据库、港澳法律库、日本法律库等。

统计分析，让域外法数据效用得到极大发挥。统计分析功能既考虑到平台建设的专业定位，也满足了用户的多元化需求，系统通过数据分析，将当事人主体、案件类型、域外法律适用等情况进行梳理统计，并以图表形式展示，使域外法查明的数据使用效用得到更大发挥，可用于"数助决策"，更好地满足用户研判形势、研究决策、制定应对措施等进阶需求。

从用户需求出发，丰富域外法服务场景。从用户需求出发，平台设置了域外法查明的相关规则，如《域外法查明操作指引》及《域外法辩论指引》，为域外法的查明、辩论及适用提供清晰、可操作的指引。平台也载明了蓝海法律查明中心、中国政法大学、西南政法大学等多个查明机构的简介、联系方式等，方便用户进行委托查明。

四　应用成效及推广价值

（一）应用成效

平台于 2022 年 3 月 29 日在广州法院上线运行，用户通过平台网站登录便可使用，网页访问量超过 25 万次①。平台为法律从业者、社会公众提供低成本、高效率的域外法查明途径，上线运行以来，受到社会广泛关注，

---

①　来自"域外法查明通"平台后台数据统计，数据截取至 2023 年 12 月 31 日。

被《人民法院报》《广州日报》等多家报刊、媒体报道。截至 2023 年 12 月 31 日，平台已收录域外法律 3 万余部，其中香港法 2000 余部、澳门法 2 万余部、台湾法 9 部、外国法 14 部、国际条约公约及司法协助协定等 5000 余部；收集了域外法查明案例 376 件，其中适用香港法律的 225 件，适用澳门法律的 23 件，适用台湾法律的 11 件，适用外国法律的 79 件（含适用中国香港法律的 6 件），适用国际条约、国际公约的 44 件；链接 5 个域外法查明机构和 8 个法律法规资源库①。广州中院承办了广东省法院统筹的粤港澳大湾区法律查明平台，在全省三级法院投入使用，推广域外法查明破题经验，目前，平台已经在广东全省法院推广使用。自上线以来，广州法院适用域外法进行裁判的案件 38 件，其中有 36 件使用该平台查找获取域外法。

（二）社会、经济效益情况

从社会效益看，在涉外民商事案件审理中，域外法律查明困难是长期困扰人民法院涉外审判工作的顽疾。"域外法查明通"平台能有效拓宽域外法查明途径，充分保障法官在涉外案件审理中准确适用域外法，为以上问题提供有效的解决办法，能有效提高涉外案件的审判质效。从经济效益看，"域外法查明通"平台能大大节约委托第三方提供域外法查明服务所花费的高额服务费用，充分保障当事人选择域外法的权利，进一步增强粤港澳大湾区内的经济交流，促进中国和全球的经济交往。在更高层次推进提升营商环境法治化水平，为构建更具竞争力的国际一流营商环境提供更有力的司法服务和保障。

---

① 5 个域外法查明机构：深圳市蓝海法律查明和商事调解中心、中国政法大学外国法查明研究中心、西南政法大学—东盟法律研究中心、武汉大学外国法查明研究中心、华东政法大学外国法查明研究中心；8 个法律法规资源库：最高人民法院国际商事法庭、中华人民共和国条约数据库、中国裁判文书网、电子版香港法例、香港法律咨询中心、香港终审法院、澳门法律条例、日本法律资源库。

五 不足与展望

（一）存在的不足

虽然广州法院"域外法查明通"平台在涉外民商事审判实践中取得一定成效，有力提升涉外民商事案件审判质效，但仍面临以下几点问题。

平台资源仍不够全面，尚不能完全满足不同用户的域外法查明需求。目前，平台收录的 3 万余部域外法律，其中港澳法律就占 2 万余部，外国和台湾法律分别仅有 14 部和 9 部；收录的 376 件案例中，适用香港澳门法律的 248 件，适用外国和台湾法律分别仅有 79 件和 11 件。广州法院 2019～2023 年新收涉外涉台案件共 9573 件、案由数量 200 多个，案件及案由数量都相对较多，需要查明的域外法律和案例涵盖范围广，而平台涉及台湾和外国的法律和案例相对较少，对涉外涉台民商事案件审判的支持力度还不足，尚不能完全满足涉外涉台民商事案件审判需求。

平台数据的权威性时效性还需进一步强化。虽然平台域外法律主要由专业查明机构、权威官网上摘录，但数据准确性和时效性未经专业权威机构认证，对摘录的数据有无疏漏、摘录的法律是否为最新修订的法律等问题，尚无认证机制。这些问题都容易引发用户的疑虑甚至质疑。

平台查明机制还需进一步完善，平台的域外法查询申请、数据真实性可靠性核验及来源追溯、查明结果确认、双人当事人对查明结果质疑的解决途径等事项，还未完全明确，对平台资源的使用还需进一步规范。

（二）未来展望

平台的搭建是对建立域外法查明统一平台进行了积极的有益的探索，对提升域外法查明效率起到了积极作用，但在域外法查明平台建设机制、丰富平台数据库资源、平台功能拓展等方面仍有探索空间。下一步，"域外法查明通"平台建设将从以下几个方面展开。

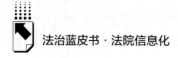

完善域外法查明平台建设机制。落实《最高人民法院关于为广州南沙深化面向世界的粤港澳全面合作提供司法服务和保障的意见》要求，进一步完善域外法查明平台建设机制，对平台数据库数据来源、数据真实性可靠性认证、数据溯源、数据更新、域外法查询申请、查明结果确认、质疑处理等事项制定相关机制，进一步规范"域外法查明"平台适用规则和工作机制，最大限度准确查明域外法律，提高法律适用正确率和裁判尺度统一性。

加强域外法律及案例资源库建设。进一步整合域外法查明资源，争取上级法院支持，获取全国法院数据，充实广州法院域外法查明通平台数据库案例，拓展"域外法查明通"平台的深度和广度。利用信息技术的不断迭代更新，通过互联网、司法数据中台和数字法院大脑等平台，加强域外法查明案例及法律资源共享和平台推广应用，推动全国涉外审判裁判文书资源和域外法律法院资源共享，达到共建共享的局面。及时更新域外法查明案例和法律数据，确保数据的时效性和准确性。

优化完善平台功能。进一步完善平台沟通交流功能，为用户提供更加便捷的信息、资源交流及共享平台，以及涉外知名专家、学者、法官在线咨询平台，随时接受受案法官咨询。

B.18

减刑、假释全域数智协同综合改革调研报告

浙江省金华市中级人民法院课题组 *

摘　要： 减刑、假释案件实质化审理工作是一场深刻变革，没有现成经验可循，金华中院开展减刑、假释全域数智协同综合改革，是贯彻落实《关于加强减刑、假释案件实质化审理的意见》的有力举措。减刑、假释全域数智协同综合改革坚持数字赋能与制度重塑相结合，实现信息全量汇集、过程全面穿透、智能全程辅助的同时，探索建立一系列可复制、可推广的司法运行机制，形成了"标准统一、精准管理、科学评估、智能审判、前移后伸"的减刑、假释工作新格局。

关键词： 减刑、假释　实质化审理　数智协同　综合改革

　　减刑、假释是我国刑罚执行制度的重要组成部分，具有独立的司法价值，对于激励罪犯积极改造，促进罪犯回归、融入社会，实现刑罚目的，具有十分重要的意义。当前，浙江减刑、假释工作走在全国前列，充分体现了浙江司法队伍勇于担当、善于担当的精神。但光芒背后仍有危机，当前的减刑、假释工作仍存在部分欠规范和不均衡的情况，地区之间、执法司法单位之间信息对接不顺畅、评价标准不统一的问题突出，对实质化审理的认识不一、抓手有限，导致办案人员不敢减刑、不敢假释的思想严

---

* 叶向阳，浙江省金华市中级人民法院党组书记、院长。课题组成员：彭中、楼常青、施晓玲。执笔人：徐磊，浙江省金华市中级人民法院减刑假释庭庭长；郑睿，浙江省金华市中级人民法院办公室副主任；郑淑淼，浙江省金华市中级人民法院审监庭法官助理。

重。面对该局面，2022年11月，浙江省高级人民法院指定金华市中级人民法院为"减刑、假释全域数智协同综合应用2.0"（以下简称"应用2.0"）试点法院。金华中院以此为契机，开展减刑、假释全域数智协同综合改革，完善应用场景，创新多跨协同，积极打造专门针对罪犯信息智慧管理、减刑、假释智慧评价的改革应用，并以应用建设为突破口，全面推动减刑、假释工作的规范化、数字化、智能化，将减刑、假释案件实质化审理的要求扎实贯彻到底。

一　改革背景及逻辑

（一）实质化审理：减刑、假释工作的根本要求

减刑、假释制度作为一项重要的刑罚执行制度，在激励罪犯改造、促进罪犯再社会化、节约行刑成本以及维护监狱监管秩序等方面发挥着重要作用。近年来，数起典型的减刑、假释舞弊案件暴露了"纸面服刑""提'钱'出狱""带'病'假释"等问题，引起了社会公众对减刑、假释程序公正性的空前关注。2021年开展的全国政法队伍教育整顿，将违规违法办理减刑、假释、暂予监外执行案件作为六大顽瘴痼疾之一集中整治，要求排查纠正违规违法案件的同时，立足建章立制，严格规范司法权运行，将权力关进制度的笼子。2021年12月1日，最高人民法院、最高人民检察院、公安部、司法部联合印发了《关于加强减刑、假释案件实质化审理的意见》（以下简称《实质化审理意见》），对推进减刑、假释实质化审理提出了明确要求，在现行减刑、假释制度框架下对减刑、假释案件审理实质化作了大幅度提升，充分彰显了"以审判为中心"的诉讼理念，力求严格规范减刑、假释，杜绝司法腐败，提高司法公信力。

"以审判为中心改革是国家司法体制改革的重要组成部分，更是重塑诉

讼构造和诉讼制度的四梁八柱性质的基础性改革。"①减刑、假释程序是刑事诉讼程序的延续，减刑、假释案件审理"必须落实审判为中心的刑事诉讼制度改革要求，与时俱进，实现审理方式变革，推进案件实质化审理工作是深入推进审判为中心的刑事诉讼制度改革之应有之义和必然要求，唯此方能发挥法庭的真正作用，督促、倒逼有关机关依法履职，落实落细工作责任，推进减刑、假释工作更加规范"②。减刑、假释程序包含刑罚执行机关的提请权、检察机关的监督权和法院的裁判权三种权力的行使，减刑、假释案件的审理是减刑、假释程序的核心环节。在减刑、假释程序中坚持以审判为中心，就是对刑罚执行机关、检察机关和法院三机关现状进行反思，理顺三机关的关系，改变以执行部门为中心的减刑、假释工作固有模式，通过构造以审判为中心的科学合理的诉讼构造，使实体决策的判断权回归法官和法庭。"提高人民法院审理减刑、假释案件的透明度，确保案件的质量；有利于执行机关和人民法院进行有效监督，防止'暗箱操作'和司法腐败，树立司法权威"③，通过程序公正保障减刑、假释实体公正。

（二）不敢减刑、不敢假释：减刑、假释工作的实践困境

"实质化审理"已经成为减刑、假释工作的根本要求，但在审理方式、程序设置、流程衔接等方面仍然缺乏具体的规程和抓手。同时，"减刑、假释在一定程度上会对原生效裁判的既判力造成冲击，因此适用时就不得不严格、审慎"④。司法实践中，主要存在信息收集不全影响办案质量，信息评价智能程度不高影响提请和审判效率，同类案件处理标准不够统一，不假率

---

① 刘静坤：《以审判为中心的诉讼制度改革之立法思考》，《中国刑事法杂志》2019 年第 1 期，第 103 页。

② 陈卫东：《对推进减刑、假释案件实质化审理工作的两点思考》，《人民法院报》2021 年 12 月 11 日，第 2 版。

③ 宫鸣、黄永维：《最高人民法院关于减刑、假释司法解释理解与适用》，人民法院出版社，2014，第 269 页。

④ 熊秋红：《推进减刑、假释案件实质化审理，必须让审理回归司法程序》，《人民法院报》2021 年 12 月 11 日，第 2 版。

与减刑变更率依然偏高等问题，最终体现为不敢减刑、不敢假释问题突出以及减刑、假释案件质量不均衡。

1. 案件量大，难以精细化审理

从减刑、假释案件的审理数量来看，2001～2016年呈现递增趋势，2001年全国审理减刑案件324405件、假释案件17368件，总计341773件；2016年全国审理减刑案件649372件、假释案件23021件，总计672393件，增长了96.7%[①]。金华地区有三家监狱，分别为浙江省金华监狱、浙江省第五监狱、浙江省第二女子监狱，在押罪犯数量大且类型全面，包含长刑犯、短刑犯，男犯、女犯等，减刑、假释案件数量在浙江省内各地区中一直处于前列。从近三年情况来看，金华中院减刑、假释庭员额法官年人均办案数在1000件左右。此外，随着减刑、假释案件实质化审理改革的推进，"实质化审理对监狱、检察院和法院来说，都要增加人力、物力成本，特别是检、法的工作量会成倍提高"[②]，司法资源的有限性与实质化审理的张力不断拉紧。

2. "信息孤岛"，各环节相互割裂

公、检、法、监、司不能同步掌握罪犯的全量信息，没有形成全面、立体的罪犯画像，包括：监狱内部各个管理系统之间数据不联通，对罪犯改造信息的收集、传输不及时、不全面；监狱与法院办案平台的数据共享不足，罪犯改造期间的重大信息，如扬言采取过激行为、财产型判项的履行情况等，不能及时传输至法院端平台，法院审理过程中对相关信息的修正不能实时传输至监狱端平台，二者缺乏信息反馈和修正机制；监狱、法院与各协同单位的信息共享存在障碍，如与公安看守所、社区矫正机构的数据共享不足，无法及时掌握罪犯在服刑之前、假释之后的各类信息；监狱、法院办案过程中更多关注自身流程，缺乏前移后伸的流程管理理念和途径。

3. 机制缺乏，对卷宗依赖度高

"由于刑罚执行机关（主要指监狱）管理的特殊性与封闭性，加之我国

---

① 吴岳樯：《我国假释制度完善研究》，华南理工大学2019年博士学位论文，第32页。

② 张兆松、吴仁良、蒋敏：《刑罚执行检察监督面临的挑战及其应对——以减刑、假释案件实质化审理为视角》，《浙江工业大学学报》（社会科学版）2023年第2期，第190页。

服刑改造以计分考核为中心的特点，在案件的书面审理过程中，面对刑罚执行机关提交的书面证据材料，其形成的真实性与合法性，法院基本上难以审查。"① 减刑、假释案件的审理依据主要来源于刑罚执行机关并由刑罚执行机关在立案时向法院移送，构成了减刑、假释案件的卷宗，法院缺少有效的调查核实手段，对减刑、假释案件裁量的基础薄弱、机制单一，对卷宗依赖度高，包括：没有建立对罪犯改造信息的量化评价体系，没有建立对罪犯再犯罪危险的科学评估体系，没有建立社会面参与的假释评价机制，没有形成"提请—审查—评价—反馈—治理—优化—再提请"的减刑、假释工作闭环。

（三）全域数智协同：破解减刑、假释工作困境的内在逻辑

推进减刑、假释案件实质化审理工作是一个系统工程，需要刑罚执行机关、检察机关和法院的高效协同，落实好"分工负责、互相配合、互相制约"工作原则要求，跳出部门本位，遵循整合、协调、集约、融合的宏观逻辑，把握好"全域""数智""协同"核心要素。

"全域"。"全域"不仅指的是地理上的区域范围，更体现了全生命周期理念。"全周期"蕴含着系统治理的理念，"是一种现代化管理理念和管理模式，它强调对管理对象进行全过程、全方位和全要素的整合，优化组织结构、业务流程和资源配置，实现管理的集成化、系统化和协同化"②。减刑、假释工作中的全周期理念，旨在实现减刑、假释工作从源头到末梢的信息和过程的有效管理、跟踪和控制，构建起"提请—审查—评价—反馈—治理—优化—再提请"各环节的闭环管理体系。从数据共享角度来看，减刑、假释工作各阶段有不同的主体，各阶段存在密切的上下游业务联系，全生命周期意味着形成各阶段数据的产生、传递、应用与反馈的闭环，实现流程与数据的"双闭环"。

"数智"。随着数字技术发展及第四次工业革命的到来，人类社会正在

---

① 王玮莹：《减刑、假释程序实质化研究》，云南大学 2020 年硕士学位论文，第 24 页。
② 毛子骏、黄膺旭：《数字孪生城市：赋能城市"全周期管理"的新思路》，《电子政务》2021 年第 8 期，第 68 页。

进入数字社会，数字技术不仅对个体带来重大变革，也对经济社会发展及国家治理带来深刻影响。近年来，党中央围绕国家治理现代化、数字中国、数字化转型作出了一系列重要战略部署。面对整个社会和国家治理方式的数字化转型，作为国家治理体系的重要组成部分，法院也不能置身事外，人民法院信息化建设已经进入智能化向智慧化转型升级的新阶段。"十四五"期间，人民法院以促进审判工作现代化为目标，致力于建成以"云计算"为支撑的人民法院信息化 4.0 版。数字化转型的基本前提是数据的开放共享，数据"作为一种信息沟通的媒介，通过数字化转型推动基于数据的信息透明和对称，提升组织的综合集成水平，提高社会资源的综合配置效率"①。打破组织边界、实现跨职能部门的协同是数字化转型的目标追求和必然结果。减刑、假释工作呈现纵横交错的业务网络关系，在监狱内部、法院内部以及在法院、监狱、检察院等部门之间存在多个业务流程，打破信息传递壁垒与实现数据互联互通，掌握罪犯的全量信息，形成全面、立体的罪犯画像是减刑、假释案件实质化审理的必然要求。由此可以看出，数字化与减刑、假释案件实质化审理的目标追求具有一致性，数字化技术是破解减刑、假释工作实践困境的重要驱动力。

"协同"。深刻理解把握"三融五跨"这一推进路径。"三融五跨"强调以技术融合、业务融合、数据融合，实现跨层级、跨地域、跨系统、跨部门、跨业务的协同管理和服务，要求改变条块分割、各自为政的数据传递、决策执行模式，推动数据全量化的融合、开放、共享和条块业务大跨度、大范围的协同整合，这既是数字化工作必须遵循的推进路径，也是衡量数字化发展成效的重要标志。而构建多跨协同的工作机制是其中的关键。所谓"协同"理念，可以参考德国物理学家哈肯的自组织理论。自组织，是指"系统在演化过程中，在没有外部力量强行驱使的情况下，系统内部各要素协调一致，使得在时间上、空间上或功能上进行联合行动，出现有序的活的

---

① 翟云、蒋敏娟、王伟玲：《中国数字化转型的理论阐释与运行机制》，《电子政务》2021 年第 6 期，第 69 页。

结构"①。相反,一个通过外部指令而形成的组织属于他组织范畴。自组织理论展示的是系统中各主体自发有序结构化形成的过程,协同是开放性系统内部各子系统之间自愿平等地进行协调互动,一个稳定的系统,其内部子系统之间都按照一定方式开展协同活动。协同并不意味着放弃利益,而是为了获得更多的利益,而且只有协同,才能获得更大的利益,系统内部各子系统之间协同作用决定了系统协同效应的实现、系统整体性功能的发挥。减刑、假释工作协同的核心内容是协调与整合,就是通过促进法院与监狱、检察院之间达成共识,破解权限、职能和信息的割裂问题。协同理念就是以一种系统性的思维看待减刑、假释工作,打破部门藩篱和职能屏障,推动各相关主体之间有效协同和高效合作,共同实现减刑、假释的实质化审理②。

二 改革路径及样态

2022 年以来,金华中院积极贯彻落实《实质化审理意见》,紧紧依靠党委、政法委领导和上级法院的支持,坚持以审判为中心,紧盯"标准统一、精准管理、科学评估、智能审判、前移后伸"目标,创新开展减刑、假释全域数智协同综合改革。坚持政治引领与凝聚共识相统一,减刑、假释案件实质化审理,以审判为中心,合法合规与尊重人民群众朴素价值观相结合等四项原则,打造针对罪犯信息的智慧管理,减刑、假释智能评价的"标准统一互认、流程无缝对接、平台智能便捷、应用多跨场景"数字化、智能化应用。

---

① 王春业:《自组织理论视角下的区域立法协作》,《法商研究》2015 年第 6 期,第 3 页。
② 《〈关于加强减刑、假释案件实质化审理的意见〉的理解与适用》(罗智勇、董朝阳、孙自中)一文指出:"《实质化审理意见》既然由公检法司联合发布,而不是由最高人民法院一家发布,其意义正在于此。换言之,推进减刑、假释案件实质化审理工作,是刑罚执行机关、检察机关、审判机关在各司其职、分工负责、相互配合、相互制约的基础上,共同努力来完成的,而不可能仅仅依赖于某一家单独实现。"《中国应用法学》2022 年第 3 期,第 39 页。

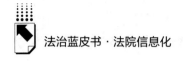
（一）全量采集：建立罪犯画像，实现信息汇聚

立足减刑、假释案件审判需求，收集罪犯的全流程信息，在此基础上解决"共享什么、与谁共享、如何共享"问题。一是与减刑、假释有关的罪犯改造信息及其他必要信息，均完整记录于数字化应用，供各部门实时查询，这既包括法院与监狱的信息共享，也包括法院、监狱与财产刑执行法院、公安、社区矫正部门的信息共享。二是通过镜像技术实现数据实时更新，法院、监狱均有权限在减刑、假释全域数智协同应用上添加信息，添加的信息能够实时传递至对方端口。三是法院、监狱均有权限对错误信息进行修正，修正信息实时传输至另一端口并作强提醒。涉及对同一信息多次修正的，法院的优先级高于监狱。四是重要信息实时预警。对罪犯服刑过程中涉及法院、检察院、公安、司法局、监狱等部门的敏感信息，系统同步通报反馈给相应司法部门。比如，罪犯扬言出狱后对法官、检察官或公安民警采取过激行为的，由监狱实时记入智管应用，并在另一端口作强提醒。具体信息内容如下。

个人特征信息，包括籍贯、职业、宗教信仰、职务职级等自然信息，贵重物品、看守所表现等收押信息，体貌特征、身体健康状况、性格指标、犯罪思维等身体和心理信息，婚姻家庭、亲属朋友、会见通信等社会关系信息，特殊技能、教育背景、生活习惯、社会适应能力等成长经历信息，教育鉴定、改造目标等入监信息。

狱前信息，包括犯罪事实，体现从严从宽、三类犯、主从犯、作案特点等情况；一审、二审、再审、判决具体内容等信息，体现刑事诉讼的全过程；赃款赃物及其去向、罚金、退赔内容、已执行和已履行数额，体现财产性判项及履行信息；刑事处罚等前科，治安处罚等劣迹，吸毒、酗酒等不良嗜好和恶习，体现其社会生活负面信息。

狱中信息，即罪犯改造表现，包括服刑期间犯新罪、立功表现等法监互联信息；考核奖惩情况；消费收入情况；刑罚变动、变更情况，尤其是此前导致不予减刑、不予假释、减刑变更的因素；财产状况、财产性判项履行情况、被害人及其家属意愿、和解谅解等情况；社区矫正调查信息等。

狱后信息，即罪犯裁定假释或者刑满释放之后的信息跟踪，包括：社区矫正期限，矫正期间违规情况，撤销假释情况（含被申请撤销情况），社区矫正机构走访谈话及法治、道德教育情况，职业技能培训、就业指导及矫正期间工作情况，生理、心理状况，居住情况，报告、会客、外出、迁居、保外就医等情况，家庭关系及家庭成员监管情况，社会关系（村、居）改善情况，申请社会救助、参加社会保险、获得法律援助等情况，社区矫正结束后的工作、生活情况，等等。

流程提示信息：一是监狱提请程序信息，包括提请准备、分监区公示、监区审查、刑罚执行科审查、监狱评审委员会评审、监狱评审委员会公示、驻监检察室审查、监狱长办公会议等；二是检察院监督信息，包括信访申诉、检举控告、检察员列席评审委员会建议、检察员列席监狱长办公会议意见、提请减刑、假释后罪犯违规情况等信息。

案件均衡信息，即为确保减刑、假释裁量结果更加合理均衡提供帮助的各类信息，包括罪犯本人的历次减刑、假释信息，同案犯之间的减刑、假释裁定信息，类似案件的减刑、假释参考案例，相关单位、个人的来信来访及往来函件信息等。

（二）数字建模：依托两项指数，建立评价模型

对罪犯信息完成全量采集之后，解决"智慧评价"的问题，最终以一套标准、一个平台确保减刑、假释案件的提请、审理尺度统一，做到标准共建、结果互认。一是确定评价指标。通过法、检、监会商，共同梳理出制度标准和办案审查清单，明确审查要素，设定两套辅助评价标准：规范化辅助标准立足于法律、司法解释、具体政策的规定，大数据辅助标准则立足于罪犯个人特征、改造表现及以往减刑、假释案件的一般判断。二是完成数字建模。将前述合法、合理、科学的条件清单进行整合，构建减刑、假释评价数字模型，对罪犯情况进行自动赋分、综合评判，由系统比对确定某名罪犯是否符合减刑、假释的条件，以及具体的减刑幅度，使监狱提请标准与法院裁

判标准趋于一致，提高工作效率，降低不减刑、不假释及减刑变更的比例。

"确有悔改表现指数"。确有悔改表现指数，是对符合减刑、假释基础条件的罪犯，即符合法律、司法解释规定的起始时间、间隔时间等要求的罪犯，按照全面考量、突出重点、描述清晰、操作便捷和评价科学的原则，将其考核期内的改造表现通过赋分形式予以量化，作为判断罪犯能否予以减刑的重要依据。确有悔改表现指数主要考察四个方面：认罪悔罪情况；遵守法律法规及监规，接受教育改造情况；积极参加思想、文化、职业技术教育情况；积极参加劳动，努力完成劳动任务情况。其中：认罪悔罪情况除了审查罪犯书写的认罪悔罪书外，着重考察其财产性判项履行能力和履行情况，如果存在有履行能力但拒不履行、逃避履行情况的，则作否定评价，不得予以减刑、假释。另外三项内容，则着重考察罪犯在相应方面考核期内扣分情况和受到警告、记过、禁闭处分的情况，分别予以量化扣分。比如：6 个月以内发生违规违纪被扣 2 分、5 分的，等值扣指数分；24 个月以内因严重违规违纪受到警告、记过、禁闭处罚的，分别每次对应扣指数分 30 分、40 分、60 分。同时，对考核期被评定为积极表扬的罪犯，以及长期无违规行为的罪犯，则设定了相应的量化加分。比如：考核期内改造表现评定为积极等次的，每 1 个积极等次加 10 分；符合基础条件次月起，当月无违规违纪情形的，每月加 2.5 分。据此，在 100 分基础分之上，根据罪犯服刑期间的改造表现优劣，分别予以加分、扣分，最终结果即为罪犯在该考核期内的悔改表现量化得分。

"再犯危险评估指数"。再犯危险评估指数，是指对符合假释基础条件的罪犯，即符合法律、司法解释规定的起始时间、间隔时间等要求的罪犯，按照预防性因素、矫治性因素、修复性因素、惩罚性因素进行分类，并对各类因素进行量化赋分，系统评价其回归社会后再次犯罪的危险及社会影响，作为判断罪犯能否予以假释的重要依据。①预防性因素，是对罪犯的心理健康、性格缺陷、前科劣迹、恶习情况、文化程度、家庭情况、社会保障情况、亲情支持情况等进行分析，判断该名罪犯回归社会后杜绝再次犯罪的主客观条件。比如，在考察罪犯是否存在成瘾性嗜好时，对有吸毒史的罪犯作扣 20 分处理；对因赌博受到治安处罚或者被判处拘役、管制后三年内又犯赌博罪的，扣 20 分处理；对因赌博受到治安处罚或者被判处拘役、管制后三年内又犯其他罪行的，扣 5 分处理。②矫治性因素，是对罪犯服刑期间的改造表现进行考量，客观判断其是否真诚悔改。如果在监狱服刑期间仍多次违规、严重违规的，则无法奢望其回归社会后能够遵守法律、行政法规，或者能够受道德准则的约束，对此类人员应作负面评价。比如，对考核期内累计扣 30 分以上的罪犯，应当扣 10 分处理；对考核期内发生严重违规行为的罪犯，每次扣 10 分处理；对服刑期间有行凶、逃跑、自杀等严重破坏监狱管理秩序行为的罪犯，每次扣 20 分处理。③修复性因素，是对罪犯是否积极修复被损害的社会关系进行考量，主要从财产性判项履行情况、被害人谅解情况两个方面进行评价，如果能够积极履行生效判决确定的退赃、退赔或者缴纳罚金等义务，或者能够与被害人和解并得到谅解的，显然有利于降低犯罪行为导致的不利后果；反之，在有巨额损失未获弥补的情况下，对该名罪犯适用假释，显然不能令被害人或社会公众信服。比如，罪犯虽暂无履行能力但仍有 1000 万元以上财产性判项未履行的，扣 5 分处理。④惩罚性因素，是基于刑罚的报应目的，根据罪犯的犯罪行为、目的、性质、社会危害程度等，考量其应当承受的、与其造成社会危害相当的惩罚。同时，也根据前述具体情形，判断该名罪犯的主观恶性，以及再次犯罪的可能性。比如，对刑罚执行期间又故意犯罪，或者三次以上被追究刑事责任，或者缓刑、假释、暂予监外执行期间又犯新罪的罪犯，属于屡教不改，应当扣 20 分处理。同时，在就惩罚性因素进行评价时，还应当考量社会公众对假释结果的接受程度，对针对未成年人实施犯罪的罪犯、纠集未成年人实施犯罪的罪犯、教唆未成年人实施犯罪的罪犯，应当扣 10 分处理；对于拐卖妇女儿童的罪犯，因民愤极大，应当扣 20 分处理。相反，对于主观恶性较小的情况，如刑罚执行期间又过失犯罪，扣 5 分。

减刑、假释智能评价模型。依靠"确有悔改表现指数""再犯危险评估指数"的科学量化赋分结果，构建减刑、假释智能评价模型成为可能。根据法律规定，将减刑案件智能评价模型设定为"确有悔改表现指数"+"狱前表现"，将假释案件智能评价模型设定为"确有悔改表现指数"＋"再犯危险评估指数"＋"狱前表现"。这里的"狱前表现"，是指区别于"两项指数"的评价指标，额外对罪犯的犯罪事实及情节中体现其主观恶意较小的情形、服刑前在看守所羁押期间的表现、前科情况、劣迹情况、脱逃脱管情况等进行考察。具体操作上，分为加分和扣分两类情形。比如：对自首、过失犯罪、犯罪中止、防卫过当、紧急避险、未成年人犯罪等情形，作为减刑、假释评价时的从宽因素，加 5 分处理；对 10 年内受到过刑事处罚的、5 年内曾受强制戒毒的、判决前曾经脱逃脱管的，作为减刑、假释评价的从严因素，扣 5～10 分处理。在确定减刑、假释智能评价模型的各项因素后，需要进一步确定相关的赋分评价体系。经对近三年减刑、假释案件进行梳理分析，结合往年减刑、假释提请和裁判情况，分别确定了减刑、假释两个评价标准。对减刑案件，要求"确有悔改表现指数"得分达到 100 分以上，加上"狱前表现"得分，总得分须达到 120 分以上，方能予以减刑。对假释案件，要求"确有悔改表现指数"得分达到 100 分以上，"再犯危险评估指数"得分达到 60 分以上，加上"狱前表现"得分，三项总分须达到 180 分以上，方能予以假释。

三　改革成效及前景

减刑、假释全域数智协同综合改革以《实质化审理意见》为指导，积极实践探索，坚持"以小切口撬动大场景"，将减刑、假释工作的基本流程最小颗粒化、全面规范化，理论上有创新、制度上有探索、数智赋能取得新进展，有力推动减刑、假释案件实质化审理。

（一）减刑、假释全域数智协同综合改革成效

标准重塑，推进权力规则化。一是明确一个底线，坚持法治引领。梳理细化减刑、假释的法定条件、禁止性条款、从严从宽情形等 6 方面 839 条规则，明晰干警的权力清单、负面清单、责任清单。探索推进减刑、假释案件

庭审方式改革。据浙江省金华市中级人民法院减刑、假释庭统计，2022 以来，已通知管教民警、同监室罪犯等出庭作证 880 人次，依职权开展庭外调查 733 件次，全面了解罪犯改造表现情况，杜绝"提钱出狱""纸面服刑"等问题。二是打造"两项指数"，深化理论创新。金华中院联合监狱、检察院及高校共同开展减刑、假释领域 11 项前沿课题研究，首创"确有悔改表现""再犯危险评估"两项指数，变经验判断为指数评价。其中"确有悔改表现指数"将罪犯服刑后的一贯表现作为主要指标，把财产刑判项履行等情况作为次要指标，对罪犯是否确有悔改表现进行全面画像。"再犯危险评估指数"聚焦罪犯的心理健康、性格缺陷、前科劣迹、家庭支持等个性特征，按"惩罚性、矫治性、修复性、预防性"四大类 26 项指数进行量化，科学评判罪犯是否有再犯罪危险，最大限度减少人为因素影响。三是探索三大机制，夯实改革底座。探索减刑、假释案件繁简分流机制，实现"简案速办、类案快办、疑案精办"，平均办案时长缩短 60% 以上。探索社会化评估机制，由犯罪学、心理学等专业人士组成专家库，对罪犯是否适用减刑、假释进行专业评估，并视情邀请人大代表、政协委员等参与听证，广泛听取各方意见。探索依法履职容错免责机制，有效调动干警参与改革的积极性、主动性、创造性。

流程再造，推进数字智能化。一是汇聚全量数据。梳理减刑、假释关联因子 882 项，统一罪犯考核、证据收集等办理要求和提请标准，开发"减刑、假释全域数智协同综合应用"，与监狱、检察办案系统全面贯通，构建罪犯画像、流程监管、智能辅助裁判三大应用场景，实现数据可视感知、管控全程闭环、办案精准规范，目前该应用已被纳入浙江省委数字法治系统"一本账 S3"。二是推进智能办案。构建减刑、假释案件智能评价模型，自动抓取罪犯信息，智能提供裁量建议，既注重量体裁衣、因案制宜，又兼顾同案犯、同类犯的裁判情况。同时设置"偏离度分析"功能，对法官裁判与系统智能评价偏离度较大的案件自动甄别提醒，有效提升减刑、假释案件办理质效。经试点验证，系统智能评价与法官裁判匹配度高达 95% 以上。三是突出穿透监管。坚持一体建设，按照统一标准，将减刑、假释案件办理的重要节点信息拆解至最小颗粒，实现办理流程、决策依据一屏呈现，监管审查全景式穿透。坚持静默管理，对涉群体性、疑难复杂等"四类案件"由系统自动标记预警，有效实现"裁判者负责、管理者监督"。

前移后伸，推进治理一体化。一是坚持关口前移。金华中院与金华地区三所监狱开展党建联建，完善政法系统同堂培训等机制，成立法院、监狱联合帮教中心，出台帮教工作指引，通过法官释法明理、困难帮扶等举措，合力提升罪犯改造效果。二是坚持触角延伸。着力突破与社区矫正等机构的数据壁垒，通过跟踪假释与矫正效果，不断校准摆渡罪犯回归社会所应把握的尺度与力度。三是坚持沟通会商。充分利用"法、检、监沟通会商机制"日常驻点交流、月度座谈会商、季度联席会议等形式，贯穿治理全过程，破解部门协作堵点，以减刑、假释工作为突破口带动实现罪犯改造全过程的协同治理、系统治理、综合治理。

（二）减刑、假释全域数智协同综合改革前景

1."应用再完善"，在"管用好用爱用"上持续发力

在主体内容"减刑办案应用""假释办案应用"已基本建成的基础上，应用2.0将在信息精准、评价智能、高效便捷、监管有力等方面持续发力。

一是实现减刑假释数据衔接贯通。"整体智治指引下的'一件事'改革，其本质主要体现为关联性集聚和数据开放共享"[1]，减刑、假释全域数智协同综合改革将持续深化减刑、假释流程链条上的全量数据贯通，包括：监狱管理各子系统、监狱数据中心库、应用监狱端、应用之间的数据标准统一，增加监狱通过政法一体化平台传输到法院的数据项，推动法院与社区矫正部门办案业务线上协同和数据共享。

二是实现法官办案模式的迭代升级。尽快全面试行和推广应用，由法官对应用运行情况、罪犯画像呈现水平、评价模型准确率等进行测试和提升。

---

[1] 张欢、李一、冯曹冲：《整体智治理念下的"一件事"标准化建设探索》，《标准科学》2021年第S1期，第158页。

在此基础上重塑减刑、假释案件办理模式，从电子卷宗平面展示，到实现罪犯信息自动抓取、自动成像；从人工审核证据、对照规定作出裁判，到由智审应用自动归纳证据、援引法条、提出裁判建议、提示重要信息和类案裁判后，交付法官审核。

三是实现智能评价的高可信度。持续对"确有悔改表现指数""再犯危险评估指数"进行一致性校验，不断提高两项指数模型的科学性和有效性。目前两项指数模型已在三家监狱运行，其中浙江省金华监狱对500余名罪犯的减刑条件进行判断，智能评价准确率达到人工审查的90%以上，该准确率还在持续提升。此外，三家监狱对2023年7~9月已提请减刑、假释的罪犯进行逐个分析，以浙江省第二女子监狱为例，符合确有悔改表现指数的罪犯人数占符合减刑、假释条件人数的88.2%。

2. "内容再丰富"，探索减刑、假释案件庭审规范化改革

与刑事、民商事诉讼程序相比，目前减刑、假释案件庭审程序尚无明确的法律、司法解释或者上级规范性文件予以规定，均由各地方自行摸索。当前司法实践中，部分法院减刑、假释案件开庭审理很少或者仅走形式，部分法院则照搬刑事诉讼程序导致庭审时间长达2小时。金华中院早在2021年即制定了有关庭审流程的规范，经过两年实践，发现仍存在一些不能体现实质化审理的问题。比如：法庭席位设置照搬刑事诉讼，证人出庭模式欠科学，法庭调查针对性不足，庭审教育不充分，监狱民警值庭不规范等。对此，金华中院开展"减刑、假释案件庭审规范化专项活动"，以庭审规范化助推实质化审理。

一是优化证人出庭作证制度。优化证人选择方式，让真正了解情况的证人出庭作证；合理设置证人席，规范证人出庭作证程序；规范法庭调查，区分减刑案件和假释案件、民警证人和罪犯证人、财产性判项履行情况、不同罪名、不同改造表现，设置不同的询问内容。

二是强化庭审教育功能。与减刑、假释裁判文书"法官寄语"相结合，对涉及假释、剩余刑期较短、未成年人犯罪、涉世不深误入歧途等情形的案件，强化法官在庭审中的教育劝导工作，敦促罪犯改恶从善，降低

再犯罪危险。

三是试行评估鉴定人员、社区矫正调查人员出庭。尝试在部分典型假释案件中，请负责心理性格鉴定、再犯危险评估的监狱民警，负责社区矫正调查的司法工作人员出庭说明或者接受问询。

四是规范监狱民警值庭。通过组织庭审观摩、规范值庭座谈、标准庭审演示等形式，借鉴刑事案件庭审中法警值庭流程与规范，在法院与监狱形成减刑、假释案件标准庭审统一认识的基础上，强化监狱民警值庭规范。归纳梳理经验，形成改革共识，同步做好推广、宣讲工作。

五是建设减刑、假释案件标准法庭。各地法院减刑、假释案件使用的法庭、监狱法庭均与刑事诉讼没有区别，不符合减刑、假释案件的特殊性。金华中院拟在充分调研、规划的基础上，与浙江省金华监狱共同建设浙江省第一个减刑、假释案件标准法庭，以及罪犯候审室、罪犯证人等待室、民警证人等待区、隐秘作证室、法官合议室、法检监会商室等附属设施，满足各种审理需求。

3. "效果再提升"，全面推进法院、监狱联合帮教

联合帮教对提升罪犯改造效果有巨大促进作用。金华中院与三家监狱商定并出台《关于人民法院参与帮教罪犯工作的操作指引》，于 2023 年 8 月成立了"法院、监狱联合帮教中心"，于 8 月 21 日到浙江省第五监狱对 1000 余名罪犯开展集体释法活动，取得积极反响。系列活动还被《法治日报》、潮新闻等媒体报道。联合帮教机制旨在充分发挥法院在释法说理、教育引导方面的优势，以"微创新"促成"大成效"。

一是充分发挥典型案例的作用。对不予减刑、不予假释或者变更减刑幅度的案件，强化裁判文书释法说理及庭审教育。分类选取典型案件，裁判文书在监区公示，使罪犯对减刑、假释形成更加理性、全面、正确的认识。

二是持续放大"法官寄语"积极作用。秉持对罪犯教育挽救和帮扶再改造的理念，对假释案件、未成年人犯罪等案件，强化裁判文书"法官寄语"的适用，教育和引导罪犯积极改造、杜绝重新犯罪，鼓励勇敢回归社会，争做对社会有益的人。

三是不断强化普法教育活动实效。针对重刑犯监狱，开展更多不同规模、不同形式的法官释法活动。选择典型刑事案例、民事（家事纠纷）案例，编撰"'预防再犯罪'提示手册""'民事纠纷处理'法官提示手册"，为罪犯改造提供易学易懂的法律读本，多举措提升罪犯法治意识。

四　结语

"数字化改革是一场制度重塑性的制度革命。这场革命是从技术理性向制度理性的跨越，核心是破除体制机制障碍，而不是简单地把数字化应用场景叠加到传统的体制机制上，也不是简单化、表面化的信息化建设、场景应用开发……"[①] 数字化智能化改革使法官办案更加高效、便捷，将推动减刑、假释案件审理模式优化，也会带动监狱管理模式、检察机关监督模式的变革。通过减刑、假释全域数智协同综合改革，实现了罪犯信息管理闭环，减刑、假释案件评价的闭环，前移后伸，首尾兼顾，更有利于法、检、监三家协同配合，不断优化治理措施，进而形成罪犯改造帮扶的闭环，在促使符合条件的罪犯重返家庭、重返社会的同时，也持续提升刑罚执行工作的法律效果和社会效果。

---

① 李占国：《"全域数字法院"的构建与实现》，《中外法学》2022 年第 1 期，第 7 页。

跨域协同司法

B.19
河北法院建设数字化工作台
推动跨终端整合调研报告

河北省高级人民法院课题组*

摘 要: 河北法院信息化建设办公室以满足客观需求、解决现实问题为导向,以服务法官办公办案为切入点,研发河北法院数字化工作平台,助力提高办公办案效率,为法院干警在内网工作场景下提供会话、文件传送、单位通讯录等基础办公服务。河北数字法院建设适应互联网司法创新发展规律,强化服务保障,不断以信息化手段为审判执行工作注入新动能,护航全省法院工作高质量发展。

关键词: 法院信息化 数字化工作台 移动端办公办案

---

* 课题组负责人:张金旭,河北省高级人民法院信息化建设办公室主任。课题组成员:张岚、李鹏飞、田蕾。执笔人:李鹏飞,河北省高级人民法院信息化建设办公室副主任;张岚,河北省高级人民法院信息化建设办公室副主任。

一　研发部署背景

随着信息化、人工智能、5G 技术的迅速发展，先进技术深度融入单位日常全业务场景，实现平台化、协同化、移动化、智能化成为办公办案协同应用建设发展的一大趋势。历经多年信息化建设与发展，河北法院信息化已形成一个庞大的应用体系，各类应用系统近百个，这些应用系统为法院审判执行及行政办公提升工作效率与质量起到了重要的促进作用。

但当前，法院各类应用系统相对分散，未能和审判执行等业务应用进行深度融合，消息驱动和消息协作未能重复利用，未形成"事找人""数据找人"的高效办案办公模式。主要体现在以下方面。

第一，应用系统分散，缺乏统一服务整合。从系统管理角度看，多厂商、多系统造成应用系统分散，系统集成接口不统一，协同集成难度高。从应用系统角度看，法官需要同时切换多个业务系统，需要多次输入用户名和密码、多次点击才能完成一项工作，影响了法官的工作效率和积极性，费时且费力。

第二，消息任务分散，缺乏统一消息整合。各个应用系统都带有消息提醒、待办任务提醒等功能，法官查看时需要频繁切换系统，分别进行消息及任务的处理，如审限超期消息需要登录审判系统查看、公文审批需要进入办公系统中查看等，并且大多是通过网页站内信息方式提醒，不聚焦、不明显、不易用。

第三，即时通信工具与业务贴合不紧密。通用即时通信仅满足法官日常信息交流和文件传输需求，未能聚焦法官工作将即时通信与业务深度融合，无法满足日常工作的协同需求。

第四，日程管理分散、方式较陈旧。审委会日程、会议日程、庭审日程、调解日程、合议日程等管理分散，管理模式陈旧，法官每天仍需要通过便签方式来记录近期的日程安排，而会议安排人员也因无法获知参会人员的会议安排，容易导致会议安排冲突、重复。

第五，缺少一体化高效搜索服务。日常工作中，干警经常需要查询一些

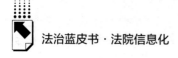

案件、文书、文件、图片、档案等相关资料，但当前只能一个系统一个系统查找，存在调取时长较长、检索层次较浅、范围局限大等短板，亟须提供统一检索服务，实现一键高效检索。

为贯彻落实党中央和最高人民法院要求，河北法院紧跟时代脉搏，把握法院干警协同办公办案的需求发展，将技术创新和应用深度融合，研发部署了符合信创适配要求的法院数字化工作平台，为法院干警打造了全新的协同、安全、高效、开放的工作方式，实现了跨部门、跨法院、跨地域随时拉群讨论"跨界"交流常态化。

二 数字化工作台整体架构及特点

法院数字化工作平台可实现跨终端整合，轻量灵活，为法院干警提供会话、文件传送、单位通讯录、日程、投票、OCR 文字识别等基础办公服务，以及基于平台和消息的数字化协作服务，包括办公办案等应用统一入口、统一身份认证、统一消息推送、统一检索入口、日程协同服务、会话协同服务、业务消息提醒和快捷办理、统一组织用户等综合协同服务。同时，基于移动平台，进行办公办案入口灵活接入，实现移动办公、移动办案、移动监管等移动场景拓展，从而提供法院业务融合展示、业务快速提醒和便捷待办等综合协同办案和办公服务，健全法院协同生态，全面提升法院信息化应用成效。

（一）整体架构

架构设计层面，法院数字化工作平台采用分层设计思想，各层独立演进，促进业务和技术积累；采用微服务技术，减少系统间的耦合，能更快速交付定制需求。基于桌面和移动端工作平台，通过即时通信融合业务系统，实现工作协同，为各级法院干警提供便捷、高效、智慧、实用、统一的数字化工作平台。

全面协同层面，通知公告、消息提醒集中推送，实现信息实时获取，便于干警实时了解工作动态。待办事项、待处理案件集中展示，实现待办任务集中处理，便于干警及时高效处理所有待办任务。即时消息触发便于简化工作流程，奠定"事"找"人"工作新模式，在办公办案等系统操作可产生待办，即可结合工作平台推送新消息提醒。办公办案等系统中的"事"，在产生的同时即主动推送到干警，并且可一键直接办理。

提供协同文档、视频会议、日程、投票、广播通知等基础办公服务。通过与业务平台的集成，帮助审判、执行等条线业务实现统筹建设。通过待办任务与即时通信相融合，提升业务办理的协同化水平。同时可以根据用户行为进行用户行为分析，深度了解平台各功能实际使用情况，进一步健全河北法院协同生态，提升河北法院信息化应用水平。

数字化工作平台提供统一接入标准，新建应用/事项可以通过统一接口快速接入，降低接入成本。同时结合移动端技术发展，帮助现有办公办案等场景实现业务应用的快速移动化，打破办公局限，实现移动端应用。

（二）平台目标与价值

数字化工作平台为全省法院干警提供交流协作手段，使内部沟通更及时、充分、有效，团队协作更紧密，信息共享更便捷，提高工作效率和沟通质量。

数字化工作平台充分发挥即时消息系统与使用人高度关联及常驻桌面的特性，通过消息驱动业务办理，形成"事找人""数据找人"的新办案办公模式；通过即时消息系统与"管事""管物"的对接，深化"人—人"交互，开启"人—事""人—事—人"交互协作模式，全面实现数字化、协同化。对办案办公平台进行更好支撑辅助，在平台化的基础上构建扁平化用户操作界面，强化及时性，最终实现统一应用、互联互通、统一组织机构、规范管理、统一接口标准、融合应用，提高干警办案办公效率。

平台核心目标如下。统一应用，互联互通：全省法院干警统一使用一套客户端（桌面端和移动端），实现全省法院沟通无限、互联互通。业务融合，消息驱动：简化集成内网业务系统的工作入口，确保干警操作应用更加集中快捷，实现基于消息的业务驱动。统一接口标准，融合应用：统一集成接口规范，未来新建系统按规范快速接入，减少投入成本。最终通过建设法院数字化工作平台，优化应用整合管理、加强基于消息的业务协作、提供决策支持和加强信息安全等，综合提高干警工作效率。

（三）平台特点

1. 业务消息聚合

法院数字化工作平台整合业务入口，一键直达，打造日常办公桌面端、移动端的"超级入口"。聚合会话消息、服务号消息、订阅号消息以及分享消息等，所有消息即时送达，实现系统级提醒。聚合日程信息，一个面板总览全部日程排期。

2. 工作模式转变

法院数字化工作平台将"人找事"工作模式转变为"事找人"，各业务系统中的"事"在产生的同时即主动推送到相关干警，并可一键办理。

3. 业务定制灵活

法院数字化工作平台深入业务场景，支持各种业务接入的定制。开放消息推送、日程协同、应用接入、会话创建等接口，提供对卡片消息、平台导航、浮动窗口以及主题皮肤等的灵活定制。

4. 终端协同高效

支持 X86 桌面端、信创桌面端、移动端多端互通，业务协作。提供群共享文件、法官工具、协同文档、智能 OCR、语音识别等协同服务，助力高效办公。

5. 全方位安全合规

全面信创适配，快速私有化部署，满足等保三级的安全要求。可支持基于数字证书的身份认证、短信验证等安全登录方式。采用 HTTPS 协议进行加密通信。消息、文件采用数据加密存储。具备全局水印、阅后即焚模式、敏感词监测处理、登录设备管理、数据不落地、移动端防截屏等终端防护手段。

6. 提速移动化拓展

移动端平台开放应用运行所需组件能力，集成语音识别、OCR、签批、手写签名等能力，支持业务应用快速迁移移动端。通过低代码平台快速构建相应的首页样式，所见即所得。

三　数字化工作台相关功能

（一）统一工作台

随着信息化发展不断加快，全省各级法院建设的各类应用系统越来越多，面临系统入口分散、工作处理无法集中、业务应用无法统一管理和运营等问题。法院数字化工作平台可以实现应用的整合，实现应用的统一入口管理、单点登录、聚合检索和应用的统一管理和运营。

法院数字化工作平台具有统一的工作平台，作为单位各级人员的统一工作首页，整合了单位各应用入口（如办公、办案、三个规定等系统），支持将应用分类展示，同时可以自定义应用分类以及调整应用分类顺序，可以通过应用分类调整和干警个人自行添加自定义应用从而符合干警个人工作习惯的工作首页。

统一搜索支持对法院数字化工作平台中的应用搜索，并支持对接本单位已有的检索平台，提供聚合检索。常用应用显示全部应用，并将干警个人最近使用的应用放在最前面显示，根据干警个人使用情况实时调整应用顺序。可将自己关注的应用添加到常用应用中，并支持调整常用应用中的应用顺序，深度契合法院各级人员日常工作需要。

干警个人可以根据自身需求将任意链接地址定义为应用并添加到自定义应用，同时支持将自定义应用添加到常用应用中。通过应用角标方式提醒用户该应用存在待办事项。

（二）工作日程

干警日常的开庭、会议等工作需要排期及提醒，避免因公务繁忙而造成

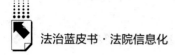

的事项遗漏。法院数字化工作平台融合了各类业务平台的日程信息，如个人日程、办公日程、业务系统日程等，可展示不同的颜色进行区分（我创建、给我分享的、不同业务系统同步的等），对于日程冲突以单独标识展示。日程可以分享给相关联系人或者指定的群组，可以单独会话列表查看日程通知。

干警可在日程模块集中查看日程排期情况，日程开始前主动提醒，日程新增、修改和删除的即时提醒，也可在此处进行日程分享操作，可有效规避工作遗漏。

在日程模块可查看并管理个人的日程安排，可向其他联系人推送日程安排。在创建日程界面可查看日程参与者的空闲时间段从而合理安排日程。可对日程进行到时弹窗提醒。

（三）智能检索

法院数字化工作平台提供统一入口为干警带来智能化的数据检索体验，搜索引擎通过开放规范和标准，将来自各平台的结构化及非结构化数据及文档信息进行收录处理后，可通过聚合检索服务对所有收录的内容进行便捷搜索。

搜索功能实现聚合搜索服务，统一入口进行检索，如案件信息、当事人信息、法律法规、裁判文书、新闻资讯、期刊论文、公文等不同内容的检索。

（四）组织通讯录

法院数字化工作平台的通讯录模块可实现组织机构统一维护，全员共享，清晰展示组织架构。通讯录按照单位部门层级清晰展示组织架构，找人定位快、方法多（可依据姓名、账号、分机号、手机号等信息快速搜索）。

支持分级分权管理，各中基层法院及部门可上下不限分层级，实现人员管理分层分级。支持可见性管理，可灵活针对单位、部门、人员的个人可见性进行权限控制。针对通讯录安全和更新需求，支持设置人员无效、离职等，及时删除数据，避免了因人员流动造成的通讯录冗余。

（五）即时消息

法院数字化工作平台的会话模块提供安全、可私有化部署的安全即时消息功能，保障法院内部通过文本、图片、文件等消息及时安全协作。目前产品已全面完成信创适配，可支持主流的信创软硬件环境运行，满足自主可控的要求。同时，该模块具备高度安全性，通过对重要消息的存储加密、传输加密、平台安全防护和阅后即焚消息，保障工作消息及时安全传输。

会话模块支持单人及多人群组会话，能够发送文字、表情、图片、文件、文件夹及截图，消息、文件、图片等分类管理，能够快速查找记录。信息支持图文混发、多图在一个消息体内发送，支持多选转发、多条引用等。

可灵活设置会话置顶、会话免打扰。可显示人员在线状态，包括在线/离开等。可显示单人对话或群组对话中发送的消息已读/未读状态，在群组中可显示已读/未读的人数和具体人员。

即时通信产生的消息会在服务器云端进行存储，方便所有终端同步和消息搜索，方便备查审计。

单人会话可在聊天窗口一键切换为阅后即焚模式，给对应成员发送阅后即焚消息，在对方阅读后即自动焚毁，客户端服务器均不留痕，保障敏感信息的安全性。在阅后即焚模式下，支持发送文字、表情和图片。阅后即焚和普通会话模式可以灵活快速切换。

支持干警个人向自定义的群体范围发送广播消息，可对会话右击，或者在群组内一键发起广播，广播消息可包含表情、文件、图片，也可发送图文混排消息。方便单位内部行政或者内勤人员等对内发布部门、单位通知等。

数字化工作平台可汇聚与干警本人相关的各类业务待办消息，结合即时通信的定制化卡片，实现快速办理。干警可在会话服务号集约化办理和自己审判执行相关任务、办公系统任务等不同业务平台的待办任务。各业务系统

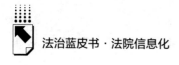

中的"事"在产生的同时即主动推送到用户，并可一键办理，将以往"人找事"工作模式转变为"事找人"。

（六）文件传输

在会话中，支持向单人或多人进行文件发送，无论是针对在线干警个人还是离线干警个人，均可发送、接收文件，同时产品还支持单文件、多文件、文件夹方式直接拖曳到对话窗口进行发送，方便易用。可发送各类型文件，或者文件夹，直接将文件、文件夹拖曳到对应会话框，即可快速发送/群发。支持离线发送下载文件。

在群组中，群成员可以将聊天中的文件或者云文档转存到群共享文件中，便于干警个人进行管理和查看。干警个人文件存储到默认的保存路径目录，并支持干警个人修改路径。文件可以设置自动接收，当勾选文件自动接收时，对话切换至该聊天窗口，未接收的文件就会进入自动接收状态。

通过统一的消息管理器，可以快速查询文件，消息查询结果正文区域分为三个页签："个人消息""文件""图片"，分别对应了图文信息、以文件形式发出的信息以及在会话中的截图。

（七）便捷应用

1. 投票应用

通过投票应用一键即可快速创建投票活动，投票结束后可以自动统计投票结果。在已有群里可以快速发起针对群聊人员的投票。

2. 智能文字识别

日常办公中，使用 OCR 智能文字识别技术，可对文档扫描件、拍摄或者截图工具截取的图片，进行内容文字的识别。识别后可转为可编辑文本自动复制到剪切板，在消息会话或其他文本编辑区域使用，辅助办公。

3. 智能语音识别

结合法院数字化工作平台，集成语音识别能力服务，实现工作场景下的语音转文字，助力高效办公。移动端发送消息时可选择语音转文字发送，移动端和桌面端在接收到语音消息后可转为文字查看。

（八）安全机制

1. 敏感词及撤回

法院数字化工作平台可在服务器端统一设置字、词、句的关键字检测、替换、屏蔽规则，并下发至终端，从根源上避免无意的泄密风险、过激的不雅用语、紧张时的错字频现，进一步提高了沟通效率和工作质量，提升了组织形象。

可灵活设置聊天消息的可撤回时间，默认可撤回发送 2 分钟内。满足干警在工作交流过程中误发敏感信息后从根源上撤回消息的需求。

2. 文件安全性保障

传输安全使用 HTTPS 通道：客户端与服务器端通信中，采用 HTTPS 协议，使用加密方式进行数据传输。在使用 HTTPS 安全通道的前提下，再对口令传输作专项增强。

文件存储安全：文件使用国密 SM4 算法加密，进行加密后存储。支持按单位、密级分开存储文件，完全物理隔离。

3. 消息安全性保障

传输安全使用 HTTPS 通道：客户端与服务器端通信中，采用 HTTPS 协议，使用加密方式进行数据传输。在使用 HTTPS 安全通道的前提下，再对口令传输作专项增强。

消息存储加密：服务器端数据非明文存储，用户获取数据后，需从数据库读取信息并解密后方可使用，实现服务器文件数据和数据库重要字段的存储加密。

（九）移动端平台

法院干警办公办案并不局限于单位内部，经常存在外出办公办案的情况。为便于广大干警及时查阅消息、批示文件等，法院数字化工作平台同时

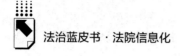

设置了移动端，在保障安全的前提下，最大限度为干警办公办案提供便捷。

移动端法院数字化工作平台使用与桌面端相同的用户名密码登录，可提供账号记录和记住密码功能，可对接身份安全认证和 VPN 等安全厂商。需使用手势解锁登录后的应用解锁，以提高用户碎片化、间断式使用移动设备处理事务的安全性。移动端还实现系统级防截屏和防录屏功能，防止工作交流场景下相关重要信息的泄露。移动端平台打开自动切换内网，退出自动切回外网，确保了信息的安全性。

移动端与桌面端的主要功能范围一致，实现了业务消息协同、统一工作日程、统一智能检索、统一组织通讯录等。移动端将现有信息、服务系统以 H5 应用形式接入移动端平台，可帮助法院快速构建各类移动应用，实现移动应用的快速接入和集中管理，为移动应用运行提供平台支撑。移动端已添加的应用可通过标准接口实现业务消息的推送服务，用于实现移动端业务应用消息的统一接收显示，通过消息通知方式发送图片、文件、链接等系统消息。

移动端平台设置了法院首页、办公系统、人事系统、财务系统、审判数据等办公办案常用入口，便于信息查阅、文件批转以及案件数据查询，确保了文件流转的实效性，避免了因外出、开会等情况造成的消息漏看等，确保了文件流转和案件办理的实效性和便捷性。

后期河北法院将继续根据干警需求，在保障安全性的前提下将各类移动应用接入移动端平台，不断推进实现协同、安全、高效、开放的工作方式。

四　应用成效

河北法院数字化工作平台上线以来，为全省法院干警的工作交流和业务协同提供了极大便利，在系统使用方面已经取得了一定成效，获得了辖区干警的一致好评，被干警喻为"法院专网版微信"。主要成效如下。

实现了全省法院的互联互通，节省了大量的沟通成本，提高了工作效率和沟通质量。截至 2023 年 12 月底，法院数字化工作平台日平均在线用户数

1.2万人以上，累计总登录次数约356万次，发送消息约1146万条，发送文件约162万件。

融合多方应用，实时将各应用系统所推送的消息及时提醒，通过日程同步服务实现了日程的统一查看和提醒。目前已融合业务应用共计30余个，包括办公系统、办案系统、信访系统等，推送消息956万条，日程提醒26万次。

五　未来展望

为方便群众诉讼，更好地保障干警办公办案，河北高院对全流程无纸化所涉及的各个环节进行了梳理与细化，2023年经院党组研究确定了"全流程网上办案协同工作机制"。机制要求，要围绕建设总思路，谋划河北法院周边系统服务工作，致力于服务干警业务开展，稳妥推广无纸化网上办公办案。河北法院数字化工作平台实现了对信创适配的办公办案等系统的初步整合，并完成了办公办案向移动端的跨越，使河北法院全流程无纸化办公办案迈入一个新的发展阶段。

目前，河北法院已经实现用户统一、审判统一、执行统一、办公统一、诉服统一、签章统一的大统一格局。河北法院将在推进落实全国法院"一张网"建设总要求上蹄疾步稳、积极创新、大胆探索，将信息技术与法院工作深度融合，坚定司法为民宗旨，以信息化建设助推审判工作现代化，为构建全方位、系统化的互联网司法规则体系奠定基础，用信息化为河北法院审判执行工作保驾护航。

B.20
跨部门办案平台助推四川办案
新模式调研报告

四川省高级人民法院课题组*

摘　要：　为推进司法体制改革与数据技术应用深度融合，促进政法单位间信息系统网络互联互通、业务高效协同，四川法院紧紧围绕人民法院信息化建设的工作要求，与四川政法各单位密切合作，依托政法专网，以电子卷宗为载体，整合原大数据智能辅助办案系统和涉案财物跨部门信息平台，坚持"业务+技术"双轮驱动，引入区块链安全技术，搭建纵向覆盖省、市、县三级、横向贯通全省各级政法单位的执法办案"一张网"，真正意义上打破了政法各单位信息系统独立封闭的现状，实现了跨部门办案业务的网上协同，有效提升了政法机关办案质效和司法公信力。

关键词：　深度融合　大数据　跨部门协同办案　平台建设

经过近几年高质量发展，四川法院整体信息化基础保障能力大幅提升，智能化系统在全省法院得到普遍应用，应用型创新成果不断呈现，信息化建设纵深发展取得了良好成效。为进一步横向拓展应用成果，满足政法单位间安全、便捷、高效、规范的业务协同需求，提升跨部门案件办理质效，四川法院与政法各单位密切合作，按照基础为先、实效为上、规范为重、安全为

＊　课题组组长：张能，四川省高级人民法院党组成员、副院长。课题组成员：吴红艳，四川省高级人民法院技术室主任、二级巡视员；黄丹，四川省高级人民法院技术室四级调研员；陈代芳，四川省高级人民法院技术室三级调研员。执笔人：张黎，四川省高级人民法院技术室一级主任科员。

要的工作思路，以业务需求为牵引、以现实急需为重点、以试点示范为先导、以特色创新为突破，大力推进数字赋能政法系统跨部门协同办案。目前，通过跨部门办案平台已基本实现非涉密刑事案件侦查、起诉、审判、执行全程闭环流转，正在试点民事、行政案件关键业务节点跨部门流转，通过在线协同办理案件已成为四川政法单位办案人员的工作常态。

一　平台建设内容及创新做法

跨部门办案平台依托四川省各政法单位现有信息资源优势，充分利用云计算、人工智能等现代科技手段，以应用整合平台为抓手，以电子卷宗为基础，以数据共享共用为目标，推进政法数据深度应用、建设跨部门业务应用平台，实现全省政法单位网上办案全流程协同，提高政法部门整体工作效率和实战能力。同时基于中心平台汇聚的政法数据，构建多种分析模型，为领导决策提供智能分析和支持。

（一）建设内容

1.跨部门业务流转功能

平台采用"1+N"设计架构，"1"是建设一个跨部门办案中心平台，"N"是对接政法各单位内部办案系统。在不改变原有办案习惯的前提下，统一技术标准，对政法各单位内部办案系统进行接口改造，通过中心平台实现从批捕、起诉、一审、二审、执行到强制隔离戒毒、涉案财物等82个主流程476个子流程的跨部门协同。全省各级法院在案件审理过程中，仍然在审判系统中办理，与原办案操作无异，但在一审公诉、交付刑罚执行、社区矫正等需要与检察院、司法所、监狱等政法单位协同环节，可直接在审判系统中推送或接收，便可实现案件及信息的即时流转。

2.跨部门办案中心平台功能

跨部门办案中心平台作为案件在政法各单位网上协同流转的中心枢纽，通过平台可实时展示案件办理全过程各节点流转详情，能够精准抓取评估案件办理质效的重要核心数据。中心平台实时同步汇聚案件基本信息、涉案财物信息、涉案人员信息、案件卷宗材料等数据资源，通过数据清洗提供智能分析案件流转效果、自动监测案件办理质量、全面校验案件关键信息。具备可视化界面，一屏展示全省各地各部门案件办理现状和业务系统运行情况，根据业务需要自动导出案件流转统计报表和案件质量分析报告，通过嵌入各单位办案系统中的意见反馈系统，收集分派全省政法单位应用过程中的问题及建议。

3. 涉案财物随案流转功能

四川原有刑事案件涉案财物跨部门集中管理信息平台独立于办案流程，现将原有信息流转功能嵌入跨部门办案平台，将涉案财物信息作为案件基本信息，同步进行信息流转，并在原有功能基础上，新增刑事案件涉案财物随案流转和处置权变更功能。适应全省涉案财物三种保管方式（即第三方共管、公安机关代管、政法各单位自行保管），将法院、检察院、公安、涉案财物共管中心业务系统进行对接，实现刑事案件涉案财物从入库、保管、处置到执行全生命周期线上闭环管理处置。设置单独模块，对涉案财物基本情况进行全面展示，实现涉案财物处置异常情况自动监测，智能分析全省涉案财物整体情况。

4. 执法司法监测指标分析功能

通过对执法司法指标体系进行数据分解，建立执法司法态势监测系统，静默化监测分析执法办案全过程，实时掌握政法单位案件办理情况，自动监测执法办案风险节点，实时统计政法各单位案件网上流转节点数据。对各类案件办理时限进行统计排名，对按法律规定到期应移送而未网上流转的案件进行预警提示，智能分析案件办理的瑕疵错漏，对比分析各地各部门异常案件数据。

5. 案件评查功能

根据案件评查规则，建设案件评查系统，实现对刑事案件全过程网上管理智能评查和专家评查，通过建立知识库，借助法律知识图谱、大数据量刑辅助功能自动关联类似案件，对具有量刑幅度偏差风险的案件，通过证据智能审查功能，自动发现案件数据收集、审查、运用等各环节的瑕疵错漏，辅助执法监督部门高效开展案件智能评查；实现评查材料网上阅览、标记、批注、引用等功能；根据评查情况自动生成个案评查报告和综合评查报告。

6.法律法规全量查询功能

建立法律法规数据库，收录了自新中国成立以来发布的法律法规、地方规范性文件、地方工作文件、部门规章等全量数据800余万条。通过智能检索功能精准查询、在线阅览、本地下载相关法律法规，能够根据用户检索频率自动推荐热点内容在首页展示，能够根据案件关键要素自动关联相关法律法规，目前已支撑各类应用场景8000余次。

（二）平台建设创新做法

在工作机制上创新。四川省高级人民法院与相关省政法单位共同参与，组成全省政法系统跨部门办案平台建设领导小组，派驻业务和技术骨干力量从业务流程明确、系统研发、应用推广到运行维护，全程参与政法专班工作，对外协调省政法各单位，保证协同工作高效有序，对内统筹指导全省各级法院朝统一目标奋力推进。科学设计成效评估指标，统计量化重要节点流转率，每月向全省法院发布工作通报，并将平台应用情况纳入年度重点工作考核，强力推动平台建设应用。

在业务模式上创新。办案平台严格依照法律规定设置业务流程，坚持以审判为中心，对跨部门在线流转的案件信息、电子卷宗进行统一规范，健全证据标准指引体系，强化案件电子信息对比、分析和研判，推进从传统"面对面"向线上"点对点"办案方式转变。案件卷宗形式也逐渐向以电子卷宗为主方向倾斜，促进全流程电子卷宗深度应用，智能审核、电子阅卷、自动回填、文书自动生成等辅助办案功能百花齐放，立案、审判、移送等业务环节网上协同办理能力有效增强，执法司法效率明显提升。通过对案件办理全程留痕、全程溯源，变内部监督为跨部门监督、事后监督为全程监督，执法司法公信力明显提升。

在推进方式上创新。一是业务先行，技术驱动。首先由法院审判专家会同政法各单位业务部门围绕以审判为中心的诉讼制度改革要求，细化明确案件流转各项标准要求，深入基层开展调研 50 余次，专项研讨数百次，收集整理各方意见 1000 余条，研讨编制《四川省政法系统跨部门办案平台标准规范》等 7 项业务流程标准，为线上平台功能研发提供业务规范指引。确定一项标准，研发一项功能，确保上线功能与业务需求保持在最大契合点。二是试点先行，分批推进。四川政法单位总量大，分布广，为避免全省统一上线全部流程协同节点可能对办案干警造成的不适，推进过程中采用研发一批功能、培训一批功能、上线一批功能，从个别地区试点到每个市州一个试点，再到各市州分批上线，最后到全省全面应用，让干警逐步熟悉，区域内就近相互帮带。平台从 2021 年 2 月起在眉山市仁寿县、乐山市中区两地试点上线审查逮捕、审查起诉等 7 个主要业务流程；2021 年 4 月在成都市武侯区和锦江区进行试点；2021 年 12 月起，分三批次在 21 个市（州）全面上线运行；2022 年 4 月全省完成刑事案件办理全程在线协同；2023 年 6 月，在眉山市本级及仁寿县、成都市两级政法单位试点民事行政案件类型跨部门协同办理；2023 年 10 月，在四川、贵州两省联合上线社区矫正入矫和委托调查评估跨省协同功能。

在规范运行上创新。为保障平台规范有序运行，持续通过边建设、边应用、边总结、边调整、边规范的方式，编制 7 个跨部门办案平台标准规范系列标准、5 个涉案财物管理系列标准、3 个运维管理体系标准等，五大类 30 余个业务标准、数据标准和管理规范；明确了应用中案件移送时间要求、电子卷宗制作核验要求、电子卷宗应用效力、纸质卷宗管理、涉案财物管理、电子回执应用、问题故障处置等重点关注问题，让干警在实际操作中有规可循、有据可依。

在技术运用上创新。通过在线数据处理校验技术，对进出中心平台的数据包进行全过程快速处理和校验判断，实现对工作流程的定义、初始化、调度以及执行管理与 Entry 管理等。通过跨网数据传输技术，在政法各单位交换平台部署前置服务，实现数据包的跟踪监控、断点续传、多样传输方式、大文件特殊处理机制以及重传机制等，为数据传输提供稳定、可靠、低延时的传输通道环境。通过部署区块链，线上流转的材料和信息全部上链，防止案件数据在传输过程中被篡改。通过动态资源监控，全面监控总平台和分平台的运行状态，实现对服务器、数据库、FTP、中间件、传输通道、操作日志的配置及运行监控，快速准确地定位和解决系统问题。通过智能 AI 技术，运用智能推荐算法、虚拟滚动技术、自动建模技术、图表自动关联钻取技术、分辨率自适应、并行异步计算技术等，实现业务数据挖掘、预测预警及可视化数据分析展示。

二 平台运行成效

截至 2023 年 12 月，政法各单位共通过平台网上流转非涉密刑事案件 30 万余件，刑事案件跨部门线上协同流转率达 90% 以上，执法办案效率提升 63%①。2023 年 1~12 月，全省法院在线移送案件 109731 件，接收案件 133096 件（见图 1、图 2）。

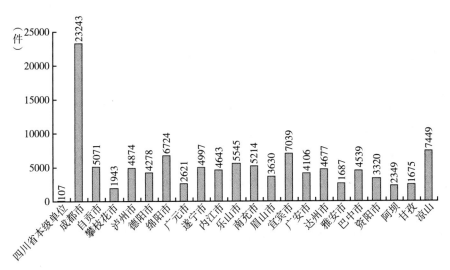

图 1 法院在线移送案件情况分析（2023 年 1 月 1 日至 12 月 31 日）

---

① 数据来源于《全省政法系统跨部门办案平台建设推进情况通报》（2023 年 11 月）。

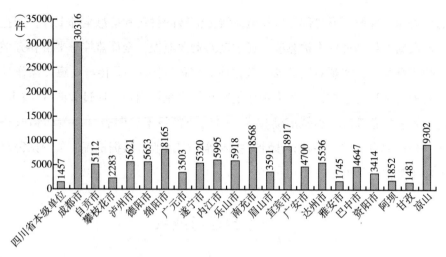

图2 法院接收案件情况分析（2023年1月1日至12月31日）

（一）推动执法办案流程重塑

跨部门办案平台重构了案件办理业务流程，改变了传统办案思维和办案模式。通过平台实现政法单位间高效协同，优化传统跨部门流转环节，大大降低案件移送接收耗时，案件关键信息自动推送，减少了办案人员因主客观因素导致的差错，降低了案件办理超期、人员脱管、涉案财物处置不及时的风险。促进政法单位依法分工负责、相互配合、相互制约的工作原则得到有效落实，极大提升了执法司法质效。例如：立案收案环节，仅信息录入工作可为每个案件节省30分钟时间；电子换押功能，可直接在检察院、法院、看守所之间线上秒批变更嫌疑人的管辖权；缓刑案件通过线上及时向司法局送达"三书一表"，避免法律文书移交延迟而产生的社区矫正对象监管脱管、漏管；涉案财物随案流转功能促进涉案财物管理和处置权变更更加规范、高效。

（二）打造现代化办案新模式

平台上线应用强调实行"单轨制"办案模式，即政法部门间协同办案非特殊情况仅移送电子卷宗，纸质卷宗由生成单位自行保管。该项措施实行后，再难以看到政法单位间用推车、麻袋转运大摞纸质卷宗的场景，特别是跨地区移送事项节省了干警大量的时间和精力。疫情期间，四川省政法系统通过跨部门办案平台，减少了15万余次线下现场接触，实现了防疫办案两不误。线上推送的电子卷宗经过层层校验，大大减少了案件材料审核的疏漏，同时收发双方对移送情况实时可见。在当前办案模式下，办案法官逐步减轻对纸质卷宗的依赖，自然而然推动了电子卷宗深度应用纵深发展，智能阅卷、单一证据校验、文书自动生成和量刑辅助等功能深受干警喜爱。例如，电子阅卷过程中可精准定位关键信息，为重点内容设置不同标签，有效避免重要案件信息遗漏。通过智能辅助，实现了法律文书的自动生成和类案比对，在减轻工作负担的同时有效提升了案件办理质量。

（三）有效提升执法监督的能动性

通过执法司法态势监测，分析政法单位案件办理的基本情况、案件质量、案件效率、办案效果，实现对执法办案全流程的静默化监测，做到执法办案数据的自动抓取、科学分析、精准推送、快速处置；建立了案件评查系统，多维度查找识别案件在证据采信、事实认定、法律适用、程序规范等方面问题，强化对案件办理质效的精准把控；搭建风险预警模型，针对执法办案中的重点关注问题、隐藏风险节点等，通过分析案件办理全流程关键信息，实时检测预警超期办案、超期羁押等长期困扰政法单位执法办案不规范、不标准的问题。实现从传统事后监督向事中监督的突破，促进办案人员在执法司法过程中自我严格规范。

三　问题及展望

经过一年多的应用实践，四川法院和其他政法单位在线协同办案工作取得了一定成效，随着应用的深入推进，建设和应用的不足也逐渐凸显。

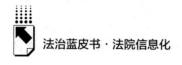

（一）存在的问题

协同能力有待增强。协同的案件办理类型还不够丰富，目前跨部门办案平台基本能够实现省内非涉密刑事案件的网上流转，但民事、行政案件协同办理还在试点运行，与其他省市的联动还处在探索过程中。协同办理的效率也有待提升，线上单轨制流转率还没有达到理想状态。除此之外，由于各政法单位办案系统易用性参差不齐、基础设施保障不足，案件一次性成功流转率仅达75%。随着平台应用的逐渐深入，协同需求还在不断拓展，数据互信、庭审质证、远程庭审等业务如何纳入在线协同还需要多部门协同解决。

配套保障措施有待健全。在政策保障方面，电子材料、电子捺印、电子归档的有效性有待中央相关部门进一步明确，特别是采用电子换押后，原有纸质的五联单换押证模式已不适应线上协同办案需要。在业务管理方面，虽然刑事案件涉案财物信息已实现在线随案流转，但在涉案财物管理工作中，存在财物保管和处置的权责不清晰、处置结果反馈渠道不通畅等问题，加之民事、行政等案件涉案财物管理规定不统一不明确，难以真正实现涉案财物全流程闭环管理。在技术保障方面，政法单位特别是基层既懂业务又懂技术的跨界人才短缺，跨部门统一管理和运维团队还不够健全，协调调度的效率不够高，智能化保障能力相对较弱。

基础设施亟待完善。因政法专网建设现状限制，各地各部门的协同数据必须在省级进行跨部门数据交互，无法承载音视频资料等超大容量文件流转，导致跨部门办案平台业务系统横向联通模式创新受限，网络联通共享效能跟不上形势发展要求；一些基层政法单位硬件设备陈旧老化、性能不足，一定程度上影响了跨部门网上协同办案效率。

安全防护能力有待加强。随着跨部门办案平台应用深入，平台积累的案件数据量已达25万余件，面临日趋严峻的网络数字安全形势。现有的安全防控能力明显不足，安全防控体系还未建成，安全运营能力薄弱，安全防护措施较为局限，安全态势无法全面掌握。例如，跨部门传输网络链路缺乏加密机制，政法各单位边界接入系统老旧，资产梳理困难等问题突出。除此之外，如何在充分保障数据安全的前提下，进一步促进政法部门间的信息互通共享，还有待进一步探索。

（二）未来展望

扩展协同业务流程。优化跨部门办案平台功能，拓展出入境报备、控申类刑事案件协同流程节点，进一步推动平台单轨制运行。扩展增加民事案件、行政案件业务、交管强制执行、公益诉讼案件、国家赔偿案件等协同流程，进一步覆盖更为广泛更为全面的政法跨部门协同业务。深入探索跨省协同业务，持续与贵州、重庆等地紧密联系，逐步扩充协同范围。推进案件归档方式改革，加强电子卷宗深度应用，丰富辅助办案功能，加快形成集约化、标准化、现代化执法办案新模式。

强化技术支撑保障，融入省级云资源建设规划，深入研究政法数据应用云环境，积极推进政法云网一体化发展。持续优化新一代政法网，推动实施数据网、感知网、物联网三级子网建设，借助安全可靠技术手段，破除市级层面政法网横向联通的障碍。主动积极开展电子笔录、签名捺印在原始材料电子生成中的应用，升级推广律师阅卷功能，逐步减少扫描制作电子卷宗、律师线下查卷等工作，真正做到"让数据信息多跑路、办案人员少跑腿"。进一步深化探索证据指引、类案推送、电子卷宗分析等智能辅助功能，促进平台在辅助办案、服务群众等方面更智能、更好用。

加强安全风险防控。细化数据安全管理制度，以"人、数据、场景"关联管理为重点，配套完善协同办案数据共享清单和权限清单，全面推进网络安全工作责任制和数据分级分类管理要求落实。优化平台技术防护措施，重点围绕网络安全传输、数据加密存储、系统安全保障等三大领域，分级打造数据安全防御体系，强化数据安全态势感知监测，变静态防御为动态防御、变被动防御为主动防御。落实安全运行管理责任，严格实施网络信息安全管理制度，确保24小时安全值守、定期开展安全检测及应急演练，以制度机制科学化提升安全管理规范化。

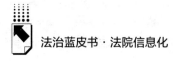

深化大数据应用。充分运用收集汇聚的案件相关数据，结合司法大数据平台建设成果，构建法律知识图谱，通过研判分析及预测预警模型进行智能化处理，开展社会风险因素、区域性违法犯罪风险、办案问题等分析、展示、联动处置，为领导决策、社会治理提供信息支持，助力社会治理现代化发展。

浙江法院建设跨省域审判资源协同平台
服务长三角区域一体化发展调研报告

浙江省高级人民法院　浙江省嘉兴市中级人民法院联合课题组 *

摘　要：　党的十八大以来，中央要求加快构建优化协同高效的司法机构职能体系。长三角一体化上升为国家战略后，最高人民法院专门出台为长三角区域一体化发展提供司法服务和保障的意见。近年来，浙江高院坚持贯彻最高人民法院工作要求，准确把握工作的切入点，与辖区法院探索建设跨省域审判资源协同平台。围绕增进区域协作、资源共享、法律统一适用等问题，通过同频共振、同向发力、同题共答等方式，将平台打造为长三角法院实时互联、业务协同和资源共享的重要载体，为跨省域联动执行、生态环境跨域保护、审判资源跨域调配、构建跨区域法官联席会议等提供数字化平台支撑，为长三角一体化发展提供了有力的司法服务和保障。

关键词：　法律适用一体化　服务保障　区域协同

推动长三角一体化发展是重大国家战略。实践中发现，传统的按照行政区划设置的司法组织架构和运行模式，固然有其优势，但也存在跨域审判资源配置不均衡、诉讼服务差异化、裁判尺度不统一等问题，与推进长三角一体化发展要求不相适应。因此，积极探索建设集统一法律适用、数据业务协同、审判资源共享的跨省域审判资源协同平台成为司法服务保障长三角一体

---

* 课题组负责人：朱新力，浙江省高级人民法院副院长兼浙江法官进修学院院长。课题组成员：涂冬山、李金铭、杨治、缪丹、邱腾涛。执笔人：缪丹，浙江省高级人民法院大数据处信息管理科科长；邱腾涛，浙江省嘉兴市中级人民法院审判管理处副处长。

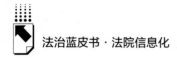

化发展的重要课题。

为贯彻落实《最高人民法院关于为长江三角洲区域一体化发展提供司法服务和保障的意见》，浙江高院以推进"浙江全域数字法院"为契机，指导嘉兴两级法院探索建设跨省域审判资源协同平台，推动长三角三省一市在审判资源跨域协同、诉讼服务跨域通办、法律适用跨域统一等方面数据共享、多地联动、一体协同，为长三角一体化发展提供司法服务和保障。

一 跨省域审判资源协同平台建设背景

（一）司法服务保障长三角一体化发展新需求

1. 标准化跨省域诉讼服务提出的新需求

《长江三角洲区域一体化发展规划纲要》指出，要"全面实施基本公共服务标准化管理，以标准化促进基本公共服务均等化、普惠化、便捷化"。诉讼服务作为一项重要的公共服务，应尽可能实现无差别、同标准和均衡化。当前跨省域诉讼服务差异客观存在，其中办理标准、硬件设施、服务用语、办理时限均存在较大差异。

2. 跨省域统一法律适用提出的新需求

最高人民法院指出，保证公正司法、推进严格司法，必须统一法律适用标准。实践中，不同行政区划法院客观上存在裁判尺度不统一的问题。以长三角一体化示范区法院为例，虽然苏浙沪三地，特别是嘉善、青浦、吴江经济水平相当，但三地司法实践中涉及醉驾、盗窃、民商事合同效力、生态环境资源保护等案件的裁判标准都存在不小差异。

3. 国际化、法治化营商环境建设提出的新需求

长三角区域市场经济活跃，各类市场主体对公平正义的司法环境存在较高预期。客观上由于诉讼服务的差异化、裁判尺度的不统一，各类市场主体在不同省份、不同地市感受到的司法环境有差异，不利于长三角一体化区域营造统一的国际化、法治化营商环境。

（二）实现数字时代法治正义的新趋势

近年来，人民法院信息化建设向纵深推进，大数据、云计算、人工智能等新技术不断融入审判执行业务场景，不断释放效能，但仍然与人民群众日益多元、强烈的司法需求不完全适应。具体表现为以下几个方面。

首先是区域协同困境。各地诉讼服务中心服务标准差异化、数据存储分散、服务集成度低，"就近能办、同城通办、异地可办"尚面临障碍。与长三角政务服务"一网通办"已经逐步落地不同，"长三角诉讼服务网"尚未建立，三省一市的律师等高频诉讼群体，需要注册多个诉讼服务平台账号，且各地诉讼服务网案件信息彼此封闭、数据不共享、业务不协同。

其次是"数字鸿沟"问题。人民法院信息化建设的初衷是将原本复杂专业的诉讼程序线上化、便利化。然而，与快速发展的智能技术和智能硬件相比，大部分诉讼主体对技术和智能化产品的理解程度并不高，反而增加了群众与司法之间的隔阂，产生"数字鸿沟"问题。

最后是新经济新业态带来的挑战。数字经济时代，以互联网为平台的各类新经济、新业态迅速发展，审判实践面临诸多新问题。在新业态下，用工关系呈现用工形式灵活、用工方式复杂多样等特点，劳资双方对于履行劳动关系的不确定性和随意性逐渐增强，为司法审判带来新的挑战。

（三）实现社会治理体系和治理能力现代化的新路径

长三角一体化区域法院共同参与区域社会治理，已经成为各法院的共识。目前各法院缺乏政策协同、业务协同的平台，跨区域事务异地办理效率低、成本高，对于跨区域的环境资源、重大刑事犯罪、房地产纠纷等案件，各法院未建立完善的协同处置机制。如何在长三角一体化区域建立一个平台，进而建立跨域法官联席会议机制和跨省域专家学者咨询团队，促进跨域纠纷统一化解、解决区域差异问题，已经成为实现一体化区域社会治理体系和治理能力现代化的新路径。

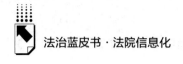

二 跨省域审判资源协同平台建设的主要场景

跨省域审判资源协同平台，首要功能围绕跨域业务协同、跨域法官联席会议和跨域司法资源共享三个维度建设相关应用场景，共设计18大类96个功能清单（见图1）。

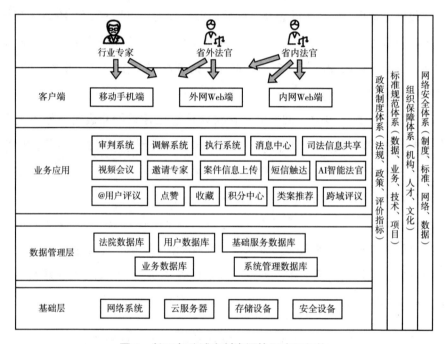

图1 长三角跨域审判资源协同应用架构

按照系统架构图的总体设计，跨省域审判资源协同平台聚焦三个重要场景开展建设。

（一）建设跨省域核心业务协同办理场景

基于最高人民法院大数据平台和三省一市政务服务网，贯通苏浙沪皖相关审判执行核心数据和业务流程。通过数字化手段，建立了苏浙全案执行委托机制，全市法院的执行案件可通过应用全案委托苏州法院办理，如不动产在苏州的案件，可将案件转苏州法院办理。通过核心业务在线协同，执行事项异地办理的时限从原来的平均 3 个月缩短到 1 个月。通过贯通三省一市的审判业务系统，为群众提供跨域立案、跨域阅卷、跨域参加庭审、跨域调解等服务，在长三角一体化区域推行"一窗通办""一网通办"新模式，跨域立案 100% 在线申请、100% 智能送达、立案平均用时 10 分钟，实现当事人诉求无差别受理、同标准办理。通过跨域审判资源协同平台，三地共同建立涉示范区案件识别清单、共建失信被执行人惩戒清单，在立案、打击拒执等工作中，不断提升当事人的司法获得感。

（二）建设跨省域法官联席会议场景

通过平台功能开发，建立跨省域法官联席会议功能。三省一市已有 69 家法院入驻应用平台，刑事、民事、行政、执行等各业务领域法官 1159 名、审判业务专家 24 名、全国行业专家 59 名在应用平台注册，成为联席会议成员。围绕增进区域协作、资源共享、案件研讨等议题，常态化开展业务交流，探讨研究重大疑难法律适用问题和新业态新模式案件，通过同频共振、同向发力、同题共答，让应用成为长三角法官交流沟通的"论坛"、执法办案的"助手"、经验积累的"智库"。目前，平台上已发起跨省域法官联席会议 36 件次；发起其他案件及议题讨论 2446 件次，发表意见 16774 条。通过跨域平台的交流讨论，长三角一体化区域法院法律适用问题得到一定程度的统一，嘉兴地区案件瑕疵率从改革前的 0.2% 下降到 0.01%。

（三）建设基于生成式大语言模型的知识库

为解决跨域一体化法院法官业务知识检索难问题，在平台上基于生成式大语言模型建立司法知识库。在知识库后台，汇聚全部法律司法解释、各省各业务条线出台的业务性指导文件、法答网精品问答、最高人民法院发布的指导性案例、公报案例以及三省一市典型案例、典型裁判文书等知识素材共计 800 余个。上述素材通过机器识别、分析、训练，形成业务增强检索生成

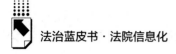

模块。在平台注册的法官,可以通过增强检索生成的入口,检索各类业务知识,由机器判断后给出相关结论及知识来源,大幅提升大语言模型在法院场景落地的可操作性及可信赖性。

(四)建设跨网络信息协同能力场景

跨省域审判资源协同平台基于四级法院专网建设,但同步支持外部专家跨网参与专业化审判资源协同工作。为保障各法院用户在专网和跨网间顺利访问,技术团队率先运用跨网融合视频会议系统,支持跨省域审判团队成员在互联网、专网召开跨域、跨网法官联席会议。同步开发加密移动端,支持互联网用户通过手机端身份认证后,使用平台各项功能。跨网络信息交换技术特别是跨网视频会议系统和移动端应用的投入使用,大幅提升了用户参与平台的积极性。

三 跨省域审判资源协同平台建设的制度配套

跨省域审判资源协同平台不仅是技术上的创新和突破,更重要的是在制度上形成了审判工作跨省域协同示范。在建设跨省域审判资源协同平台过程中,三省一市法院协同出台多项配套制度,有效保障了平台的顺利运转和推广应用。

(一)出台联席会议工作指引,建立法律统一适用机制

2020年,嘉兴市中级人民法院针对审判组织内部、不同审判组织及不同法院间的法律适用分歧问题,出台《关于运用跨域一体化办案平台建立法律适用咨询机制的实施意见》,打造跨审级、跨区域的统一法律适用咨询机制,加强统一法律适用咨询团队建设。2020年7月,上海青浦、江苏吴江和浙江嘉善联合出台《跨区域专业法官会议工作指引》,明确经上海青浦、江苏吴江和浙江嘉善法院的专业法官会议讨论后,可以提交跨区域专业法官会议讨论的案件范围,对跨区域专业法官会议的发起程序、会议规则、

意见运用等作出了详细规定。2022 年，在前期工作基础上，嘉兴协同上海、苏州、安徽出台《长三角跨域专业法官联席会议工作指引》，对四地法律分歧统一适用基本形成标准化工作流程和工作机制。

（二）签订多领域框架协议，探索诉讼服务一体化机制

为配套跨省域审判资源协同平台相关诉讼服务一体化功能，长三角一体化示范区法院在制度层面建立了涉及跨域立案等五大类 40 小项诉讼服务协作框架。在此基础上，嘉兴、上海、苏州签订的《推动长三角一体化发展司法协作框架协议》进一步提升了诉讼服务协同层级。以送达和取证为例，在遇到跨省纠纷时，长三角一体化示范区内法院可依据框架协议，无障碍实现协助送达、委托取证等工作，有助于高效、及时地解决纠纷，为当事人带来"同城效应"。

（三）聚焦执行事务协同，建立一体化执行工作机制

为建立跨省域审判资源协同平台的跨域执行功能，嘉兴嘉善、上海青浦、江苏吴江三地法院出台跨省域执行协同机制，并会同三地发展改革部门签署纪要，建立健全长三角一体化区域失信联合惩戒信用机制，加大力度共同解决执行难问题，做到"一地失信、三地联惩"，促进"信用示范区"建设。在执行查控方面，通过签订《关于执行案件全案委托执行的协作协议》，支持长三角一体化法院在跨省域审判资源协同平台上使用"跨省域执行一件事"功能，联动公安、国税、住建等单位，实现被执行人信息查询、财产查控领域 19 个高频协作事项"一键即办、一日办结"，有效节约司法资源，提高办案效率，切实维护当事人合法权益。

四　完善路径与未来展望

建设跨省域审判资源协同平台，切实增强了长三角一体化区域人民群众的司法获得感，提升了司法服务的效率和质量。但是，当前所有跨域司法探

索，在审判领域的尝试深度还不够，如一体化区域内管辖制度的冲突解决、法官跨域办案的制度支撑、数据互联互通的机制保障等受制于现行法律规定和信息化技术设施瓶颈，仍然存在较大阻碍。主要包括两个方面。一是跨省域审判资源协同制度协同不够完善。例如，关于推动长三角跨域协同，三省一市尚未出台更明确和具有指导性意义的实施类文件，更多停留在框架性协议层面。在管辖制度层面，法官在长三角一体化区域内跨域办案与地域管辖制度存在冲突。推进跨域办案，则会突破法律关于管辖制度的强制性规定，虽然专门管辖和特定类型案件的集中管辖目前已经实现了跨区域审判，但案件类型受到限制，还未能做到全面覆盖。这也是长三角跨域一体化司法无法开展实质性审判资源动态跨域调整的重要原因。二是数据共享和业务流程协同水平还不够高。目前，跨省域审判资源协同平台数据对接存在较大障碍，主要原因在于三省一市省级层面未放开司法数据共享、业务协同流转，跨省域审判资源协同平台仅通过中间平台转接的方式，部分实现了数据共享，未能通过直连方式实现彻底的数据共享和业务协同。

围绕上述问题，未来完善跨省域审判资源协同平台迭代的思路和方向，应坚持以习近平新时代中国特色社会主义思想为指导，深入贯彻习近平法治思想，坚持系统观念、法治思维、强基导向。紧扣"一体化"和"高质量"两个关键词，不断探索构建"不破行政隶属、打破行政边界"的一体化司法运行机制，通过审判资源跨域在线调配、法律适用跨域统一、诉讼服务跨域通办，全面助推审判工作现代化。

（一）进一步凝聚司法服务保障长三角区域一体化共识，坚持三个统一

进一步凝聚三省一市共同服务保障长三角区域一体化共识，争取最高人民法院政策支持，按照《最高人民法院关于为长江三角洲区域一体化发展提供司法服务和保障的意见》要求，提升跨域诉讼服务能力和水平，实现当事人诉求在长三角区域法院无差别受理、同标准办理，为群众提供综合性、便利性、多元化司法服务，做到三个统一。

一是坚持技术治理与制度治理相统一。注重将大数据、人工智能、云计算、物联网等互联网新技术深度应用于系统建设与纠纷化解领域，着力实现"数字赋能""技术赋能"，为应用系统提供强大的能力支持。在技术迭代升级过程中，应当更加注重技术创新对制度变革的驱动，通过制度层面的调整，建立与技术治理重新融合的"在线跨域办案"制度体系。

二是坚持服务人民与服务审判相统一。始终将提升人民群众对司法工作的满意度、获得感作为工作的出发点，进一步满足信息时代人民群众对司法工作的新期盼，着力解决企业、群众反映强烈的"急难愁盼"问题。与此同时，要注重为政法干警带来获得感，提升工作便利度。

三是坚持依法改革与先行先试相统一。将建设跨省域审判资源协同平台涉及的制度性障碍纳入法治框架进行评估，确保改革在现有制度框架下进行。同时，要争取赋予试点地区先行先试的探索权力，充分发挥试点地区积极探索、取得实效的优势，进而推动相关制度由上而下变革。

（二）进一步完善跨省域审判资源协同平台功能，强化两个协同

基于现有的跨省域审判资源协同平台功能，加快推进长三角区域法院信息化建设过程中形成的信息数据资源共享机制，推动建立长三角区域司法大数据中心，消除跨区域执法办案信息壁垒。为长三角一体化区域法院提供办案数据，完善跨区域网上交换流转、信息共享共用功能，为跨域诉讼服务、案件庭审、电子送达、执行协作、产权交易、社会信用体系建设等提供强大数据支撑。具体来说，要强化两个协同。

一是加强长三角司法数据协同。优先实现法院业务条线数据共享，为未来长三角法院高频次、高度融合的一体化司法协同提供数据基础；在实现数据资源共享基础上，探索从数据到知识的自动转化能力，建立知识自动生成机制和知识服务共建共享机制，建成并依托数字法院大脑，开展智能辅助支撑应用建设，全面支撑智能化需求，最终形成三省一市共享的要素式审判知识库和系统能力。

二是加强长三角业务流程协同。优先探索适合长三角地区开展协同的

285

业务，实现三省一市法院之间的事项发起与协同，可根据业务需求、业务频次自定义事项，逐步拓展，发起方发起后，协同方根据流程进行事项的审批与反馈，如委托执行。逐渐深入其他条线的业务场景，最终协同相关执法部门，逐步推进以执法办案为中心的业务全流程跨域办理，拓展协同治理。

（三）进一步聚焦统一法律适用与裁判规则问题，完善三方面工作机制

在长三角地区统一法律适用与裁判规则是跨省域审判资源协同平台的最大优势和最终目标。在推进跨省域审判资源协同平台建设过程中，重点完善三个方面的工作机制。

一是充分发挥"审理一案、治理一片"效果。民商事、刑事、行政各条线召开跨域专业法官会议应当不仅关注个案的具体案情，对于审理过程中具有典型性、普遍性的疑难问题，还要着重交流和总结审判经验和审判思路，由法官和专家共同探讨需要综合考量的各类因素、如何平衡多方利益并寻找纠纷化解的最佳途径，在长三角地区形成若干法律统一适用的裁判规则，确保办案最公、效果最好。

二是充分发挥典型案例、优秀文书库作用。长三角三地的高级人民法院可以通过联合评选并发布典型案例的形式，定期对有影响力、有示范作用和有典型意义的案件进行整合，梳理并总结裁判思路。通过联合编发参考性案例的形式，发挥优秀案例的示范指引作用，以此达到统一裁判规则和裁判尺度的效果，确保公平正义在更大范围内无差别实现，培育最佳法治营商环境。

三是强化数字赋能统一法律适用工作机制。建立长三角统一法律适用标准库，对于存在法律适用争议问题，通过跨省域审判资源协同平台定期梳理收集，并形成一致法律适用意见后纳入长三角法律适用标准库。各法院对存在跨省域或重大敏感性纠纷，在判决前可通过数据识别校验方式将拟结案的案件与标准库中的标准信息进行比对，及时发送裁判偏离度预警信息。

（四）进一步完善工作保障和组织架构，做好三方面服务保障工作

一是完善组织领导架构。长三角区域一体化法院在高级人民法院层面成立"跨省域审判资源协同平台"建设工作领导小组，负责制定跨域司法一体化总体规划方案，定期听取进度汇报，协调管理示范区司法服务一体化工作。以领导小组统一部署、部分试点法院结对试点、成熟后推广的模式，上下协同、横向协同推进司法一体化发展。结对试点的法院要统一计划、统一行动、统一宣传，形成改革合力。各试点法院要定期向领导小组汇报在线跨域办案的推进情况，自觉接受指导。

二是组建工作专班。根据任务需求，在三省一市高院层面成立若干工作专班，协助司法一体化发展领导小组开展制定方案、梳理需求、指导开发、沟通协调、理论研究等工作。试点法院要根据实际需要，单独或联合组建工作专班，制订协同作战计划，加强协调沟通，共同推进在线跨域办案统筹工作。

三是争取政策支持。长三角区域司法一体化发展涉及诸多制度变革。承担推进任务的相关部门和法院要积极争取党委、人大和政府的政策支持，突破人案地域限制，为司法一体化发展提供有力的制度支撑，使改革于法有据、有法可依。开展跨域审判试点工作要加强事前论证，多方听取意见，充分比较各种改革途径的优劣，选择成本最低、效果最好的方案，确保改革成果切实可行、值得推广。

B . 22
虚假诉讼协同智治应用建设调研报告

浙江省绍兴市中级人民法院课题组*

摘　要：　近年来，浙江法院大力推进虚假诉讼智能识别、智能监管标准化建设，完善关联案件检索机制，充分运用大数据、信息化手段挖掘线索，深入研发虚假诉讼协同智治监管模块，着力破解虚假诉讼"发现难""监管难"的问题。浙江法院设计开发建设虚假诉讼协同智治应用，通过智能识别、关联案件等技术手段对虚假诉讼风险进行全面评估、分级评定、分类处置，辅助识别虚假诉讼，从而实现精密防控虚假诉讼的目标效果，并在全省推广运行。在全省法院一体化办案办公平台中，对虚假诉讼高发的领域和人员，加强自动预警，强化虚假诉讼责任告知、证据审查标准、关联案件分析，切实提升防范和打击虚假诉讼能力。

关键词：　虚假诉讼　智能识别　司法权威

整治虚假诉讼工作，是党的十八届四中全会部署的一项重大任务，是人民法院肩负的政治责任、法律责任和社会责任。2018 年以来，浙江省高级人民法院深入贯彻落实党中央和最高人民法院部署要求，积极回应老百姓司法关切，连续 5 年在全省法院部署开展"打击虚假诉讼专项行动"，对虚假诉讼的规律性认识不断深化，"不敢假、不能假、有假必惩"工作机制越来越健全，虚假诉讼多发态势得到有力遏制，人民群众获得感不断增强。在此

---

　*　课题组负责人：张凯，浙江省绍兴市中级人民法院党组成员、副院长。课题组成员：毛巨波、王晗莉、谢博、夏建琦、刘雪纯。执笔人：毛巨波，浙江省绍兴市中级人民法院审判管理办公室主任；谢博，浙江省绍兴市中级人民法院审判管理办公室干警。

过程中，浙江省高级人民法院高度重视运用"数字赋能"手段防范与惩治虚假诉讼，2022年初确定由浙江省绍兴市中级人民法院牵头嵊州法院、三门法院共同设计开发建设"虚假诉讼协同智治"应用，旨在整治靠前识别有难度、被动查处占比高、处罚规制不够严、协同治理待加强等难题。该应用系"浙江全域数字法院"改革和案件质量管控体系建设重点项目，2022年7月上线试运行，同年11月在全省推广运行。

一 建设背景

（一）维护司法权威的现实需要

虚假诉讼严重损害国家、社会和他人合法权益，妨害公平竞争、破坏法治化营商环境、影响国家诚信体系建设，社会影响十分恶劣。在民商事审判领域，近些年来虚假诉讼现象频发，既严重侵害人民群众的合法权益，又造成司法资源浪费、扰乱诉讼秩序、损害司法权威和公信力，需要予以重点规制和防范。

党的十八届四中全会通过的《中共中央关于全面推进依法治国若干重大问题的决定》要求："加大对虚假诉讼、恶意诉讼、无理缠诉行为的惩治力度。"《最高人民法院关于深入开展虚假诉讼整治工作的意见》第22条要求：要建立虚假诉讼失信人名单信息库，在"立、审、执"环节自动识别虚假诉讼人员信息，对办案人员进行自动提示、自动预警，提醒办案人员对相关案件进行重点审查。一直以来，浙江法院切实提高政治站位、强化法治担当，坚决把打击虚假诉讼作为一项重大任务抓紧抓实，先后制定和推动出台《浙江省高级人民法院、浙江省人民检察院、浙江省公安厅、浙江省司法厅关于防范和打击虚假诉讼的若干意见》《浙江省高级人民法院关于进一步完善防范和打击虚假诉讼工作机制的若干意见》《浙江省高级人民法院关于建立虚假诉讼失信人名单制度的意见》《浙江省高级人民法院关于进一步防范和打击虚假诉讼有关问题的解答》《浙江省高级人民法院、浙江省人民

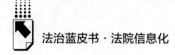

检察院、浙江省公安厅关于办理虚假诉讼刑事案件有关问题的解答》等指导性意见，并自 2018 年以来连续在全省法院开展"打击虚假诉讼专项行动"，取得明显成效。

（二）破解整治虚假诉讼司法实践的难题需要

在治理和防范虚假诉讼的司法实践中，预防、识别、规制虚假诉讼主要存在以下堵点难点。

1.虚假诉讼甄别难

一是体现在观念、意识上。虚假诉讼通常涉及密切关系的当事人，在民事诉讼中，法院只有一般调查权，对需要采取侦查手段查明的民事债权债务关系取证难度较大。此外，有相当一部分虚假诉讼案件是通过调解结案的，而法官基于提高办案效率考虑，调解时易忽视对案件事实的查明，对调解协议的合法性审查不够深入，易使虚假诉讼行为人实现其非法目的。二是体现在能力、手段上。法官发现或者提防虚假诉讼，要综合案件背景、关联案件情况、当事人关系、涉诉涉执等情况，需要法官一项一项查询和判断，技术辅助和办案精力均难以支持。

虚假诉讼的治理和防范要"抓前端"。2018 年专项活动开展以来，浙江法院主动查处虚假诉讼的比例不断提高。经统计，2022 年 6 月已达 63.5%，但仍有 42.4%发生在民事审判监督程序，36.5%的案件系通过公安刑事立案、检察监督等才得以发现和纠正。尤其是近年来检察机关利用大数据分析，发现并查处虚假诉讼 1975 件，涉及金额 5.7 亿元①。随着检察机关逐年加大对虚假诉讼案件的监督力度，法院把好"第一道关"，被查不如自查，积极赢得工作主动权的现实必要性十分迫切。

2.虚假诉讼标准统一难

民事诉讼案由繁多，每个案由均有可能发生虚假诉讼，但不同的案由存

---

① 数据来自浙江省高级人民法院《关于深入开展打击虚假诉讼工作情况的报告》（浙高法〔2022〕78 号），2022 年 7 月 18 日印发。

在差异，虚假诉讼发生的比例高低不同，表现形态也各不相同，实务中缺少一套通用的识别规则，能够精准、智能、自动审查甄别所有的民商事案件。例如，民间借贷对比建设工程合同纠纷，当事人制造虚假诉讼的目的、途径方法、表现形式等都不尽相同，不能用一套准则直接套用。《最高人民法院关于在民事诉讼中防范与惩治虚假诉讼工作指引（一）》对最常见的民间借贷纠纷、买卖合同纠纷、房屋买卖合同纠纷、以物抵债协议纠纷等八类典型案件作了非常具体明确的指引，但也无法面面俱到，不能满足所有案由和案件的需要。另外，在司法实践中，部分法院对虚假诉讼认定，采用排除合理怀疑标准，但当事人往往事先对虚假的证据、陈述作了充分准备，法官面临取证难、查证难的困境；部分法院采用高度盖然性标准，法官根据办案经验形成内心确信，本案有可能构成虚假诉讼即启动移送刑事程序，刑事角度认定虚假诉讼常限于无中生有式捏造事实，而民事诉讼中界定的虚构诉讼主体、伪造证据等不诚信行为，存在理念分歧，面临移送难的困境；同时，公检法各司法机关对于打击虚假诉讼的分工差异，均导致标准不一、沟通机制不畅。处置、惩戒标准问题同样存在，《民事诉讼法》并未对民事强制措施明确规定具体细节、裁判标准，对虚假诉讼行为人被处以强制措施的案件少，各地适用标准普遍取决于自由裁量权。

3.虚假诉讼案件跟踪监管难

虚假诉讼识别、防范需要法官投入大量研判和处理精力，中基层法院人案矛盾突出，办案人员很难积极进行证据的收集与事实的核实。依法惩治虚假诉讼后，甚至可能引发当事人打击报复，个别办案人员会存在"多一事不如少一事"心态，不主动审查处置。同时，院庭长除"四类案件"等重点监管外，在承办人、合议庭不主动报告的情况下，无法从大量案件中掌握虚假诉讼的相关情况，导致监管不能有效到位，容易形成"灯下黑"。

（三）信息技术为虚假诉讼智能识别提供可能

平台化、一体化为虚假诉讼智能识别突破物理条件限制提供技术支持。浙江全域数字法院改革自2018年起，历经"平台化整合、无纸化应用、智能化赋能"三步走，形成覆盖全省所有法院、贯穿所有流程、涉及所有要素的"技术+制度"深度融合司法新形态，全面推行无纸化变"传统线下办案"为"全流程网上办案"，归集全量办案办公数据到一个中台，为司法大数据的深度应用提供最基础的技术支撑。

大数据技术为虚假诉讼识别所需数据的采集、处理、存储、计算提供支持。浙江法院构建复合型数据共享模式，原有数据全量转化、现有数据全量感知，实现司法大数据平台化、一体化结构利用；浙江数字化转型为浙江法院信息化全方位赋能，如 IRS 平台提供了"处罚基本信息""国家企业信用信息"等数据信息，为涉案人员、企业风险等级的高精度校准、对比提供外部支撑；用户画像方法为辨析虚假诉讼群体分布提供思路，基于当事人行为，剖析虚假诉讼行为不同阶段表现的特征行为、变化过程、动因要素等，从而进一步发现虚假诉讼高风险的群体分布，该群体与其他用户群体的差异，可针对性开展识别；裁判文书因具有固定的结构，使其比较容易通过自然语言处理被标签化和提取，能够从案件基本信息、起诉答辩、笔录等文本材料中筛选、清洗出可用数据。

二 应用建议情况

（一）业务原理：应用设计思路与识别方法

虚假诉讼表现形态各不相同，难以用一套标准甄别不同案由不同类型的虚假诉讼。然而，从同类案例中可以看出一些共同特征，特征越多，虚假诉讼的可能性越高。例如：在民间借贷纠纷中，典型虚假诉讼高风险特征如原告是职业放贷人身份、庭审中无实质性对抗或迅速主动调解；在房屋租赁合同纠纷中，如租金明显低于市场价、租赁期限过长则应引起警惕。基于该方面的设计思路，按照以下三步启动设计开发。

1. 明确重点案由

司法实践中，各个领域都有可能发生虚假诉讼，但同时，发生的领域也

相对集中。《最高人民法院关于在民事诉讼中防范和惩治虚假诉讼工作指引
（一）》第 2 条列举了人民法院审理 15 类案件时应予以重点甄别，在典型
案例部分列举了八大类高发案由。从调研情况看，民间借贷纠纷、合同纠纷
等为虚假诉讼的高发领域。2019 年至 2021 年，浙江法院查处的 6312 件虚
假诉讼案件中，主要集中在民间借贷纠纷（占 78.9%）、合同纠纷（占
9.8%）、追索劳动报酬纠纷（占 5.5%）、机动车交通事故责任纠纷（占
0.5%）[①]；2022 年，虚假诉讼在债权转让、股权转让、建设工程合同纠纷等
领域也逐步多发。据此，智治应用首先选定八个虚假诉讼高发领域，如民间
借贷纠纷和债权转让纠纷，进行开发建设。

2. 细化特征处理

应用针对同一领域虚假诉讼的共性特征，从人和案件两个维度梳理特征
标准，并对特征进行标签化处理。以民间借贷纠纷为例，从原告特征、被告
特征、关系特征、代理人特征、案件特征 5 个方面着手，确认 79 个风险预
警标签。例如：原告特征包括如职业放贷人名单成员、原告曾涉法院刑事案
件、原告不满 30 周岁等；被告特征包括如被告涉多起执行案件未执行到位、
被告为学生或未成年人、被告涉离婚纠纷诉讼或执行等；关系特征包括如当
事人之间存在近亲属关系等；代理人特征包括如代理人曾代理虚假诉讼案件
等；案件特征包括如原被告双方主动迅速达成调解协议等、被告辩称原告并
非实际出借人等。开发团队运用了自动识别、抓取等技术，可以将上述特征
标签同案件基本信息，起诉答辩状、笔录等文本材料，全省关联案件数据和
外部单位数据进行对应和匹配。

3. 标签权重赋值

掌握了虚假诉讼特征，下一步就是评估每个标签的重要性和影响力。首
先，重点考虑如频次（特征在所有虚假诉讼中出现的频率）、影响程度（特
征重要性，如曾被列为重点关注对象）、关联程度（每个标签与其他标签之

---

① 最高人民法院民事审判第一庭编《民事审判指导与参考》2021 年第 4 辑，人民法院出版
社，2022，第 144 页。

间的关联性）等因素来为每个标签分配权重分值。其次，根据案件和人员的风险标签，结合法院办案空间中案件相关全量信息和数据，计算出相应的虚假诉讼风险概率分值。最后，根据分值高低将案件划分为五个不同的风险等级，帮助法官更好地评估、管理虚假诉讼风险，促进有效沟通和决策，并通过反馈信息不断改进应用的风险评估和监测能力。

（二）应用场景：基于法官视角

"虚假诉讼协同智治"应用嵌入浙江法院一体化办案空间，联通全省法院业务系统，通过大数据深度应用，通过智能识别、关联案件提示等技术手段对虚假诉讼风险进行全面评估、分级评定，强化案件风险智能识别能力，提升案件风险自动预警效能，构建虚假诉讼风险的智能防范预警体系。围绕无感数据采集、自动监测预警、治理成果可视等需求，应用主要功能如下。

1. 人案智能画像

应用构建人员画像和案件画像功能，人员画像基于风险人群类型、户籍、社会关系等多项基础信息，结合起诉案件风险分布、法院案件分布、人员关系网等情况，利用预警模型及统筹分析，对涉诉人员精准画像，展示人员涉警情、涉诉和涉虚假诉讼等特征标签；案件画像辅助法官全面了解案件各方面，包括虚假诉讼风险、关联案件信息，并以可视化方式展示。浙江新昌法院在沈某诉张某民间借贷纠纷一案中，应用分析提示原告出借人沈某系重点关注对象，提示其不满30周岁，经济能力较弱，不符合出借人特征，风险度达90%。承办法官看到提示后，调查查明沈某系未成年人、在读学生，尚不具备劳动能力取得收入，并最终深入查明案涉借条系其伙同他人虚增金额胁迫张某出具的事实。

2. 风险智能预警

"用户画像"构建完成后，需要对数据进行挖掘，链接不相关的数据为相关关系。该应用主要运用方法有聚类关联、统计分析和协同过滤等数据挖掘方法。其中，聚类关联根据"物以类聚，人以群分"的思路，根据虚假诉讼案件相似性、当事人的特定特征，对疑似虚假诉讼的人、案进行分析。统计分析主要是量化虚假诉讼识别业务过程，将整个预防、打击虚假诉讼业务流中有关的属性用数量的形式表达。协同过滤，运用过往查实的虚假诉讼案件信息，对新收案件进行过滤，从中筛选出可能存在虚假诉讼风险的人、案。通过这些数据挖掘思路，本应用可实时评估案件虚假诉讼风险，并对人员和案件进行评定，分为一至五级风险等级。等级越高，风险越大，需要引起关注和重点处理。在立案、审理、结案等重要流程节点，对标记存在虚假诉讼风险的案件进行提示，辅助法官精准、高效甄别虚假诉讼线索信息。浙江嵊州法院叶某诉某置业公司股东刘某、曹某房屋买卖合同纠纷一案中，应用提示预警风险为 5 级，并提示叶某个人曾涉伪造印章罪，以及有多件关联案件。承办人提高警惕，发现叶某在前序关联案件中未主张案涉购房款，为此主动调查，调取银行流水与其举证的流水进行比对，发现了篡改痕迹。该院固定证据后，驳回叶某起诉，并移送公安处理。2023 年 6 月，该院以叶某行为构成虚假诉讼罪，依法判处有期徒刑一年八个月，并处罚金五万元。

3. 高风险人员名录

应用建立高风险人员名录库，整合各类高风险人群的信息数据，为法官提供更全面的人员信息。在名录库中，收集了虚假诉讼失信人的信息，包括职业放贷人和重点关注对象等其他高风险人群的数据，通过在线搜索功能可以方便地查找名录成员。除了基本个人信息外，应用还提供了详细的个人画像信息，包括基本信息、诉讼情况、虚假诉讼风险分布等。为进一步提供更准确的信息，应用将名录成员的信息与风险案件进行了关联，为虚假诉讼风险等级识别和法官管理风险提供更多参考。应用还对名录成员按照风险等级进行了排序，法官可以根据自己的需求和关注点，选择查看具有不同风险等级的名录成员。应用已采集录入职业放贷人、虚假诉讼失信人、重点关注对象等人员共计 70000 余人。

4. 分析监管平台

应用主要通过虚假诉讼风险智能监管平台实时、综合、质效分析，全景展现法院虚假诉讼监管情况，对法官履行打击虚假诉讼职责情况进行监管。实时分析以立案、审理、已结案件为基础，展示预警虚假诉讼案件情况，包含今日新增预警案件各个维度的分析，包括预警案件风险等级分布、预警案件案由分布、预警案件审理法院 TOP 分布及预警案件风险标签 TOP10 等内容。综合分析是以风险人员与风险案件为基础，对虚假诉讼工作情况进行全面统计分析，包括风险案件、人员、立结案标的、案件标的额分布、风险人员及风险案件趋势分布、风险等级分布等维度设计数据驾驶舱，以展现工作成效。质效分析是对立案、审理阶段涉法官、职称、自定义标签、自定义标签被引用次数、合理怀疑备注、无诉权拦截案件、因积极确认风险最终确认为虚假诉讼案件、虚假诉讼案件被驳回、采取管理措施情况进行可视化分析。

（三）应用成效

虚假诉讼协同智治应用共提示全省法院 2021 年以来涉虚假诉讼风险案件 714334 件，其中，一级风险 421757 件，二级风险 139701 件，三级风险 43208 件，四级风险 37115 件，五级风险 72553 件；共提示涉虚假诉讼风险人员 1964339 人，其中，一级风险 1690544 人，二级风险 191826 人，三级风险 35005 人，四级风险 31721 人，五级风险 15243 人[①]。

绍兴地区在试用阶段根据应用预警的案件画像、个人画像，加强逐案核查。经统计，绍兴法院查处虚假诉讼案件数量从 2022 年二季度的 153 件逐步上升至年底的 605 件，查处万案比从 2022 年二季度的 27.24 逐步上升至年底的57.86[②]。在试运行阶段，同时对绍兴、金华、台州法院虚假诉讼协同智治应用自动预警的风险案件开展了人工排查比对工作，被法院查实、认定为虚假诉讼及关联案件的系统预警率为 100%，在审案件虚假

---

① 数据来自虚假诉讼协同智治应用，时间跨度为 2021 年 1 月 1 日至 2023 年 12 月 31 日，最后访问日期：2024 年 2 月 18 日。
② 数据来自浙江省高级人民法院《关于 2022 年度全省法院防范和打击虚假诉讼工作情况的通报》，2023 年 1 月 10 日印发。

诉讼五级风险预警比中率 21.43%。在全省推广使用以后，该应用的辅助功能也在实践中发挥作用。2023 年，全省法院处置虚假诉讼案件 5872件，查处万案比为 48.2，主动查处率为 80.7%，同比增长 7.1 个百分点①。

三　制度创新

应用建设坚持多跨协同，推动虚假诉讼识别工作各环节流程再造、制度重构、整体优化，对内部立审执联合甄别、外部公检法闭环打击的工作机制进行了系统重塑，有效解决了传统工作方法中识别标准不统一、识别信息不通不全等困难，已成为浙江法院打击虚假诉讼工作的重要辅助工具。

（一）虚假诉讼治理新模式

1. 节点前移，主动获取预警线索

传统模式存在滞后性与信息不对称性，虚假诉讼经常在结案后才被动发现，主要来源于申诉、投诉信访或者检察建议等渠道，给法院工作带来很大被动。本应用从诉前、立案起即自动识别、预警和提示，由应用辅助法官围绕当事人背景情况、物证关联情况进行调查，重点审查诉讼主体真实身份信息、主体间特殊关系、案涉借贷事实等，实现防治关口靠前延伸。

2. 流程再造，实现线索流动互通

传统防范工作缺乏关联度与延续性，各环节各自为战，极易因程序流传、人员变动产生断层、脱节。应用贯通立案、审判各阶段各节点，实现随案随人流转，提高整体联动性。对立案阶段形式审查发现虚假诉讼嫌疑但无法以虚假诉讼为由裁定驳回起诉或不予受理的案件，通过应用标注，提示承办法官有意识加大案件审查力度。

---

① 数据来自浙江省高级人民法院《关于 2023 年全省法院防范和打击虚假诉讼工作情况的通报》，2024 年 1 月 11 日印发。

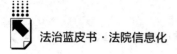

3.改变办案思路，系统了解人案信息

常规诉讼案件审理思路是定分止争，而识别、治理虚假诉讼要求审查纠纷的真实性。在收案后，承办人即通过人员和案件画像功能先行了解人员、案件关联信息，这种介入既能增强法官识别虚假诉讼能力，也是对法官的履职提醒——发现有虚假诉讼嫌疑依职权调查取证。

（二）构建诚信诉讼机制

2019年，浙江高院发布《关于建立虚假诉讼失信人名单制度的意见》，在全国省级层面首创虚假诉讼失信人名单制度。本应用高风险人员名录库汇入虚假诉讼失信人名单，整合高风险人群如职业放贷人、重点关注对象的信息数据。各地法院通过法院外网、官方微信、官方微博、诉讼服务中心等公众平台公开发布虚假诉讼失信人名单，向政府、金融监管机构、金融机构、行业协会等通报虚假诉讼失信人信息，供相关单位依法处理。经过异议和撤出机制，将查实的虚假诉讼失信人信息最终在"信用中国（浙江）"上公布，并将虚假诉讼失信人信息纳入"五类主体公共信用评价指引"名录，助力健全社会诚信体系。

（三）浙江法院司法数据深度应用

虚假诉讼人工识别存在局限性，主要表现在大数据支撑少、关联弱、查询难，"不好查"导致承办法官"不愿查"。虚假诉讼协同智治应用汇总整合全省法院后台案件、当事人、实体材料、电子卷宗等数以亿计的业务数据、自身案件信息以及外部数据，串联起碎片化信息，形成相对完整的数据库和展示界面，一屏、一页、一次展示人员和案件画像信息和标签，由原先的"分散查"变成"集中看"、"人工查"变成"自动查"，使法官能够集中、快速、重点了解案件的关联情况和风险信息。目前，系统不断丰富虚假诉讼智能预警数据资源，涵盖浙江法院内部全部数据，逐步接入公安、市场监管、社保等部门外部数据，形成虚假诉讼预警中心，建立健全虚假诉讼高风险人员库、职业放贷人库、重点关注人员库、虚假诉讼高风险案件库、虚假诉讼相关企业信息库等，实现司法大数据的深度应用。同时以本省案件诉讼参加人和案件特征为数据基础，运用大数据和人工智能等技术对案件信息进行深度分析和风险评估，对案件涉虚假诉讼风险全流程监控、全链条识别预警，不断提高精准度，全方位提升预防和打击虚假诉讼案件的综合工作质效。

（四）一地试用到全域贯通的路径探索

1. 以审判执行工作业务流向为基准线

遵循标准审执业务流程、全过程在场的信息化，有益于提升法官单兵作战能力、提炼可推广复制经验。在立案阶段，虚假诉讼风险智能监管平台即同浙江法院办案办公平台、OCR 数据作比对，在立案信息录入时同步开展风险要素识别，对虚假诉讼的基本情形、普遍形态进行筛除、过滤。在审理阶段开展重点案件审查，办案人员根据需要可在庭审后补充填写异常行为审查要素表，对风险事项进行标注。在执行阶段，即对生效法律文书进行风险预警标注事项审核。

2. 复用平台能力

能力复用可以避免重复开发相同的组件、功能，是一种节约资源的开发模式。本应用开发过程中，项目组利用现有浙江法院平台标准化接口，将失信被执行人能力融入人员画像中、虚假诉讼失信人名录中，违法犯罪有争议、双方身份存疑的特定情形算法融入预警模型，更有助于实现应用的核心功能。

3. 组织核查反馈

应用上线以来，浙江省高级人民法院多次组织全省法院参加应用推广培训，在试点法院对涉嫌虚假诉讼风险预警案件排查的基础上，对系统预警的2021 年以来 1.1 万件案件分解到人，开展全省法院核查反馈、系统优化。目前，虚假诉讼预警案件线下核查和案件评查工作已常态化运行。通过不断积累样本，进一步优化智能预警风险标签，提高对虚假诉讼行为高风险预警的准确率。

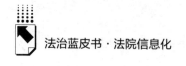

四 问题与展望

（一）识别准确度仍需提高

随着应用推进，部分与设计环境、测试环境不同的误差反馈出来，算法规则需要进一步完善、精准度需要进一步提高。在线下排查中发现，如有案件标签提示当事人涉诉较多，细化查询后发现系应用误将诉前调案件作为其他关联案件识别；如部分案件存在"原告以被告已经归还借款、自己记错尚欠的借款等理由申请变更诉讼请求"的标签，多为变更利息引起误判。提高识别准确度需要更深层次的数据碰撞，各相关单位在更广阔领域加强数据合作，也需要应用在算法规则方面的自身能力沉淀。精准度不够高的问题，也影响闭环管理机制的建立，即是否强制使用、怎么用，在未用或未妥用的情况下虚假诉讼被动查处时，是否承担责任等问题。

（二）识别应用的定位讨论

目前，人工智能难以处理复杂疑难案件，不可替代法官办案，但通过程序、公式、计算优化诉讼程序，是算法决策的强项。虚假诉讼智能识别作为一个辅助办案工具，识别的结果作为法官识别虚假诉讼的参考依据之一。随着人工智能技术在司法领域发展，实现同案同标、同案同判出现了想象空间，在算法规则、数据应用等成熟的情况下，虚假诉讼识别能否转化为一项固定的司法程序，值得关切和期待。

（三）配套协同机制有待完善

协同智治是数字时代司法工作模式改革的重要特点。目前，法院系统内部难以通过共享平台系统查看其他法院的虚假诉讼受理、审理情况，这种"信息孤岛"现象在外部更加明显。形成全社会打击虚假诉讼合力，一方面，需要法院内部进一步细化防范和打击虚假诉讼的全链路规范流程，完善"立审执"无缝衔接机制，优化拟移送公安案件的内部审查程序；另一方面，应依托浙江政法一体化平台，建立实时、动态线索移送和信息共享机制，整合打通虚假诉讼涉及的公检法全量数据，切实形成协同打击闭环，推动防范和打击虚假诉讼工作高质量发展。

B.23
"船舶执行一件事"集成应用建设
调研报告

宁波海事法院课题组*

摘 要:海事执行工作中,船舶扣押拍卖占有举足轻重的地位。近年来,为积极响应党中央海洋强国战略决策,顺应浙江省委省政府全面深化数字化改革的部署与优化营商环境的要求,宁波海事法院聚焦船舶执行中存在的查找难、监管难、处置难等问题,以提速增效、数智赋能、风险防范为目标,建设"船舶执行一件事"集成应用。以"1+4+5+N"为整体架构,辅以集约化办案模式、执行指挥中心及配套制度,成功打破法院与船舶管理部门、港口单位等的数据壁垒,实现了船舶查控、处置的线上办理及法律文书的线上送达,大幅提高执行效率,带动执行质效全面提升。

关键词: 船舶 数字化 查控 拍卖 送达

引 言

人民法院执行工作是维护人民群众合法权益、实现社会公平正义的关键环节,直接关涉胜诉人的权益能否兑现、法律权威及司法公信力能否树立问题。近年来,宁波海事法院坚持以习近平新时代中国特色社会主义思想为指导,紧紧围绕"努力让人民群众在每一个司法案件中感受到公平正义"目

---

* 课题组负责人:杜前,宁波海事法院党组书记、院长。课题组成员:沈晓鸣、赵沛耿、杨世民、陈高扬、李佳宁、杨冰洁。执笔人:杨世民,宁波海事法院执行局(庭)副庭长;陈高扬、杨冰洁,宁波海事法院执行局(庭)法官助理;李佳宁,宁波海事法院审判管理办公室法官助理。

标，贯彻落实海洋强国战略部署，针对船舶执行中存在的突出问题，积极建设"船舶执行一件事"集成应用，大幅提升执行效率，为切实解决"执行难"贡献了海事司法力量。

一 建设背景及意义

（一）政策背景

1.海洋强国战略与海洋强省部署

党的十八大以来，以习近平同志为核心的党中央作出了建设海洋强国的重大战略决策，《国民经济和社会发展第十四个五年规划和 2035 年远景目标纲要》提出："坚持陆海统筹、人海和谐、合作共赢，协同推进海洋生态保护、海洋经济发展和海洋权益维护，加快建设海洋强国。"党的二十大报告更是指出，要发展海洋经济，保护海洋生态，加快建设海洋强国。

作为海洋资源大省与海洋经济大省，浙江省具有突出的海洋发展优势，加快推进海洋强省建设是海洋强国战略的有机组成部分。维护海洋权益是浙江的政治担当，发展海洋经济是浙江的现实选择，保护海洋生态是浙江的历史责任。

2.优化营商环境的大背景

2023 年是贯彻党的二十大精神开局之年，亦是"八八战略"实施 20 周年，优化提升营商环境是新征程上深入实施"八八战略"的"必答题"，是新形势下赢得发展主动的"竞争力"。为此，浙江省委将营商环境优化提升作为一号改革工程，省委提出"1+5+12+N"体系架构，并专门发文，将深化执行"一件事"改革纳入 12 项优化营商环境专项行动，这是省级公检法司系统牵头的唯一专项行动，是具有浙江特色的营商环境评价指标体系中"法治环境"的支柱之一。

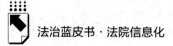

3.数字化改革与执行"一件事"综合集成改革

2021年2月18日，浙江召开全省数字化改革大会，在全国率先部署了关系全局的数字化改革工作。改革全面启动以来，省内各地各部门围绕"152"体系快速推进，一体化智能化公共数据平台支撑有力，党政机关整体智治、数字政府、数字经济、数字社会、数字法治五大综合应用亮点纷呈。

以数字化改革为牵引，浙江省高级人民法院从"不动产司法处置一件事"应用切入，贯彻落实浙江省委数字化改革部署，统筹运用数字化思维、数字化认知、数字化技术，推行执行"一件事"综合集成改革，不断丰富完善执行高频事项多跨协同的场景应用，多管齐下将执行"一件事"落地落实。宁波海事法院积极响应，持续建设"船舶执行一件事"集成应用。

（二）现实需求

1.船舶的特殊性

执行实务中，船舶的查控、处置与房屋、车辆等财产存在诸多不同。第一，船舶流动性强。正常运营的船舶，大部分时间在水上航行，仅有少部分时间在港停留、装卸货物，如何确定船舶位置进而实施处置是船舶执行中的一个难题。第二，船舶类型多，船舶管理部门较为分散。即便是同类型船舶，不同的行政区域管理部门也有差异，直接影响船舶信息查询、法律文书送达的效率。第三，船舶处置适用特别法。就船舶扣押、拍卖，《海事诉讼特别程序法》及相关司法解释作出了特别规定，设置债权登记、确权诉讼及债权人会议等显著区别于其他财产处置的程序。第四，船舶安全管理责任重大。船舶被扣押至拍卖成交移交完毕期间，如被执行人拒不承担船舶管理责任，法院须妥善管理船舶，面临较大安全管理风险。

2.浙江海域通航情况的复杂性

浙江省海域面积26万平方千米，是陆域面积的2.5倍，海岸线总长6715千米，居全国首位，水深大于10米的深水岸线长达333千米，并处于连接国际航道和国内支线的良好位置，港口密集，水网发达。地理条件的优越性使得浙江省海洋经济十分发达，航运方面，宁波舟山港货物吞吐量连续十几年位居全球第一，区域内的虾峙门航道是世界上最忙碌的航道之一，来往货船众多；渔业方面，截至2023年10月浙江省登记渔船已经超过15000艘。浙江省货船渔船众多，合同纠纷多发，侵权纠纷频繁，海事执行工作任务繁重、内容复杂。

3. 传统执行查控体系的不足

传统执行模式下，扣押船舶往往面临多重困难。第一，船舶位置查找难。一般情况下，需申请人提供船舶位置或者借助船讯网等商业网站确定船舶大概位置。但因申请人无法获悉船舶航行信息，商业网站就船舶航行信息的录入与更新存在滞后性，查找效率不高。即使确定了船舶位置，受制于空间距离，船舶于执行干警赶到前驶离的情况亦不鲜见。第二，船舶动态监管难。船舶扣押后通常交由船东、船舶代管人或申请执行人看管，法院监督看管人落实责任，在看管期间船舶是否擅自移泊，尤其是台风期间有无落实看管责任，法院监督无法全程覆盖。第三，司法文书送达难。扣押船舶后须向船舶管理部门送达扣押裁定、协助执行通知书等法律文书；拍卖成交移交买受人后，须送达解除扣押裁定、协助执行通知书等法律文书。宁波海事法院管辖浙江全省海域，业务涉及全省各地市船舶管理部门。执行干警线下送达少则一两小时、多则两天，送达的时间成本较高。

（三）建设理念和目标

"船舶执行一件事"集成应用的根本建设理念是建成一个集船舶查询、扣押、看管、评估、拍卖、债权登记、确权诉讼、文书送达、债权人会议等于一体的集中管理平台。该平台旨在实现与执行系统、审判系统数据互通，完成与海事部门、渔政部门、港口单位等的对接，实现船舶"点对点"查询、扣押功能，具备对扣押船舶、处置财产等的统计功能。执行干警可通过该平台，完成船舶处置的整个流程。平台根据船舶处置常规流程，在系统中设置相应节点，执行干警可直观查看案件办理进度。具体如下。

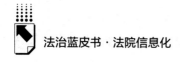

1. 提速增效

以需求为导向，严格规范船舶线上查询、扣押程序。依托集成应用，实现对浙江海域内船舶定位查询全覆盖、司法扣押在线办理，大幅减少扣押及文书送达时间，提高船舶处置效率。

2. 数智赋能

运用数字系统，精准定位船舶，掌握船舶运动轨迹与目的地。对接协作单位，线上查询船舶检验信息、技术状况、在船船员等，有效统筹审判执行工作。

3. 风险防范

全面掌握船舶信息，合理制定扣押方案，降低执行干警人身风险。对在扣船舶全面落实安全管理责任，做好信息共享互通、安全隐患排查、船舶动态管控等工作。

二 集成应用架构及功能

"船舶执行一件事"集成应用的整体架构为"1+4+5+N"（见图1）。"1"指集成应用平台层，建构于宁波海事法院执行指挥中心，功能基本覆盖船舶执行全生命周期。"4"指平台层以下的船舶鹰眼、港口调度、司法协作、数据归集4个子应用，通过执行指挥中心统一调度，以信息化手段实现与当事人、执行事务辅助人、协作单位互联互通和多跨协同。"5"指集成应用覆盖船舶查询、船舶扣押、船舶看管、船舶拍卖、业务管理5个子场景，实现对船舶执行的全过程管理。"N"指集成应用实现多跨协同的外部单位，截至2023年12月，协作单位已包括浙江海事局及其下属分支局、浙江17个重点渔区渔政管理单位以及杭州、嘉兴、湖州等7个地市交通运输部门、浙江省海港集团、宁波市渔业互保协会等，未来还将进一步扩展。

（一）船舶鹰眼子应用

因定位船舶、查询信息等业务场景需要，"船舶执行一件事"集成应用

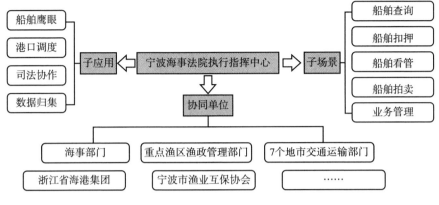

图 1　"船舶执行一件事"集成应用整体架构

建成了船舶鹰眼子应用，利用信息化手段获取北斗系统[①]、AIS 系统[②]、船舶登记系统等平台数据，通过电子化平台直观展示，便利执行中查询船舶位置、登记信息等。根据船舶类型和行政管理部门，建设了海船、渔船、内河船 3 个功能模块。

海船模块针对航行于沿海及远洋的载货船舶。宁波海事法院将执行指挥中心与浙江海事局海上智控平台对接，宁波海事法院提供业务场景和操作设备，浙江海事局提供服务中台和基础能力支撑。该模块的服务中台可概括为"一网、一库、一体系"，即海上感知网、海上综合数据库、算法组件体系。截至 2023 年 12 月底，海上感知网融合浙江省沿海雷达站、AIS 基站、CCTV[③]，以及渔业北斗数据，完成雷达、CCTV、AIS、北斗等各系统的信号

---

① 北斗系统即北斗卫星导航系统，英文名为 Beidou Navigation Satellite System，简称：BDS，系我国自行研制的全球卫星导航系统，该系统由空间段、地面段和用户段三部分组成，可在全球范围内全天候、全天时为各类用户提供高精度、高可靠定位的导航、授时服务。

② AIS 是船舶自动识别系统（Automatic Identification System）的简称，由岸基（基站）设施和船载设备共同组成，配合全球定位系统（GPS）将船位、船速、航向等船舶动态结合船名、呼号、IMO 号、船舶类型等船舶静态信息由甚高频（VHF）频道向附近水域船舶及岸台广播，使得附近船舶和岸台能够及时掌握附近海域所有船舶信息，实现互相通话协调、及时采取避让行动等目的。

③ CCTV 是闭路电视（closed television）的缩写。

融合；接入全国和全球卫星的 AIS 数据，扩展了外海 AIS 信号接收能力，实现对领海基线以内精密智控、领海基线以外跟踪监控。海上综合数据库纵向打通交通运输部国内船舶和船员数据库，汇聚了全国航运公司、船舶、船员的基础数据；横向融合省农业农村厅、交通运输厅等 11 家单位的渔船、码头等涉海数据。算法组件体系拥有六大算法平台、68 项智能算法开发，使平台具有海上智控大脑的核心支撑能力，如覆盖船舶全生命周期的"一船一码"，实现船舶基本情况一码掌握。海船模块通过专用账号和设备登录服务中台并在服务中台配置了扣押船舶管理等专门功能模组，通过调取系统服务实现海船的实时定位、船舶登记信息查询、自然灾害风险评估等功能。

渔船模块主要针对沿海及远洋从事渔业捕捞和辅助捕捞生产的船舶。宁波海事法院将执行指挥中心与浙江省农业农村厅渔船精密智控工程对接，合作模式与海船模块相同。该模块服务中台的硬件主要由两部分组成，一是浙江全省 24 米以上大型渔船上安装的宽带设备、AI 智能识别设备和摄像头；二是在沿海 4 个渔业重点市建设的智慧口门，以上构建了全域覆盖的渔船卫星专网、海上监测网和智慧渔港网。功能上实现了"一图一库"。"一图"是指海上渔船实时位置分布图。截至 2023 年 12 月底，该模块服务中台实现了在省、市、县、乡镇、村合作社五级贯通运行，覆盖了浙江全省渔船、船员。"一库"指渔业综合数据库，纵向打通部、省、市、县、乡镇、村社（公司）等 6 级，横向打通交通运输部门、自然资源部门、海事部门等 9 个部门。渔船模块与服务中台的对接模式和操作方式与海船模块基本一致，降低了操作人员学习门槛，有利于统一管理。

内河船模块主要针对航行于通海内河水域的载货船舶。宁波海事法院将执行指挥中心与浙江省港航管理中心的智慧港航监管平台对接，其合作和对接模式、操作方式与海船模块和渔船模块基本相同，实现了对全省所有内河船舶的全覆盖。

（二）港口调度子应用

船舶运输围绕港口进行，港口也是船舶执行的主要场所之一。载货船舶在进出港口前，须提前向港口单位申请，通过港口单位调度后，才能确定泊位和装卸计划，这为法院提前获取船舶动态提供了可能。宁波海事法院将执行指挥中心与浙江海洋港口统一调度平台对接，可实时获取港口单位的船舶作业计划。该子应用覆盖了宁波、舟山、嘉兴、台州、温州的主要港口码头，可提供船舶实时船位信息，未来一段时间的泊位、作业时间等信息。子应用还支持法院联系各港口一线调度员，及时获取船舶作业进展情况，协同配合扣押行动。

（三）司法协作子应用

该子应用具有司法文书在线送达、协作事务自动提醒、协作进程在线查看、回执自动生成并回填等功能，实现了覆盖浙江全省海船、渔船和内河船的司法查控在线办理。该子应用针对海船，与宁波海事局共建了司法扣押在线办理模块，属全国海事法院首例。该模块依托浙江政务服务网建设，外网可通过专用账号登录，便于执行干警移动办公。针对渔船和内河船，在浙江法院统一的执行办案系统"智慧执行 2.0"中搭建了与浙江省内 17 个重点渔区渔政管理部门以及杭州、嘉兴、湖州等七地市交通运输管理部门联通的在线业务协同应用，各协同单位落实专人对接司法协作事务。"智慧执行 2.0"通过子应用与协作单位专员的"浙政钉"对接，协作单位专员通过"浙政钉"电脑端和手机端均可接收司法文书、回传回执。执行干警可通过系统实时查看协作事务办理进程、补充材料等，通过应用提供的联系方式还可以直接联系协作单位专员，沟通解决业务问题。

（四）数据归集子应用

为加强船舶数据管理，提高大数据分析和应用能力，"船舶执行一件事"集成应用在"智慧执行 2.0"中设置了专门的船舶模块，建成了数据归集子应用。该应用横向贯通立案、审判与执行各环节，纵向覆盖船舶处置的扣押、看管、拍卖等全周期。采集的数据维度既包括船舶类型、所有人、吨位等登记信息，也包括船舶在宁波海事法院的涉诉、扣押、拍卖等司法数

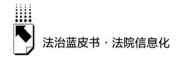

据，初步实现了船舶的司法画像，为法院汇总、分析船舶数据，船舶处置，管理执行质效、提出司法建议等奠定数据基础。

（五）船舶查询场景

获取船舶实时状态。干警通过"船舶执行一件事"集成应用的查询功能可查询船舶实时状态，该状态显示在标准电子海图中，可直观查看船舶的位置、航向、航速信息，其所处位置附近的码头、航道、锚地信息以及附近其他船舶信息。集成应用支持通过船名、呼号等查询船舶，通过碎片化线索获取船舶完整信息。还支持查询船舶的历史轨迹信息，通过轨迹回放可判断船舶惯常航线，经常停泊位置等，为船舶扣押提供决策辅助。船舶轨迹回放还可在船舶碰撞、触碰案件审理中用于判明各方责任。

获取船舶登记信息。"船舶执行一件事"集成应用直接对接海船、渔船和内河船对应行政管理部门的数据库，支持执行干警通过办公电脑登录对应系统查询。查询信息范围包括船舶的船型、吨位、主尺度、船龄、建造地点等信息。渔船还可以查询主机功率和作业方式等信息，同时支持查询船东身份信息、联系方式等，并能够查询到同一船东名下其他船舶的登记信息和实时状态。

获取船舶涉案信息。"船舶执行一件事"集成应用支持船舶涉案及处置情况查询。在查询船舶所涉案件模块，允许查阅案件基本信息和电子卷宗；在查询船舶扣押信息模块，允许查询司法文书，获取扣押地点、扣押时间等情况。办案人员接手案件后，便可通过上述数据形成基本的船舶司法画像，为后续案件处理奠定基础。

（六）船舶扣押场景

船舶扣押一般分为两个步骤：一是登上船舶，向船长或船东代表宣布扣押决定、送达扣押文书，并调查船舶和船员情况；二是向船舶管理部门送达司法文书。集成应用针对上述场景，利用信息化手段从三个方面着力降低扣船成本，提升扣船效率和成功率。

其一，提前谋划扣船行动。相较海上扣押，在港口扣押能够有效降低执行干警人身风险，提高扣押成功率。执行干警可通过港口调度子应用提前查询浙江沿海主要港口的船舶作业计划信息，在查询页面中输入船名，系统可显示目标船舶计划的停泊位置、靠泊时间、离泊时间。获取该线索后，执行干警可联系港口一线调度员进一步核实情况，提出协助执法需求并跟进船舶作业状态。

其二，实时监控扣船行动进展。扣船计划确定后，在行动组赶赴现场的同时，保障组在执行指挥中心通过集成应用提供后台支持和保障。一是跟踪拟扣船舶动态，干警通过不同船型选择对应的船舶鹰眼子应用下的船舶模块，通过船名查询获取船舶实时位置和航向、航速信息并及时通报行动组。二是远程指挥扣押行动，在重大船舶扣押行动中，保障组与行动组通过 GIS 单兵系统实现指挥协调和应急处置，有效提升现场执法的规范化水平和应急响应能力。

其三，在线送达扣押文书。针对海船，执行干警可通过司法协作子应用，在船舶司法扣押在线办理模块，点击"我要申请"，在"执行内容"页面中选择扣押模式，选择"活扣"①、"死扣"②、解除扣押等；之后在信息页面填写船舶名称、船东信息、扣押期限等信息，上传扣船裁定书和协助执行通知书；点击"继续"后，相关信息可传到协作单位，协作单位接收信息后，该功能模块会以短信方式提醒经办人员处理；经办人员处理完成后，该功能模块会自动生成送达回证。执行干警可以在功能模块中的工作台上查看办理进度，下载送达回证并回填智慧执行 2.0 系统。

针对渔船和内河船，执行干警通过智慧执行 2.0 系统，在案件办理页面，选择海事协作模块，在模块中直接完成文书引入、节点审批、在线推送、查询反馈进度及回填送达回证等操作。以往执行干警长途跋涉才能完成的送达工作，现在办公电脑前点击鼠标就可以完成，执行效率大幅提升。

---

① "活扣"，指禁止船舶转让、抵押和光船租赁的执行措施。
② "死扣"，指就地扣留船舶，禁止其航行的执行措施。"死扣"同时具有"活扣"的效力。

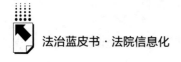

（七）船舶看管场景

船舶扣押后的看管也是船舶执行中的重要一环。船舶扣押后，船舶所有人不履行看管义务的，法院须指定代管人看管船舶。宁波海事法院通过"船舶执行一件事"集成应用对代管人的选任、履职情况进行全程监管。

看管船舶动态监管。船舶鹰眼子应用具备看管监管功能，可一键实时查看在扣船舶动态，也可在电子化海图上高亮显示在扣船舶，同步显示船名、位置等信息。系统还具备预警功能，如果在扣船舶擅自移动或因天气原因发生走锚事故等，系统可以第一时间发出警报，指挥中心可立即采取应急措施。

代管人管理。宁波海事法院建立了动态化的船舶代管人名录，通过司法扣押船舶代管人项目招投标确定准入的代管人，并根据代管人履职情况采取对应奖惩措施，实时更新名录信息，强化代管人管理。在代管人选择环节，采取公开摇号方式，并邀请当事人现场见证，全程公开公正透明，有效杜绝船舶代管环节的廉政风险。

台风风险评估。台风登陆前，宁波海事法院通过船舶鹰眼子应用对接浙江省省气象台数据库，评估台风风险，以对在扣船舶进行"点对点"安全管理。具体为登录船舶鹰眼子应用，在台风管理模块中选择对应的台风编号，电子化海图中就会显示台风当前位置、已有轨迹、未来轨迹预测和影响范围。同时点击看管监管模块，可在同一个电子化海图中呈现在扣船舶的当前状态。系统还配备了"量尺"工具，可测量在扣船舶与台风中心的距离信息。有了距离信息，执行干警便可初步评估台风对被扣船舶的风险，准确及时采取应急防台抗台措施。

（八）船舶拍卖场景

查询竞买人资格。渔船拍卖须遵循国家渔业法律法规和地方性法规对竞买人的资格要求。宁波海事法院通过集成应用中的司法协作子应用就渔船拍卖过户中可能遇到的地域限制、船网工具指标转移等问题，提前函询渔政管理部门，并将函询结果公开，有效避免盲目竞买并减少买受后无法过户引发的信访。

在线共享信息。通过集成应用，宁波海事法院在船舶拍卖前，将船舶拍卖公告同步共享给船舶管理部门；船舶拍卖成交后，在解除扣押裁定中写明买受人详细信息，便于船舶管理部门跟进后续监管。

（九）业务管理场景

通过集成应用在办理船舶处置业务时，可实现对涉诉船舶数据的同步采集和归集。通过监控各处置节点的用时、操作形成大数据，为质效管理、考核评价提供依据，同时为执行规范化建设和司法大数据应用提供决策参考。

得益于船舶拍卖场景使司法拍卖更加高效与透明，拍卖中产生的争议明显减少。近两年，宁波海事法院共拍卖船舶106艘，成交金额约7.3亿元，拍卖（变卖）成功率100%。一拍成交78艘，二拍成交21艘，变卖成交7艘，一拍成功率同比上升15.2%，二拍成功率同比上升13.4%，平均溢价率8.4%，平均评估拍卖用时86.8天，同比减少17.3天①。

"船舶执行一件事"集成应用的高频使用，提速增效的效果十分明显。截至2023年12月底，宁波海事法院涉船舶的执行案件平均用时较上年同期明显下降，平均结案时间由92天下降到79天，执行办案效率整体同比上升14%；通过"浙政钉"发起商船和渔船协作共计455件次，船舶信息查找、文书送达基本做到当天办结，办理时限下降66%；船舶线上查控在完成当事人信息线上校验一致后24小时内提起，查控用时平均缩短2.3天；船舶查（解）封在协作部门收到裁定1~2个工作日内通过线上实现。

船舶执行的高效同步带动执行质效的提升。在最高人民法院审判质量管理指标体系中，截至2023年9月，宁波海事法院执行完毕率提升至39.79%，在浙江全省107家法院中排名第12位；首执案件终本率控制在39.77%，全省排名第16位；执行标的到位率45.5%，全省排名第14位。

---

① 根据阿里资产司法拍卖平台及北交互联司法拍卖平台成交数据统计所得。

而在浙江省的案件质量综合指数评估指标体系中，自"船舶执行一件事"集成应用启用以来，宁波海事法院的实际执行率在浙江省 12 家地市中院中持续名列第一，终本合格率长期保持 100%，执行案件审限内结案率保持在 95.63% 以上，超 12 个月未结案件长期为 0。

"船舶执行一件事"集成应用的推广大大降低了人力、车辆、邮寄费用等各种办案成本。截至 2023 年 12 月底，浙江省内涉船舶的执行文书电子送达率达 99%，执行干警无须将执行文书打印、装袋、投递，成本降低为原先的 2%。通过在线送达扣押文书、在线看管监管扣押船舶，法院无须安排人员出外勤，近三年累计减少出差人数超 2000 人次，节省了大量办案成本。另外，通过提前谋划扣船行动，法院的扣船成功率大幅提升，达到 90% 以上。

三 组织和机制保障

（一）人员调整

鉴于案多人少的工作现状，为强化"船舶执行一件事"集成应用人员保障，宁波海事法院探索建立集约化办案模式。以人力资源与执行事务优化统筹为总体目标，将原本与执行人员固定搭配、分散办公的书记员、辅助人员统一调配，实现人员集中管理。以全面分拆、合理分解具体任务为责任目标，将涉及船舶执行的执行辅助事务分拆分解，全面运行繁简分流、事项集约、权责清晰、衔接顺畅的执行办案、办事、管理与指挥运作新模式。

（二）机构建设

为妥善处理繁杂的事务性工作，从硬件设施层面保障"船舶执行一件事"集成应用平台运行，宁波海事法院探索推进执行指挥中心实体化运作，发布《宁波海事法院执行指挥中心工作规程（试行）》，明确执行指挥中心的职能与工作规则。2021 年执行指挥中心正式实体化运作。"船舶执行一件事"集成应用的各子应用操作均在执行指挥中心完成。

（三）制度完善

建设"船舶执行一件事"集成应用，需要足够的制度配套。宁波海事法院从操作规范、应急响应、数据安全三个方面完善相关制度。

其一是操作规范。宁波海事法院出台《船舶司法查控工作指引（试行）》，严格规范船舶线上查询、扣押程序。制定《船舶司法查控子场景应用操作手册》，根据类型将船舶细分为海船、渔船、内河船舶三大"通道"，依托"智慧执行 2.0 系统"、船舶司法扣押在线办理平台，分别制定相应的操作规范及模板文书供执行人员扣押船舶使用。

其二是应急响应。为确保台汛期在扣船舶安全，宁波海事法院根据浙江省人民政府防汛防台抗旱指挥部办公室与浙江海事局《关于进一步加强扣押船舶、无动力船舶防台风安全管理的若干意见》、宁波海事法院与浙江海事局《关于司法扣押船舶安全管理的实施意见》及联席会议纪要的相关要求，出台《宁波海事法院台汛期扣押船舶安全管理规定》，在数字系统的帮助下，实时掌握在扣船舶情况，建立在扣船舶台账。详细列明看管人、保险、动力、AIS 设备与系缆等情况；妥善选择将船舶移泊到安全水域避风、冲滩等方式以确保安全。与看管公司逐一签署安全承诺书，督促其配备防台风所需船员，备好必要油料，确保机器设备正常运行；强化应急拖轮配备，对潜在风险隐患及时采取整改措施。加强值班值守，确保突发事件及时处置。如遇重大紧急突发事件，第一时间向院领导报告，及时妥善处置。

其三是数据安全。"船舶执行一件事"集成应用的建设涉及与浙江海事局、渔业行政管理部门、浙江海港集团等外部单位的业务系统对接，为保证内部数据的安全性，集成应用采用了物理隔断方式。为保证法院内部数据的安全性及隐蔽性，集成应用将现有的网闸升级为光闸。同时，宁波海事法院与各集成应用协作单位均签订了数据安全保密承诺书，对各系统内的数据限定于执行办案使用。

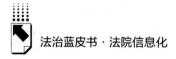

除执行部门外，立案、审判等其他部门在特定场景也存在查询系统数据需求。为确保数据安全，宁波海事法院明确了内部使用数据的规范流程：立案、审判部门使用系统数据的，须通过"浙政钉"发起申请，其部门负责人与执行部门负责人审批通过后，由执行部门书记员查询、告知相关数据。

四　问题与展望

随着"船舶执行一件事"集成应用的蓬勃发展，宁波海事法院在破解船舶执行中的查找难、监管难、处置难等问题上取得了长足进步。但受限于体制机制、资源瓶颈和能力水平，集成应用建设仍存在以下问题。

集成应用外部范围存在局限。受益于数字化改革政策，浙江省域范围内数据使用的开放度较高，"船舶执行一件事"集成应用的成效体现得较为明显，但处置省外船舶仍以传统方式为主。集成应用范围的进一步拓展有赖于全国层面统筹协调数据安全与开放。

集成应用内部模块有待整合。当前"船舶执行一件事"集成应用面向船舶处置全生命周期各环节的场景应用尚未完全覆盖。浙江省内审判办案系统和执行办案系统的各环节模块尚未完全打通，船舶处置中的债权登记、确权诉讼和拍卖款分配等环节尚未完全整合至集成应用中。全国各海事法院之间的涉船司法数据互联互通尚未成型，数据壁垒有待进一步打通。

集成应用辅助社会治理的价值有待进一步挖掘。船舶大数据是航运经济发展的"晴雨表"，而船舶涉诉数据是船舶大数据的重要组成部分。集成应用在船舶数据分析方面仍存在较大提升空间，智能辅助社会治理功能尚未充分发挥。

下一步，宁波海事法院将坚决落实"浙江全域数字法院"部署，深入实施"数字海院"工程。

一是全面整合审执全周期全流程各环节。将数字化改革由执行领域向审判领域拓展，围绕涉船纠纷这一核心业务，建设"法护海事"集成应用，实现立案、审判、执行全流程办案进度智能协调，涉船纠纷审判辅助信息协同智能共享，有效提升审执效率。

二是进一步丰富多跨协同的应用场景。协同海事、渔政、港口、渔业互保、船舶检验等多家涉海涉船单位，提供一套基于数据共享的协同办理机制，塑造海事审判数字化新模式，形成可在全国复制推广的"浙江数字海院"经验。

三是深入探索司法服务社会治理新途径。坚持守正创新，深化船舶"执行一件事"整合升级，大力推动系统应用和经验推广。立足服务办案办公和参加社会治理、服务党政决策需求，加快推进船舶司法处置数据的深度挖掘应用。

全国法院"一张网"建设

B.24

数字经济背景下物联网技术的司法应用调研报告

江苏省高级人民法院课题组*

摘　要：　数字经济的蓬勃发展对司法公正与效率提出了更高要求，人民法院认真贯彻数字中国、网络强国、科技强国重大部署，不断推进物联网技术司法应用，积极探索物联网电子封条、智能称重系统、动态监管系统、智能送达终端等场景，放大了物联网的司法功效。实践中物联网司法应用存在应用场景有待拓展、平台安全与数据安全亟须重视、法律风险防范缺失等问题，需要树立物联网司法应用新理念，发挥物联网感知互联万物的特性，贯彻科技向善理念，加强物联网基础能力建设，拓展司法应用场景，强化物联网司法应用配套保障，助力实现更高水平的数字正义。

*　课题组负责人：李玉柱，江苏省高级人民法院审判委员会专职委员。课题组成员：潘军锋、吴伟懿、蔡宁宁、李叶。执笔人：潘军锋，江苏省高级人民法院审管信息处处长；蔡宁，江苏省高级人民法院审管信息处主任科员；李叶，南京市秦淮区人民法院审管办法官助理。

关键词： 数字经济　物联网　司法应用　数据安全

近年来，物联网在我国蓬勃发展，《国民经济和社会发展第十四个五年规划和2035年远景目标纲要》将物联网纳入七大数字经济重点产业，并提出要加快建设新型基础设施，加快数字社会建设步伐。工业和信息化部联合中央网信办等八个部门下发《物联网新型基础设施建设三年行动计划（2021~2023年）》，明确物联网新型基础设施建设目标，推动物联网相关技术标准的建设和落地。

物联网技术在助推社会治理现代化、促进数实融合、推动产业数字化转型、助力数字经济发展等方面具有重要意义。全国各级法院积极探索物联网在司法领域的应用，充分发挥物联网技术在审判、执行及司法管理工作中的潜能，为社会公众提供更优质的诉讼服务，提升人民群众的司法满足感和获得感，有力推进法院工作现代化。

一　物联网司法应用现状

数字经济背景下，人民法院抢抓物联网为审判工作变革和创新带来的重大机遇，拓展物联网技术在司法领域的应用场景研究和实践，助力审判高效便民、促进执行善意文明、实现管理精细安全。

（一）物联网助力审判高效便民

高效精准送达司法文书是提升法院审判质效的重要一环。过去，司法文书需要通过邮寄、工作人员上门等方式送达，送达时间长、效率低，如遇到法官及辅助人员因开庭、公务等不在岗、案件当事人居住地址变动等情况，便会出现人难找、件难送等问题，大大延缓案件审理周期。福建法院利用物联网技术，设立人民法院智能送达终端，解决短途送达以及文书量多的送达问题①。律师或当事人凭身份证件、人脸识别等方式验证后取件，确保送达的安全性。浙江法院开发"e键智能送达"，在 AI 法官智能助理的帮助下，每一个送达节点自主生成需送达的法律文书并签章，智能推荐最佳送达方式发起送达②。如确需纸质文书送达，系统将材料发送至当事人所属区域的邮政部门，由其负责打印并安排人员送达，并实时将定位信息、是否完成送达等信息通过电子回单传至审判系统，有效打通送达堵点难点。

（二）物联网促进执行善意文明

物联网在执行领域的应用较为丰富，取得了较好的执行效果，主要表现在以下方面。

执行过程由被动转向能动。查封是执行的重要环节，封条是查封的必备工具，传统的纸质封条不仅容易脱落，还易被人为撕毁，造成查封效果不理想，损耗司法资源。江苏法院研发鱼眼式电子封条，创新性地在封条中安装物联网感知设备，如摄像头、语音播报设备、传感器等，支持人员非法靠近封禁区时报警，支持法院及当事人远程查看封禁区域情况，值守低功耗，全时段感知，具有震慑力强、找人效果好、证据固定及时等优点。物联网电子封条既能解决被执行人故意规避执行的难题，还能通过语音播报督促被执行人主动履行义务，有力提升人民群众对执行工作的满意度。以物联网电子封条案为例，江苏省无锡市宜兴法院在处理王某货款纠纷的两个案件执行过程中，创新性地使用电子封条进行财产查封，在电子封条语音播报的持续影响下，王某妻子尽力找到王某，王某自觉履行了 30 余万元货款，两起"被执行人下落不明"案件顺利执结。江苏省无锡市中级人民法院在执行冯某某没收财产案中，被查封的冯某某名下房屋被其亲属对外出租，执行人员始终

---

① 俞杰、吴星：《三明"物联网"破解"送达难"》，《人民法院报》2017 年 6 月 11 日，第 6 版。

② 《全国首个！浙江法院"e键"让文书轻松送达》，人民网，http：//zj. people. com. cn/n2/ 2020/0109/c228592-33702997. html，最后访问日期：2023 年 8 月 8 日。

未获知实际居住人信息，后改用电子封条拍摄到实际居住人画面，实际居住人立即主动联系法院腾房。

执行方法由刚硬转向灵活。钢材、船舶等体积大、难移动、难称重的大型动产估值长期以来是影响执行效率的难题。江苏省无锡市中级人民法院创新性首创物联网电子称重系统，将称重相关传感器安装在起重设备上，实时进行物品重量的测量，管理平台和执行人员手机终端可实时看到称重结果。在物品搬运过程中可实时显示称重结果，方便对物品价值进行确定，通过一次起吊可完成标的物称重，一次称重可完成标的物处置，一次称重数据反馈可完成处置标的物价值确定，有效解决执行过程中对金属材料以及需要称重的大宗商品等动产的估价，降低了大型动产处置成本，提高了大型动产处置效率。以物联网称重系统案为例，2020年11月6日，无锡市梁溪区法院首次在执行中使用物联网称重系统。不到5分钟完成从安装到使用的全过程，1秒钟实现被称设备重量的实时显示，每次仅需5分钟即可完成称重，不到2小时完成70余吨废弃设施的称重。

执行结果由终结转向纾困。对企业的厂房和生产设备进行拍卖，会导致企业无法正常运转，同时也无法快速保障申请执行人权益。江苏省无锡市中级人民法院研发物联网查封财产监管系统，该系统具有智能感知重量、位置、异常、外观等功能，可以对被查封企业的原材料、生产设备、成品等进行动态监管，并支持将相关数据实时回传，实现全方位、全流程、全时段感知和预警被执行企业财产情况。法院巧用物联网技术实现"活封"助企纾困，维护胜诉企业合法权益的同时，也推动了法治化营商环境建设，取得了良好的法律效果和社会效果。以物联网智能监管系统案为例，江苏省无锡市中级人民法院在执行某铜业公司担保纠纷一案中，由于该企业一拍未成交，使用"物联网查封财产监管系统"对该企业开展监管，企业正常运营的同时，增强企业偿还债务能力，确保企业财产价值不缩水。第二次网拍中，超5000人次围观，6个竞拍人出价共60余次，起拍价1.2亿余元，竞拍价1.6亿余元，溢价4000万元，远超第一次拍卖的流拍价。

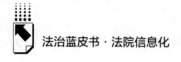

（三）物联网助推管理精细安全

司法活动过程涉及大量物证保管问题，物的管理是司法活动安全稳定运行的重要内容，提升对各类物品的管理效率是提升工作质量的重要保障。江苏省南通市中级人民法院运用物联网技术研发智慧物证管理系统，在物证采集固定方面，采用身份信息采集、物证拆封采集全程录音录像、区块链上链存证、电子确认签名等多种手段有机结合，最大化保证电子物证的可信度；在实体物证管理方面，对实体物证电子化采集后，当事人无异议的，便可将实物当场退还，对于一些案情复杂、争议较大的案件，系统可对物证进行智能标签化管理，提升物证的保管安全系数。江苏省苏州市中级人民法院尝试将纸质卷宗贴上条形码，实现卷宗从立案到归档的全生命周期电子追踪，开创对卷宗的智能化、便捷化管理。物联网技术与其他手段的综合运用，将安全风险预警前移，并实现全流程追踪管控，实现管理的规范化、数字化、精细化。

二 物联网司法应用面临的挑战

公正与效率是司法永恒的主题，通过引入物联网技术赋能审判工作智能水平，实现科技向善，是物联网司法应用的理想目标。现阶段，物联网的司法应用取得了一定成效，但同时也伴随着问题与挑战，主要体现在以下方面。

（一）物联网应用成效有待提升

成本收益比不及预期。物联网司法应用虽然能够带来节约人力成本、缩短审理周期等经济效益，但使用费用较高，两相比较是否符合性价比需要仔细权衡。以电子封条为例，传统纸质封条成本几乎为零，电子封条虽具防水防晒、不易撕毁、支持反向监控、实时取证和提前预警等优点，但目前单条价格在数千元。高昂的价格不利于电子封条的全面复制推广，非规模化使用不仅带来了较大经济成本压力，也不利于电子封条的迭代升级、深化应用，摆在物联网司法应用面前的"经济账"需要审慎思考。

应用场景有待拓展。物联网在智慧城市、智慧楼宇、智慧家居等方面应用较为成熟，拓展了数字社会的应用边界，但物联网在数字法院建设方面的应用场景仍有待拓展。目前，物联网在审判领域应用的深度和广度还不足，探索领域主要集中在执行上，如电子封条、电子称重、智能查封财产等系统，在卷宗管理、文书送达等场景中仅发挥辅助功能。总体而言，物联网技术与司法应用的契合点尚未完全挖掘，物联网技术助力审判执行提质增效的潜能尚未充分发挥。

（二）物联网安全风险有待防范

网络安全需要防护。物联网作为互联网的延伸，具备对物理世界进行感知和控制的能力。物联网的硬件、软件、服务和数据具有混合性与复合性，同时在线和离线，监管的难度大大提升。攻击者可利用物联网全面感知的特点，通过攻击物联网进而攻击物理世界的核心设备，如各种关键基础设施等，从而威胁人身安全甚至国家安全[1]。例如，2016 年 DNS 服务商 Dyn 遭遇大规模分布式拒绝服务攻击等以物联网设备为突破口的网络安全事件，造成较大影响。物联网在审判、执行、政务管理等方面存在认证安全、硬件安全、协议安全、信道安全等方面的威胁，在探索推广阶段需要高度重视物联网的网络安全问题。

数据安全需要提升。2022 年，中共中央、国务院发布《关于构建数据基础制度更好发挥数据要素作用的意见》，强化数据治理体系建设。实践中，不法分子利用技术手段实施犯罪行为，造成严重后果。在徐某破坏计算机信息系统案中，被告人利用"GPS 干扰器"对物联网 GPS 信息服务系统进行修改、干扰，造成该系统无法对泵车进行实时监控和远程锁车[2]。从物联网在司法领域的应用场景来看，无论是科技法庭、智能送达，还是电子封

---

[1]　徐文渊、冀晓宇、周歆妍：《物联网安全》，高等教育出版社，2022，第 38~41 页。

[2]　徐某破坏计算机信息系统案，湖南省长沙市中级人民法院（2016）湘 01 刑终 58 号。

条、智能称重系统等,都涉及核心司法数据的存储、传输和处理,各个环节都存在可能被非法利用的风险和薄弱环节。

(三)物联网法律治理有待完善

公民隐私与个人信息保护亟待强化。物联网的出现开启了万物互联时代,同时也带来了无处不在的数据终端和成倍增长的信息扩散,增加了隐私安全与个人信息泄露风险。在黄某某、郑某某等侵犯公民个人信息罪案中,被告人利用其信息为平台提供技术支持之便,未经授权私自通过前置服务器上的数据接口非法获取公民个人信息并出售牟利,导致大量个人信息泄露[①]。在夏某某、张某某隐私权纠纷案中,被告在入户门安装的电子猫眼正对原告入户大门并记录原告进出户等重要信息,侵扰原告个人居住安宁,法院审理后判定被告构成对公民隐私权的侵犯[②]。在物联网发展的同时,公民隐私与个人信息保护带来的挑战也不容忽视。

知识产权保护模式亟待优化。一方面,物联网产业飞速发展,商业模式在商业活动中的地位得到提升,而商业模式极易被模仿,这增加了物联网产业保护知识产权的难度。在青岛某公司、无锡某公司侵害商标权纠纷案中,被告未经授权擅自在原告产品上加装零部件生产销售,阻断了原告物联网生态链群打造。在我国传统的知识产权体系下,物联网商业方法并未被作为知识产权保护的客体,法院在充分考量物联网产业商业方法、内在商业逻辑的基础上,以商标侵权的审理思路,对原告的物联网商业方法所带来的竞争优势和商业利益予以保护[③]。另一方面,专利权滥用的风险不容忽视,物联网包含的技术与硬件在集成与复合使用中,易使部分物联网专利权人凭借自己的核心技术垄断市场、占有资源,在一定程度上不利于新

---

① 黄某某、郑某某等侵犯公民个人信息罪案,浙江省杭州市中级人民法院(2019)浙 01 刑终 232 号。

② 夏某某、张某某隐私权纠纷案,四川省内江市市中区人民法院(2022)川 1002 民初 3539 号。

③ 青岛某公司、无锡某公司侵害商标权纠纷案,山东省青岛市中级人民法院(2021)鲁 02 民初 886 号。

兴产业的竞争和创新。

新型法律问题亟待规制。物联网涉及大量通过互联网连接的设备，创造了一个新的社会、经济和伦理格局①。作为一种新生事物，物联网的普及对传统法律体系造成一定冲击，进而衍生一系列新型法律问题。因大量数据存储于云端，产生个人信息保护以及企业数据权利合法性证成、性质界定、利用保护等问题；"智能物体"由于软硬件故障、被破坏或非法控制后将产生一系列责任认定问题，尤其在无人驾驶、机器人手术等依托物联网运作的技术发生错误后的行为责任认定方面，不断衍生的新问题给司法审判带来挑战。

三　物联网司法应用的探索路径

2023 年 2 月，中共中央、国务院发布《数字中国建设整体布局规划》，提出数字中国建设整体布局的顶层设计，明确了一系列新的目标任务和战略部署。数字法院建设在助力构建数字经济法治规则、保护数字经济合法权益、优化数字经济法治营商环境、激发数字经济市场创新活力等方面优势显著，是加快推进数字中国、网络强国高质量发展的重要司法保障。物联网技术应与审判执行实践紧密融合，充分发掘物联网技术在司法领域的应用潜力，全面深化数字法院建设，为推进审判工作现代化、实现更高水平的数字正义提供更强有力的智能化保障。

（一）树立物联网司法应用新理念

坚持理性赋能与向善赋权结合。正如马克思指出的，科技不仅带来进步的力量，同时具有异化的力量②。物联网并非传感网、电子产品或其他物件的单一应用，而是融合各种技术的网络系统。当数据与技术交织为系

---

① Spyros G. Tzafestas：*Ethics and Law in the Internet of Things World*，Smart Cities 2018，p. 108.
② 马克思：《资本论》（第一卷），人民出版社，2004，第 487 页。

统性的网络时，个体力量与网络控制者的力量悬殊，伴随着控制者的"数据权力"，不透明、不公平的技术控制给公民自由、公共利益带来风险。充分发掘物联网作为辅助手段的技术潜力，要以科技向善价值为基础，将理性赋能与向善赋权相结合，围绕公正与效率，精准研判合适的司法应用场景，设定技术适用条件与程序，完善行之有效的配套管理手段，使物联网技术符合三重许可要求①，助力打造更为智能、高效、公正、便捷的司法服务，实现法律理性与技术理性、法律善意与技术温度的有机结合。

坚持个体理性与公共理性统一。物联网的存在和发展离不开数据的采集和分析，个体的信息、隐私经汇总、处理形成有价值的数据，进而被开发、利用，这既是数据价值潜能释放的过程，也是个体利益风险上升的过程。在此过程中，个体利益与公共利益之间存在紧张关系。不可否认，个体隐私与信息至关重要，而"数字便利"给个体的生活带来巨大改变，个人数据经由汇集、加工、处理释放更多价值，是增进公共福祉进而反哺个体利益的有效途径。对此，既要充分重视公民隐私与个人信息安全，在"目的限制"和"数据最小化"原则下采集信息，以数据加密、身份验证、权限管理等多元技术手段，加强对物联网司法应用的安全防护，同时也要加大技术的研发与使用力度，促进物联网发挥更大技术潜能，提升司法服务整体质效，实现个体理性与公共理性的协调统一。

坚持规范监管与促进发展并重。作为一种仍在不断发展的新兴事物，物联网在客观层面存在诸多威胁个人与公共安全的风险，尤其存在于不规范的数据采集、处理活动以及算法黑箱带来的歧视与错误中。司法机关承担着维护社会公平正义最后一道防线的使命职责，一方面，要对物联网领域侵犯个人利益与公共利益的违法行为严加规制，对法院内部物联网产品使用严格监管，提高物联网领域违法犯罪成本；另一方面，要注重平衡安全与发展的关

① 〔英〕罗杰·布朗斯沃德：《法律3.0：规则、规制和技术》，毛海栋译，北京大学出版社，2023，第125页。

系，善于运用司法裁判保护科技创新，激发物联网行业发展技术、引领科技创新的活力，促进和规范数字经济的发展。

（二）完善物联网法律规则

细化应用安全保障规则。《国家安全法》《网络安全法》《数据安全法》构建了我国数据安全治理的基本框架，但对涉及物联网收集的数据是否认定为重要数据、收集的程序是否合法、数据如何监管等缺乏明确的规定，建议进一步予以细化。治理框架需要围绕物联网实现信息的创建、存储、使用、删除等全生命周期进行设计[1]。

完善用户权益保护规则。在《民法典》《个人信息保护法》基础上，进一步区分"隐私""私密信息""个人敏感信息"，参考欧盟《通用数据保护条例》关于知情同意（第 7 条）和通知义务（第 13、14 条）的更高标准的规范思路，形成不同等级信息设置分级提示或说明义务规范。同时，加快制定网络服务提供者分级管理规范，实现大型服务提供者具有与其管理能力相适应的注意义务，避免其被动依赖"通知—删除"规则予以免责。

优化技术价值释放规则。完善物联网知识产权法律体系，确定科学的专利保护范畴，激励更多的投资和创新。合理设定权利限制，如合理使用、法定许可等制度，在保护创新者权益的基础上，扩大技术成果效益。适时引入美国、欧盟司法判例中"必需设施原则"并设定严格的适用条件，遏制数据日益向大型企业集中后，大企业滥用自身市场力量进行"数据垄断"的风险[2]。

（三）加强物联网基础能力建设

加强物联网理论研究。物联网技术是 RFID 技术、EPC 编码技术、

---

[1] 杨晓雷主编《人工智能治理研究》，北京大学出版社，2022，第 67 页。
[2] 陈永伟：《数据是否应适用必需设施原则？——基于"两种错误"的分析》，《竞争政策研究》2021 年第 4 期。

ZigBee、无线传感器网络、中间件、云计算、UWB、MEMS 等多项技术的高度集成和创新①。需要加强对物联网技术本身基础理论的研究，深入探究物联网的本质特征、技术架构、安全机制等问题，同时，探索物联网与人工智能、隐私计算、边缘计算、数联网、元宇宙等新兴技术的有机融合，为物联网在司法领域的应用提供理论支撑，注入物联网司法应用新动能。

建设物联网业务中台。在全国法院"一张网"建设背景下，通过建设稳定、安全的物联网技术服务中台，为后续物联网司法应用建设提供统一接口，支持创新场景的泛在化接入。支持设备和系统集成，考虑不同设备和系统的通信协议和数据格式等问题。建立数据处理和分析模块，对采集的数据进行处理和分析，提取有价值的信息。建构应用服务基础能力模块，为不同的司法业务场景提供数据和服务支持。建立物联网系统运维管理模块，对设备和系统进行监控和管理，保证系统的稳定性和可靠性。

同步落实安全要求。在物联网司法应用建设过程中，明确数据加密、数据传输、用户身份验证、权限管理等方面的安全标准和规范。适时进行系统安全评估，发现潜在的安全漏洞和风险，制定安全措施和应对策略。对物联网司法应用采集的数据，按照数据分级分类标准，采取数据加密、访问控制、代码审计等一系列措施，确保数据安全。物联网司法应用系统建成后，定期通过安全漏洞扫描等方式，采用物联网司法应用中台实时进行安全监管，及时对安全事件和漏洞作出响应和处理。

加速与生成式人工智能融合。以 ChatGPT 为代表的生成式大模型技术拉开了通用人工智能时代的序幕，大模型中包含的上千亿海量参数对算力、数据、算法、网络等提出了更高的要求。2023 年 7 月，国家互联网信息办公室联合国家发展改革委等部门下发《生成式人工智能服务管理暂行办法》，明确了促进生成式人工智能技术发展的具体举措，规定了生成式人工智能服务的基本规范。大模型作为物联网终端的大脑，物联网终端作为大模

---

① 解相吾、解文博：《物联网技术基础》第 2 版，清华大学出版社，2022，第 10~13 页。

型的感知端，可以实现从感知到认知、从理解到执行。通过物联网的数据采集和人工智能的高效学习，助力物联网和人工智能技术发挥更大的司法潜能。

（四）拓展物联网司法应用场景

探索刑事被告人的智能监管。广东省司法厅建设"智慧社区矫正"信息化体系，使用感知、识别与普适计算等通信技术，将移动执法终端、社区矫正生物特征识别设备、音视频设备、智能穿戴设备等组进物联网两两相连，发挥设备及其所采集信息的整体效应，实现社区服刑人员全方位、多维度监管矫治。对于涉及刑事大要案等情节严重的被告人或取保候审被告人，可以探索佩戴电子定位手环，方便实时追踪被告人移动轨迹，实现对刑事被告人的动态监管。

完善财产的智能封扣。海事案件执行过程中，对船舶进行"活扣押"，允许船舶继续经营，可继续发挥物的效用，充分保障当事人权利。在船舶"活扣押"中，物联网技术可充分发挥其价值，如采用卫星定位和导航技术实时定位追踪船舶位置；在船舶上放置监控设备实时监测船舶内外情况；对船舶周边放置位置传感器，感知并智能计算船舶重量、形状，评估船舶价值等。在保障申请执行人权益的同时，减少对被执行人及其财产的影响，实现双赢局面。与之类似，物联网在财产保全、动产融资、财产抵押、破产重整、环境资源生态修复等案件中也可发挥积极作用。

实现保管物的智能管理。司法警察在枪械管理中，需要对枪械的日常存放、出入库、运送、携带、归还等各个环节进行有效监控与管理，避免监管不到位给国家和社会带来重大安全隐患。对枪械设定电子标签，实现一对一绑定，可以实现对枪械的智能化管理。此外，刑事涉案财物智能管理、涉案物证智能管理等系统可以充分发挥物联网感知万物的优势，精细化管理保管物，对物品进行全流程监控，有效解决发生争议时责任不清的问题，确保重要资产安全。

（五）强化物联网司法应用配套保障

完善物联网监管机制。物联网的健康发展离不开有效的管理和控制，欧盟《通用数据保护条例》（GDPR）要求数据控制者一开始就实施嵌入数据保护原则的技术和措施，并以高罚款激励企业合规①。美国颁布物联网网络安全改进法案，指示政府机构在其合同中加入某些条款，要求政府采购的任何联网设备具有安全功能，提升物联网设备的安全性②。要加强风险预防型流程监管，从源头上对风险进行审查和监管，对科技活动进行向善赋权，实现科技创新与科技伦理良性互动。建立算法审计与算法影响评估制度，提高算法设计质量，减少黑箱风险。建立监测和评估机制，及时掌握物联网应用的运行情况和安全性能，发现和解决安全隐患和漏洞，防止出现网络安全事件和隐私数据泄露等问题。

加强物联网司法人才培养。人才队伍是推动数字法院发展的基础与保障，建立物联网司法创新应用交流平台，通过举办学术会议、开展国际交流等方式，促进物联网司法人才的交流与协作，推动物联网在司法领域的深度应用。通过举办研修班等形式，为物联网司法人才提供系统化的知识和技能培训。通过设立物联网司法应用实验室等形式，为专业人员提供实操平台，产出更多有效助力审判执行工作的物联网司法应用。

强化物联网司法治理。助力营造公平公正的数字经济市场环境是司法的职能与担当，要深入物联网行业调研，全面追踪物联网最新发展技术，熟悉物联网发展态势，打牢物联网司法应用的外部基础。制定司法服务保障物联网发展的相关文件，加大对物联网企业自主创新的知识产权司法保护，优化营商环境。适时向社会发布物联网纠纷典型案例，加强司法建议运用，引导市场主体树立正确的行为规范，强化个人信息保护，规制防范数据安全风险。

---

① European Commission, GDPR, art 25.

② Internet of Things Cyber Security Improvement Act of 2017, https：//www.scribd.com/document/355269230/Internet-of-Things-Cybersecurity-Improvement-Act-of-2017.

结　语

　　面对数字化浪潮中的理念更新与技术变迁，司法也需充分运用新型科技提升审判质效，推动法治与经济社会发展。物联网技术从数据要素出发，依托大数据、人工智能等相关技术，充分发掘数据价值，不断推进自我学习和进化，与司法机关提升审判执行质效、维护人民群众合法权益需求高度契合。数字法院建设不仅要重视物联网等数字技术对司法的"数字赋能"，也要重视克服其局限与风险，要在"科技向善"的价值引领下，不断完善物联网法律规则体系，全面加强物联网基础能力建设，积极拓展物联网司法应用场景，助推法院工作现代化，实现更高水平的数字正义。

B.25
以信息技术赋能诉源治理调研报告

——黑龙江省佳木斯市法院数字化诉讼服务贯穿解纷全过程

佳木斯市中级人民法院调研课题组*

摘　要：　2023年，佳木斯市中级人民法院贯彻落实习近平总书记关于"把非诉讼纠纷解决机制挺在前面"的重要指示，坚持和发展新时代"枫桥经验"，认真落实全国大法官研讨班会议精神，主动将法院调解工作置于党委政府大治理格局，以能动履职破解诉源治理课题，充分释放科技效能，拓宽信息技术在矛盾化解工作中的重要作用。以建成"新枫佳和"云解纷服务平台为契机，推动在线矛盾纠纷多元化解平台的数字化场景应用，实现信息共享、实时指导、及时解纷，健全"抓前端、治未病"诉调对接新模式，汇聚司法资源和调解资源合力，为人民法院参与社会治理、化解基层矛盾提供坚强的组织保障和技术支持，实现纠纷化解"一端通办"，满足人民群众多元化的诉讼需求。

关键词：　信息化　诉源治理　多元解纷

一　"信息化"赋能诉源治理工作的重要性与必要性

新时代背景下，以信息化、数字化深入推进人民法院诉源治理工作、推

---

* 课题组负责人：李岫岩，佳木斯市中级人民法院党组书记、院长。课题组成员：吴海鹏、马群。执笔人：吴海鹏，桦川县人民法院党组书记、院长；马群，佳木斯市中级人民法院政治部综合科四级主任科员。

进诉源智治建设，对于预防化解社会矛盾纠纷、维护社会稳定具有极为重要的意义。

（一）有效融入基层社会治理体系

黑龙江省佳木斯市地处祖国的东北边境，面临城市与农村交错、市民与村民混居、原住民与外来户同住的复杂情况，存在诸多社会治理难点。在多元解纷实践工作中，经常遇到双方当事人不到场调解的情形，导致纠纷只能转入诉讼程序，不仅浪费了司法资源，更严重影响多元解纷工作效率。以信息化技术为支撑建设线上多元解纷平台，把传统的矛盾纠纷化解工作从"线下"转到"线上"，能高效拓展诉源治理宽度，延伸司法服务触角，调动各部门职能，让矛盾纠纷排查处置的责任分散到每一层级的每一单位，汇聚矛盾纠纷化解合力，有效解决以往各自为政的问题，形成"纵向到底、横向到边"的基层预防化解纠纷智能化、数字化覆盖，推动矛盾就地发现、就地调处、就地化解。

（二）满足群众多元化司法需求

在经济社会飞速发展、各类主体经济活动日益频繁的时代背景下，社会矛盾纠纷增多且呈复杂化、多样化趋势。面对案件数量剧增、类型多元、处理难度大、涉诉群众对办案质量和效率期待越来越高等难点问题，以非诉讼纠纷解决方式从源头上预防化解矛盾势在必行。以往传统矛盾纠纷调处方式不仅受时间空间限制难以及时有效化解，还因信息流转缓慢，群众无法掌握案件办理进程，出现反复办理等问题。人民法院运用信息化手段建设诉源治理线上平台，整合解纷资源，延伸服务职能，通过信息平台介入，畅通群众与法院的联系渠道，让群众对矛盾纠纷调处过程清晰可见，从源头上减少纠纷发生，足不出户便可享受便捷的"指尖诉讼"，尽可能做到一次性、一揽子实质性化解矛盾纠纷，避免就案办案、程序空转，以最小的诉讼成本、最少的司法资源，实现最大解纷效果，提升人民群众幸福感、安全感和满意度。

（三）减少法院诉讼案件增量

经办案系统查询统计，2019~2022 年，佳木斯市地区两级法院受理案件总体呈现递增态势，2023 年通过推行非诉讼方式解决纠纷，诉讼案件数量迎来下降拐点。2019 年受理案件 28391 件，同比增长 18.5%；2020 年因疫情原因，受理案件数下降至 22307 件，同比减少 21.4%；2021 年受理案件 33675 件，同比增长 51.0%；2022 年受理案件 60325 件，同比增长 79.1%。截至 2023 年 12 月，佳木斯市地区两级法院新收一审民事案件为 29244 件，同比降低 48.48%[①]（见图 1）。通过构建"法院+"多元纠纷解决体系，运用数字化解纷平台的提前介入，大幅减少纠纷升级，让大部分矛盾止于"诉前"，有效控制诉讼案件的总体增量，使法官更专注于复杂疑难案件的审理，有效破解案多人少困局，是法院在多元化纠纷解决机制改革背景下防范并化解矛盾纠纷的一项重要举措。

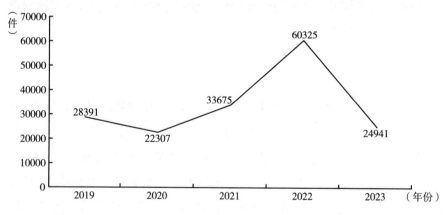

图 1　2019 年至 2023 年 10 月佳木斯市地区两级法院新收案件数量

二　"信息化"赋能诉源治理工作的实践与探索

佳木斯市地区两级法院不断强化大数据战略思维，推动云计算、大数

---

① 数据来源：根据办案系统查询统计获得。

据、人工智能等信息化创新成果与司法工作深度融合，推进诉源智治建设，着力实现纠纷化解"一端通办"。

（一）建设黑龙江省首个"云法庭"，融入基层社会治理

基层是社会治理的重心与核心，需开辟多元解纷新路径，打造共建共治共享的社会治理新局面。2023年，佳木斯市地区两级法院按照"党委统筹协调、法院主推、司法行政部门协同配合、社会组织广泛参与"的原则，建立科技赋能"四个到位"保障机制，以"不增编、不建房、全覆盖"要求，成立市区、镇街、村社三级联动的"云法庭"，将诉源治理嵌套进网格综合治理系统。依托现有信息化资源及配套设备，以"一根网线、一块屏"为标准配置，融合"老法官工作室""诉前调解室""法律咨询室""心理疏导室"等工作室职能，引导群众通过"云法庭"就近获得法律咨询、调解指导、司法确认、网上立案等诉讼服务，有效解决了人民法庭总体数量较少、服务半径过大的问题，实现优质司法服务共建共享。经调研课题组统计，截至2023年12月，佳木斯市地区共建成160家"云法庭"，选聘庭务主任320名，与72家基层调解组织完成对接，接受法律咨询4410次，化解矛盾纠纷4470件，涉案标的额达2700余万元①。与此同时，佳木斯市地区两级法院充分发挥"云法庭"集成功能，破解"纠纷化解"单打独斗的困境，与机关、工会、妇联、保险、行业协会、调解委员会等组织机构共建"云法庭"，打破部门、区域和层级信息壁垒，达到了良好效果，使人民群众解纷途径和解纷方式更加便捷化、精准化。例如，首创"警法诉讼服务平台"融合管理服务方式，实现警务与法院治理的双向融合；在保险、工商联、行业协会等多家单位有效利用"云法庭"推进矛盾化解和法治营商环境建设；为辖区中小学配齐法治副校长，并运用"云法庭"定期开展法治教育，及时处理校园欺凌、校园伤害等案件，形成法院、学校、家长、学生共同参与的法治保护网；与妇

① 数据来源：根据调研课题组调查统计获得。

联建立"妇女维权云法庭",把握妇女儿童最关注、最直接、最实际的维权需求。

(二)研发"新枫佳和"解纷平台,共享数字正义

佳木斯市地区两级法院深入分析诉源治理工作缺少"线上工具"的实际情况,积极探索诉源治理新路径,利用移动互联网、人工智能、司法大数据等技术手段,自主研发了"新枫佳和"云解纷服务平台手机 App 及 PC 版客户端,具备以下几大特点。

一是平台功能高度集成。该平台集线上诉前调解、网上立案、云间庭审、普法宣传、基层治理等 20 项功能于一体,为当事人提供在线咨询、调解、立案等服务,并嵌入人民调解、网上保全、在线委托鉴定、庭审直播、审判执行信息查询等线上诉讼平台资源,让群众解决纠纷"速度快、成本低、选择多"。

二是软件上手门槛低。该平台高度重视群众使用体验,UI 操作界面设计简洁干净、图标直观清晰、标签按钮易于理解,即使初次下载使用也能直观快速地操作各个功能模块,降低群众使用门槛。

三是远程调解方便快捷。有矛盾纠纷调解需求的群众,下载安装"新枫佳和"云解纷服务平台 App,选择"云调解"功能输入 8 位数调解码即可与法官、人民调解员、纠纷方视频连线进行远程调解,还能在线上完成司法审查、出具司法确认裁定并完成线上送达,实现端到端的多平台互通,提升调解效率。

四是视频连线流畅稳定。为攻克远程视频调解一旦涉及多人互动便延迟高、清晰度低、声音质量差等影响正常沟通交谈难点技术问题,开发团队根据视频编码和网络传输特性,重新设计选择了 1080P 超清视频 CDN+RTMP 架构和技术方案,最大程度保障在线视频调解的稳定性与流畅性。可以根据使用者的网络状况自动切换最佳画质,将视频延迟控制在 1~3 秒范围内,支持最多 10 人同时在线,整个过程实时录音录像,且可随时查看回放,确保调解工作的公正性和严肃性。

五是诉讼风险提前评估。该平台利用大数据及人工智能手段分析文本文书，通过系统自动分析结合人工审核模式评判纠纷诉讼风险，进行在线法律咨询及风险评估，并提供同案类案检索，帮助使用者大致了解相似案件处理结果，合理调整诉讼请求或补充相关证据。

六是辅助功能齐全易用。该平台囊括常用的诉讼文书样式、诉讼费计算器、法律法规查询等辅助性模块，线上无法达成调解的群众能直接点击网上立案按钮，进入法院立案程序，后续可进行云间线上庭审，还能通过该平台"司法公开"模块随时随地掌握案件办理进展情况，有效形成了化解矛盾纠纷整体合力和完整工作闭环。

七是拓展普法宣传方式。该平台嵌入了中国法院网、全民普法网及佳木斯市地区 11 家法院的官方网站，在方便群众使用诉讼服务的同时，多角度展示法院工作、宣传法律知识，让使用者在移动端就能随时随地掌握所处区县法院的最新动态、了解法律法规，感受数字化司法服务的触手可及。经该平台后台统计，截至 2023 年 12 月，佳木斯市地区两级法院通过"新枫佳和"服务平台已成功化解各类纠纷 4390 件①，依托此平台开展诉调对接工作，彻底改变了过去诉前调解工作边缘化、碎片化的问题。

（三）推进诉讼服务中心信息化建设，构建多元服务体系

佳木斯市地区两级法院积极推动智慧诉讼服务建设，不断拓展"互联网+"诉讼服务，畅通"线上+线下"一体化立案渠道。

一是大力推广线上诉讼。全面推行网上立案、网上缴费、电子送达、网上调解、电子卷宗随案生成等交互式、立体化诉讼服务，在诉讼服务大厅配备诉讼服务文书辅助系统，为当事人提供便捷、直观的业务服务，尽可能引导当事人运用网络平台实现诉讼服务网上办理。经办案系统后台统计，截至 2023 年 12 月，佳木斯市地区两级法院网上立案 23572 件，网上缴费、退费

---

① 数据来源：根据"新枫佳和"服务平台后台数据统计获得。

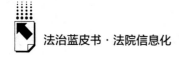

19688 件，电子送达 27780 件，网上开庭 2470 场、12368 诉讼热线整体服务满意度高达 96.47%①。

二是联合多方调解力量。佳木斯市地区 4 家城区法院与当地司法局联合设立了非诉讼纠纷解决中心，委派专职人民调解员进驻法院参与调解工作，并吸纳知识产权局、金融监管总局、人民银行等工作人员为特邀调解员，通过更为专业的人员匹配及专业知识解析，促使达成诉前调解，解决群众纠纷。截至 2023 年 12 月，物业、婚姻家庭及相邻权等纠纷诉前调解成功率已超过 96.47%。

三是发挥特色调解室作用。通过成立"知识产权调解工作室"，进一步加强对一审知识产权纠纷调解力度，切实保护知识产权创新成果。经办案系统后台统计，截至 2023 年 12 月，"知识产权调解工作室"共审理知识产权类案件 133 件，民事 124 件，刑事 9 件，其中调解 11 件，按撤诉处理 40 件，撤诉 36 件，民事调撤率达到 70.2%②。

（四）法官线上线下包联指导，点对点精准服务

2023 年，佳木斯市地区两级法院全面摸排辖区行政村屯、社区情况，主动对接基层治理组织，从"坐堂办案"到"下沉服务"，使法官成为基层群众家里的"熟客"。法官通过线上主动加入村民（居民）微信群、乡镇（街道）工作微信群，全面融入社区、村屯网格体系，第一时间了解群众生活，第一时间掌握社情民意，第一时间发现矛盾，第一时间宣传普法，第一时间化解纠纷，点对点收集和解答人民群众的法律问题，宣传普及"新枫佳和"云解纷服务平台，提升 App 安装率，积极引导鼓励群众遇到矛盾纠纷优先选择调解、和解方式化解。线下深入村委会、社区、综治中心等群众常去、纠纷常发地点张贴平台下载二维码，落实人民法院调解平台"进乡村、进社区、进网格"要求，最大限度发挥人民法院调解平台功能和优势。

① 数据来源：根据办案系统查询统计获得。
② 数据来源：根据办案系统查询统计获得。

经调研课题组统计，截至 2023 年 12 月，佳木斯市地区已有 189 个社区、984 个村实现"一村一法官""一社区一法官"覆盖，"新枫佳和"云解纷服务平台 App 安装数量达 6.2 万次①。

（五）推进"立审执访"全覆盖，纠纷化解形成闭环

佳木斯市地区两级法院坚持"案结事了政通人和理念"，以"如我在诉"意识推进个案办理与诉源治理并重，全面贯通立案、审判、执行、信访各环节、全领域。

一是把好"诉源"治理关口。在诉讼服务中心设置导调员，登记立案前先行告知纠纷进入诉讼可能涉及的时间、经济、证据风险，引导当事人诉前调解。对当事人同意诉前调解的，第一时间通过人民调解平台、"新枫佳和"云解纷服务平台线上委派调解员，积极疏导案源，形成分层过滤、线上线下、衔接配套的层递式多元纠纷解决体系。截至 2023 年 12 月，佳木斯市地区两级法院诉前调解成功分流率达到 53.6%。

二是筑牢"案源"治理防线。对适宜调解的纠纷，积极委托调解员尽可能进行线上调解，对调解不成的案件进行全面审查，从简从快办理，促进纠纷高效化解。对金融、物业、消费等行业领域易发纠纷，积极会同相关单位会商研讨，研究源头治理举措，推动重点行业矛盾的纠纷预防化解工作，注重一审程序实质性化解矛盾，尽量避免发生后续诉讼程序，防止"一案结而多案生"。经办案系统查询统计，截至 2023 年 12 月，佳木斯市地区两级法院诉中调解案件达 4154 件，同比上升 34.43%②。

三是化解"执源"治理难题。建立执行立案前端化解机制，推行"互联网+查控"措施，加强与社会征信体系对接，通过网络查控系统，做好被执行人财产前端查控，与银行实时电子数据交换，促使被执行人积极主动履行义务，充分运用执行财产保全等执行措施，及时兑现申请执行人合法权

---

① 根据调研课题组调查统计及"新枫佳和"服务平台后台数据统计获得。

② 数据来源：根据办案系统查询统计获得。

益，从源头降低进入执行程序的案件数量。经办案系统查询统计，截至 2023 年 12 月，佳木斯市地区两级法院共发起各类网络不动产查询 9280 次，获取财产信息 2.2 万条，网络司法拍卖 1896 件，成交额 6135.65 万元，成交率达 61.67%，通过执行和解执行到位标的额 9965.66 万元①。

四是构建"访源"治理体系。将涉诉信访纳入矛盾纠纷源头治理，全面落实"有信必复"要求，在佳木斯市地区两级法院官网、微信公众号平台、"新枫佳和"App 等线上渠道均设置了"一键信访"功能按钮，对提交的信访信息实施台账化管理、跟踪督办，压实审判执行信访条线办信责任。全力推进信访终结工作，尝试建立"第三方"参与涉法涉诉信访工作新机制，发挥社会组织、"两代表一委员"、群团组织、社会工作者等主体作用，引导群众依法理性反映诉求、维护自身权益。

三 "信息化"赋能诉源治理工作面临的问题及困难

多元化解平台的数字化场景应用，作为人民法院新型解纷方式，顺应时代潮流、适应社会发展、满足人民群众的司法需求，是数字化时代对"枫桥经验"的传承与创新，但实际推进工作过程中仍然存在一定困难和问题，主要表现在以下几个方面。

（一）对信息化诉源治理工作重视程度较低

当前我国各类社会矛盾错综叠加，纠纷处于高发态势，诉源治理现代化面临主体权责不明、指标单一片面、方式亟待创新等多重结构性挑战。从法院系统内部来看，一些地区虽已搭建了诉源治理平台，但个别法院的多元化纠纷化解工作观念滞后，还未能深刻理解信息化、数字化对推进诉源治理工作的重要意义，对在线调解平台建设的重视程度不够、机制保障不健全、缺乏科学统筹，以"互联网+"、大数据、人工智能等新兴技术为支撑的技术

① 数据来源：根据办案系统查询统计获得。

适用尚未成为主流，这不同程度地制约着在线矛盾纠纷多元化解数字化场景应用的发展。从社会治理大局来看，由法院主导的纠纷多元化解模式无法从根本上扭转纠纷大量形成诉讼案件的严峻态势，这需要各部门、各组织齐心协力共同完成。部分单位因循守旧思想严重，普遍认为诉源治理有一个"诉"字，说明这项工作只是法院的事情，没有与当地法院建立数据互通协同机制，往往以信息涉密等理由拒绝提供，法院矛盾化解平台数据来源匮乏、共享渠道不畅，矛盾纠纷治理主体之间协同性不强，难以形成整体合力，造成诉源治理信息化建设成为"无源之水"。例如，在佳木斯地区推进"云法庭""新枫佳和云解纷服务平台"建设过程中发现，个别基层组织缺乏对诉源治理的基本了解，认为法院自建的平台就应该自己想办法推广完善，不愿提供硬件、数据、技术支持，不重视矛盾纠纷化解工作，有些职能单位更多是形式上的入驻，对诉前调解或人民调解的认知度及认可度较低，联动解纷功能很难真正实现，导致一些"云法庭"没有实质化运行，缺少配套人员、基础保障，推进工作频频受阻。这种情况已经成为佳木斯地区推动诉源智治建设进程、推动矛盾纠纷化解现代化发展的主要瓶颈之一，与当前新形势下诉源治理工作任务需求极不相符。

（二）专项资金和专业人员储备严重不足

任何信息化、数字化平台建设都离不开资金和技术的支持，当前全国各地法院都存在办案任务繁重、经费紧张、专业人员稀缺的现实情况，更愿意把有限的精力、财力、人力放在审执业务上。在发展相对落后的佳木斯地区此类情形更为明显，受当地经济水平、工作重心及领导决策影响，诉源治理信息化建设存在资金短缺、应用开发周期长、维护成本费用高等实际问题。个别基层法院对创新数字化应用内涵、意义认识不足，缺乏长远眼光和合理规划，自主创新主动性不强，调研往往不够深入，忽略了信息化平台建设中统一性、整体性的基本特点，简单追求新颖别致、与众不同，缺乏与党委政府及上级法院协调沟通和系统联动，偶有自建平台仓促上新后又反复整改情况发生，造成资金及资源浪费。信息化平台的开发科技含量很高，而佳木斯地区两级法院内部高层次技术人才极为稀缺，专业人员数量少，整体水平低，尖端的人工智能、大数据技术储备不到位，很难跟上时代发展步伐。"新枫佳和"云解纷服务平台系统的开发主要还是借助外部力量，过分依赖运维公司，内部人员只能负责较低层次的软件维护和操作培训，缺乏独立开发相应诉源治理系统软件的能力。在每年人员招录中，信息化相关岗位设置少之又少，薪资待遇普遍偏低，中高级信息人才短缺、引进困难，甚至有的技术人员刚刚入职就被调转至审执业务一线，造成各信息化技术骨干严重流失，远远不能满足当前诉源治理数字化系统建设需要。

（三）线上解纷平台功能存在缺陷

目前，很多地区涉纠纷群众已经可以通过各类在线纠纷解决服务平台化解矛盾纠纷，但功能效果参差不齐。以"新枫佳和"云解纷服务平台为例，一是与内部系统未能互通。在多数情况下，该调解平台更多还在扮演"摄像头"角色，经常有在线上调解后又转而到线下补录相关文书材料的情况发生，个别核心功能还依赖线下电脑端办公办案程序操作录入，与法院内网系统的对接互联没有真正形成，现有的人民法院调解平台利用率不高，很大程度上影响了在线调解工作效率。二是面临"数据孤岛"问题。矛盾纠纷化解途径涉及十几个部门近百家解纷机构，申请条件和范围不一，各家解纷平台的搭建方式、底层代码、核心算法都有所不同。"新枫佳和"云解纷服务平台目前只对接了当地公安、司法、税务部门的部分数据，与其他各部门、各解纷机构平台数据未能形成统一，当事人发生纠纷后不但上传提交不方便，而且容易出现"多方上传"的情形，造成行政和社会资源浪费，数据壁垒问题依然未能有效解决。三是功能效果较为单一。无论是各地法院对在线解纷的积极探索，还是从其他领域在线解纷实践看，当前各种方式、各类平台更侧重于纠纷化解，而在利用数字化手段进行纠纷预防方面还远远不够，或者说还没有真正形成有效体系，缺乏基于技术支撑的纠纷预判能力以及对纠纷成因的溯源分析和演化规律研判能力。要真正从源头化解矛盾纠纷，就必须对多个部门数据进行融合，建设纠纷数字化预防体系，从而实现法院司法数据与其他部门数据共用共享，真正打造矛盾纠纷预防、排查、化解一体的在线受办平台，从源头减少纠纷发生，让数字赋能诉源治理发挥最大效能。

（四）群众参与度不高

随着人民群众法治意识普遍提高，发生社会矛盾纠纷诉讼到法院已形成共识。人民法院要开展纠纷化解，当事人到场调解或配合线上连线是基础保障，但群众对于诉源治理各类线上平台知之甚少，即使了解"家门口"解纷的便捷性，积极性依然不高。从主观来看，虽然相比传统常规办案流程而言，在线司法技术平台优化了司法资源配置，集成了诸多功能，但与群众的法律乃至司法传统观念不符。部分当事人认为调解与判决效果一样，调解不成还需要再走一遍诉讼程序，对非诉讼纠纷化解方式不够了解，对于人民调解、诉前调解的认可度低，对在线调解存在抗拒心理，不接受远程调解，过度倚重诉讼途径，一些不大的矛盾纠纷上升为诉讼案件。从客观上看，佳木斯地区近郊村、城乡接合部较多，农村地区部分群众还在使用老年机、有的村组信号较差、部分当事人不会操作远程连线系统。此外，还有手机老旧卡顿、无法调用必要功能权限、麦克风及摄像头不正常等硬件问题，导致无法开展连线的情况，以上因素均直接影响了线上多元解纷平台的推广应用。

四　优化"信息化"赋能诉源治理工作的意见建议

诉源治理是贯彻落实党中央推进社会治理现代化决策部署的具体行动，是服务保障高质量发展的有力举措，其根本价值追求是通过源头预防，以最低社会成本化解矛盾纠纷，抓好诉源治理工作绝非一日之功，需要持续推进，确保取得扎实成效。

（一）构建诉源治理大格局，找准法院职能定位

各地法院应紧紧抓住党委领导这一核心关键，积极向当地党委、政法委及上级法院汇报诉源治理工作进展，积极参与建设以"党委领导、综治协

调、司法引领、部门共治、社会协同"为核心的矛盾纠纷多元化解工作，汇聚各方力量和数据资源，形成参与数字化诉源治理的多方合力。一是联合多个部门、组织共同出台相关制度激励机制。调动各方社会主体积极参与在线多元解纷平台建设，最大限度实现法院资源与政府机关、行业和社会组织等外部资源的合理配置、资源共享和良性互动，打通诉源、案源、执源、访源、警源等各方数据壁垒，推广使用现有解纷资源或统筹共建"一个平台"。二是更新思想观念。采用座谈会、培训班等多种途径，邀请诉源治理信息化方面的专家、学者，有针对性地到各地区开展专题讲座，提高各级领导干部对诉源治理信息化建设的认识水平，使广大党员干部充分认识数字化改革给诉源治理带来的机遇和挑战，增强各部门、单位自觉运用诉前调解机制化解矛盾纠纷的思想意识，带头推动线上解纷平台在各行业各领域的推广应用。三是调动法官、人民调解员运用各类信息化平台化解矛盾纠纷的主动性。推行"法官+调解员"一对一结对指导机制，提升网格员、人民调解员法律素养及运用信息化平台化解矛盾纠纷的能力，与村、社区干部建立"常态化联络、月联合排查、季深入走访"制度，主动排查矛盾风险隐患，提高纠纷化解实效。四是大力推动"四所一庭"建设，发挥联动效能。依靠各地现有的乡镇（街道）综治中心工作平台，利用"移动微法院""共享法庭""人民法院调解平台"等线上系统的集成优势，积极与派出所、司法所、律师事务所、法律服务所做好衔接工作，分析研判社会风险点，完善矛盾纠纷的预防及处置工作，将大部分矛盾纠纷在前端完成分流和过滤，仅让较少的疑难复杂案件通过诉讼形式化解。

（二）夯实"数智化"建设基础，争取资金人员储备

诉源治理并非法院一家的"独角戏"，打造集约化、高效化、数字化的诉源治理平台，大量资金和技术人员支持必不可少。在资金保障方面，建议各地法院充分向地方党委及上级法院展示运用各类线上解纷服务平台化解矛盾纠纷的成果成效，积极争取财政部门、上级法院资金政策支持，将其列入年度财政预算，推动大数据、人工智能、云计算等科技创新成果同司法工作

的深度融合。在人员储备方面，要坚持培养与引进相结合。内部要配齐配强专业技术人员，持续加强教育培训工作，提升现有人员理论知识与实际应用相结合的能力，并积极到先进地区、先进法院学习工作经验，培养一支既懂司法业务又懂尖端技术的专业化人才队伍。外部要强化人才引进工作，与当地组织部门、人才办、人社部门定期沟通、协商研判、密切配合，在机构编制资源、人员招录、岗位待遇、长效保障机制等方面予以政策倾斜，开通技术性人才编制保障"绿色通道"，吸引更多"双一流"大学信息类优秀毕业生到法院就业，形成尊重知识、尊重人才的良好氛围，解决人才留不住、进不来等现实问题。

（三）强化数字技术驱动，完善"互联网+诉源治理"模式

各地法院应破除数据壁垒，强化数字技术驱动，推进矛盾纠纷分层过滤、预警防范，运用数字化技术提升基层社会治理现代化水平。一是整合各方解纷资源集聚线上。可以依托各地区法院现有的线上解纷服务平台，运用信息化技术手段破除各个部门、行业、社会组织、基层治理单位的数据壁垒，汇集公安、民政、司法等部门现有的数字化调解资源，推动法院司法大数据与社会治安综合治理中心、矛盾调解中心、公共法律服务中心、非公维权中心等数字平台的融合联动，逐步扩大诉源数据共享的内容与范围，实现纠纷预防、受理、分流、化解的数据信息全覆盖。二是强化在线解纷服务平台应用。提升"人民法院调解平台"及各地法院自建平台使用频率，实行全流程线上办理，持续推动平台优化升级，逐步实现数据解纷前在线智能评估、解纷后大数据分析预防，实时抓取、实时预警，并对纠纷解决的相关数据进行收集和多层次比对分析，通过类案推送方式提高纠纷化解的可预见性，增强调解的说服力，促进解纷标准统一。三是深度应用法院信息化现有系统。利用好办公办案平台、执行指挥中心、信访信息智慧管理等现有信息化平台，全面推进一站通办、一网通办、一号通办、一次通办工作，加强集成式诉讼服务建设，坚持立体化、全方位服务导向，引导群众诉前调解，不断增强诉讼服务中心现代化水平。四是持

续加强诉讼案件管理。推动诉讼关联案件并案执行，减少衍生案件，防止"一案结而多案生"，推动信访事项由严防向化解转变，努力探索诉讼、执行、信访阶段矛盾化解纠纷新路径。五是攻克技术难点问题。在保证网络安全的基础上，利用"内网+光闸+外网"技术将自建的互联网平台数据与法院内部办公办案系统、外部单位数据对接，利用大数据、人工智能、云计算等科技手段对矛盾纠纷实现要素提取、成因分析、同源研判、疏导排解，打造多模式下跨网调解的融合性平台系统，为群众提供便捷的"指尖上"预防化解纠纷新路径。

（四）提高群众知晓率，营造多元化纠纷化解氛围

针对人民群众选择诉前调解意愿不强，存在"诉讼中心主义"倾向等问题，人民法院应不断扩大媒体宣传，增强群众信任感。一是加强线上案例宣传发布。可以通过各地法院官方网站、微信公众号、抖音、新浪微博等新媒体平台宣传发布司法实践中的纠纷多元化解典型案例，编排自创普法快板、短视频、微动漫等人民群众喜闻乐见的法治文化宣传节目，发挥司法裁判引领作用，将诉前调解的优势和效果更为直观地展示给广大群众，增强群众对非诉讼调解的信心，促进提升参与调解的接受度。二是做实线下传统工作。各地法院可以通过在诉讼服务中心安装电子显示器或展览板，以及摆放诉前调解宣传资料等方式，全方位向群众展现诉前调解信息化平台的高效迅速和实用性。法院工作人员也应积极主动了解当事人不接受诉前调解的原因，并适时向他们阐述诉前调解的成本效益。三是注重释法说理。在实际调处矛盾纠纷过程中，法官、调解员要注重以事说法，注重传统调解方式与新型解纷平台的融合应用，通过法理和情理双层渗透，引导群众积极参与非诉纠纷化解，尽可能扩大数字解纷应用场景和人群接入范围，消除群众对线上诉前调解难认同的现象，将诉前调解过程作为向群众进行法制宣传的过程，让诉前调解平台循序渐进成为纠纷当事人的第一选择。人民法院要紧贴民生需求，总结多元解纷平台运行经验，积极主动向群众展示类似成功案例，通过积极宣传推广在线多元解纷平台经验，切实营造"和谐共赢""便捷高

效"的多元解纷文化氛围，提升社会公众对诉前调解工作的认同感、参与度，用最低的社会成本化解矛盾纠纷。

五 结语

当前，人民法院多元化纠纷解决机制与信息化诉源治理平台建设仍处于探索阶段，虽取得了一定成绩，但与经济社会快速发展、人民群众多层次多样化的纠纷化解需求还存在较大差距。诉源治理是一项长期工程，打造多元纠纷解决机制与"数智化"诉源治理的法院样本任重而道远。今后各地法院要从制度创新、资源整合、平台搭建、资金保障等多方面入手，进一步激发社会各界建设社会治理共同体的内生动力，以"数字革命"驱动多元解纷工作理念现代化转型升级，共同推进诉源治理信息化平台优化完善，让更多人民群众把非诉讼方式作为纠纷化解的首选，使矛盾解决"一次也不用跑"成为现实，为社会治理体系和治理能力现代化发展贡献更多人民法院的智慧和力量。

数据及网络安全治理

扫码观看报告解读

B.26
网络安全态势感知与威胁防控平台的
探索与建设

陕西省宝鸡市中级人民法院课题组*

摘　要：　随着人民法院信息化建设进入4.0时代，数据在内外网和各信息系统之间传输愈加频繁，为充分保障网络和数据安全，陕西省宝鸡市中级人民法院积极探索、主动创新，全力推动网络安全由被动防御到主动防护、由局部建设到整体融合的转变，建成了网络安全态势感知与威胁防控平台。该平台利用大数据技术，借助分布式计算和搜索引擎，分析获取实时网络流量和设备日志，快速精准定位已被病毒感染的终端和面临网络威胁的设备，可视化呈现网络安全风险，协助网络安全人员及时优化网络安全策略，实施积极主动的安全防护措施。宝鸡两级法院依托该平台的事前监管、事中监测、事后响应机制，全面构建了主动安全防控体系，实现了网络安全的全链条闭环管理。

＊　课题组负责人：尤青，陕西省宝鸡市中级人民法院党组书记、院长。课题组成员：任笑生、李龙。执笔人：任笑生，陕西省宝鸡市中级人民法院司法行政装备管理处副处长；李龙，陕西省宝鸡市中级人民法院司法行政装备管理处四级主任科员。

关键词: 网络安全 态势感知 安全防护 数字法院

随着网络技术的不断更新,各种攻击工具越来越智能化、平民化,攻击能力更强,攻击方式更加复杂多变,且更易于被攻击者掌握。法院作为国家审判机关,专网内部存有大量的敏感数据,一旦网络被攻陷造成数据被窃取、丢失和篡改,将会造成非常严重的后果,因此,法院网络安全建设是人民法院信息化建设的基石。

近年来,陕西省宝鸡市中级人民法院(以下简称"宝鸡中院")始终以总体国家安全观为引领,统筹发展和安全,严格落实网络安全保护责任,强化网络安全数据保障能力,建成了以网络安全态势感知与威胁防控平台为中心,边界安全防护、终端安全防护、服务器安全防护为一体的三重防护,涵盖资产管理、数据采集、扫描监测、高危预警、指挥调度、态势感知、威胁处置、分析回溯等功能的人民法院网络安全态势感知与威胁防控体系,实现了宝鸡两级法院网络安全的整体防护和统一监管。

通过网络安全态势感知与威胁防控体系建设,可全面监测宝鸡两级法院专网和互联网的实时网络状态,极大节约了网络安全建设成本,提升了网络安全运维质效,减少了网络安全资源投入,增强了法院网络的安全性、稳定性和可控性,全面提高了宝鸡两级法院网络安全保障能力和网络风险化解水平。

一 现实需求

随着法院信息化建设的不断推进,法院专网与互联网进行数据交互的业务需求不断增加,数据交互量逐年增长,面临的安全形势也越发严峻。目前,传统的法院网络安全防护体系面临威胁定位能力不足、持续监控能力缺失等多方面的问题。

1. 高级威胁智能检测需求

传统安全防御体系的设备和产品主要依靠攻击特征库的模式匹配完成对

攻击行为的检测，而现在的多数威胁攻击则是采用未知漏洞、0day、未知恶意代码等未知行为进行网络攻击。因此，依靠已知特征、已知行为的传统安全防护设备和产品将无法有效检测网络攻击行为。

2. 网络攻击回溯分析需求

传统的安全事件分析思路是遍历各个安全设备的告警日志，尝试找出其中的关联关系。但这种方式通常无法对网络攻击的各个阶段进行有效检测，对告警日志的分析效率低下。若进行全网数据采集，存在两方面的弊端：一方面，存储空间占用率高，每天产生的数据会占用过多的存储空间，法院中心机房没有足够的资源来支撑长时间的存储；另一方面，采集内容包含许多非结构化数据，涵盖了视频、图片、文本等多种格式，不能直接进行格式化检索，难以从海量数据中找到有价值的信息。

3. 安全威胁快速识别需求

鉴于司法公开与司法在线服务的需要，多数法院开通了法院专网与互联网的数据交换通道，经常会面临来自互联网的攻击威胁，虽然法院安全运维人员已经在网络各个位置部署了大量的传统安全设备，但仍然会有隐藏于数据中的网络威胁绕过传统防护到达法院专网内部，产生重要数据资产泄露、损坏或篡改等风险。由于无法及时发现潜藏在数据中的安全威胁，难以从源头消除法院专网中存在的安全隐患。

4. 网络边界纵深防御需求

按照网络互联共享的特性，法院专网实现了上下级法院的互联互通，但在与互联网进行数据隔离交换的同时也为网络攻击、漏洞入侵、恶意程序的传播等提供了天然的通道。前端互联网接入区域业务结构复杂，虽然已在暴露的网络接入点部署了大量的传统防护设备，但没有不透风的墙，容易被不法人员利用侵入，这些可信程度相对较低的区域会对核心应用服务、骨干链路设备节点和安全管理控制系统造成巨大威胁。一旦非授权用户非法接入法院专网，就可以进行探测和攻击，直接影响法院专网内线业务的正常运行。目前法院传统的网络安全防护设备还不具备跨网探测防护处置的能力。

5. 终端安全处置管控需求

随着人民法院信息化建设的不断推进，法院信息系统已经高度自动化、智能化，能够高速、高效地为用户提供更好的服务。而法院干警通过终端在信息系统中生产大量数据，但这些终端的管理和安全防护技术手段却相对落后，在当前快速复杂多变的信息安全形势下，无论是外部黑客入侵，还是多数情况下内部用户无意识造成的问题，安全防护手段都正在变得越来越捉襟见肘，终端防护压力越来越大，统一安全运维处置能力和有效的合规管控能力是目前终端安全管理面临的最大问题。

6. 服务器安全精准防控需求

在目前的网络安全大环境下，病毒的攻击技术越发精准，攻击手段越发隐蔽，传统防控手段和防病毒安全系统已无法完全保障法院服务器的安全，难以避免病毒对数据、应用、网络等资产造成威胁，服务器操作系统的原有安全防控体系不完善，无法对网络攻击进行精准防控，这些都是服务器安全防控的痛点。

二 建设目标

宝鸡中院建设的网络安全态势感知与威胁防控平台以实现体系化网络安全防护和保障业务系统安全为核心，旨在满足人民法院服务司法管理、服务审判执行、服务人民群众的需要，是适应新技术新模式的安全发展趋势、保障和助力审判工作现代化的重要组成部分。通过高级威胁检测和深度分析，对高级威胁恶意行为的早期快速发现和威胁告警，对受害终端及攻击源头进行精准定位，最终达到对入侵途径及攻击者背景的精准研判与溯源，做到网络安全防患于未然。主要有以下四方面的目标。

1. 高级威胁的精准检测

与传统的安全检测能力相比，网络安全态势感知与威胁防控平台可以快速发现高级网络攻击，准确率高，误报率低，能够及时发现各种未知威胁攻击，对攻击类型、攻击方式进行精准分类。

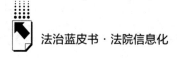

2. 网络攻击的溯源分析

通过还原和存储网络流量的源数据，回溯已经发生的网络攻击行为，分析攻击路径、受感染面和信息泄露状况，对攻击行为进行可视化呈现，详细排查系统存在的安全漏洞，并为修复整改提供技术支撑。

3. 安全事件的快速响应

通过收集和分析分散在大量终端和服务器上的威胁情报和日志上下文，建立分级告警机制，限定响应时间，在第一时间发现风险威胁，及时分析、研判和处置终端和服务器的重大安全事件，降低安全损失。

4. 安全合规的有效实现

借助大数据平台技术，网络安全态势感知与威胁防控平台在增强安全防护能力的同时，设置网络安全设备的运行参数范围，限定设备在合理的阈值内运转，可以有效满足新的等级保护安全防护要求，为等保测评奠定安全技术基础。

三 平台架构与组成

网络安全态势感知与威胁防控平台是基于新一代的网络安全防控理念，以"一个中心、三重防护"为架构（见图1），即以网络安全态势感知能力为中心，将传统的被动防御转变为主动防护，实现对终端、服务器、网络边界的三重防护。平台通过整合集成多个系统的功能模块，形成了集网络流量采集、威胁监测呈现、溯源路径分析、防护联动响应于一体的网络安全防护体系。

（一）"一个中心"建设

网络安全态势感知中心由全流量数据采集系统和威胁分析系统组成，构建了覆盖宝鸡两级法院的高级威胁检测网，提供了全方位的网络安全态势感知能力。

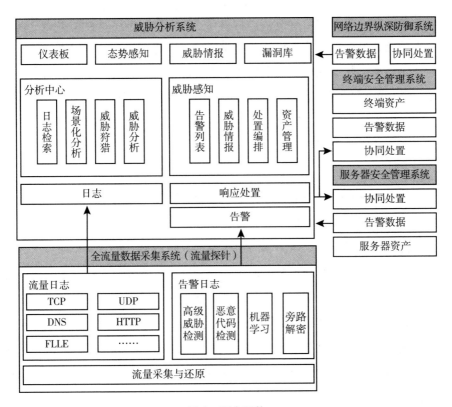

图1 平台架构

1.全流量数据采集系统

全流量数据采集系统是威胁分析系统的重要数据来源,可以发现隐藏较深的网络威胁行为,及时汇集分析法院专网和互联网的告警数据,通过分析研判提高法院专网和互联网的整体协调能力。系统主要有以下四部分功能。一是流量采集与还原。全流量数据采集系统可对网络流量进行采集,解码还原出真实的业务数据,再进一步分析数据内容,提取负载信息,通过加密通道传输至威胁分析系统,可以从多个维度综合评估网络威胁。二是高级威胁检测。全流量数据采集系统具备检测高级威胁和未知威胁的能力,借助威胁情报源、智能检测引擎、机器学习、沙箱等先进技术,检测和发现多种网络协议中的APT攻击、勒索软件、远控木马、僵尸网络、间谍软件、网络蠕虫、钓鱼软件等高级网络攻击。三是恶意代码检测。全流量数据采集系统基于人工智能杀毒引擎，依靠机器学习模型对未知程序进行分析研判，获得软件的恶意概率，从而在可控的误报率下尽可能多地发现恶意程序。四是旁路解密。该功能可以对加密攻击流量进行解密、安全检测、审查、分析和拦截，缩小网络安全盲区，还可通过旁路非代理的方式将解密还原后的 HTTP 流量以可视化图表的形式呈现。

2. 威胁分析系统

威胁分析系统是网络安全态势感知与威胁防控平台的核心，可以将全流量数据采集系统提交的流量日志和告警日志进行存储并快速处理，能对所有数据进行日志关联分析，以图表的形式展示威胁态势分析结果，以攻击链的视角还原告警信息中的受害主机被攻击的全过程。系统主要具有五部分的功能。一是数据存储与检索。威胁分析系统基于大数据平台，可以提供大并发量的计算和查询，将采集的告警数据进行存储、预处理和检索，通过分布式计算和搜索引擎技术对所有数据进行处理，提供充足的存储空间和计算能力。二是多源威胁情报与威胁狩猎。威胁分析系统同步接收云端的威胁情报源数据，依靠失陷检测类情报、IP 信誉情报、文件信誉情报、漏洞情报等数据源，运用自动化的数据处理技术，对 APT 攻击、新型木马、特种免杀木马进行规则化描述，还原攻击者全貌，通过威胁狩猎维度将攻击行为进行重新划分，对告警进行深度关联分析，运用先进的可视化呈现技术，推演出威胁攻击的全过程。三是威胁场景化分析。威胁分析系统将获取的数据按照基础架构安全分析、纵深防御验证分析、积极防御策略分析等模式，以全自动或半自动方式针对特定场景进行建模分析，在无法确定具体威胁阈值的情况下发现高价值的网络安全事件，为多维度发现、判断网络安全问题提供帮助。四是自动化编排响应。威胁分析系统的自动化编排响应包括自动化安全编排功能和风险事件管理功能，可以通过标准的 API/openc2 接口与防火墙、终端安全管理系统、服务器安全管理系统等多种处置设备联动并下发响应指令，完成应急响应工作的联动与处置，实现安全设备间的协同防御。五是威胁态势呈现。威胁分析系统的态势呈现是基于权威度安全要素信息采集和数据集中分析，利用大数据存储和实时运算能力，展示法院专网和互联网的风险态势、脆弱性态势、法院资产安全状态和可能遭受的攻击威胁类型分布等，满足网络安全日常巡检需求。

（二）"三重防护"能力

网络安全态势感知与威胁防控平台通过终端安全管理系统、服务器安全管理系统和网络边界纵深防御系统，构建了针对终端、服务器和网络边界的三重防护能力，为法院业务信息系统打造了一个可信、可靠、可控的网络环境，提升了系统及应用层面的安全水平。

1. 终端安全管理系统

终端安全管理系统作为终端合规管控的一体化解决方案，通过建设恶意代码防范体系、落实终端安全管理技术措施、部署统一终端运维和安全审计功能等方式，彻底解决了终端安全管理"最后一公里"的问题，使终端管理更加合规。系统大大加强了终端的安全运行支撑能力，可以实现防病毒、补丁管理、终端准入、软件统一分发卸载、终端安全策略管理、终端行为审计，确保终端看得见、管得住。系统主要有以下五部分功能。一是系统合规与加固。对计算机操作系统的基线配置、漏洞补丁、软件安装合规性等情况进行检查、修复和优化，加固系统自身，收缩暴露面，达到系统强化的效果。二是威胁防御与检测。强大的防御、检测和响应能力，能够通过多个病毒防护引擎，检测和防护可能感染终端的安全威胁，实现精准防护、高效检测和联动响应。三是终端管控与审计。基于运维管控、终端审计功能构建完善的主机管控与行为审计体系，有效管控法院信息化资产的外部设备、移动存储介质，严格审计系统行为、网络行为、应用进程行为加强终端管控与审计能力。四是终端数据防泄露。以深度内容分析为基础，覆盖法院内所有终端的网络、邮件、外设、应用等数据通道，洞察敏感数据的分布、传输与应用，对数据进行及时识别、监控和保护，通过安全水印技术进行数据泄露的溯源，提升数据安全管控能力。五是协同防御。依托网络和终端的检测与响应，实现深度威胁监测、协调防御实时阻断和一键处置联动功能。当网络流量分析发现存在恶意访问的 URL 或者 IP 时，终端安全管理系统接收威胁分析系统下发的处置策略，自动阻止处置策略定义的操作，快速完成业务流量的处置和拦截。

2. 服务器安全管理系统

服务器安全管理系统为法院专网的服务器提供全方位的安全检测与加固，持续对服务器进行威胁监测，在第一时间精准发现恶意扫描、爆破登录、无文件攻击、文件篡改、文件泄露、病毒横向扩散等安全威胁和入侵事件，梳理服务器可能存在的暴露面，批量为服务器安装补丁，修复系统漏洞，防止各类恶意入侵及破坏性攻击，有效抵御黑客攻击和恶意代码，实现资产发现、漏洞检测、漏洞利用防护的闭环管理，打造服务器的安全防护能力。系统主要有以下三部分功能。一是资产行为管理。通过自动收集服务器上的资产信息，梳理服务进程及其子进程进行的命令执行、文件创建、网络外联等行为，快速定位法院业务信息系统的暴露面，实现端口访问控制和异常 IP 阻断。二是威胁风险检测。检测服务器可能存在的风险和威胁告警，统计并展示服务器的风险异常和可疑威胁趋势，利用风险管理功能进行统一查询、筛选、研判和处置。三是 Web 应用动态防护。Web 中间件防护插件可及时发现恶意代码和漏洞，检测并阻断通过 URL 针对服务器的攻击行为，防御各种传统签名方式无法有效防护的漏洞利用攻击。

3. 网络边界纵深防御系统

网络边界纵深防御系统是在网络安全域划分及边界整合的基础上，根据网络边界的接入场景实时调整网络节点安全策略，实现数据在多重网络间可控流转，达到设备安全隔离保护的效果，有效抵御跨网攻击行为，降低恶意代码扩散的风险。系统主要有以下两部分功能。一是精细化访问控制。系统以 IP、安全域、VLAN、时间、用户、地理区域、服务协议及应用等多种管理方式进行访问控制，配置应用控制、入侵防护、URL 过滤、病毒检测、内容过滤、网络行为管理等高级访问控制功能，对服务协议进行精细粒度的控制，过滤不受信任的网络行为。二是一体化威胁防控。借助人工智能大模型设计的一体化新时代病毒防护引擎，可定位并拦截已知威胁和未知威胁，免疫绝大多数加壳的变种病毒，查杀 HTTP、FTP、SMTP、POP3 和 IMAP 流量中的病毒，实现法院专网和互联网的全网络安全防护保障。

四　平台部署与实施

（一）平台的部署实施

法院的网络具有业务模式复杂、流量跨越多个网络区域、存储大量工作秘密和敏感数据、流量规模大等特点，因此，网络安全态势感知与威胁防控平台将宝鸡两级法院的信息化资产进行集中管控和统一安全管理接入，为确保资源的高效利用，平台采用一级部署模式（见图2）。流量探针旁路连接宝鸡中院专网和互联网的核心交换设备，全面采集宝鸡两级法院的全流量数据。

平台内的组件联动。配置网络安全态势感知与威胁防控平台的通信资源，针对不同系统组件之间的数据信息通信，开放对应的端口，设置相应的传输协议及服务，确保平台的整体联动性。

平台与网络的连接。网络安全态势感知与威胁防控平台以旁路的方式分别获取互联网侧核心交换设备的网络流量和法院专网核心层的网络流量，可全面监测法院专网和互联网的全流量网络运行状态。平台的管理端口通过专网线路对法院内外网接口的 IP、DNS、NTP 和 SNMP 进行配置，管理各组件的规则包版本。

（二）网络安全体系建设

1.网络安全处置值守机制

网络安全态势感知与威胁防控平台实施部署完成后，宝鸡中院安排信息安全工作人员开始对全市两级法院的网络安全进行全程值守。将网络安全态势和系统运行监控情况连接大屏，实时监测全市两级法院的联网终端资产概况、外部访问情况、横向访问情况、法院专网外联访问态势、网络脆弱性、

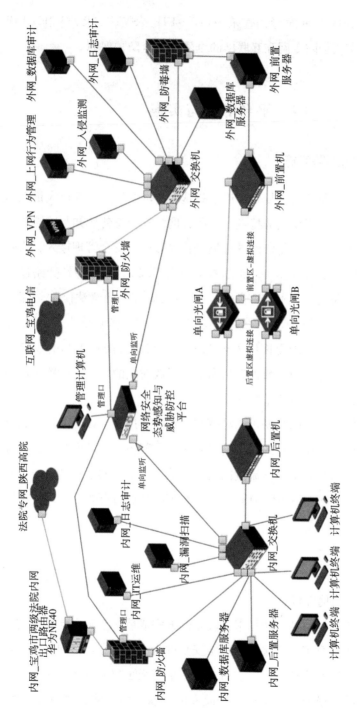

图 2 平台拓扑图

威胁感知态势等网络状态，依据态势感知所报威胁告警事件的处置预案进行网络安全处置，将处理过程和结果重新记录回网络安全态势感知与威胁防控平台，形成值守处置知识库。

2. 信息资产全生命周期安全管控机制

网络安全态势感知与威胁防控平台可对登记在资产探针上的法院内联网的信息化资产（终端、服务器、交换机、打印机等）进行管理，实现设备资产管理与态势感知监测的探针体系联动。新增的硬件设备上线并登记后，可对该设备的网络安全状态、系统漏洞、木马病毒、配置安全等多个维度进行全方位的监管。态势感知与威胁防控平台若发现未登记设备接入网络，会立即发出非法接入网络的告警预警。

3. 网络安全风险处置和追溯机制

根据网络安全态势感知与威胁防控平台中的集中管理和威胁运营模式，制定网络安全风险处置预案和威胁分析追溯方案，针对每一项可能发生的网络安全风险事件，利用溯源功能找到问题设备和使用人，明确事件处置的责任人，事后开展网络风险事件的复盘推演，给予对应的处置方案，及时修复存在的网络隐患，提升法院网络的安全性。

4. 非法操作行为处置机制

网络安全态势感知与威胁防控平台可借助探针发现感染木马病毒的终端、使用人的状况。宝鸡中院定期对全市两级法院的网络安全状况进行通报，将感染病毒木马的设备 IP 地址、使用人、归属法院、病毒类型等下发，责令定期整改，通过约谈问题设备的使用人，增强人员网络安全防护意识，完善网络安全体系建设。

五　建设成效

通过网络安全态势感知与威胁防控平台建设，宝鸡中院初步建成了两级法院网络安全防护体系，通过统一的数据采集、威胁监测、问题处置、回溯分析等方式，将原先分散、单一的网络安全防护手段进行整合，通过平台进

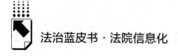
行集中管理，借助大数据、分布式计算等技术，对威胁告警日志进行存储和智能分析，完整回溯网络安全风险事件，对未知威胁的恶意行为快速发现、精准定位、持续监控，全面提升宝鸡两级法院业务关键信息基础设施的网络安全保障能力。

1. 提升系统整体安全防护水平

网络安全态势感知与威胁防控平台通过感知采集、关联分析、风险画像、威胁处置、行为回溯等多个环节为法院专网与互联网提供可靠的网络安全保障。

事前管理信息化资产，提前发现并处置可能存在的网络安全隐患。通过将所有的信息化资产录入网络安全态势感知与威胁防控平台，实现宝鸡两级法院信息化资产的集中统一管理，摸清资产画像家底；通过定期对法院内的关键信息基础设施进行资产脆弱性评估，分析可能的受感染面，缩小资产的暴露面；通过加强资产设备的安全病毒防范、补丁管理、移动存储介质管控等手段减小资产感染高危漏洞的隐患。

事中监测威胁分析，研判并及时处置网络安全风险事件。借助实时监测网络流量、扫描通道样本、分析告警日志等手段，及时发现网络攻击行为，迟滞对法院网络的攻击时间，缩小网络安全风险事件对法院网络的威胁面；通过处置联动功能，及时响应并快速处理威胁和网络安全事件，实现主动应对网络安全风险。

事后回溯网络风险，形成网络安全全链条闭环管理。借助威胁分析系统，全面调查网络攻击事件，还原网络攻击路径，防止潜在的被攻击风险；通过网络风险回溯分析，对法院网络安全防护等级进行系统性评估，识别确认的威胁和漏洞，分析可能的风险和后果；通过制定改进措施，完善网络安全事件应急响应预案，增强网络安全防护等级，全面提升网络安全防护能力。

2. 完善网络安全运维管理机制

借助网络安全态势感知与威胁防控平台，制定信息安全防护策略，对法院重要的网络资源设备进行全面管理，定期检查设备的整体工作状态，提升关键防护设备的健壮性；通过制定安全运维管理服务流程，实现了节点可监测、过程可管理、结果可跟踪；借助平台的安全态势评估手段，完善网络安全策略，通过宏观态势预测全面评估系统整体安全性，为制定网络安全运维管理机制提供强有力的支持。

3. 强化威胁态势可视化呈现能力

网络安全态势感知与威胁防控平台可以对宝鸡两级法院的网络流量进行采集，按照不同的安全分析模型，结合自有的多维度海量大数据对网络全流量进行分析，通过信息安全全景关联，将结果以可视化的动态图表形式展现，提升法院网络态势感知可视化视觉效果，增强系统的易用性和信息的直观性；通过对异常行为、攻击源、脆弱性资产、外部 IP 访问次数、资产访问次数、源资产访问次数、目的资产访问次数等主要监测数据进行梳理汇总分析，提升网络安全管理人员对未知威胁的发现速度和处置效率，最大限度降低网络攻击威胁，提升法院网络内部安全基线。

六　存在问题与思考

1. 网络安全理念有待提升

人民法院网络安全是法院信息化建设的重要组成部分，法官干警现有的安全管理理念未能及时根据新时代网络安全的发展更新迭代，区块链、人工智能大模型、云原生、大数据等新兴技术层出不穷，传统的网络安全意识已无力应对复杂的网络威胁，因此需要规范化建立顺应时代发展的网络安全管理体制机制，从安全管理机构、安全管理策略、安全管理规章制度、安全管理规范、安全管理操作流程等方面，加强法官干警的网络安全理论学习，增加网络安全专项培训频次，转变法官干警陈旧的网络安全理念，以规范化的管理方式多维度提升法院网络安全管理理念。

2. 常态化网络安全绩效考核机制有待完善

现今的网络安全形势日益严峻，潜在的网络安全风险易发多发，网络安全工作重要性日趋凸显，现有的网络安全工作体系缺乏有效的绩效考核机制。为扎实开展网络安全工作，人民法院需要建立更合理的常态化网络安全绩效考核机制，通过全面加强网络安全信息检查和评估，定期汇总网络安全情况，形成网络安全报告，准确把握安全风险的发生规律，及时有效发现网络安全风险薄弱点，将网络安全考核措施逐层落实，对好的经验做法加以表扬，对存在的问题督促整改，逐步升级完善网络安全绩效考核机制，实现对网络安全风险和威胁的积极主动应对，达到主动防御、安全可控的防护效果。

3. 网络安全经费占比仍需稳步提升

法院的网络安全建设是一项复杂而庞大的工程，需要投入大量的人力、物力和财力。网络安全建设涉及的技术不断更新迭代，随着黑客技术的不断演进和网络攻击手段的日益复杂化，网络安全设备必须与之同步更新，才能达到有效防护的效果。多年来，部分法院存在重建设、轻安全的情况，经费大多投入信息系统建设，网络安全建设经费投入较少，导致网络安全防护存在短板。网络安全建设经费不但要充足而且占比要稳步提升，才能维持网络安全设备的不断升级和更新，补足网络安全防护的短板。

4. 专业人才队伍建设仍需加强

目前法院从事信息化工作的人员普遍不足，网络安全专职工作人员更加稀缺，尤其是基层法院信息化工作人员身兼数职的现象十分普遍，不能全身心投入网络安全工作，出现网络安全风险后也多是事后处置，无法及时消除网络安全隐患，上述问题都极大制约了法院信息化的建设和发展。这就需要结合法院的工作特点，持续加强网络安全技术水平专项培训，提升法院现有信息化工作人员的专业技术水平和业务能力。同时，大力协调人事管理部门积极落实最高人民法院《关于人民法院信息化人才队伍建设的意见》，保障必要的岗位编制，增设合理的晋升渠道，为信息化工作人员创造良好的从业前景。

B.27

数据安全视角下的数据
分类分级调研报告

天津市滨海新区人民法院课题组*

摘　要：　人民法院信息化建设工作为各级法院汇聚数以万亿计的司法数据资源，司法数据赋能社会治理、提供决策参考等重要功能日益凸显。数据分类分级工作在各级法院尚处于起步阶段，滨海法院身先士卒、勇于探索、攻坚克难，筛选典型信息系统进行数据分类分级实践，对数据资产进行梳理并形成数据安全分类定级表，同时将数据资产置于管理工具纳管范围。数据分类分级过程中存在的数据量化指标不足、数据资产梳理阻力大及数据资产所有权模糊等情况尚待改善。滨海法院将在上级法院指引下，进一步推进数据分类分级成果转化、探索创新管理模式、助力标准化建设、保障供应链安全，全方位助力法院信息化、数据分级分类工作迈上新高度。

关键词：　数据安全　数据分类分级　数据分类分级保护

前　言

中国法院的信息化建设起步相对较晚但发展迅速，在十余年时间里建立起了覆盖办公、办案、安防等众多系统、平台的信息化业务集群。随着信息

---

* 课题组负责人：王征，天津市滨海新区人民法院行装室负责人。课题组成员：周啸秋、徐岩、李斌、刘博、位梦涵。执笔人：徐岩，天津市滨海新区人民法院行装室干警。

技术的蓬勃发展和信息化业务的深入应用，法院数据数量急剧攀升，法院数据应用日渐广泛、共享开放的需求日益迫切，法院数据面临的安全威胁愈加复杂。法院数据管理不仅关系到数据安全，同时关乎国家信息安全，如何在新形势下做好法院数据安全管理就显得尤为重要。数据分类分级保护是开展数据安全管理的重要基础，也是促进数据充分利用、有序流动和安全共享的重要前提。通过数据分类分级管理建立数据标准体系，其他安全管理平台根据分类分级的结果，对不同类别、不同级别数据实施不同的安全管理措施，从而开展差异化的数据安全管理。

一　数据分类分级背景和意义

（一）背景

随着"数字中国"战略的全面推进，数据生产要素的作用日益凸显，已成为法院的核心资源，数据的安全使用也倍受重视。2023年2月以来，天津市滨海新区人民法院陆续参加了由最高人民法院组织的法院系统网络安全攻防演练以及多次国家和地区组织的网络安全攻防演练，深刻体会到数据安全保护的重要性。但面对信息安全方面的威胁，基层法院抵抗能力还较为薄弱，由"对抗博弈"思想转为"重点防御"思想已成必然。数据安全是信息安全的重要维度，也是信息安全管理的底线，天津市滨海新区人民法院将数据安全管理列为信息安全重点工作。

天津市滨海新区人民法院是由五家基层法院合并建立的一家规模庞大的基层法院，人员近千人，有13处办公地点，信息化设施设备众多且分散，各种应用系统产生的各类数据庞大且复杂，包括在用的热数据以及许多历史遗留的冷数据，数据类型和保存方式多种多样，相互之间调用关联关系也较为复杂。数据分类分级作为数据安全管理工作的基础，为数据安全管理工作提供依据和标准，同时也为其他信息安全工作提供有力支持。因此，开展人民法院数据分类分级工作迫在眉睫。

（二）意义

数据分类分级对于数据安全策略的制定起到了重要作用，可以对不同类型和级别的数据针对性地制定安全策略和措施。

1. 确定不同级别数据所需的安全保护水平

根据数据的敏感程度和风险等级，可为每个级别的数据制定相应的安全标准和控制要求。对于风险较高的数据，可以采取更严格的访问控制、加密和监控措施；而对于风险较低的数据，则可以适度放宽相关限制。

2. 基于数据等级分配相应的资源

通过将资源与数据等级相匹配，可以确保风险较高的数据拥有充足的存储空间、更可靠的服务器等资源支持，从而提高关键数据的可靠性和可用性，并有效防止潜在安全威胁。

3. 为数据生命周期管理提供依据

不同级别数据在创建、使用、共享、归档和销毁等方面需要采取不同的管理措施。风险级别较高的数据需要定期审计和更新，以确保其安全性和完整性；而风险级别较低的数据则可以定期归档或清理，以优化存储资源利用。

4. 评估数据安全合规性

根据数据分类结果衡量当前的数据保护状况是否满足各类数据的安全需求。通过评估安全策略和措施是否到位，可以及时发现并解决潜在的安全漏洞，确保达到数据安全管理合规要求。

5. 指导信息安全事件响应处置

当发生信息安全事件时，可以根据数据分类分级信息，正确评估数据安全风险，并选择相应的应急响应方案处置安全事件，从而提高响应效率和准确性，有效控制和减轻可能造成的损失。

综上所述，通过对数据进行分类分级，可以影响和指导数据安全策略的制定。从资源调节、生命周期管理、合规评估到事件响应处置等方面都能够得到实质性支持和指导。因此，在制定和执行数据安全策略时，充分考虑数据分类分级是至关重要的。

二 数据分类分级的思路

（一）明确数据分类分级对象

数据分类分级的对象为天津市滨海新区人民法院开展审判执行、司法人事、司法政务、司法研究、信息化管理、外部协同等业务中产生和收集的，以电子方式或其他方式记录信息的各类非涉密数据资源。

（二）研究数据分类分级策略

根据全国信息安全标准化技术委员会发布的《网络安全标准实践指南——网络数据分类分级指引》，在进行数据分类时，数据处理者应优先遵循国家和行业分类要求。如果所在行业没有相应的数据分类规则，可以从组织经营维度进行数据分类。根据最高人民法院发布的《人民法院数据分类分级指南》第6条，人民法院的数据应根据人民法院数据的多维特征以及数据之间的业务关联进行分类。此外，与国家、地方、行业相关的法律法规对数据分类分级的标准要求保持一致，并且原则上同一分类维度内的同一条法院数据只能分入唯一类目。天津市滨海新区人民法院根据最高人民法院发布的《人民法院数据分类分级指南》、天津市高级人民法院发布的《天津法院数据安全管理规定（试行）》以及天津市委网信办发布的《天津市政务信息资源分类分级指南》，并参考了国家和其他省市政务部门制定的相应标准文件①，制定了适合自身实际情况的分类标准。《天津市政务信息资源分类分级指南》和其他省市政务数据分类分级标准文件主要侧重实现数据的标准化，以利于数据的共享与利用，是从数据使用角度出发的。而《人民法院数据分类分级指南》和《天津法院数据安全管理规定（试行）》则主

---

① 《信息技术大数据数据分类指南》GB/T 38667-2020、《贵州省地方标准政务数据 数据分类》DB52/T 1123-2021、《杭州地方标准 第三部：分政务数据分类分级》DB 3301/T 0322. 3-2020、《山西政务数据分类分级要求》DB14/T 2442-2022。

要侧重数据的安全保护。因此，这些标准的分类分级方法存在差异。

天津市滨海新区人民法院试图引入一种相对客观、量化的指标体系，对院内数据进行分类分级。在实践中，将《天津市政务信息资源分类分级指南》、《人民法院数据分类分级指南》和《天津法院数据安全管理规定（试行）》中的分类分级指标进行了融合。同时，使用智能化工具辅助进行数据分类分级工作，并不断迭代磨合，以期建立一个符合天津市滨海新区人民法院实际需求的分类分级工作体系。

（三）数据分类探索

天津市滨海新区人民法院分析了法院行业标准和天津地方标准，认为已有两种分类策略，不需要创建新的分类标准。然而，这两种标准在分类方法上存在差异，需要尝试将两种方法融合起来推进分类工作。

《天津市政务信息资源分类分级指南》根据天津市基础信息资源库现状将数据分成三大类：基础信息资源、主题信息资源和部门信息资源。其中，基础信息资源分为五个子类：人口基础信息资源、法人单位基础信息资源、自然资源和空间地理基础信息资源、社会信用基础信息资源、电子证照基础信息资源。

《人民法院数据分类分级指南》和《天津法院数据安全管理规定（试行）》根据业务种类将数据分为三大类：审判执行数据、司法人事数据和司法政务数据，并进一步细分为审判办案数据、执行办案数据、政务办公数据、电子卷宗和电子档案数据、信访案件数据、司法公开数据、诉讼服务数据、司法人事数据、司法统计及质效分析数据、司法研究报告数据、廉洁司法数据、政法协同数据、系统账户数据等13个二级类型。

通过对法院信息系统数据简单梳理发现，分类细化到具体的数据项后（如姓名、年龄、性别和机构名称等），可以将该等数据项直接归类为天津地方标准中的"基础信息资源"。法院将这些基础信息数据根据天津地方标准进行归类，其余业务数据根据法院行业标准进行归类。

数据分类实际上存在很多不同分类维度，其中法院行业标准的分类维度主要是业务领域维度。除此之外主要参考维度还有数据来源、信息公开、数据结构、数据生产方式、数据存储方式、数据质量要求、数据规模、数据敏感程度等。虽然已有的分类框架不需要使用其他分类维度进行数据分类，但这些分类维度可以作为准确识别数据的基础信息，以标签形式维护管理。

通过这种分类方法，法院的数据分类工作可以兼顾行业标准和天津地方标准，并且不会影响数据功能。法院可以按照天津地方标准对数据进行编码，也可以根据两种标准对数据进行定级。

（四）数据分级探索

数据分级是根据安全合规性要求、数据保护要求、数据的重要程度以及数据遭到篡改、破坏、泄露或非法利用后对受害者的影响程度，对数据进行不同安全级别的划分。我国一系列行业规范和标准已经建立了完整的数据分级体系，通常将数据分为一般数据、重要数据和核心数据三个级别。《人民法院数据分类分级指南》和《天津法院数据安全管理规定（试行）》将法院数据分为法院一般数据、法院重要数据和法院核心数据三个级别，天津市滨海新区人民法院数据分类工作基本遵循这个分级体系。

这种分级方式是从保障数据安全的角度划分的。从安全监管目标来看，可以将数据分级视为基于安全监管要求进行分类。但以一般数据为例，由于其涵盖内容广泛，采用相同的安全级别保护可能无法满足不同类型的安全需求。因此，将数据划分为法院一般数据、法院重要数据和法院核心数据之后，仍然需要在每个类别内部进一步细分。

天津市滨海新区人民法院在数据分级工作中发现，尽管法院行业标准和天津地方标准都提出了具体的分级目录并描述了分级方法，但缺乏具体量化分级指标体系。因此，需将这两种标准结合起来作为目标，并拆解成具体的指标体系，以确保数据细分时指标的可用性。

1. 数据分级的依据

《数据安全法》第21条指出：关系国家安全、国民经济命脉、重要民生、重大公共利益的数据属于国家核心数据。《天津法院数据安全管理规定（试行）》第 9 条提出：数据分级按照重要性、精度、规模，围绕数据遭到篡改、破坏、泄露或非法获取、非法利用，对政治安全、国家安全、公共利益或者个人、组织合法权益造成的危害程度，从高到低分为核心数据、重要数据、一般数据三个级别。核心数据、重要数据以外的属于法院一般数据。

通过分析法院行业和天津地方两个标准，将其合并推导出对应表（见表1）。

表 1　法院行业与天津地方分级对应情况

地方分级	法院分级	安全描述（天津地方）
一级	法院一般数据	政务信息资源被非授权操作后无危害
二级	法院重要数据	政务信息资源被非授权操作后会对部分群体产生不利影响
三级		政务信息资源被非授权操作后会对个人、企业、其他组织或国家机关正常运作造成损害
四级	法院核心数据	政务信息资源被非授权操作后会对个人人身安全、企业正常运作或国家机关正常运作造成严重损害

2. 影响数据分级判定的要素和标准

表 2 的安全描述可以分析判定要素主要为影响对象、影响程度（如"人身安全""正常运作"）和影响范围（如"严重损害"）等。数据分级基于分级要素综合判定，除此之外还应酌情考虑数据的重要性、精度、规模、可控程度等多维度的要素。

（1）影响对象

数据遭到篡改、破坏、泄露或非法获取、非法利用后，影响对象包括国家安全、党政机关、公共服务机构、其他机构和自然人（见表2）。

（2）影响程度

数据遭到篡改、破坏、泄露或非法获取、非法利用后的负面影响可以根据程度不同分为无影响、不利影响、损害、严重损害（见表3）。

表2 影响对象

影响对象	描述
国家安全	国家政权、主权、统一和领土完整、人民福祉、经济社会可持续发展和国家其他重大利益相对处于没有危险和不受内外威胁的状态,以及保障持续安全状态的能力
党政机关	党的机关、人大机关、行政机关、政协机关、司法机关等机关其派出机构(如有),直属事业单位、人民团体等
公共服务机构	教育、医疗、金融、供水、供电、供气、供热、环保、公共交通、通信等与人民群众利益密切相关的公共企事业单位
其他机构	除党政机关、公共服务机构以外的企业和社会组织
自然人	

表3 影响程度

程度	定义
无影响	对国家安全、党政机关、公共服务机构以及其他机构和个人的安全、资产和运营均无不利影响
不利影响	对国家安全、党政机关、公共服务机构、其他机构和自然人安全、资产、运行造成有限影响,且结果可以补救,如任务进度推迟、对自然人造成轻微伤害或轻微损失
损害	对国家安全、党政机关、公共服务机构、其他机构和自然人安全、资产、运行造成严重损害,且结果不可逆但可以降低损失,如对机构生产造成轻微干扰,但生产仍可正常运转;企业、个人财产损失等
严重损害	对国家安全、党政机关、公共服务机构、其他机构和自然人安全、资产、运行造成特别严重损害,且结果不可逆,如任务失败、个人受伤、企业面临破产等

(3)影响范围

数据遭到篡改、破坏、泄露或非法获取、非法利用后的影响范围,根据影响规模可划分为较小范围影响和较大范围影响,根据其可控程度可划分为较强可控影响和较弱可控影响[1](见表4)。

---

[1] 引用自北京市地方标准 DB11/T 1918-2021,第4页表4。

表 4　影响范围

影响范围		定义
影响规模	较小范围	影响党政机关、公共服务机构数量,不超过 1 个 影响其他机构数量,不超过 3 个 影响自然人数量,不超过 50 个
	较大范围	影响党政机关、公共服务机构数量,超过 1 个 影响其他机构数量,超过 3 个 影响自然人数量,超过 50 个
可控程度	较强可控	可通过措施降低影响对象的数量或防止增长 影响仅发生在影响对象所在区域和行业,或可通过采取措施减少影响区域、行业数量,或缩小影响区域 影响持续时间较短,或通过采取措施减少影响频次、周期,或能在可预计周期内消除影响
	较弱可控	影响对象的数量难以预知或难以控制 影响涉及多个区域或跨行业,或影响区域、行业范围难以预知或难以控制 影响持续时间较长,或影响频次、周期难以预知或难以控制,或难以在可知时间内消除影响

（4）数据级别与影响因素的对应关系（见表 5、表 6）

表 5　分级定义

数据级别	影响
一级	对党政机关、公共服务机构、其他机构、自然人无不利影响
二级	对党政机关、公共服务机构造成较小范围且较弱可控的不利影响
	对党政机关、公共服务机构、自然人造成较大范围且较强可控的不利影响
	对其他机构、自然人造成较大范围且较弱可控的不利影响
	对其他机构、自然人造成较小范围且较强可控的损害
	对国家安全造成不利影响
三级	对党政机关、公共服务机构造成较大范围且较弱可控的不利影响
	对党政机关、公共服务机构造成较小范围且较强可控的损害
	对党政机关、公共服务机构、其他机构、自然人造成较小范围且较弱可控的损害
	对党政机关、公共服务机构、其他机构、自然人造成较大范围且较强可控的损害
	对其他机构、自然人造成较大范围且较弱可控的损害
	对其他机构造成较小范围且较强可控的严重损害

续表

数据级别	影响
四级	对国家安全造成损害或严重损害
	对党政机关、公共服务机构造成较大范围且较弱可控的损害
	对党政机关、公共服务机构、自然人造成严重损害
	对其他机构造成较小范围且较弱可控的严重损害
	对其他机构造成较大范围的严重损害

表6 分级与影响因素关系

影响程度	影响范围		影响对象			
	影响规模	可控程度	国家安全	党政机关、公共服务机构	自然人	其他机构
无影响	小	强	一级	一级	一级	一级
		弱	一级	一级	一级	一级
	大	强	一级	一级	一级	一级
		弱	一级	一级	一级	一级
不利影响	小	强	二级	二级	二级	二级
		弱	二级	二级	二级	二级
	大	强	二级	二级	二级	二级
		弱	二级	三级	二级	二级
损害	小	强	四级	三级	二级	二级
		弱	四级	三级	三级	三级
	大	强	四级	三级	三级	三级
		弱	四级	四级	三级	三级
严重损害	小	强	四级	四级	四级	三级
		弱	四级	四级	四级	四级
	大	强	四级	四级	四级	四级
		弱	四级	四级	四级	四级

三 数据分类分级实施路径

1.建立数据分类分级组织保障

明确数据分级的决策机构和最高决策人负责统筹和决策。根据天津市滨海新区人民法院实际情况，由信息化主管部门牵头并负责实施工作，各业务部门设立协调专员。信息化部门根据决策机构议定的工作目标和要求制定数据分类分级流程、标准规范，并与协调专员合作梳理院内各类数据资源。

2. 梳理数据资产

通过访谈形式与业务软件供应商和业务使用部门了解数据的生产、使用、存储情况，并在相关服务器系统中核实这些信息，以厘清数据资产现状；梳理分析访谈和清查所得的信息，并对院内数据资源进行初步分类和标记，包括数据内容描述、数据形式、数据量、保存位置以及数据使用情况等基本信息，从而形成基础数据资产清单。

3. 建立分类目录清单

建立基础信息数据、审判执行数据、司法人事数据和司法政务数据四个基本类型作为一级分类后，再细分子类形成二级和三级分类。在三级分类下进一步确定具体的数据项，如中文姓名、身份证号码、案号以及开庭日期等，以形成分类目录清单。

4. 建立数据级别清单

根据定级要素表，对分类目录清单中三级子类的每个数据项逐一进行级别判定。首先判定影响对象，其次判定影响程度和范围。如果标准要素对应多个级别，则按照去高弃低的原则确定最终级别，并形成数据级别清单。

5. 制作规则模板

根据分类分级结果制作数据分类分级规则模板，使各分类数据项类型与级别相对应。将数据分类分级模板转换成可被智能处理工具识别的格式，并与智能处理工具的数据模型匹配关联，从而形成数据智能化处理的分类分级策略。

6. 自动识别数据资产

利用数据安全管理系统的数据发现功能，自动发现识别数据库表、字段、文件目录等数据资产，并对其进行自动打标，实现自动化的分类分级。

7. 人工复核纠正识别结果

对自动化识别结果进行人工复核，对无法识别和识别错误的结果进行补正。

8. 迭代更新数据分类分级模板

由于数据一直处于不断变化中，需要定期对变化的数据进行识别，并根据需要迭代更新数据分类分级模板，促使智能化处理策略更加有效。

9. 最终形成分类分级数据资产清单

数据分类分级工作是一项长期的任务，完成初步分类分级后仍需不断完善和改进。随着政策变化，还需要进行相应调整。通过对数据资产的再次梳理、盘点以及完善策略模板，使用 AI 技术对数据分类分级策略模型进行训练和优化改进，逐渐形成完善的数据分类分级工作机制。天津市滨海新区人民法院数据分类分级实施路径见图 1。

四 数据分类分级实践

天津市滨海新区人民法院为验证上述实施路径的可行性，选择了立案系统、电子档案系统和科技法庭系统这三个比较典型的信息系统进行分类分级实践。考虑到使用正式的系统环境可能带来的安全隐患和服务器性能影响，天津市滨海新区人民法院通过搭建虚拟化测试环境，并将正式运行的全量结构化数据以及近三个月的非结构化数据导入测试环境进行测试。目前，市面上流行的数据安全管理类软件产品有很多种，通过对国内外商业和开源软件的测试，这些软件主要涵盖了数据安全、数据资源利用、数据资产治理、异构数据整合和数据血缘关系分析等多个方面。经过测试后，天津市滨海新区人民法院选择了侧重于数据安全管理的平台作为本次分类分级实践的辅助信息化工具。

（一）数据资产梳理形成数据安全分类定级表

为验证和熟悉数据分类分级流程，天津市滨海新区人民法院选择三个信息系统进行实践，绕过建立数据资产台账环节，直接进行数据资产梳理并按照文件和数据库进行分类。文件类的梳理和标记相对简单，只需知道文件在系统中的存储位置，并按照规则进行目录划分即可。而数据库类的数据梳理则更加复杂，各软件系统环境复杂，需要投入大量精力分析应用系统及其子系统所使用

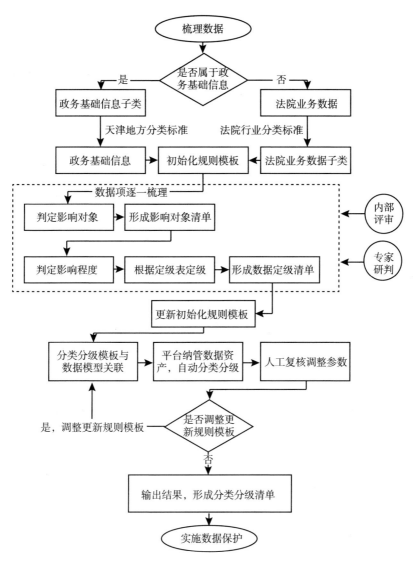

图1 数据分类分级实施路径

的数据库、每张表以及表中字段的用途并对数据加以处理，最终形成常用的软件开发数据字典。当明确了每个数据字段的具体内容后，可以根据分类规则对其进行分类和标记，从而形成统一的数据资产清单。结合数据规模、数据时效性以及数据形态（如是否经过汇总、加工、统计、脱敏或匿名化处理等），对数据安全级别进行二次复核，并调整得出数据安全级别评定结果和定级清单。审核过程和结果必要时会重复第三步及其后续工作，直至安全级别与本院的数据安全保护目标一致。最后，由最高决策组织负责数据安全管理的机构对数据安全分级结果进行审议和批准，最终形成数据安全分类定级表。

（二）管理工具纳管数据资产

数据分类定级表是制作数据分类分级规则模板的基础。在规则模板中，需要定义每个数据项、分类和分级的名称和标识，并确定数据项与分类分级的对应关系。值得注意的是，在测试数据安全管理系统过程中发现，多数这类软件具备多个规则模板功能，即可以同时使用多种分类分级规则并存。因此，可以考虑将天津地方标准和法院标准进行融合，或者直接采用双轨制运行。

实际上，不同的规则主要用于不同的数据安全管理。例如，可以使用其中一种规则来对违规操作进行告警，而另一种规则用于阻断，从而增强数据安全管理系统对潜在威胁的识别和应对能力。

为实现对纳管数据资产的自动化辅助处理，可以按照数据库和文件的方式对数据资产进行分类，并将其添加到数据安全管理系统中。系统会自动识别这些数据，并匹配相应的分类分级策略。然而，在数据资产处理完成之后可能会出现无法完全识别的情况，此时需通过人工干预以验证和纠正数据以确保正确进行数据分类分级。

此外，数据安全管理系统的自动识别功能能够辅助发现和识别数据资产，有助于完善数据分类分级清单和规则模板。因此，需要持续维护分类分级规则模板，以跟踪法院系统数据的增量变化，并重新识别这些数据。

五　问题和展望

（一）存在的问题

1. 数据分类分级方案需要实际工作的验证

天津市滨海新区人民法院采取了双标融合方式进行分类分级，这一举措在理论上解决了法院行业和天津地方两个标准体系的融合问题，并成功将该分类分级标准应用于数据安全管理实践。尽管已经取得了一定成效，但还需要进一步检验其在实际数据安全管理工作中的有效性。

随着时间的推移，数据会不断发生变化，数据分类分级规则也会因科技发展和法律规定的更新而发生变化。为适应这种不断变化的环境和需求，需要对数据分类分级标准进行相应的调整和更新。目前，数据分类分级实践工作所涉及的数据样本较少，变更和审核工作相对较容易。然而，落实到实际工作中可能会面临极大的挑战。

2. 数据分类分级量化指标不足、标准不一

目前，我国已经出台了《数据安全法》《个人信息保护法》《网络安全法》等多项立法并发布相关司法解释。然而，现有法律法规对数据分类分级的规定较为宏观，缺乏客观的量化指标，对实际数据分类分级工作支撑不足。同时，不同地方、行业的标准存在较大差异，各部门和机构对于数据分类分级标准的理解不同，缺乏统一量化指标来衡量不同类型数据的敏感程度。

3. 数据资产梳理阻力大

数据资产梳理是数据分类分级工作的重要组成部分。然而，法院进行数据资产梳理工作仍面临信息系统数量多、部署分散以及涉及厂商较多等问题。此外，大量冷存数据存储于已停用的信息系统中，法院通过联络厂商获取详细数据参数十分困难。

实际上，厂商在配合梳理工作方面态度均较为消极，主要原因如下：超过服务期限、系统过于复杂和工作量大、违背自身利益等。另外，法院干警办公终端也存在大量办公办案数据，其中一些数据还存在于专用网络或单机终端，这些数据的梳理需要大量沟通协调，在实际工作中阻力较大。

4. 数据资产所有权不清晰

数据资产的所有权问题是进行数据分类分级需要考虑的问题之一。确保数据使用和管理的合法性，维护相关利益方的权益是一个重要课题。目前各级法院产生的数据路径不一、保存地点不明、使用授权不清。例如，一些通

过高院信息平台生成并保存的立案数据，在流转至基层法院后被加工处理并在该法院留存，随后又被司法公开、大数据等平台使用和留存，而这一系列的流转会导致数据所有权不明，从而使得数据的安全风险增加。因此，数据资产所有权对于数据安全管理责任认定、数据使用权限管理以及数据定级等问题都有重要影响。

（二）展望

1. 推进成果转化，探索创新管理模式

数据分类分级是数据安全管理的关键部分，是建立统一、完善、准确的数据安全架构的基础。未来，将初步建立的数据分类分级方案全面应用于数据安全管理工作，在实际工作中不断磨合改进，推进成果转化，为全面推进法院数据安全管理提供助力。

目前，数据分类分级管理审核机制较为烦琐，需要探索引入自动化技术以简化数据分类分级管理的审核过程。通过建立智能算法和机器学习模型，可以对数据进行快速分类和评估，并生成相应的安全等级标识，从而减少人工审核的烦琐过程，提高工作效率，降低错误率。

2. 强化沟通合作，助力标准化建设

推进立法与建立标准化是解决当前数据安全问题的重要路径之一。一方面，应当加强法院与各级政府部门以及行业组织的合作与沟通，推动制定相互兼容的数据分类分级标准。这些标准应经过大量数据安全管理实践，具备较强可操作性，能够适应现实工作的需求。另一方面，推动相关法律文件的修订与完善工作，确保法律条文和配套司法解释具备明确的语言描述和量化指标，以便更好地指导实践操作。

3. 引进新型管理模式，保障供应链安全

将数据安全管理需求纳入软件系统建设和评估阶段的考量范畴，能够有效保障供应链安全。与软件厂商沟通合作，需明确表达法院对数据安全的重视，要求其提供详细的数据资产信息。通过制定明确的合同和协议条款，确保供应商能够认可对数据存储和使用的监管要求，建立一个相互认可的标准

化体系。

同时，尝试引进 DevOps 等新型管理模式，以提高法院系统软件开发管理效能，并与厂商保持紧密合作，以确保数据资产能够被充分梳理和管理。

4.加强培训教育，提升从业人员应用能力

为提高数据安全管理水平，还需加强对从业人员的培训与教育。通过提供专业化的培训课程和认证机制，提升从业人员对数据分类分级标准的理解和应用能力。

结　语

数据分类分级作为数据安全管理工作的基础，为制定安全策略和措施提供有力支持。通过完善分类分级工作，推动法院数据安全工作发展，不断提高数据安全水平，保障数字经济健康发展。天津市滨海新区人民法院在数据分类分级工作中得到天津市高级人民法院以及本院领导的大力支持与帮助，虽然该项工作推进还存在一定阻力，但未来滨海新区人民法院将持续关注和解决工作中的问题，并改进分类分级工作的流程和方法，以确保数据的安全性和可靠性。同时，也将加强与其他法院的经验交流分享，共同推动整个法院系统的数据安全工作发展，以法院信息化助推审判执行效能提升。

2023年中国法院信息化大事记

一月

1月6日 第二十二次全国法院工作会议以视频方式召开。会议强调，要深化司法体制综合配套改革，全面准确落实司法责任制，巩固拓展智慧法院建设成果，完善中国特色互联网司法模式，加快建设公正高效权威的社会主义司法制度。

1月8日 全国高级法院院长会议以视频形式召开。会议强调，要坚持服务大局、司法为民、公正司法，主动服务和融入中国式现代化历史进程，深化司法体制改革和智慧法院建设，锻造过硬法院队伍，加快推进审判工作现代化，为全面建设社会主义现代化国家开好局起好步贡献力量。

1月12日 中国环境资源审判信息平台正式上线。最高人民法院领导强调，要充分发挥平台大数据统计、分析、研判等功能，推动信息共享、协调联动，助力打好蓝天、碧水、净土保卫战，服务长江经济带发展、黄河流域生态保护和高质量发展等重大战略实施。

二月

2月8日 最高人民法院举行第六次全国法院涉外商事海事审判工作会议。会议强调，要深化涉外商事海事审判领域智慧法院建设，不断提升涉外审判质效和司法公信力。

2月14日 最高人民法院召开统一法律适用工作领导小组第二次会议

并上线统一法律适用平台。

2月15日 最高人民法院举行全国法院一站式建设优秀改革创新成果发布会。公布的改革创新成果亮点纷呈、各具特色，充分体现各地法院运用现代信息技术，以信息化、智能化为引擎，为法院信息化建设增动能、提效能，推动高质量发展，为人民群众提供高品质诉讼服务的工作新成效。

2月21日 最高人民法院发布《中国法院的司法改革（2013～2022）》。该书第十一章指出，人民法院建立完善在线诉讼模式，形成互联网司法程序规则体系，确立完善数字治理领域规则制度，以司法大数据应用服务审判管理和社会治理，取得显著成效。

三月

3月7日 自该日起，全国法院所有电子文书均已支持在互联网司法区块链平台和人民法院在线服务进行在线核验，这将从根本上解决电子送达文书易篡改、难验证等人民群众急难愁盼的问题。

3月10日 最高人民法院举办2023年全国两会最高人民法院工作报告解读系列全媒体直播访谈第五场访谈活动，介绍2022年人民法院信息化建设工作成效。

3月16日 国务院新闻办公室发布《新时代的中国网络法治建设》白皮书。白皮书指出，中国将积极回应网络时代司法需求，运用网络信息技术赋能传统司法，完善网络司法规则，革新网络司法模式，制定人民法院在线诉讼、在线调解、在线运行规则，细化电子数据证据规则，规范网络犯罪案件办理程序，网络司法程序规则体系逐步建立。

3月16日 最高人民法院召开会议，传达学习贯彻习近平总书记在全国两会期间系列重要讲话精神和全国两会精神，学习贯彻中央政法委第七次全体会议精神，研究贯彻落实的具体举措。会议强调，对近年来的司法裁判，要深入开展司法大数据分析，做实"抓前端、治未病"，向有关部门提出司法建议，促进强化诉源治理、综合治理。

四月

4 月 18 日 最高人民法院对 2023 年第一季度司法审判数据展开分析研判会商,研究部署下一步工作。会议强调,要进一步强化审判数据分析,根据社会发展的新形势和案件新特点,有针对性地把握分析重点,让分析报告更加全面、准确、客观反映司法审判工作情况。

4 月 20 日 最高人民法院发布《中国法院知识产权司法保护状况(2022 年)》、2022 年中国法院十大知识产权案件和 50 个典型知识产权案例。

4 月 27 日 第六届数字中国建设峰会在福建省福州市举行。最高人民法院信息中心领导在以"智治赋能政法工作现代化"主题的数字政法分论坛上作专题报告,详细阐述了人民法院利用数字技术持续赋能政法智能化建设的情况,并以电子送达为例,介绍了区块链技术从根本上解决电子送达文书易篡改、难验证等人民群众急难愁盼的问题。

五月

5 月 25 日 中国社会科学院法学研究所、社会科学文献出版社联合主办的"法治蓝皮书《中国法院信息化发展报告 No.7(2023)》发布暨中国法院信息化研讨会"在北京市召开。发布会指出:人民法院信息化建设稳步推进,人民群众获得诉讼服务更加便利,审判执行工作在智能应用的辅助下更加高效,建立在海量数据和智能分析基础上的司法管理活动更加精准,司法大数据全方位提升社会治理能力和水平,探索构建与互联网时代相适应、保障司法有序在线运行的程序规则体系,人民法院信息化 4.0 版总体框架基本建成。

5 月 25 日 最高人民法院国际商事纠纷多元化解决平台建设暨"一带

一路"国际商事法律服务示范区发展研讨会在陕西省西安市举行。会议强调，要进一步完善平台，为国际商事纠纷解决赋能增效，为国家对外开放重大战略部署提供有力的法治保障。

5月29日 最高人民法院发布《关于深入开展司法大数据分析工作的通知》，引导各级人民法院牢牢把握司法大数据发展新机遇，充分发挥司法大数据资源作为经济社会"晴雨表"、人民群众生产生活"风向标"的重要价值作用，做实"抓前端、治未病"，及时向有关部门提出司法建议，更好赋能诉源治理和社会治理。

六月

6月9日 第十四届陆家嘴论坛"金融开放合作与法治保障"国际研讨会在上海市举行。最高人民法院、上海法院的代表全面介绍了上海法院优化全流程网上办案成效，展示了自主研发的庭审智能语音传译系统及其为中外当事人参与诉讼和境外市场主体了解中国金融司法提供的便利。

6月20日 最高人民法院党组召开会议研究建立审判质量管理指标体系。会议强调，要坚持质量优先、兼顾审判效率、重视裁判效果，通过设置案件比等指标，防控程序空转，让法院办案质效更高、司法资源投入更少、当事人的体验更好。

6月30日 最高人民法院发布2022年全国海事审判典型案例。

七月

7月3日 全国法院法答网上线运行部署会议以视频形式召开。会议指出，要推动法答网成为法律适用领域的"晴雨表"和"风向标"，努力将法答网打造成为权威的业务交流平台。

7 月 13 日 全国大法官研讨班开幕式在国家法官学院举行。会议指出，要在最高人民法院的统筹部署下，尽快真正形成全国法院"一张网"，有效汇集各方面数据，打通"数据孤岛"，实现信息共享。

7 月 26 日 最高人民法院党组研究部署案例统筹管理和人民法院案例库建设工作。会议决定，结合主题教育检视整改，对案例统筹管理并建设人民法院案例库，作为查询、检索类案的案例资源库，辅助司法审判、统一裁判尺度、防止"类案不同判"，通过对案例的收集、筛选，及时发现和纠正司法审判工作中的问题，做实加强监督指导的要求，方便老百姓通过案例学习法律规定、明确行为规则，促进矛盾纠纷前端化解，起到"发布一案、教育一片"的效果。

7 月 26 日 最高人民法院对上半年司法审判数据进行分析研判会商。会议指出，以数据为基础、以问题为导向、以会商为抓手，能够更加全面、准确地掌握司法审判工作中的问题。

八月

8 月 7 日 最高人民法院公布 2023 年上半年人民法院司法审判工作主要数据，通过定期常态化发布人民法院司法审判工作主要数据，动态展现人民法院司法审判工作运行态势，为人民群众了解监督法院工作提供平台和渠道。

8 月 30 日 围绕深入开展学习贯彻习近平新时代中国特色社会主义思想主题教育，最高人民法院信息中心组织开展"司法大数据建设、管理、应用情况"调研，调研建议，要充分发挥业务部门在法院大数据服务建设中的业务指导作用，全面丰富和完善人民法院案件信息业务标准，完善智能化服务共建共享机制，联合开展司法大数据专题研究，全面完善数据全生命周期治理体系。

8 月 31 日 北京互联网法院发布《北京互联网法院审判工作情况白皮书》，介绍北京互联网法院坚持"以裁判树规则、以规则促治理、以治理助发展"的裁判理念和"了解技术、贴近行业、把握规律、融入场景"的裁判方法，审理一大批具有填补空白、树立规则、先导示范意义的互联网案件。

九月

9月6日 最高人民法院办公厅与住房城乡建设部办公厅联合印发《关于建立住房城乡建设领域民事纠纷"总对总"在线诉调对接机制的通知》，明确建立"总对总"在线多元解纷机制，建议住房城乡建设部所辖各级部门的调解组织和调解员通过机构、人员入驻人民法院调解平台的方式，逐步畅通线上线下调解与诉讼对接渠道，共同为当事人提供委派委托调解、音视频调解、调解协议制作、诉调对接等全流程在线解纷服务，加强住房城乡建设领域民事纠纷诉源治理工作。

9月8日 国家法官学院秋季开学典礼暨"人民法院大讲堂"成功举办，最高人民法院领导以"深入践行习近平法治思想　奋力推进审判管理现代化"为主题，为全国四级法院干警授课。

9月15日 人民法院信息技术服务中心作为项目牵头承担单位承担的国家重点研发计划"司法区块链关键技术及典型应用示范研究"项目（项目编号：2021YFC0833500）以优异成绩通过项目综合绩效评价，圆满完成结项验收。

9月20日 中央网信办评选出10个优秀案例和56个典型案例，收录至《中国区块链创新应用案例集（2023）》。其中，最高人民法院推荐的人民法院统一司法区块链平台的建设与应用（人民法院信息技术服务中心）成功入选优秀案例，江苏法院减刑假释跨链融合区块链管理系统（江苏省高级人民法院）成功入选典型案例。

9月26日 "互联网司法护航高质量发展研讨会"在广东省广州市举行。最高人民法院领导参会并指出，要深入学习贯彻习近平法治思想，深刻把握数字时代司法治理的职责使命，切实找准互联网司法在中国式现代化进程中的定位，推动互联网司法全方位、深层次融入国家数字治理体系，以严格公正司法服务保障数字经济产业高质量发展。

十月

10月8日　最高人民法院、司法部联合召开全国调解工作会议。会议指出，要提升调解工作信息化水平，加快建设全国调解工作信息平台，实现调解业务"一网统管""一网通办"。

10月17日　最高人民法院召开会议，就2023年前三季度司法审判数据开展分析研判会商。会议指出，要进一步发挥好数据会商的作用，以司法审判数据的科学研判助推审判工作现代化；要发挥好"法答网"的作用，提高法官理解和适用法律的能力；要加快建设人民法院案例库，通过典型案例统一裁判标准，促进类案解决。

10月24日　最高人民法院公布2023年1~9月司法审判工作主要数据。

十一月

11月1日　最高人民法院主要领导会见尼泊尔首席大法官比湿瓦尔布哈尔·普拉萨德·施雷斯塔一行，陪同施雷斯塔大法官一行参观了最高人民法院智慧法院重点实验室，并简要介绍了中国司法审判工作和司法改革情况，重点围绕双方共同感兴趣的信息化建设等分享了经验。

11月9日至10日　上海"数字法院"建设培训班暨第三次"数字法院"建设推进会召开。

11月16日至17日　第八届"三知论坛"在浙江省嘉兴市桐乡乌镇成功举办。论坛以"数字经济时代知识产权保护与创新"为主题，围绕知识产权与数据权益保护、知识产权与平台治理创新以及知识产权与算法应用治理等专题展开讨论，为数字经济时代知识产权保护与创新提供系统性、前瞻性、战略性的指引。

十二月

12月7日 最高人民法院组织开展国家区块链创新应用"区块链+审判"特色领域试点终期评估会议，对中央网信办组织开展的"区块链+"试点工作在审判领域开展情况进行了全面总结，会议所推选的人民法院信息技术服务中心、辽宁省高级人民法院、山东省高级人民法院3家单位因其卓有成效的试点成果，被中央网信办评选为"国家区块链创新应用优秀试点"。

12月13日 最高人民法院召开会议，传达学习习近平总书记在中央经济工作会议上的重要讲话和中央经济工作会议精神，研究人民法院深化落实的举措。

12月14日 最高人民法院举行特约监督员联络活动，召开北京互联网法院参观调研座谈会。会议指出，人民法院将在互联网领域和数字经济领域审判工作、互联网法院建设、司法科技创新应用等方面持续发力，积极探索完善人民法院信息化建设。

12月27日 最高人民法院办公厅印发《关于2023年度人民法院科技成果评选结果的通报》，充分发挥科技创新成果评选活动的示范作用，激励激发全国法院自主创新体现管用好用、转化推广见应用实效、营造创新氛围环境。该通报正式发布人民科技成果特等奖1项、一等奖2项、二等奖14项。

Abstract

In 2023, court informatization made steady progress, courts at all levels adhered to Xi Jinping's Thought on Socialism with Chinese Characteristics for a New Era as a guide, studied and implemented Xi Jinping's Thought on the Rule of Law and General Secretary Xi Jinping's Important Thoughts on a Stronger Network, and were promoted by a unified deployment of the Party Group of the Supreme People's Court (PRC). the courts at all levels are determined to forge ahead and blaze new trials, and based on big data analysis, the Internet, and AI technology, they integrate court management, judicial adjudication, judgment enforcement, and other links to realize the theoretical or practical achievements informatization of in construction of the digital and intelligent courts, paperless case handling, trial quality and efficiency enhancement and justice coordination across regions, construction of "one net" and the governance of data network security governance, playing a crucial role in maintaining judicial fairness, improving judicial efficiency, and optimizing judicial service. There are phased achievements and obstacles coexisting in advancing the process of informatization, and courts at all levels in various places are also facing problems in judicial procedures, technology application, personnel allocation, and other aspects. With the continuous improvement to Construction of Internet infrastructure and the continuous expansion of judicial application scenarios, the courts shall further promote the informatization of all judicial links and write a new chapter in the judicial field in the digital era.

Keywords: Court Informatization; Judicial Collaboration; Digital Platform Construction; Trial Quality and Efficiency Enhancement; Paperless Case Handling

Contents

I General Report

Abstract: In 2023, the informatization construction of Chinese courts makes steady and innovative progress, work on the theme "Fairness and Efficiency", keeping up with the transformation of the concept and focus of judicial work, constantly enhancing service awareness, and striving to promote the construction of a modern trial and execution system and mechanism around the core business. With the " one net", construction of national courts as the starting point, it improves the integrated application ability and judicial quality and efficiency and strives to improve the ability of judicial participation in social governance with the support of judicial big data, promoting the modernisation of trial work in terms of trial concepts, trial mechanisms, trial systems, trial management, etc., to support and serve to guarantee Chinese-style modernisation. The informatization construction of Chinese courts has strongly supported the reform of the socialist judicial system with Chinese characteristics. However, at present, there is still room for improvement in the informatization construction of Chinese courts in terms of system intensiveness and stability, functional personalization, big data quality and service capabilities, technological advancement and security, and institutional guarantee. In the future, the informatization construction of the court shall focus on coordinating the relationship between intensive and personalized functions, optimizing the quality of big data, improving the ability of auxiliary governance, taking into account the application of new technologies and network data security, improving the system guarantee, paving the way for the development of socialist judicial civilization with Chinese characteristics with advanced information technology, and ensuring Chinese modernization with modernized services of trial work.

Keywords: Court Informatization; Digital Courts; Socialist Judicial System with Chinese Characteristics; Chinese Modernization

Ⅱ　Special Report

B.2　Assessment Report of Litigation Service Informatization of China's Courts（2023）

Project Team of Center for National Index of Rule of Law,

Chinese Academy of Social Sciences / 021

Abstract: In 2023, courts at all levels gave full play to the amplification, superposition, optimization and multiplication effects of informatization, the litigation services Informatisation were further promoted, and the one-network diversified dispute resolution and litigation service information architecture and diversified litigation service mechanism was basically formed. From the optimization of service procedures to the realization of service rights and interests, from the smooth channel of disputes to the substantive resolution of disputes, it provided a new scene for diversified dispute resolution, social governance and service business environment optimization. In view of the problems such as professionalism, conformability and ease of applying the litigation services informatization, in the future, it shall rely on informatization to provide high-quality and efficient judicial services for the parties involved, lawyers and all sectors of society, so as to better serve the overall situation and assist a higher level of digital justice.

Keywords: Informatization of Litigation Services; Diversified Dispute Resolution; Social Governance

B.3 Assessment Report of Enforcement Informatization of China's Courts (2023)

Project Team of Center for National Index of Rule of Law,

Chinese Academy of Social Sciences / 034

Abstract: 2023 is the beginning year of fully implementing the spirit of the 20th National Congress of the Communist Party of China, the end year of the "Fifth Five-year Reform Outline" of China' courts and the First Five-year Outline of the enforcement of the People' Court, and also the beginning year of the determination of the Central Political and Legal Committee to achieve the goal of "effectively solving the difficulties of enforcement" by 2035. In the new journey of effectively solving the difficulties of enforcement, informatization will still continue to play its function. Informatization is the only way to effectively solve the difficulties of enforcement and realization of enforcement, this is determined by the features of the executed cases, it is a practical necessity to alleviate the problem of 'too many cases but not enough staff', it is also an opportunity of the times brought about by the vigorous development of new information technology, and it is also an inevitable choice to consolidate the achievements of "basically solving the difficulties of execution" and establish a long-term mechanism. In 2023, in order to establish a long-term mechanism for enforcement and build a new pattern of comprehensive management of difficult enforcement, the national courts will promote external governance, improve the enforcement of information-based social linkage mechanism, strengthen internal governance, improve the integration mechanism of "trial and execution", strengthen the original governance, and promote the reform of enforcement mode with digitization. Although the enforcement informatization in some local courts has advanced by leaps and bounds, the development in the whole country is not balanced. Due to the late starting of the informatization itself combined with the differentiated policy provisions in individual places, the national integrated enforcement system is far from being achieved. In the future, the foundation of the court information system shall be consolidated in order to seek the enforcement of modernization under the guidance of digitization.

Keywords: Court Enforcement; Effectively Solving the Difficulties of Enforcement; Informatization; Digital Enforcement; Integration of Execution and Insolvency

B.4 China' Judicial Big Data Development Report (2023)

Project Team of Center for National Index of Rule of Law,

Chinese Academy of Social Sciences / 051

Abstract: After years of development, China' judicial big data has gradually moved towards the materialization of judicial data, the security of data platform, the visualization of data platform and the brain intelligence of the digital court. At present, the application of big judicial data can not only cover the work of the court, improve the quality of the trial, prevent false litigation, but also radiate outside the court, provide reference for the decision making of the Party Committee and the government, provide assistance for optimizing the business environment, and provide support for social governance. China' judicial big data has become a beautiful business card for the construction of the digital China. In the future, China' judicial big data shall continue to consolidate the data foundation, strengthen the cultivation of data thinking, enrich the data application scenarios, strengthen the operation and maintenance of big data, and promoting the building of judical big data a deeper level, so as to provide judicial assistance for the realization of China' modernization.

Keywords: Judicial Big Data; Digital Court; False Litigation

Ⅲ Digital Intelligent Court

B.5 Research Report on the Construction of "TV Version of Digital Intelligent Courts in Chongqing"

Abstract: In order to explore a wider coverage, more convenient operation, and better experience of litigation services and better propaganda of rule of law, Chongqing Higher People's Court has accelerated the deep integration of modern science and technology with the work of the court, actively created "TV Version of Digital Intelligent Courts in Chongqing", promoted the implementation of the project of "sending laws to ten thousands of households", opened up the "last kilometer" of litigation services from an innovative perspective, and extended judicial services with digital changes as the starting point, and striven to bring digital intelligent judicial services into thousands of households. Taking full advantage of the wide coverage and numerous advantages of digital TV and relying on "Chongqing Digital Intelligent Court" system, "TV Version of Digital Intelligent Courts in Chongqing" realizes litigation guidance, case promotion, live broadcast of trial, document delivery, and multiple dispute resolution, and supports the expanded participation in cross-network integration trial, so that judicial services can enter the households of the people and enhance the people's sense of judicial

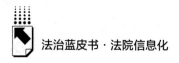

access.

Keywords: Judicial Service; Digital TV; Digitization; Digital Court

B.6   Research Report on the Operation and Maintenance Mode
of "Xian Little Bee" of Digital Court
in Xianning, Hubei Province

Research Group of Xianning Intermediate People's Court

of Hubei Province / 075

Abstract: In recent years, Xianning Intermediate People's Court of Hubei Province has taken the technical operation and maintenance work as the starting point to deepen the application of the achievements of the construction of digital courts and help improve the quality and efficiency of trial execution. By innovating the management mode of technical operation and maintenance, changing passive operation and maintenance into active operation and maintenance, upgrading the content of technical operation and maintenance work, and providing great application and great service at low cost and with small innovation, the operation and maintenance mode of "Xian Little Bee" of digital court has been formed, and a good response has been formed. The problems of the police officers are not accumulated, there is a response to any demand, and it is willing to participate in the application and promotion of the system. It has formed a joint force with information technology personnel to simultaneously study and promote the deepening application of the digital court. The construction of "one net" of national courts is imperative. How to quickly and stably operate the construction achievements in the national courts is a great test of the technical operation and maintenance strength. The operation and maintenance mode of "Xian Little Bee" of the digital court has reference significance.

Keywords: Technical Operation and Maintenance; "Xian Little Bee"; Deepening Application; "One Net" of National Court

Abstract: Chengdu High-tech Court has established the first "Intelligent Full-Life-Cycle Legal Service Center of Building Enterprise" in Sichuan, implemented the intensive, intelligent and standardized operation mode of "cloud law space" for building enterprises, integrated the achievements of "internal + external" informatization on people's courts and various legal service subjects, opened up the application scenarios of "online + offline" dispute resolution, provided one-stop legal public service for small and medium-sized enterprises, realized that "small things do not go out of the building while big things do not go out of the business circle", and build an intelligent upgraded version of "Fengqiao Experience" in the new era, making the legal business environment drive on the "cloud expressway".

Keywords: Business Environment Ruled by Law; Digital Legal Service Center of Enterprises; "Cloud Law Space"

Ⅳ Paperless Case Handling

Abstract: With the in-depth development of the construction of informatization on people's courts, Yueyang Intermediate People's Court has insisted on digital productivity. Since May 2021, Hunan Province has taken the lead in implementing the whole-process of paperless case handling with the synchronous generation and in-depth application of electronic files as the core. In the process of promotion, Yueyang Court adheres to the work orientation of "taking the trial demand as the leading factor and people's interests as the focus", transforms and optimizes the work flow and links through information means, and makes breakthroughs in strengthening mechanism guarantee, scientifically planning new development paths, building a new efficient and intensive mode, so as to realize the work goal of "empowering the trial, reducing the burden on the masses, and assisting the management", and create a new paperless case handling mode with the synchronous generation and in-depth application of electronic files as the core. It provides a vivid practice model for promoting the modernization of the trial system and trail ability.

Keywords: Construction of Informatization on People's Court; Whole-Process Paperless Case Handling; Intelligent Auxiliary System

B.9   Research Report on the Whole-Process Online Case Handling

of Guizhou Court under the Background of the Digital Era

Research Group of Guizhou Higher People's Court / 115

Abstract: Guizhou Court thoroughly implements Xi Jinping's important thoughts on cyberpower, comprehensively implements the construction and deployment of the informatization on people's court of the Supreme People's Court and the instructions on strengthening the big data strategy. In the context of the digital age, with the whole-process online case handling as the starting point, the construction of informatization on courts has been continuously deepened along the path of informatization-digitization-intelligence, and the application scenarios of the Internet, big data and artificial skills have been continuously expanded. The whole-process online case handling from mediation to filing, trial, panel discussion, filing and execution, as well as the whole-process of online office covering all matters, has gradually formed a whole-process of online case handling office system with full-scene coverage, internal and external network coordination, and connection between upper and lower levels. With reform and application as a two-wheel drive, the construction efficiency of informatization on courts has been continuously released, and the characteristics of digitization and intelligence have become increasingly prominent.

Keywords: Intelligentization; Digital Court; Whole-Process Online Case Handling

B.10　Research Report on the Application System of "Archives e Management" of Jiangxi Court

Research Group of "Archives e Management" of Jiangxi Court / 130

Abstract: In order to further promote the digital reform and improve the quality and efficiency of the trial, Jiangxi Court explores the new mode of whole-process paperless case handling with the single set system of electronic archives as the breakthrough point, and constructs the application system of "Archives e Management". In view of the phenomenon of "two skins" online and offline caused by the dual track of paper documents and electronic documents in the traditional case handling mode, the idea of single set system of electronic archives is expanded to the whole-process case handling. Taking the dual single set system of files and archives as the reform orientation, based on the application of "e series", taking the paperless file system as the link, and through the integration and transformation of the case handling system, "e center of receiving and forwarding", "e assistant of judges", multi-functional cloud cabinet and electronic archives system, a new working mode of paperless case handling and single set of electronic archives with Jiangxi characteristics has been explored and formed.

Keywords: Paperless Case Handling; Single Set System of Electronic Archives; Archives E Management; Pre-filing of Archives; Intensification of Auxiliary Transactions

B.11　Chongzhou Mode of Digital Empowerment of "1+4+N"
Whole-Process Implementation

Research Group of Chongzhou People's Court of Sichuan Province / 145

Abstract: In recent years, Chongzhou People's Court of Sichuan Province Hereinafter referred to as the 'Chongzhou Court' has adhered to "mechanism innovation" and "technology guidance". With the goal of forming a new mechanism for handling cases with separation of executive jurisdiction and executive enforcement power, with the starting point of improving the quality and efficiency of execution and standardizing of efficient operation, and on the basis of paperless trail reform, it has comprehensively promoted the reform of execution operation mechanism and the digital transformation of execution, and constructed the execution command center as the "center" for handling cases, the four centers of intensive affairs center, execution and implementation center, case handling center and comprehensive affairs center as the "unit" for operation, and the "1+4+N" digital execution mode with case handling "network" of several execution information systems such as execution case management system, network investigation and control system, inquiry evaluation system, mobile execution and Rongzhengtong App. It explores a more scientific and intelligent execution work system, strives to effectively solve the goal of "difficult execution", and effectively promote the modernization of execution work system and work ability.

Keywords: Implementation of Paperless Case Handling; Case Handling Node Digitization; Executive Transaction Intelligentization; External Linkage Integration

V Trial Quality and Efficiency Improvement

B. 12 Research Report on Innovatively Build Trial Supervision
and Management Platform of Shanghai Court

Shanghai Higher People's Court / 159

Abstract: Since 2023, Shanghai Court has thoroughly implemented the decision-making and deployment of the Supreme People's Court, focusing on the main line of digital reform and empowerment, focusing on digital modeling and scene application, focusing on the trial supervision and management platform of Shanghai Court, to build a data middle platform, model platform and automatic operation platform and build a solid basic framework and technical foundation of "digital court". In the aspect of case handling with digital assistance, a pipeline of "quality inspection" of ongoing cases corresponding to the whole-process of node of trial execution is formed. When the case is transferred to the designated node, it automatically accepts "physical examination" and triggers early warning prompts according to the established rules. In the aspect of supervision with digital assistance, it promotes the transformation of trial supervision management mode from "fragmented case correction" to "whole-process comprehensive evaluation". In terms of digital decision-making, it digs deeper into the value of judicial data and enhances the contribution of courts to social governance.

Keywords: Trial Supervision and Management Platform; Digital Court; Digital Empowerment; Case Handling with Digital Assistance; Supervision with Digital Assistance; Decision-Making with Digital Assistance

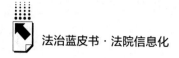

B . 13 Research Report of Unified Trial System Construction
and Application of Guangxi Court

Research Group of the Higher People's Court of

Guangxi Zhuang Autonomous Region ╱ 172

Abstract: Taking the trial as the focus, the whole-process paperless case handling as the main line, and the integration as the guidance, the unified trial system of Guangxi Court integrates the relevant system platform of the court from the architecture and function level, and solves the integrated application problems such as electronic file, remote inquiry, Internet trial, speech recognition, electronic signature and document generation at one time. The system adopts the intensive construction mode of unified standard, unified research and development, unified docking, unified deployment, unified application and unified operation and maintenance, and strives to standardize the interface, intensive functions and convenient operation, so as to avoid repeated construction of courts at all levels, which is conducive to the rapid familiarity and application of court judges. The system fully integrates artificial intelligence technology, continuously enhances the intelligent ability of the trial, and provides intelligent, efficient and convenient intelligent auxiliary service for all parties involved in the trial.

Keywords: Integrated Court; Unified Trial; Paperless Case Handling

B . 14 Research Report on Construction and Innovation of
"Element-Based Intelligent Trial Assistant System
of Design Patent Right Dispute" of Guangdong Court
Research Group of the Higher People's Court of Guangdong Province ╱ 186

Abstract: In order to further improve the quality and efficiency of the trial and improve the satisfaction of the parties, the Higher People's Court of

Guangdong Province, based on deepening the reform of the separation of complexity and simplicity, chooses the design patent dispute as the pilot case, takes the needs of the trial business as the guidance, deeply integrates the element-based trial method and intelligent technology, and innovates and develops the "Element-based Intelligent Trial Assistant System of Design Patent Right Dispute". By optimizing the litigation service and trial business process, the system builds a convenient bridge between litigation and trial. While assisting the parties to easily prosecute and respond to litigation, it provides a variety of intelligent support for judges to hear cases with high efficiency and high quality, realizes the quick trial of a large number of typed cases, helps judges focus their energy on the trial of complex cases, and effectively improves the level of digital governance of intellectual property trials in the province.

Keywords: Patent Right Dispute; Element-Based Trial; Artificial Intelligence; Knowledge

B . 15   Research Report on Mobile Case Handling Innovation and Identity Authentication System Construction of the Higher People's Court of Henan Province

Research Group of the Higher People's Court of Henan Province / 198

Abstract: In order to meet the needs of police officers to work and handle cases anytime and anywhere, the Higher People's Court of Henan Province has built a mobile case handling platform based on the integration technology of "Internet + special net of the court". In 2021, taking Information and Innovation Engineering as an opportunity, the Higher People's Court of Henan Province further reforms and optimizes the mobile case handling platform, integrates the unified identity authentication system, strengthens the border security protection, and comprehensively improves the business processing ability and data interaction security of the platform. The platform supports the business needs such as internal and external network case handling information coordination, one-screen integration of various functions, and mobile phone access anytime and anywhere, with comprehensive functions; it supports SM2, SM3 and SM 4 and other commercial cryptographic algorithms issued by the National Cryptographic Bureau, with good compatibility. It supports the platform environment adaptation of domestic operating system and domestic mainstream database, with strong scalability. This case can provide reference for the system construction of mobile case handling platform of the national court.

Keywords: Mobile Case Handling; Identity Authentication; Security Protection

B. 16 Research Report on the Trial Execution Quality and Efficiency Management Platform of Liaoning Court to Promote the Modernization of Trial Management

Research Group of the Higher People's Court of Liaoning Province / 209

Abstract: The modernization of trail management is an important part of the modernization of trial work. Focusing on the theme of "justice and efficiency", the Higher People's Court of Liaoning Province anchors the work orientation of "stepping up and ranking first", earnestly practices the big data strategy, promotes the deep integration of information technology and trial management, and independently develops the quality and efficiency management platform for trial execution of Liaoning Court. The platform gathers the data resources of the trial and execution of the courts in the whole province, realizes the visualization, quantification, evaluation and assessment of the quality, efficiency and effect of the trial and execution of the courts in the whole province, and provides accurate and intuitive judicial data for the courts in the whole province. It has played a significant role in promoting the quantitative management of the quality and efficiency of trial execution, finding and improving the handling and management of cases, and establishing a long-term mechanism for trial execution management. It has become an important starting point for the courts in the whole province to study and judge the situation, evaluate the work, find problems, formulate countermeasures, and evaluate and assess the excellent.

Keywords: Trial Management Modernization; Trial Index; Incentive; Quality and Efficiency Face-to-Face

B.17 Research Report on the Construction and Application Effect of the Extraterritorial Law Identification Platform

Research Group of Guangzhou Intermediate People's Court

of Guangdong Province / 223

Abstract: In the practice of foreign-related (only for the purpose of this paper, the meaning of "foreign-related" also includes "Hong Kong, Macao and Taiwan related") the extraterritorial law has identified the practical problems of limited channels, complicated procedures, too long time consuming, and too high cost, which have become the "bottleneck" of improve the quality and efficiency of foreign-related trials, which is not conducive to the rule of law and the creation of a first-class international business environment. In order to solve this problem, Guangzhou Intermediate People's Court of Guangdong Province has built a platform for the identification of extraterritorial laws through the deep integration of law and technology. The platform has two databases of extraterritorial law identification cases and extraterritorial laws and regulations. It has the functions of case retrieval, legal retrieval, statistical analysis and so on, and hyperlinks with professional identification institutions and authoritative legal databases to realize the "one-stop" efficient identification of extraterritorial laws, effectively reduce the cost of identification, improve the efficiency of identification, and provide more high-quality, efficient and convenient judicial services for ensuring the construction of the "Belt and Road" and the Guangdong-Hong Kong-Macao Greater Bay Area.

Keywords: Foreign-Related Civil and Commercial Cases Identification of Extraterritorial Law; Case Retrieval; Legal Search

B. 18 Research Report on the Comprehensive Reform of the Whole-Domain Digital and Intelligent Collaboration of Commutation and Parole

Research Group of Jinhua Intermediate People's

Court of Zhejiang Province / 237

Abstract: The substantive trial of commutation and parole cases is a profound reform, without any ready-made experience to follow. Jinhua Intermediate People's Court has carried out a comprehensive reform of the whole-domain digital and intelligent collaboration of commutation and parole, which is a powerful measure to implement *Opinions on Strengthening the Substantive Trial of Commutation and Parole Cases* (hereinafter referred to as *Substantive Trial Opinions*). The comprehensive reform of the whole-domain digital and intelligent cooperation of commutation and parole adheres to the combination of digital empowerment and system remodeling, realizes the full collection of information, the full penetration of the process and the full assistance of intelligence. At the same time, it explores the establishment of a series of replicable and popularized judicial operation mechanism, and forms a new pattern of commutation and parole work of "unified standards, precise management, scientific evaluation, intelligent trial, forward movement and backward extension".

Keywords: Commutation and Parole; Substantive Trial; Digital and Intelligent Cooperation; Comprehensive Reform

VI Cross-Domain Collaborative Justice

B.19 Research Report on the Cross-Terminal Integrated
Workbench under Digital Work Platform of Hebei Court
Research Group of the Higher People's Court of Hebei Province / 254

Abstract: The information construction departments of the courts in Hebei
Province are oriented to meet the objective needs and solve practical problems,
take the service of the judges' case handling as the starting point to develop the
digital work platform of the courts in Hebei Province, which helps to improve the
efficiency of case handling, and provides basic office services such as conversation,
file transfer and address book for the court police in the internal network. The
construction of the digital courts in Hebei Province adapts to the new law of
Internet judicial creation and development, strengthens service guarantee,
continuously injects new momentum into trial execution by means of information
technology, and escorts the high-quality development of court work in the whole
province.

Keywords: Court Informatization; Digitization Workbench; Mobile Case
Handling

B.20 Research Report on the New Case Handling Model
Promoted by the Cross-departmental Case Handling
Platform in Sichuan
Research Group of the Higher People's Court of Sichuan Province / 266

Abstract: In order to promote the deep integration of the reform of the
judicial system and the application of data technology, and promote the

interconnection of information system networks and the efficient coordination of business between political and legal units, the courts in Sichuan Province closely focus on the work requirements of the construction of informatization on people's courts, closely cooperate with the political and legal units in Sichuan, rely on the political and legal network, take the electronic files as the carrier, integrate the original big data intelligent auxiliary case handling system and the cross-departmental information platform of the involved property, adhere to the two-wheel drive of "business + technology", introduce the block chain security technology, and build a law enforcement case handling "one net" that vertically covers the provincial, municipal and county levels and horizontally penetrates the political and legal units at all levels in the province. In a real sense, it has broken the current situation of independent and closed information systems of political and legal units, realized online coordination of cross-departmental case handling business, and effectively improved the quality and effectiveness of case handling and judicial credibility of political and legal organs.

Keywords: Deep Integration; Big Data; Working Together across Departments; Platform Construction

B.21 Research Report on the Construction of the Judicial Service of the Cross-Provincial Trial Resource Coordination Platform in Zhejiang Courts

Joint Research Group of Zhejiang Higher People's Court
and Jiaxing Intermediate People's Court / 277

Abstract: Since the 18th National Congress of the Communist Party of China, the central government has called for the acceleration of the construction of an optimized, coordinated and efficient functional system of judicial institutions. After the integration of the Yangtze River Delta has risen to a national strategy, the Supreme People's Court has specifically issued 'Opinions on Providing Judicial

Services and Guarantees for the Development of Regional Integration in the Yangtze River Delta'. In recent years, Zhejiang courts have adhered to the requirements of the Supreme Court, accurately grasped the entry point, combination point and focus of the work, and explored the construction of a cross-provincial trial resource coordination platform in collaboration with the courts in the jurisdiction. Focusing on issues such as enhancing regional cooperation, resource sharing, and unified application of laws, the platform is built as an important carrier for real-time interconnection, business collaboration, and resource sharing of courts in the Yangtze River Delta through co-frequency resonance, co-direction and co-answering of questions. It provides digital service platform support for cross-provincial linkage implementation, cross-domain protection of the ecological environment, cross-domain allocation of trial resources and construction of cross-regional judges' joint conferences, and provides strong judicial protection and services for the integrated development of the Yangtze River Delta.

Keywords: Integration of Law Application; Service Guarantee; Regional Collaboration

B.22 Research Report on the Application and Construction of False Litigation Coordination and Intelligent Governance

Research Group of Shaoxing Municipal Intermediate

People's Court of Zhejiang Province / 288

Abstract: In recent years, Zhejiang courts have vigorously promoted the construction of intelligent identification and intelligent supervision standardization of false litigation, improved the retrieval mechanism of related cases, made full use of big data and information means to dig clues, and deeply developed the collaborative intelligent supervision module of false litigation, so as to solve the problems of "difficulty in discovery" and "difficulty in supervision" of false litigation. Zhejiang courts design and develop the application of collaborative intelligent governance of false litigation, comprehensively evaluate, grade and classify the risk of false litigation through intelligent identification, related cases and other technical means to assist in identifying false litigation, so as to achieve the goal of precise prevention and control of false litigation, and promote the operation in the whole province. In the integrated case handling platform of the courts in the province, it shall strengthen the automatic warning for the areas and personnel with high incident of false litigation, strengthen the notification of false litigation responsibility, the standard of evidence review, and the analysis of related cases, so as to effectively improve the ability to prevent and combat false litigation.

Keywords: False Litigation; Intelligent Identification; Judicial Authority

B.23　Research Report on the Integrated Application Construction of "One Thing for Ship Execution"

Research Group of Ningbo Maritime Court / 302

Abstract: In the maritime execution work, the ship arrest auction occupies a pivotal position. In recent years, in order to actively respond to the strategic decision of the CPC Central Committee on maritime power comply with the requirements of Zhejiang Provincial Party Committee and the provincial government to comprehensively deepen the deployment of digital reform and optimize the business environment, Ningbo Maritime Court has focuses on the problems of difficulty in search, difficulty in supervision and difficulty in disposal during ship execution, and has built an integrated application of "One Thing for Ship Execution", with the goal of accelerating efficiency, intelligent empowerment and risk prevention. With the overall structure of "1 + 4 + 5 + N", supplemented by intensive case handling mode, execution command center and supporting system, it successfully breaks the data barriers between courts, ship management departments and port units and realizes the online handling of ship investigation and control and disposal and the online delivery of legal documents, which greatly improves the execution efficiency and drives the overall improvement of execution quality and efficiency.

Keywords: Ship; Digitization; Check and Control; Auction; Delivery

Ⅶ "One Net" of National Court

B. 24 Research Report on Judicial Application of Internet of

Things Technology under the Background of Digital

Economy

Research Group of the Higher People's Court of Jiangsu Province / 318

Abstract: The vigorous development of the digital economy has put forward higher requirements for judicial justice and efficiency. The people's courts have conscientiously implemented the major deployment of digital China, network power and science and technology power, continuously promoted the judicial application of the Internet of Things technology, and actively explored the electronic seals of the Internet of things, intelligent weighing systems, dynamic supervision systems, intelligent delivery terminals and other scenarios, amplifying the judicial efficacy of the Internet of Things. In practice, there are some problems in the judicial application of the Internet of Things, such as the need to expand the application scenarios, the urgent need to pay attention to platform security and data security, and the lack of legal risk prevention. It is necessary to establish a new concept of judicial application of the Internet of Things, give full play to the characteristics of the Internet of Things to perceive and interconnect everything, implement the concept of science and technology for good, strengthen the basic capacity building of the Internet of Things, expand the judicial application scenarios, strengthen the supporting guarantee of the judicial application of the Internet of Things, and help to achieve a higher level of digital justice.

Keywords: Digital Economy; the Internet of Things; Judicial Application; Data Security

B . 25 Research Report on Empowerment of Information
Technology on Litigation Source Governance

—*The Digital Litigation Service of Jiamusi Municipal Court of
Heilongjiang Province Runs through the Whole Process of
Dispute Resolution*

Research Group of Jiamusi Municipal Intermediate People's Court / 332

Abstract: In 2023, the Jiamusi Municipal Intermediate Court implemented Xi Jinping's important instructions on "putting the non-litigation dispute resolution mechanism ahead", adhered to and developed the "Fengqiao experience" in the new era, earnestly implemented the conference of spirit of the National Justice Seminar, and took the initiative to place the court mediation work in the great governance pattern of the Party Committee and the government. The concept of active justice is adopted to solve the problem of litigation source governance, fully release the efficiency of science and technology, and broaden the important role of information technology in the work of resolving contradictions. Taking the construction of "Xinfengjiahe" cloud dispute resolution service platform as an opportunity, it gives full play to the digital scene application of the online diversified dispute resolution platform, realizes information sharing, real-time guidance and timely dispute resolution, improves the new mode of litigation and medication docking of "grasping the front end and preventing diseases", and gathers judicial resources and mediation resources, to provide strong organizational guarantee and technical support for the people's courts to participate in social governance and resolve grass-roots conflicts, realize the "one all-in-one end" of dispute resolution, and meet the diversified litigation needs of the people.

Keywords: Informatization; Litigation Source Governance; Multiple Dispute Resolution

VIII Data and Network Security Governance

B . 26 Exploration and Construction of Network Security

Situation Awareness and Threat Prevention and

Control Platform

Research Group of Baoji Intermediate People's Court

of Shaanxi Province / 348

Abstract: With the construction of informatization on people's courts entering the 4.0 era, there are more frequent data transmission between internal and external networks and various information systems. In order to fully guarantee the security of network and data, Baoji Intermediate People's Court of Shaanxi Province actively explores and innovates, fully promotes the transformation of network security from passive defense to active protection, from local construction to overall integration, and builds a network security situation awareness and threat prevention and control platform. The platform uses big data technology, with the assistance of distributed computing and search engines, to analyze and obtain real-time network traffic and device logs, quickly and accurately locate terminals that have been infected by viruses and devices that face network threats, visually present network security risks, and assist network security personnel to optimize network security strategies in a timely manner and implement proactive security protection measures. Based on the mechanism of pre-supervision, while-monitoring and post-response of the platform, Baoji courts at two levels have comprehensively constructed an active security prevention and control system, and realized the whole chain closed-loop management of network security.

Keywords: Network Security; Situation Awareness; Security Protection; Digital Court

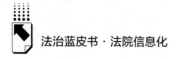

B.27   Research Report on Data Classification and Gradation from

the Perspective of Data Security of Binhai New Area Court,

Tianjin   *Research Group of Binhai New Area Court of Tianjin* / 363

Abstract: The information construction of the people's court has brought together trillions of judicial data resources for courts at all levels. The important functions of judicial data, such as enabling social governance and providing decision-making reference, have become increasingly prominent. The work of data classification and classification is still in its infancy in courts at all levels. Binhai Court takes the lead, has the courage to explore and overcome difficulties, screens typical information systems for data classification and classification practice, sorts out data assets and forms a data security classification and grading table, and places data assets within the scope of management tools. In the process of data classification and classification, the insufficient data quantitative indicators, great resistance to data asset sorting and fuzzy ownership of data assets still to be improved. Under the guidance of higher courts, Binhai Court will further promote the transformation of data classification and classification results, explore innovative management models, help standardize construction, ensure supply chain security, and help court informatization and data classification work reach a new height in all aspects.

Keywords: Data Security; Data Classification and Gradation; Data Classification and Graded Protection

Chronicle of Events of Informatization of Chinese Courts in 2023

/ 380

权威报告·连续出版·独家资源

皮书数据库
ANNUAL REPORT(YEARBOOK)
DATABASE

分析解读当下中国发展变迁的高端智库平台

所获荣誉

- 2022年，入选技术赋能"新闻+"推荐案例
- 2020年，入选全国新闻出版深度融合发展创新案例
- 2019年，入选国家新闻出版署数字出版精品遴选推荐计划
- 2016年，入选"十三五"国家重点电子出版物出版规划骨干工程
- 2013年，荣获"中国出版政府奖·网络出版物奖"提名奖

皮书数据库

"社科数托邦"
微信公众号

成为用户

　　登录网址www.pishu.com.cn访问皮书数据库网站或下载皮书数据库APP，通过手机号码验证或邮箱验证即可成为皮书数据库用户。

用户福利

- 已注册用户购书后可免费获赠100元皮书数据库充值卡。刮开充值卡涂层获取充值密码，登录并进入"会员中心"—"在线充值"—"充值卡充值"，充值成功即可购买和查看数据库内容。
- 用户福利最终解释权归社会科学文献出版社所有。

数据库服务热线：010-59367265
数据库服务QQ：2475522410
数据库服务邮箱：database@ssap.cn
图书销售热线：010-59367070/7028
图书服务QQ：1265056568
图书服务邮箱：duzhe@ssap.cn

社会科学文献出版社 皮书系列
SOCIAL SCIENCES ACADEMIC PRESS (CHINA)
卡号：144342662121
密码：

S 基本子库
SUB DATABASE

中国社会发展数据库（下设 12 个专题子库）

紧扣人口、政治、外交、法律、教育、医疗卫生、资源环境等 12 个社会发展领域的前沿和热点，全面整合专业著作、智库报告、学术资讯、调研数据等类型资源，帮助用户追踪中国社会发展动态、研究社会发展战略与政策、了解社会热点问题、分析社会发展趋势。

中国经济发展数据库（下设 12 专题子库）

内容涵盖宏观经济、产业经济、工业经济、农业经济、财政金融、房地产经济、城市经济、商业贸易等 12 个重点经济领域，为把握经济运行态势、洞察经济发展规律、研判经济发展趋势、进行经济调控决策提供参考和依据。

中国行业发展数据库（下设 17 个专题子库）

以中国国民经济行业分类为依据，覆盖金融业、旅游业、交通运输业、能源矿产业、制造业等 100 多个行业，跟踪分析国民经济相关行业市场运行状况和政策导向，汇集行业发展前沿资讯，为投资、从业及各种经济决策提供理论支撑和实践指导。

中国区域发展数据库（下设 4 个专题子库）

对中国特定区域内的经济、社会、文化等领域现状与发展情况进行深度分析和预测，涉及省级行政区、城市群、城市、农村等不同维度，研究层级至县及县以下行政区，为学者研究地方经济社会宏观态势、经验模式、发展案例提供支撑，为地方政府决策提供参考。

中国文化传媒数据库（下设 18 个专题子库）

内容覆盖文化产业、新闻传播、电影娱乐、文学艺术、群众文化、图书情报等 18 个重点研究领域，聚焦文化传媒领域发展前沿、热点话题、行业实践，服务用户的教学科研、文化投资、企业规划等需要。

世界经济与国际关系数据库（下设 6 个专题子库）

整合世界经济、国际政治、世界文化与科技、全球性问题、国际组织与国际法、区域研究 6 大领域研究成果，对世界经济形势、国际形势进行连续性深度分析，对年度热点问题进行专题解读，为研判全球发展趋势提供事实和数据支持。

法律声明

"皮书系列"（含蓝皮书、绿皮书、黄皮书）之品牌由社会科学文献出版社最早使用并持续至今，现已被中国图书行业所熟知。"皮书系列"的相关商标已在国家商标管理部门商标局注册，包括但不限于LOGO（▨）、皮书、Pishu、经济蓝皮书、社会蓝皮书等。"皮书系列"图书的注册商标专用权及封面设计、版式设计的著作权均为社会科学文献出版社所有。未经社会科学文献出版社书面授权许可，任何使用与"皮书系列"图书注册商标、封面设计、版式设计相同或者近似的文字、图形或其组合的行为均系侵权行为。

经作者授权，本书的专有出版权及信息网络传播权等为社会科学文献出版社享有。未经社会科学文献出版社书面授权许可，任何就本书内容的复制、发行或以数字形式进行网络传播的行为均系侵权行为。

社会科学文献出版社将通过法律途径追究上述侵权行为的法律责任，维护自身合法权益。

欢迎社会各界人士对侵犯社会科学文献出版社上述权利的侵权行为进行举报。电话：010-59367121，电子邮箱：fawubu@ssap.cn。

社会科学文献出版社